합격선언

경찰
공무원
한국사

preface

공무원은 날이 갈수록 많은 젊은이들 사이에서 안정적인 직업으로 각광받고 있다. 특히 경찰공무원은 최근 크고 작은 범죄들이 기승을 부림으로 국민들의 불안감과 경찰에 대한 기대가 커지고, 국가에서도 안보와 보안의 중요성을 강조하며 꾸준히 많은 인원의 경찰공무원을 채용하고, 채용인원을 늘려감에 따라 많은 수험생들의 관심을 받고 있다.

본서는 경찰공무원을 준비하는 수험생들을 위해 발행된 경찰공무원시험의 필수과목 한국사 기본서로 한국사 핵심이론과 함께 기존에 출제되었던 문제들을 분석하여 기출예상문제를 상세한 해설과 함께 수록하였다.

국민의 안전과 질서유지를 위해 경찰공무원을 준비하는 많은 수험생들이 본서와 함께 합격의 달콤한 꿈을 이룰 수 있게 되길 기원한다.

structure

핵심이론정리

각 단원별로 필수적으로 알아야 할 내용을 정리하여 수록하였습니다.

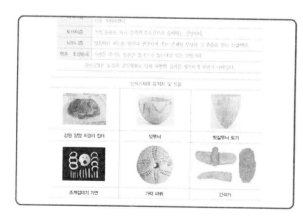

한눈에 쏙쏙

내용과 더불어 지도와 사진, 도표 등을 첨부하여 더욱 알기 쉽게 정리하였습니다.

기출예상문제

기출예상문제

그동안 치러진 경찰공무원 시험의 기출문제를
분석하여 기출예상문제를 엄선하여
수록하였습니다.

1 선사시대의 생활상과 문화에 대한 설명으로 가장 적절하지 않은 것은?

2 신석기 시대에 대한 설명으로 가장 적절한 것은?

자세한 해설

기출예상문제 각 페이지에 해설을 실어
문제풀이와 더불어 한 번 더 빠르게 내용을
파악할 수 있도록 구성하였습니다.

경찰공무원 소개

① 경찰공무원이란 : 공공의 안녕과 질서유지를 주 임무로 하는 국가공무원을 말한다. 일반 공무원과는 달리 특수한 임무를 수행하기 때문에 경찰공무원법에 따라 임용, 교육, 훈련, 신분보장, 복무규율 등이 이루어지고 있다. 일반적으로 경찰관으로 통칭한다.

② 경찰공무원시험의 종류

㉠ 순경(일반남녀, 101경비단)

㉡ 간부후보생 : 경찰간부가 되기 위하여 선발되어 경찰교육기관에서 교육훈련을 받는 교육생을 말한다.

③ 응시자격

• 공통자격 : 운전면허 1종 보통 또는 대형면허 소지자(원서접수 마감일까지)

• 공채

모집분야	순경(일반남녀, 101경비단)	간부후보생
응시연령	18세 이상 40세 이하	21세 이상 40세 이하

• 특채

구분	선발 분야 및 자격요건
경찰행정학과	- 연령 : 20세 이상 40세 이하 - 2년제 이상의 대학의 경찰행정 관련 학과를 졸업했거나 4년제 대학의 경찰행정 관련학과에 재학 중이거나 재학했던 사람으로서 경찰행정학전공 이수로 인정될 수 있는 과목을 45학점 이수
전의경특채	- 연령 : 21세 이상 30세 이하 - 경찰청 소속 '전투경찰순경'으로 임용되어 소정의 복무를 마치고 전역한자 또는 전역예정인자(해당시험 면접시험 전일까지 전역예정자) - 군복무시 모범대원 우대

④ 채용절차 : 시험공고 및 원서접수 > 필기 · 실기시험 > 신체검사 > 체력 · 적성검사 > 면접시험 > 최종합격
(가산점 적용)

㉠ 필기시험

- 공채
- 간부후보생

구분	객관식	주관식	
		필수	선택
일반	경찰학개론, 한국사, 영어, 형법, 행정학	형사소송법	행정법, 경제학, 민법총칙, 형사정책 중 1과목
세무 · 회계	한국사, 영어, 형법, 형사소송법, 세법개론	회계학	상법총칙, 경제학, 통계학, 재정학 중 1과목
사이버	한국사, 영어, 형법, 형사소송법, 정보보호론	시스템 네트워크보안	데이터베이스론, 통신이론, 소프트웨어공학 중 1과목

- 순경(일반남녀, 101단) : 필수(한국사, 영어) 2과목, 선택(형법, 형사소송법, 경찰학개론, 국어, 수학, 사회, 과학 중) 3과목

- 특채
- 경찰행정학과 : 경찰학개론, 수사, 행정법, 형법, 형사소송법
- 전의경특채 · 학교전담경찰관 · 경찰특공대 : 한국사, 영어, 형법, 형사소송법, 경찰학개론
- 경찰특공대 : 형법, 형사소송법, 경찰학개론

㉡ 신체검사

- 체격, 시력, 색신(色神), 청력, 혈압, 사시(斜視), 문신을 검사한다.

㉢ 체력 · 적성검사

- 체력검사 : 총 5종목 측정(100m달리기, 1,000m달리기, 팔굽혀펴기, 윗몸일으키기, 좌 · 우악력)
- 적성검사 : 경찰공무원으로서의 적성을 종합적으로 검정한다.
  ※ 적성검사는 점수화하지 않으며, 면접 자료로 활용된다.

㉣ 면접시험

- 집단면접과 개별면접으로 나뉘며 집단면접에서는 의사발표의 정확성 · 논리성 · 전문지식을, 개별면접에서는 품행 · 예의 · 봉사성 · 정직성 · 도덕성 · 준법성을 본다.

⑤ 합격자결정방법

㉠ 필기 또는 실기시험(50%) + 체력검사(25%) + 면접시험(20%) + 가산점(5%)를 합산한 성적의 고득점 순으로 선발예정인원을 최종합격자로 결정한다.

㉡ 경찰특공대는 실기(45%) + 필기(30%) + 면접(20%) + 가산점(5%)로 결정한다.

contents

한국사의 바른 이해 단원에서는 역사의 개념과 학습목적을 확인할 수 있습니다.

한국사의 바른 이해

01. 역사의 학습목적

역사의 학습목적

 역사의 의미

(1) 역사의 뜻

일반적으로 '과거에 있었던 사실'과 '조사되어 기록된 과거'의 두 가지 뜻을 지니고 있다.

(2) 사실로서의 역사(history as post)

객관적 의미의 역사, 시간적으로 현재에 이르기까지 일어났던 모든 과거의 사건을 의미한다. 이러한 의미에서 역사란 바닷가의 모래알과 같이 수많은 과거 사건들의 집합체가 된다.

(3) 기록으로서의 역사(history as historiography)

주관적 의미의 역사, 역사가가 과거의 사실을 토대로 조사 · 연구하여 주관적으로 재구성한 것을 의미한다. 이 경우의 역사는 기록된 자료 또는 역사서와 같은 의미가 된다.

(4) 역사학습의 의미

역사가들이 선정하여 연구한 기록으로서의 역사를 배우는 것을 말한다. 역사연구는 과학적 인식을 토대로 학문적 검증을 거쳐야 한다.

(5) 랑케(L. Ranke)와 카(E.H. Carr)의 역사인식

① 랑케(사실로서의 역사인식) : '역사가는 자기 자신을 죽이고 과거가 본래 어떠했는가를 밝히는 것을 지상 과제로 삼아야 하고, 이때 오직 역사적 사실로 하여금 이야기하게 해야 한다.'

② 카(기록으로서의 역사인식) : "역사가와 역사상의 사실은 서로를 필요로 한다. 사실을 갖지 못한 역사가는 뿌리가 없는 존재로 열매를 맺지 못한다. 역사가가 없는 사실은 생명이 없는 무의미한 존재이다."

② 역사학습의 목적

(1) 역사학습의 의의

① 의미 : 역사 그 자체를 배워서 과거 사실에 대한 지식을 늘리는 것을 의미한다.

② 의의

    ㉠ 역사를 통하여 현재를 살아가는 데 필요한 능력과 교훈을 얻을 수 있다.

    ㉡ 인간 생활에 대한 지식을 얻을 수 있다.

(2) 역사학습의 목적

① 과거의 사실을 통해 현재를 바르게 이해할 수 있다. 역사는 개인과 민족의 정체성 확립에 유용하다.

② 삶의 지혜를 습득 : 현재 우리가 당면한 문제를 올바르게 파악하고 대처하여 미래에 대한 전망을 할 수 있다.

③ 역사적 사고력과 비판능력 함양 : 역사적 사건의 보이지 않는 원인과 의도, 목적을 추론하는 역사적 사고력이 길러지게 된다. 또한 잘못을 가려 정당한 평가를 내리는 비판능력을 길러준다.

기출예상문제

1 역사의 의미에 대한 이해가 다음과 같은 것은?

> 과거에 일어난 객관적 사실이 모두 역사에 해당된다.

① 역사가는 과거의 사실을 자신의 견해와 지식으로 재구성한다.
② 역사는 있는 그대로의 사실을 가리킨다.
③ 역사는 관찰자의 관점에 따라 달리 쓰일 수 있다.
④ 역사는 과거와 현재의 대화이다.

2 역사적 사실은 '현재적 입장에서 재해석해야 한다'는 입장과 일치하는 역사학습의 과정이 아닌 것은?

① 임진왜란이 한국과 일본의 외교관계에 끼친 영향을 조사한다.
② 동학농민운동 중 농민들이 주장한 폐정개혁안과 갑오개혁의 홍범 14조를 비교, 분석한다.
③ 일제강점기에 일본이 토지조사사업을 통해 수탈한 토지의 면적을 알아본다.
④ 실학자들이 주장한 개혁안들이 정책에 반영되었다면 어떤 변화가 나타났을까 가정한다.

---

answer 1.② 2.③

1 제시된 글은 사실로서의 역사를 말한다. ①③④는 역사의 의미를 조사하되 기록된 과거로 인식한 것이다.

2 ③은 객관적인 사실로서 역사가가 재해석한 것이라고 볼 수 없다.

3 역사를 통해 배운다는 의미는 무엇인가?

① 모든 학문의 기초가 역사학임을 인식하는 것이다.
② 과거의 사실과 현재의 상황을 비교하여 구분한다.
③ 역사학습을 통하여 현재를 사는 우리들의 인간적 성숙을 꾀한다.
④ 역사학습을 통하여 과거 사실을 바르게 이해한다.

`answer` 3.③

3 역사를 통해 배운다는 것은 역사적 인물이나 사실들을 통하여 현재의 우리가 살아가는 데 필요한 능력과 교훈을 얻을 수 있다는 것을 의미한다.

선사시대의 문화와 국가의 형성 단원에서는 선사시대의 생활모습을 유적·유물을 통하여
파악하고, 고대 국가의 형성에 대해 이해할 수 있습니다.

선사시대의 문화와 국가의 형성

CHAPTER
01

선사시대의 전개

① 우리나라의 선사시대

(1) 우리 민족의 기원

① 우리 민족의 형성 : 우리 조상들은 만주와 한반도를 중심으로 동북아시아에 넓게 분포하였다. 신석기 시대부터 청동기 시대를 거쳐 민족의 기틀이 형성되었다.

② 동방문화권의 형성 : 인근 문화권과 교류하면서 독자적인 문화를 형성하였다.

③ 우리 민족의 특징

  ㉠ 인종상으로 황인종에 속하고, 언어학상으로 알타이어족과 가까운 관계에 있다.

  ㉡ 우리 민족은 오래전부터 하나의 민족 단위를 형성하고 농경생활을 바탕으로 독자적인 문화를 이룩하였다.

(2) 구석기 시대

구석기 시대의 유적지

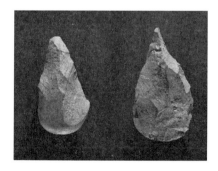

뗀석기(주먹도끼)

① **시작** : 우리나라와 그 주변지역에 구석기시대 사람들이 살기 시작한 것은 약 70만 년 경으로 추정하고 있다.

② **도구(뗀석기)** : 대개 사냥용 도구, 조리용 도구, 공구용 도구로 나뉘며, 석기를 다듬는 수법에 따라 전기, 중기, 후기로 분류된다.

③ **대표적인 구석기시대 유적지 및 유물**

구분	유적지	특징
① 전기 구석기 한 개의 큰 석기를 여러 용도에 사용	충북 단양 금굴	70만 년 전, 우리나라 최고의 유적지
	경기 연천 전곡리	주먹도끼 출토(아슐리안형)
	평남 상원 검은모루 동굴	포유류 동물의 뼈, 주먹도끼, 긁개, 망치 등의 석기 발굴
② 중기 구석기 큰 몸돌에서 떼어낸 돌 조각인 격지를 이용 해 작은 석기로 제작	웅기 굴포리	박편석기와 맘모스 화석 발견
	제천 점말 동굴	포유류 동물 뼈 출토
③ 후기 구석기 쐐기 같은 것을 대고 같은 형태의 돌날격 지 여러 개를 제작	충남 공주 석장리	전기 구석기에서 후기 구석기까지 계속된 유적 발견
	제주 빌레못 동굴	대형석기의 찍개, 주먹도끼, 긁개 등이 발견
	단양 수양개	석기 제작지의 발견

④ **경제생활**

　㉠ 뗀석기와 동물의 뼈나 뿔로 만든 뼈 도구를 사용하여 사냥과 채집을 위주로 하는 경제생활을 하였다.

　㉡ 사냥감이나 식량을 얻기 위해서 이동생활을 하였으며, 무리를 지어 이동하였다.

　㉢ 사냥도구로 주먹도끼, 찍개, 팔매돌 등을 조리도구로 긁개, 밀개 등을 제작하여 사용하였다.

⑤ **주거생활**

　㉠ 동굴이나 바위 그늘, 막집과 같은 곳에서 생활하였고 주거가 일정하지 않았다.

　㉡ 후기의 막집에는 기둥자리, 담자리, 불땐 자리가 남아 있고 집터의 규모는 작은 것은 3~4명, 큰 것은 10명이 살 수 있을 정도의 크기였다.

⑥ **사회생활**

　㉠ **무리생활** : 무리를 이루어 큰 사냥감을 찾아다니며 이동생활을 하였다.

　㉡ **평등한 공동체적 생활** : 생산력이 낮아 모든 사람이 공동체적 생활을 하였고, 무리 가운데 경험이 많고 지혜로운 사람이 무리를 이끌었으나 권력을 갖지는 못했다.

　㉢ **종교 · 예술 활동** : 사냥감의 번성을 비는 의미로 바위나 돌에 고래와 물고기 등을 새긴 조각을 남겼다.

(3) 신석기 시대

신석기 시대의 유적지

① 시작 : 우리나라의 신석기시대는 기원전 8,000년경부터 시작되었다.

② 도구
- ㉠ 간석기 : 돌을 갈아서 여러 가지 형태와 용도로 사용하였다.
- ㉡ 토기 : 이른민무늬토기, 빗살무늬토기 등의 토기를 식물조리와 저장에 사용하였다.

③ 대표적인 신석기 유적지 및 유물

시기	유적지
	유물
신석기 전기	양양 오산리, 부산 동삼동, 웅기 굴포리 서포항, 제주 고산리 등
	이른민무늬토기, 덧무늬토기, 눌러찍기무늬토기
신석기 중기	서울 암사동, 경기 미사리, 부산 동삼동, 웅기 부포리, 평남 청호리, 김해 수가리 등
	빗살무늬토기
신석기 후기	서울 암사동, 황해도 지탑리, 부산 다대동 등
	평저즐문토기, 번개무늬토기, 물결무늬토기

④ 경제생활
- ㉠ 농경생활의 시작
  - 농경의 시작(신석기 혁명)으로 정착생활과 목축이 이루어졌고 조, 피, 수수 등 잡곡류를 재배하였다.
  - 잡곡류의 경작 : 황해도 봉산 지탑리와 평양 남경의 유적에서 탄화된 좁쌀이 발견되어 잡곡류를 경작하였다는 것을 알 수 있다.
  - 농기구의 사용 : 돌괭이, 돌삽, 돌보습, 돌낫 등 돌로 만든 농기구를 사용하여 농사를 하였다.
  - 소규모 경작 : 집 근처의 텃밭이나 강가의 퇴적지를 소규모로 경작하였던 것으로 보인다.

   ⓒ **사냥과 고기잡이** : 사냥과 고기잡이는 비중은 축소되었지만, 농업 생산력 미약으로 여전히 식량을 얻는 중요한 수단으로 사냥은 주로 활이나 창으로 사슴류와 멧돼지 등을 잡았고, 고기잡이에는 여러 가지 크기의 그물과 작살, 돌이나 뼈로 만든 낚시 등을 이용하였다.

   ⓒ **원시적 수공업** : 가락바퀴로 실을 뽑고 바늘로 옷을 만들어 입거나 그물을 제작하였다.

⑤ **주거생활** : 주로 강가나 바닷가에 움집을 짓고 살았으며, 원형이나 모서리가 둥근 네모 바닥과 중앙에 화덕, 남쪽 출입문, 화덕이나 출입문 옆에 위치한 저장 구덩이가 있었다. 한 가족이 거주하였고, 크기는 4~5명 정도가 생활할 수 있었다.

⑥ **사회생활**

   ㉠ 혈연을 바탕으로 한 씨족들이 모여 마을을 형성하였고, 족외혼을 통해 부족을 형성하였다.

   ⓒ 계급이 발생하지 않은 평등한 사회로 공동생산·공동분배를 하였다.

   ⓒ **예술 활동** : 흙으로 빚어 구운 얼굴 모습이나 동물의 모양을 새긴 조각품, 조개껍데기 가면, 조가비나 동물 뼈 또는 이빨로 장식물과 치렛감 등이 있다.

⑦ **종교생활**

애니미즘	해와 달, 물 등의 자연현상이나 자연물에도 정령이 있다고 믿는 신앙으로 풍요로운 생산을 기원하였다.
토테미즘	특정 동물을 자기 부족의 수호신으로 숭배하는 신앙이다.
샤머니즘	영혼이나 하늘을 인간과 연결시켜 주는 존재인 무당과 그 주술을 믿는 신앙이다.
영혼·조상숭배	사람은 죽어도 영혼은 없어지지 않는다고 믿는 신앙이다.

   원시신앙은 농경과 정착생활로 인해 자연의 섭리를 생각하게 되면서 나타났다.

신석기시대 유적지 및 유물

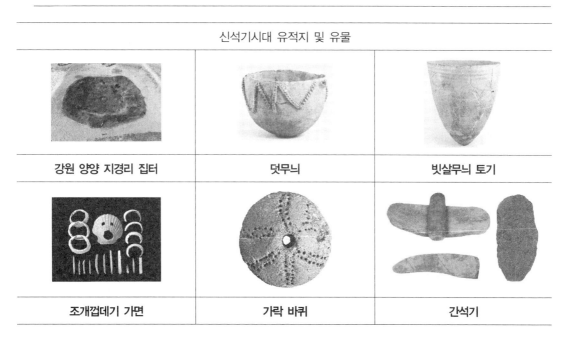

강원 양양 지경리 집터	덧무늬	빗살무늬 토기
조개껍데기 가면	가락 바퀴	간석기

(4) 청동기 시대

① 시작 : 기원전 2,000년경 ~ 기원전 1,500년경에 시작되었다.

② 도구

    ㉠ 청동기 : 비파형 동검, 거친무늬 거울, 청동 방울 등을 사용하였다.

    ㉡ 석기 : 반달돌칼, 바퀴날 도끼, 홈자귀 등을 사용하였다.

    ㉢ 토기 : 민무늬토기, 미송리식 토기, 붉은간토기 등을 사용하였다.

    ㉣ 무덤 : 고인돌, 돌널무덤, 돌무지무덤 등을 제작하였다.

        * 단 청동제 농기구는 없었다.

③ 경제생활

    ㉠ 농경의 발달

      • 일부 저습지에서 벼농사가 시작되었지만, 여전히 조, 보리, 콩 등 밭농사가 중심이었다.

      • 간석기가 다양화되면서 나무로 만든 농기구(바퀴날도끼, 돌도끼, 홈자귀, 돌괭이)로 땅을 개간하여 곡식을 심고, 추수도구(반달돌칼)로 이삭을 잘라 추수하였다.

      • 농경이 발달하면서 가축의 사육은 증가하고, 사냥 · 고기잡이의 비중이 감소하였다.

④ 주거생활

    ㉠ 배산임수 취락구조 : 대체로 앞쪽에는 시냇물이 흐르고 뒤쪽에는 북서풍을 막아 주는 나지막한 야산이 있는 곳에 우물을 중심으로 자리 잡고 있으며, 야산이나 구릉지대의 넓은 지역에 밀집된 취락을 형성하였다.

    ㉡ 집터의 형태와 구조

      • 대체로 직사각형이며 움집은 점차 지상가옥으로 바뀌어 갔다.

      • 움집 중앙의 화덕은 한쪽 벽으로 옮겨지고, 저장구덩이도 따로 설치하거나 한쪽 벽면 밖으로 돌출시켜 만들었다.

      • 창고와 같은 독립된 저장시설을 집 밖에 따로 만들기도 하였고, 움집을 세우는 데에 주춧돌을 이용하기도 하였다.

      • 주거용 외에 창고, 공동작업장, 집회소, 공공의식장소 등도 만들었음을 알 수 있다. 이를 통하여 사회조직이 점차 발달하였고, 복잡해졌다는 것을 추정할 수 있다.

      • 집터의 규모는 보통 부부를 중심으로 4~8명 정도의 가족이 살 수 있는 크기이며, 이는 한 가족용으로 만들어진 것이다.

⑤ 사회생활

    ㉠ 남녀 역할 분화 : 여성은 집안일, 남성은 바깥일(농경 · 전쟁)을 담당하면서 분화가 일어났다.

    ㉡ 계급 분화 : 생산력이 증대하면서 발생한 잉여생산물을 힘이 강한 자가 사유재산으로 소유하면서 계급이 발생하였고, 무덤의 크기와 껴묻거리의 내용에 반영되었다.

    ㉢ 군장(족장) 등장 : 정복활동이 활발해짐에 따라 권력과 경제력을 지닌 군장이 출현하였다.

    ㉣ 선민사상 : 정치 · 경제적으로 우월한 부족들은 스스로 하늘의 자손이라 믿는 선민사상을 가지고 약한 부족을 통합하였다.

⑥ 예술

　　㉠ 주술적 성격

　　　• 청동으로 만든 도구의 모양이나 장식에는 미의식과 생활모습이 표현되었고, 지배층의 무덤에서 출토된 청동으로 만든 의식용 도구에는 호랑이, 사슴, 사람의 손 모양 등을 사실적으로 조각하거나 기하학적 무늬를 정교하게 새겨 놓아 의식을 행하는 데 사용되었다.

　　　• 흙으로 빚은 사람이나 짐승모양의 토우는 사실적으로 조각하거나 기하학적 무늬를 정교하게 새겨 놓아 의식을 행하는 데 사용되었다.

　　㉡ 풍성한 수확을 염원

　　　• 울주 대곡리 반구대 암각화 : 거북, 사슴, 호랑이, 새 등의 동물과 작살이 꽂힌 고래를 비롯한 여러 종류의 고래, 그물에 걸린 동물, 우리 안의 동물 등이 새겨져 있어 사냥과 고기잡이의 성공과 풍성한 수확을 기원하였다.

　　　• 고령 장기리 암각화 : 동심원, 십자형 등의 기하학 무늬를 조각하여 태양숭배와 풍요로운 생산을 기원하였다.

　　　• 암각화의 제작 시기는 신석기시대 중기부터 초기철기시대에 걸치는 것으로 추정됨

⑦ 유적 · 유물

　　㉠ 비파형 동검 : 만주로부터 한반도 전역에 이르는 넓은 지역에서 출토되어 미송리식 토기 등과 함께 이 지역이 청동기시대에 같은 문화권에 속하였음을 보여준다.

　　㉡ 미송리식 토기 : 밑이 납작한 항아리 양쪽 옆으로 손잡이가 달리고 목이 넓게 올라가서 다시 안으로 오므라들며, 표면에 접선무늬가 있는 것이 특징이다.

　　㉢ 고인돌

　　　• 계급사회 반영 : 청동기시대에는 고인돌과 돌널무덤 등이 만들어졌고, 철기시대에는 널무덤과 독무덤 등이 만들어졌다. 그 중에서 고인돌은 계급사회의 발생을 보여 준다.

　　　• 우리나라 전역에 걸쳐 분포하고 있으며, 보통 북방식과 같이 4개의 판석 형태의 굄돌을 세워 돌방을 만들고, 그 위에 거대하고 편평한 덮개돌을 얹었다.

　　　• 무게가 수십 톤 이상인 덮개돌을 채석하여 운반하고 무덤에 설치하는 데에는 많은 인력이 필요하였다. 따라서 고인돌은 당시 지배층이 가진 정치권력과 경제력을 잘 반영해 주고 있다.

청동기시대 유적지 및 유물		

청동기 시대의 집터	**반달돌칼**	**비파형 동검**

거친무늬 거울	**농경무늬가 새겨진 청동기**	**청동 방울**

미송리식 토기	**민무늬 토기**	**고인돌**

(5) 철기 시대

① 시작 : 중국 전국시대 혼란기에 유이민들이 전래하면서 기원전 5세기 무렵에 보급이 되어 기원전 1세기 무렵 일반화되었다.

② 철기문화의 보급
  ㉠ 철제 농기구의 사용에 의한 농업의 발달로 경제기반이 확대되었다.
  ㉡ 철제무기의 사용으로 청동기는 의기화가 되고, 정복전쟁이 철제무기를 바탕으로 더욱 활발해지면서 영역국가들이 등장하기 시작하였다.

③ 중국과의 교류
  ㉠ **화폐 출토** : 다수 출토된 중국 화폐인 명도전, 오수전, 반량전 등을 통해 중국과의 활발한 교류를 알 수 있다.
  ㉡ **붓의 출토** : 경남 창원 다호리 유적에서 나온 붓은 한자를 사용했음을 알 수 있다.

④ 청동기의 독자적 발전
  ㉠ 청동기 문화의 발전으로 한반도 안에서 독자적 발전을 이룩하였다.
  ㉡ 청동기 시대 후반 이후 비파형동검은 세형동검으로 거친무늬거울은 잔무늬거울로 형태가 변화하였다.

⑤ 무덤
  ㉠ **널무덤(토광묘)** : 구덩이를 파고 별다른 시설을 하지 않은 채 주검을 묻는 무덤으로 가장 간단한 방법이다.
  ㉡ **독무덤(옹관묘)** : 크고 작은 항아리 또는 독 두 개를 맞붙여서 관으로 쓰는 무덤양식이다.

⑥ **예술** : 울주 반구대 그림은 사냥과 고기잡이의 성공, 풍성한 수확을 기원하는 그림이었고, 고령 장기리 암각화는 동심원, 십자형 등의 기하학 무늬를 조각하여 풍요로운 생산을 기원하였다.

기출예상문제

1 선사시대의 생활상과 문화에 대한 설명으로 가장 적절하지 않은 것은?

2016년 제1차 경찰공무원(순경)

① 슴베찌르개는 주로 구석기 시대 후기에 사용하였는데, 이것은 창의 기능을 하였다.

② 황해도 봉산 지탑리와 평양 남경의 유적에서는 탄화된 좁쌀이 발견되는 것으로 보아 신석기 시대에 잡곡류를 경작하였음을 알 수 있다.

③ 신석기 시대의 집터는 대개 움집 자리로, 바닥은 원형이나 모서리가 둥근 사각형이며, 움집의 중앙에 화덕이 위치하였다.

④ 청동기 시대의 토기로는 미송리식 토기, 이른 민무늬 토기, 덧무늬 토기가 대표적이다.

2 신석기 시대에 대한 설명으로 가장 적절한 것은?

2016년 제2차 경찰공무원(순경)

① 동굴이나 바위 그늘에서 살거나 강가에 막집을 짓고 살았다.

② 가락바퀴나 뼈바늘을 이용하여 의복이나 그물을 만들어 사용하였다.

③ 생산력의 증가에 따라 잉여 생산물이 생기자 힘이 센 자가 이것을 개인적으로 소유하여 사유 재산이 나타났다.

④ 농기구는 주로 석기로 만들어졌는데, 반달 돌칼, 바퀴날 도끼, 홈자귀 등이 대표적이다.

---

answer 1.④ 2.②

1   ④ 이른 민무늬 토기, 덧무늬 토기는 신석기 시대의 대표적인 토기이다. 청동기 시대의 토기로는 미송리식 토기, 민무늬 토기가 대표적이다.

2   ① 구석기 시대
③④ 청동기 시대

3 신석기 시대의 사회 모습에 대한 설명으로 가장 적절하지 않은 것은?

2015년 2차 일반공채순경 · 101경비단

① 농경 생활이 시작되었고, 돌괭이, 돌삽, 돌보습, 돌낫 등의 농기구를 사용하였다.
② 집터는 대개 움집 자리로, 바닥은 원형이나 모서리가 둥근 사각형이다.
③ 이 시대의 대표적인 토기는 민무늬 토기이다.
④ 영혼이나 하늘을 인간과 연결시켜 주는 존재인 무당과 그 주술을 믿는 샤머니즘도 있었다.

4 신석기시대의 문화에 대한 설명으로 가장 적절하지 않은 것은?

2013.3.9. 일반공채순경 · 101경비단

① 동삼동 패총에서는 조가비 가면이 출토되어 제의를 행할 때 주술과 관련된 의기로 사용되었을 것으로 보여 진다.
② 농포동 유적에서는 흙으로 만든 남성 조각품이 출토되어 신석기시대 후기에는 이미 가부장제 사회로 진입하였음을 확인할 수 있다.
③ 신석기시대의 주거생활 유적지로는 서울 암사동, 봉산 지탑리, 온천 궁산리, 양양 지경리 등이 있다.
④ 서포항 유적에서는 개, 뱀, 망아지 등으로 여겨지는 장신구가 출토되었는데, 이들을 통해 토테미즘의 가능성을 엿볼 수 있다.

---

answer 3.③ 4.②

3 ③ 신석기 시대의 대표적인 토기는 빗살무늬 토기이다. 민무늬 토기는 청동기 시대의 대표적인 토기이다.

4 농포동 유적은 함경북도 청진시에 위치한 것으로 신석기시대의 각종 유물이 출토되었다. 신석기 시대에는 가슴이나 엉덩이를 강조한 여인상이 출토되어 다산(多産)을 중시하였고, 모계(母系)중심의 씨족사회였음을 짐작할 수 있다. 청동기시대에 이르러 생산의 증가에 따라 잉여 생산물이 발생하였고, 사유재산제도와 계급이 형성됨에 따라, 농경과 전쟁을 담당한 남성이 경제활동의 중심이 되었다.

5 다음에 제시한 유물과 관계가 깊은 시대에 대한 설명 중 가장 옳은 것은?

2012.10.20. 일본공채순경, 전의경 특채

> 반달 돌칼, 홈자귀, 미송리식 토기, 붉은 간토기

① 이 시대에는 철기로 농기구를 제작하여 사용함으로써 농업생산력이 증대되고 경제기반이 확대되었다.
② 이 시대의 대표적인 유적으로서 부산 동삼동 조개더미, 제주도 한경 고산리 유적 등을 들 수 있다.
③ 이 시대에는 생산력의 증가에 따라 잉여 생산물이 생기자 힘이 센 자가 이것을 개인적으로 소유하는 사유재산이 나타났다.
④ 이 시대의 후기에 이르러 사람들은 석회암이나 동물의 뼈 또는 뿔 등을 이용하여 조각품을 만들었는데, 조각품에는 당시 사람들의 주술적인 기원이 담겨 있었다.

6 신석기 시대에 관한 설명 중 틀린 것은?

2008.7.6. 정보통신순경

① 신석기인들은 애니미즘적인 신앙을 지니고 있었다.
② 족외혼이 행해지고 있었다.
③ 우경에 의한 농업이 정착되었다.
④ 아직 사유재산이 발생하지 않았다.

---

answer 5.③ 6.③

5 ①은 철기시대, ②는 신석기 시대, ③은 청동기시대, ④는 구석기시대와 관련이 있는 내용이다. 반달돌칼은 청동기 시대 유물로 두 개의 구멍에 끈을 꿰어 곡식의 이삭을 자르는 데 활용하였다. 또한 바퀴날 도끼, 홈자귀, 괭이, 돌 도끼 등의 석기 또는 목기 농기구와 미송리식 토기, 민무늬 토기, 송국리식 토기 등을 사용하였다.

6 ① 신석기시대에 애니미즘, 영혼숭배와 조상숭배, 샤머니즘, 토테미즘의 원시신앙이 등장하였다.
② 신석기시대는 다른 씨족과의 족외혼이 이루어졌다.
③ 우경에 의한 농업은 철기 시대에 등장하였다.
④ 신석기시대는 공동 생산, 공동 분배를 이루는 평등한 사회이다.

7 구석기시대에 대한 내용 중 옳지 않은 것은?

2008.7.6. 정보통신순경

① 동굴이나 막집에서 살았다.
② 뗀석기와 뼈 도구를 이용하였다.
③ 동물 사냥과 어로를 주로 하였다.
④ 농경이 시작되고, 식량을 생산해서 저장하였다.

8 신석기시대의 생활모습에 대한 설명으로 바른 것은?

2006.2.7. 해양경찰

① 농경에서 식량을 생산하고 저장할 수 있게 되었다.
② 잉여생산물의 축적과 사적 소유로 빈부의 차이와 계급이 발생하였다.
③ 동굴에서 살거나 강가에 막집을 짓고 살았다.
④ 반달돌칼로 추수를 하였다.

9 식량채집생활에서부터 시작된 인류역사는 식량을 생산하는 농경생활이 시작되면서 많은 변화가 생겨 이를 '신석기혁명'이라고 하였다. 이 시기에 대한 설명으로 옳은 것은?

① 문자가 사용되었다.
② 계급이 사용되었다.
③ 청동기가 처음으로 사용되었다.
④ 간석기와 토기가 처음으로 사용되었다.

---

answer 7.④ 8.① 9.④

7 구석기시대는 약 70만 년 전부터 시작되었고, 뗀석기와 뼈 도구를 이용하고, 짐승과 물고기를 잡아먹고 식물의 열매나 뿌리도 채취하였고, 동굴이나 바위 그늘, 강가의 막집에서 거주하였다. 농경이 시작된 것은 신석기시대이다.

8 ②와 ④는 청동기시대이며, ③은 구석기시대의 생활상이다. 신석기시대 말기부터 처음 농사가 시작되었고, 수확된 작물을 보관하기 위해 토기가 사용되었다.

9 ①②③ 모두 청동기시대에 등장한 것이다.

10 구석기에 대한 설명 중 옳지 않은 것은?

① 석기를 다듬은 수법에 따라 전기, 중기, 후기의 세 시기로 나눈다.
② 구석기 시대 사람이 살기 시작한 것은 약 70만 년 전부터이다.
③ 구석기 중기에는 큰 석기 한 개를 가지고 여러 용도로 썼다.
④ 대표적인 유적지로 평남 상원 검은모루, 경기도 연천 전곡리, 충남 공주 석장리 등이 있다.

11 청동기 시대의 특징으로 옳지 않은 것은?

① 중국의 영향을 받아 비파형 동검에서 세형동검으로 형태가 변하였다.
② 여성은 주로 집안일에, 남성은 농경이나 전쟁에 종사하면서 성 역할의 분리가 이루어졌다.
③ 농경의 발달로 정책생활의 규모가 확대되었다.
④ 빈부 격차의 발생으로 계급이 점차 형성되었다.

12 철기의 보급으로 나타난 변화로 옳은 것은?

① 가축은 사육하지 않고, 육류는 여전히 주로 사냥을 통해 획득하였다.
② 철제 농기구의 사용으로 농업 생산력이 향상되었다.
③ 청동기는 주로 무기와 농기구로 사용되었다.
④ 철제 도구의 사용으로 석기는 사라지게 되었다.

---

answer 10.③ 11.① 12.②

10 ③은 구석기 전기에 해당하며, 구석기 중기에는 큰 몸돌에서 떼어낸 돌 조각인 격지를 이용해 작은 석기를 제작하였다.

11 비파형 동검은 세형동검으로 독자적 발전을 통해 변화가 이루어졌다.

12 ① 농경의 발달로 사냥이나 고기잡이의 비중은 줄어들고 가축의 사육은 이전보다 늘어났다.
② 철기시대에는 보습, 쟁기, 낫 등의 철제 농기구를 사용함으로써 농업생산력이 증대되었다.
③ 청동기는 의식용 도구로 변하였다.
④ 간석기는 매우 다양해지고, 기능도 개선되어 농경을 더욱 발전시켰다.

13 다음 시대에 해당하는 것은?

• 이른민무늬토기   • 빗살무늬토기

① 강가에 막집을 짓고 불을 처음으로 이용하였다.
② 계급이 발생하고 벼농사가 시작되었다.
③ 뗀석기를 사용하고 채집과 수렵을 주로 하였다.
④ 애니미즘 토테미즘과 같은 신앙이 발생하였다.

14 다음 중 반달돌칼을 통해 알 수 있는 사실은?

① 선민사상의 등장
② 활발한 정복 활동
③ 농경의 발달
④ 계급사회의 형성

15 다음 중 신석기시대에 대한 설명으로 옳지 않은 것은?

① 애니미즘, 토테미즘이 등장하였다.
② 목축의 발달로 인해 수렵생활에서 벗어났다.
③ 중앙에 화로를 설치한 움집생활을 했다.
④ 토기에 식량을 저장했다.

---

answer   13.④   14.③   15.②

13 이른민무늬 토기와 빗살무늬 토기는 신석기시대의 대표적 유물로, 신석기시대에는 토기뿐만 아니라 가락바퀴, 뼈바늘, 조개가면 등의 유물이 출토되었고, 정착단계로 접어들면서 강가의 움집에서 생활하였다. 또한 애니미즘과 토테미즘 무격신앙과 같은 원시신앙이 출현하기도 하였다.
①③ 구석기시대 ② 청동기시대

14 청동기시대에 사용된 반달돌칼은 추수 도구로 돌도끼, 홈자귀 등과 같은 개간도구와 함께 농경이 더욱 발전하였음을 보여준다.

15 신석기시대에 수렵생활에서 완전히 벗어나지 못하였으며, 농경, 목축 실시와 더불어 수렵은 여전히 진행되었다.

국가의 형성

 고조선과 청동기 문화

(1) 단군과 고조선

① **건국** : B.C. 2,333년에 단군왕검이 우리나라 최초의 국가인 고조선을 건국하였다.

② **발전**

　㉠ **세력범위** : 요령지방을 중심으로 성장하여 인접한 족장사회들을 통합하면서 한반도 대동강 유역까지 발전하였는데, 비파형동검과 북방식 고인돌의 출토지역과 일치한다.

　㉡ **왕위세습** : B.C. 3세기경 부왕, 준왕 등 강력한 왕이 등장하여 왕위를 세습하고 그 밑에 상, 대부, 장군 등의 관직을 두었다.

　㉢ **중국과 대립** : 강성한 힘을 바탕으로 요하를 경계로 중국 전국 7웅의 하나인 연과 대립하기도 하였으나, 연의 침략으로 한때 쇠약해지기도 하였다.

단군신화

고기(古記)에 일렀다. ㉠ 옛날 환인(桓因)의 아들 가운데 환웅(桓雄)이 있어 천하에 자주 뜻을 두고 인간 세상을 탐구(貪求)했다. 아버지가 아들의 뜻을 알고 삼위태백(三危太伯)을 내려다보니 인간들을 널리 이롭게 할 만했다. 이에 천부인(天符印) 세 개를 주어 내려가 다스리게 했다. 환웅은 무리 삼천 명을 거느리고 태백산 꼭대기 신단수(神壇樹) 아래로 내려와 이곳을 신시(神市)라고 불렀는데 이 분이 환웅천황이다. ㉡ 풍백(風伯), 우사(雨師), 운사(雲師)에게 곡식, 수명, 질병, 형벌, 선악 등을 맡기고, ㉢ 무릇 인간살이 삼백 예순 가지 일을 주관하여 세상에 살면서 교화를 베풀었고 ㉣ 인간을 널리 이롭게 하였다. 때마침 곰 한 마리와 범 한 마리가 같은 굴에서 살았는데 늘 신웅(神雄)에게 사람 되기를 빌었다. 이 때 환웅신이 영험한 쑥 한 심지와 마늘 스무 개를 주면서 "너희들이 이것을 먹고 백 일 동안 햇빛을 보지 않는다면 곧 사람의 모습을 얻으리라"고 했다. 곰과 범은 이것을 얻어먹고 삼칠일(三七日) 동안 몸을 삼갔다. ㉤ 곰은 여자의 몸이 되었지만 금기를 지키지 못한 범은 사람의 몸을 얻지 못했다. 웅녀(熊女)는 혼인할 자리가 없었으므로 늘 단수(壇樹) 밑에서 아기를 배게 해달라고 빌었다. 이에 환웅은 잠시 사람으로 변해 웅녀와 혼인하여 아들을 낳으니 이름을 ㉥ 단군왕검(壇君王儉)이라 했다.

③ 단군신화에 나타난 사회의 모습

　㉠ **선민사상** : 자기 부족의 우월성을 하늘의 자손임을 내세워 지배를 정당화하였다.

　㉡ **농경사회 반영** : 풍백, 우사, 운사는 농경을 주관하는 날씨를 상징하므로 농경 중시 사회였음을 알 수 있다.

　㉢ 사유재산의 성립으로 지배 계급이 출현한 것을 알 수 있다.

　㉣ **홍익인간** : 인간을 널리 이롭게 한다는 의미로 지배층의 통치이념을 알 수 있다.

　㉤ **토템사상** : 곰을 숭배하는 부족과 환웅 부족이 연합하였으며 호랑이를 숭배하는 부족은 배제되었음을 알 수 있다.

　㉥ **제정일치** : 단군은 제사장, 왕검은 정치적 지배자(군장)으로 제정일치 사회를 알 수 있다.

④ **고조선 8조법**

　㉠ 살인자는 즉시 사형에 처한다(相殺, 以當時償殺).

　㉡ 남의 신체를 상해한 자는 곡물로써 보상한다(相傷, 以穀償).

　㉢ 남의 물건을 도둑질한 자는 소유주의 집에 잡혀들어가 노예가 됨이 원칙이나, 자속(自贖 : 배상)하려는 자는 50만 전을 내놓아야 한다.(相盜, 男沒入爲其家奴, 女子爲婢, 欲自贖者人五十萬)

　㉠ 개인의 노동력과 생명을 중시하고 사회 질서가 엄격함을 알 수 있다.

　㉡ 사유재산을 인정하고 농경사회임을 알 수 있다.

　㉢ 사유재산과 노비제도를 인정(계급 사회)하고, 화폐를 사용하였음을 알 수 있다.

(2) 위만의 집권

① 위만 조선의 성립

　㉠ **위만의 세력 확대** : 중국 유이민 집단인 위만이 준왕의 신임을 받아 서쪽변경을 수비하는 임무를 맡게 되고 이주민 세력을 통솔하면서 자신의 세력을 점차 확대하여 나갔다.

　㉡ **위만의 건국** : 준왕을 축출하고 위만이 왕이 되었다(B.C. 194).

　㉢ **의미** : 위만은 고조선으로 들어올 때 상투를 틀고 조선인의 옷을 입었다. 그리고 왕이 된 뒤에도 나라 이름을 그대로 조선이라 하였고, 그의 정권에서는 토착민 출신(고조선인)으로 높은 지위에 오른 자가 많았다. 따라서 위만의 고조선은 단군의 고조선을 계승한 것으로 볼 수 있다.

② 위만 조선의 발전

　㉠ **경제적 발전** : 철기문화의 수용으로 인해 농업과 무기생산을 중심으로 한 수공업이 발달하였다.

　㉡ **정복사업의 전개** : 사회·경제적 발전을 통해 중앙정치조직을 갖춘 강력한 국가로 성장하고, 활발한 정복사업을 전개하여 광대한 영토를 차지하였다.

　㉢ **중계무역** : 지리적 이점을 이용하여 예나 진이 중국 한나라와 직접 교역하는 것을 막고, 중계무역으로 이득을 독점하려 하자 한과 대립하게 되었다.

③ 고조선의 멸망
　　㉠ 한과의 대항 : 위만 조선에 위협을 느낀 한의 무제는 대규모 침략을 강행하였으나 고조선은 한의 군대에 맞서 완강하게 대항하였다.
　　㉡ 위만 조선의 멸망 : 장기간의 전쟁으로 지배층의 내분이 일어나 왕검성이 함락되어 멸망하였다(B.C. 108).

④ 한 군현의 설치와 소멸
　　㉠ 설치 : 고조선이 멸망하자 한은 고조선 일부 지역에 군현을 설치하여 지배하고자 하였다.
　　㉡ 저항 : 한 군현이 설치된 후 억압과 수탈을 당하던 토착민들은 이를 피하여 이주하거나 단결하여 한 군현에 대항하였다.
　　㉢ 한 군현의 법 조항 확대
　　　• 토착민들이 한 군현의 억압과 수탈에 대항하였고, 이에 한 군현은 토착민들은 이를 피하여 이주하거나 단결하여 한 군현에 대항하였다.
　　　• 법 조항도 60여 조로 증가하였고, 풍속도 각박해져 갔다.
　　㉣ 소멸 : 고구려의 공격을 받아 소멸되었다.

② 여러 나라의 성장

여러 나라의 성장

(1) 연맹국가의 성장

① 철제농기구의 사용으로 농업생산력이 급증하였고, 목축과 어로가 활발하여 족장들은 우세한 경제력으로 민중과 노비를 보다 강력하게 지배할 수 있었다.

② 생산력의 증대로 발생하는 잉여생산물로 인해 경제적·문화적 교류가 빈번해졌다.

③ 왕권이 미약하여 군장들이 왕을 선출하였고, 각 지방들의 족장들은 왕의 간섭을 받지 않고, 자기 지역을 독자적으로 지배할 수 있었다.

(2) 부여

① **위치** : 만주 길림시 일대를 중심으로 송화강 유역의 평야지대에서 건국되었다.

② **정치**

　㉠ **발전과 쇠퇴** : 1세기 초에 이미 왕호를 사용하였고, 3세기 무렵 한나라와 주변 지역 사이에서 중계 무역을 하며 번성하였으나, 3세기 말에 선비족의 침입으로 크게 쇠퇴한 후, 국력을 회복하지 못하고 결국 494년 부여 왕실이 고구려에 항복(문자명왕 3년, 494)함으로써 완전히 멸망하였다.

　㉡ **중앙** : 왕이 직접 통치하였으며, 왕 아래 마가 · 우가 · 저가 · 구가 · 견사 · 견사자 · 사자 등의 관인이 있었다.

　㉢ **사출도** : 수도를 중심으로 동 · 서 · 남 · 북의 방위에 따라 지방을 4개 구역으로 나누었으며 그것을 사출도라고 하였다. 수도가 있는 중앙지역에는 가장 강력한 부족이 있고, 이 중앙 부족을 중심으로 사방에는 그 지방에 있는 우세한 족장(마가 · 우가 · 저가 · 구가)들이 각각 사출도의 한 도를 장악하였다.

　㉣ **제가회의** : 마가 · 우가 · 저가 · 구가라 불리는 부족장들이 모여 국가 대사를 논의 하였다.

　㉤ **왕권의 미약** : 가(加)들이 왕을 추대하였으며, 자연재해(수해 · 한해)로 오곡이 잘 익지 않으면 왕에게 책임을 물어 교체하기도 하였다.

③ **경제** : 농경과 목축을 중심으로 하는 반농반목의 형태로, 말 · 주옥 · 모피 등의 특산물이 유명하였다.

④ **사회** : 지배계급으로는 왕 · 제가 · 관리 및 호민 등이 있었고, 피지배계급으로는 양인 농민인 하호(下戶), 천민층인 노비 등이 있었다.

⑤ **풍속**

　㉠ **순장** : 왕이 죽으면 많은 사람들을 껴묻거리와 함께 묻는 것으로 강력한 지배세력의 권한을 알 수 있다.

　㉡ **우제점법** : 소를 죽여 발굽 모양에 따라 국가의 운세를 예견하였다.

　㉢ **형사취수제** : 취수혼이라고도 하는데 형이 죽은 뒤에 동생이 형수와 결혼하여 함께 사는 혼인 제도로 노동력 확보의 목적을 가지고 있다.

　㉣ **영고** : 12월에 거행된 제천행사로 풍성한 수확제 · 추수감사제 성격을 지니며 수렵사회의 전통을 보여준다.

　㉤ 흰옷을 좋아하고 은력(殷曆)을 사용하였다.

　㉥ **법률** : 4조목의 법이 전해지는데 귀족들의 사유재산과 노비소유 그리고 가부장제와 일부다처제를 보호하는 규정을 특징으로 하고 있다.

　－ 살인자는 사형에 처하고, 그 가족은 데려다 노비로 삼는다(연좌제 적용).

　－ 절도죄를 지은 자는 12배의 배상을 물린다(1책 12법).

　－ 간음한 자는 사형에 처한다.

　－ 부인이 투기가 심하면 사형에 처하되, 그 시체는 산 위에 버린다. 단, 그 여자의 집에서 시체를 가져가려면 소 · 말을 바쳐야 한다.

(3) 고구려

① **위치** : 부여 계통의 주몽이 부여의 지배계급 내의 분열, 대립과정에서 박해를 피해 남하하여 독자적으로 압록강 중류 졸본(환인) 지방에서 건국하였다(B.C. 37).

② **정치**

    ㉠ 건국 초기부터 주변의 소국을 정복하고 평야지대로 진출하였으며, 한의 군현을 공략하고 요동으로 진출하여 옥저를 정복하여 공물을 받았다.

    ㉡ 중앙 : 왕 아래 상가, 고추가, 대로, 패자 등의 독립적인 족장인 대가들이 있었다.

    ㉢ 5부족 연맹체 : 소노부(消奴部)·계루부(桂婁部)·절노부(絕奴部)·순노부(順奴部)·관노부(灌奴部) 등이 중심이 되었고, 처음에는 소노부에서 왕이 나왔으나 태조왕 때부터 계루부의 고씨가 왕위를 대신하였다.

    ㉣ 지방 : 부족장인 대가가 그 밑에 사자, 조의, 선인 등의 관리를 거느렸다.

    ㉤ 제가회의(귀족회의) : 고구려 귀족의 대표회의로 왕을 선출하거나, 중대한 범죄자는 사형에 처하고 그 가족을 노비로 삼는 등의 중요한 결정을 하였다.

③ **경제** : 부족한 농토로 약탈경제에 의존하였고, 약탈물을 보관하는 부경이라는 창고가 존재하였다. 특산물로는 맥궁(貊弓)이라는 화살이 유명하였다.

④ **사회** : 지배계급으로 왕족과 각 부의 대가 등이 있었고, 피지배계급으로 하호·노비 등이 있었다.

⑤ **풍속**

    ㉠ 서옥제(데릴사위제) : 어린 신랑이 혼인을 정한 뒤 여성의 집에 서옥(사위의 집)을 짓고 이곳에서 머무르면서 자식을 낳고 장성하면 아내를 데리고 신랑의 집으로 돌아가는 풍습이다.

    ㉡ 조상신 숭배 : 건국 시조인 주몽과 그의 어머니 유화부인에 대한 제사를 국가적 행사로 보냈다.

    ㉢ 동맹(10월) : 왕과 신하들이 국동대혈에서 함께 제사를 지내고, 추수감사제의 성격을 지닌 제천행사를 성대하게 치렀다.

(4) 옥저와 동예

① **위치** : 함경도 및 강원도 북부의 동해안 지방에 위치하여 선진문화의 수용의 어려움과 고구려의 압박으로 크게 발전하지 못하고 후에 고구려에 복속되었다.

② **정치** : 왕이 없는 군장국가로서 각 읍락을 읍군, 삼로라 불리는 군장이 다스리는 국장국가였다.

③ **옥저의 경제와 풍속**

    ㉠ 함흥평야 일대에 위치하여 농사가 잘 되었고, 어물·소금 등 해산물이 풍부하였으나, 고구려에 공납을 바치거나 수탈을 당하였다.

    ㉡ 민며느리제 : 장래에 결혼할 것을 약속하면, 여자가 어렸을 때에 남자 집에 가서 성장을 하면 남자가 여자 집에 예물을 치르고 결혼하는 풍속이다.

    ㉢ 세골장(가족공동무덤) : 이중장제(두 번 장사 지내는 일)의 하나로 유해를 일정 기간 보존한 뒤 뼈를 추려서 다시 묻거나 보관하는 방식이다.

④ 동예의 경제와 풍속
　　㉠ 강원도 북단과 영흥·안변일대에 위치하여 토지가 비옥하고 해산물이 풍부하였다. 특산물로는 단궁(활)·반어피(바다표범의 가죽)·과하마(조랑말)등이 유명하였다.
　　㉡ **무천** : 매년 10월에 무천이라는 제천행사를 열었다.
　　㉢ **족외혼** : 족외혼을 엄격하게 지켰다(씨족사회의 유습).
　　㉣ **책화** : 각 부족의 영역(생활권)을 침범하면 노비와 소·말로 변상하게 하였다(씨족사회의 유습).

(5) 삼한

① 진(辰)의 성장과 발전
　　㉠ **성장** : 고조선 남쪽지역에는 일찍부터 진이 성장하고 있었다. 진은 기원전 2세기경 고조선의 방해로 중국과의 교통이 저지하기도 하였다.
　　㉡ **발전** : 고조선 사회의 변동에 따라 대거 남하해 오는 유이민에 의하여 새로운 문화가 보급되어 토착문화와 융합되면서 사회가 더욱 발전하였다.
　　㉢ **연맹체의 출현** : 진이 발전하면서 마한, 변한, 진한의 연맹체들이 나타나게 되었다.

② 삼한의 형성
　　㉠ **마한**
　　－ **위치** : 천안·익산·나주지역을 중심으로 하여 경기·충청·전라도 지방에서 발전하였다.
　　－ **구성** : 54개국의 소국으로 이루어졌고 모두 10만여 호였는데, 그 중에서 큰 나라는 1만여 호, 작은 나라는 수천 호였다.
　　㉡ **변한과 진한**
　　－ **위치** : 변한은 김해·마산지역을 중심으로, 진한은 대구·경주지역을 중심으로 발전하였다.
　　－ **구성** : 변한과 진한은 각기 12개국으로 이루어졌고, 모두 4만~5만 호였는데, 그 중에서 큰 나라는 4,000~5,000호, 작은 나라는 600~700호였다.

③ 삼한의 주도 세력
　　㉠ **마한 목지국** : 맹주국으로 목지국 지배자가 마한왕 또는 진왕으로 추대되어 삼한 전체를 주도하였다.
　　㉡ **삼한의 정치적 지배자** : 삼한의 지배자 중 세력이 큰 것은 신지, 견지 등으로 작은 것은 부례, 읍차 등으로 불렸다.

④ 삼한의 제정분리
　　㉠ **군장** : 정치적 지배자였다.
　　㉡ **천군** : 제사장으로 농경과 종교에 대한 의례를 신성지역인 소도에서 행하였으며, 이곳은 군장의 세력이 미치지 못하는 지역으로 죄인이 도망을 하여 숨더라도 잡아가지 못하였다.

⑤ 삼한의 경제·사회상

  ㉠ 철기를 바탕으로 수전농업이 발달하고, 벼농사의 일반적 보급으로 김제 벽골제·밀양 수산제·제천 의림제 등 저수지가 많이 만들어졌다.

  ㉡ 변한은 철의 생산이 활발하여 낙랑·일본 등에 수출하였으며, 철은 교역에서 화폐처럼 사용되었다. 이미 기원전부터 제철이 성장하였다는 것은 마산 성신동·진해 등지의 야철지를 통해 알 수 있다.

  ㉢ 초가지붕의 반움집이나 귀틀집에서 살았으며 널무덤과 독무덤이 유행하였다.

⑥ 풍속

  ㉠ 제천행사 : 해마다 씨를 뿌리고 난 뒤인 5월 수릿날, 가을 곡식을 거두어들이는 10월에 계절제를 열어 하늘에 제사를 지냈다.

  ㉡ 두레 : 원시공동체적 유풍인 두레를 통해 여러 공동작업을 하였다.

⑦ 삼한의 변동

  ㉠ 철기시대 후기의 문화발전은 삼한사회의 변동을 가져왔다.

  ㉡ 지금의 한강유역에서는 백제국이 성장하면서 마한지역을 통합해 갔다.

  ㉢ 낙동강 유역에서는 가야국이, 그 동쪽에서는 사로국이 성장하여 중앙집권국가의 기반을 마련하면서 각각 가야 연맹체와 신라의 기틀을 다져나갔다.

기출예상문제

1 다음 설명 중 옳은 것은 모두 몇 개인가?

2016년 제1차 경찰공무원(순경)

> ㉠ 부여에서는 가족이 죽으면 시체를 가매장하였다가 나중에 그 **뼈**를 추려서 가족 공동 무덤인 커다란 목곽에 안치하는 풍속이 있었다.
> ㉡ 고구려에서는 수렵사회의 전통을 보여 주는 제천행사가 12월에 열렸다.
> ㉢ 옥저에서는 전쟁이 일어났을 때 제천 의식을 행하고, 소를 죽여 그 굽으로 길흉을 점치는 풍속이 있었다.
> ㉣ 동예에서는 명주와 삼베를 짜는 방직 기술이 발달하였고, 특산물로는 말, 주옥, 모피 등이 유명하였다.
> ㉤ 삼한의 지배자 중에서 세력이 큰 것은 신지, 작은 것은 읍차 등으로 불렸다.

① 1개   ② 2개
③ 3개   ④ 4개

---

answer   1.①

---

1   ㉤만 옳다.
     ㉠ 옥저에 대한 설명이다.
     ㉡ 고구려의 제천행사인 동맹은 10월에 열렸다.
     ㉢ 부여에 대한 설명이다.
     ㉣ 말, 주옥, 모피 등은 부여의 특산물이다.

2 다음 보기의 국가에 대한 설명으로 가장 적절한 것은?

2015년 2차 일반공채순경 · 101경비단

> 백성들에게 금하는 법 8조가 있었다. 그것은 대개 사람을 죽인 자는 즉시 죽이고, 남에게 상처를 입힌 자는 곡식으로 갚는다. 도둑질을 한 자는 노비로 삼는다. 용서받고자 하는 자는 한 사람마다 50만 전을 내야 한다. 비록 용서를 받아 보통 백성이 되어도 풍속에 역시 그들은 부끄러움을 씻지 못하여 혼인을 하고자 해도 짝을 구할 수 없다. 이러해서 백성은 도둑질을 하지 않아 대문을 닫고 사는 일이 없었다. 여자는 모두 정조를 지키고 신용이 있어 음란하고 편벽된 짓을 하지 않았다.
>
> – 「한서」 –

① 기원전 3세기경에는 강력한 왕이 등장하여 왕위를 세습하였으며, 그 밑에 상, 대부, 장군 등의 관직도 두었다.

② 왕 아래 가축의 이름을 딴 관리가 있었으며, 이들은 저마다 따로 행정 구획인 사출도를 다스리고 있었다.

③ 건국 시조와 그 어머니를 조상신으로 섬겨 제사를 지냈고, 10월에 동맹이라는 제천행사를 성대하게 치렀다.

④ 명주와 삼베를 짜는 등 방직 기술이 발달하였으며, 단궁과 과하마, 반어피 등이 유명하였다.

3 고구려 사회에 대해 옳게 설명한 것만 모은 것은?

2006.2.7. 해양경찰

> ㉠ 지배층의 혼인 형사취수제와 서옥제가 있었다.
> ㉡ 도둑질한 자는 12배를 물게 하였다.
> ㉢ 지배층은 왕족인 고씨, 부여씨와 8성의 귀족으로 이루어졌다.
> ㉣ 진대법을 실시하여 가난한 농민을 구제하였다.

① ㉠㉡㉣
② ㉡㉢㉣
③ ㉠㉡㉢
④ ㉠㉢㉣

answer 2.① 3.①

2 제시문은 고조선의 8조법금에 대한 내용이다.
② 부여 ③ 고구려 ④ 동예

3 ㉢ 고구려는 왕족인 계루부 고씨, 왕비족은 절노부와 5부 출신의 귀족들이 연합하여 정치를 주도하였다. 백제는 왕족인 부여씨와 8대성 귀족이 중심이 되었다.

4 다음 보기에서 제시한 풍속을 가진 국가에 대한 설명으로 가장 적절하지 않은 것은?

2012.2.25. 일반공채순경

> 형벌은 엄격하고 각박하여 사람을 죽인 자는 사형에 처하고, 그 가족은 적몰(籍沒)하여 노비를 삼았다. 도둑질을 하면 도둑질한 물건의 12배를 배상하게 하였다. 남녀 간에 음란한 짓을 하거나 부인이 투기하면 모두 죽였다. 투기하는 것을 더욱 미워하여 죽이고 나서 그 시체를 나라의 남산에 버려서 썩게 하였다. 친정집에서 그 부인의 시체를 가져가려면 소와 말을 바쳐야 하였다.

① 사람을 죽여서 순장을 하는데, 많을 때는 백여 명이나 되었다.
② 송화강 유역의 평야 지대를 중심으로 성장하여 농경과 목축이 성하였다.
③ 제천행사 기간 동안에 국가의 중요한 문제를 토의하고, 죄인을 재판하여 풀어주었다.
④ 서옥제(婿屋制)라는 데릴사위제 풍속이 있었다.

5 다음 설명 중 가장 적절한 것은?

2011.8.27. 정보통신순경

① 비파형 동검, 미송리식 토기는 고조선의 대표적인 유물이다.
② 삼한은 청동기문화를 바탕으로 농업이 발달하였다.
③ 고구려의 결혼풍습으로 서옥제와 제천행사인 무천이 있었다.
④ 고조선은 기원전 10세기 경에 철기문화를 바탕으로 성립되었다.

---

answer　4.④　5.①

4　①②③은 부여이고, ④는 고구려이다. 고구려는 모계 사회의 잔재인 서옥제(일종의 데릴사위제)와 형사취수제가 있었다.

5　① 고조선의 세력 범위와 일치하여 출토되는 유물로는 미송리식 토기(=미송리형 단지), 비파형동검(=요녕식 동검, 만주식 동검), 거친무늬 거울(=조문경), 북방식 지석묘(=탁자식 고인돌)이 있다.
　　② 부여, 고구려, 옥저, 동예, 삼한 등 초기국가(=연맹체 사회)는 철기문화를 바탕으로 형성되었다.
　　③ 고구려 귀족사회에서는 서옥제(=데릴사위제), 일반 평민들은 자유연애를 통해 결혼하였다. 동맹은 고구려, 무천은 동예에서 거행하던 제천행사였다.
　　④ 고조선은 기원전 10세기 경 청동기문화를 바탕으로 건국되었고, 기원전 2세기 위만세력이 이동하면서 철기문화가 본격적으로 수용되었다.

6 삼한에 관한 다음 설명 중 가장 옳게 짝지어진 것은?

2012.8.25. 일반공채순경, 전·의경 특채, 101경비단

> ㉠ 부전 고원을 넘어 옥저를 정복하여 공물을 받았다.
>
> ㉡ 지배자 중에서 세력이 큰 것은 신지, 작은 것은 읍차 등으로 불렸다.
>
> ㉢ 왕이 죽으면 많은 사람들이 껴묻거리와 함께 묻는 순장의 풍습이 있었다.
>
> ㉣ 초가지붕의 반움집이나 귀틀집에 살며, 5월과 10월에 하늘에 제사를 지냈다.
>
> ㉤ 제사장 천군은 신성 지역 소도에서 농경과 종교에 대한 의례를 주관하였다.
>
> ㉥ 중대한 범죄자는 제가회의를 통하여 사형에 처하고, 그 가족을 노비로 삼았다.
>
> ㉦ 상가, 고추가 등의 대가들은 각기 사자, 조의, 선인, 등 관리를 거느리고 있었다.

① ㉡㉣㉤ ② ㉡㉢㉤

③ ㉣㉤㉦ ④ ㉠㉥㉦

7 다음 유물과 유적이 알려주는 것은?

> • 비파형 동검 • 북방식 고인돌 • 미송리식 토기

① 석기시대의 사회상 ② 선민사상의 대두

③ 고조선 세력 범위 ④ 제정분리 사회

---

answer 6.① 7.③

6 삼한에 대한 설명은 ㉡㉣㉤이며, ㉠㉥㉦은 고구려, ㉢은 부여에서 보이는 풍습이다.

7 ① 비파형동검, 북방식 고인돌, 미송리식 토기는 청동기시대의 유물들이다.
  ② 선민사상은 청동기 이후의 지배사상으로 불교가 국가이념으로 정착되기 전까지 나타난 특징이다.
  ③ 고조선의 세력 범위를 알 수 있는 자료로는 비파형 동검, 북방식 고인돌, 미송리식 토기, 거친무늬 거울 등이 있다.
  ④ 제정분리가 시작된 것은 청동기 이후 부터이다.

8 다음은 동이전에 나타난 어떤 나라에 대한 기록이다. 옳은 것은?

> (가) 이 나라에는 깊은 골짜기가 많고 평원과 연못이 없어서 계곡을 따라 살며 골짜기 물을 식수로 마셨다. …(중략) … 사람들의 성품은 흉악하고 급해서 노략질하기를 좋아하였다.
>
> (나) 이 나라에는 구릉과 넓은 못이 많아서 동이 지역 가운데서 가장 넓고 평탄한 곳이다.
> 토질은 오곡을 가꾸기에는 알맞지만 과일은 생산되지 않았다. 사람들은 성품이 강직하고 용맹하며 근엄하고 후덕하여 다른 나라를 노략질하지 않았다.

① (가)에는 넓은 평지가 많았고 (나)는 높은 산이 많이 분포하였다.
② 중국은 (가)를 싫어해서 그 역사를 편견적 시각으로 바라보았다.
③ (가)에는 영고와 (나)에는 동맹이라는 제천행사가 존재하였다
④ (가)는 이후 (나)의 정복사업으로 병합되었다.

9 다음 설명에 해당하는 나라로 옳은 것은?

> 각 씨족마다 생활권이 정해져 있어 함부로 다른 지역을 침범해 경제 활동, 즉 주로 사냥, 고기잡이, 농경 등을 영위할 수가 없었다. 따라서 다른 공동체 지역을 침범하지 않는다는 엄한 규율이 있었으며 다른 읍락(邑落)을 침범하는 측에게는 생구(生口), 즉 노예와 우마(牛馬)로써 배상하게 하였다.

① 삼한   ② 옥저
③ 동예   ④ 부여

---

answer 8.② 9.③

8 (가)는 고구려, (나)는 부여에 관한 설명이다. 중국은 고구려의 잦은 침략과 강인함을 두려워하여 왜곡된 시각에서 고구려사를 부정적으로 묘사 하였는바 그 내용은 "사람들의 성품은 흉악하고 급해서 노략질하기를 좋아하였다."라는 구절에서 살펴볼 수 있다.
① 고구려는 큰 산이 많았고, 부여는 평원이 많았다.
③ 영고는 12월에 행해진 부여의 제천행사이고, 동맹은 10월에 행해진 고구려의 제천행사이다.
④ 부여는 이후 고구려의 정복과정에 편입되었다.

9 제시문은 책화에 관련된 설명이다. 책화는 각 씨족마다 생활권의 경계를 명확히 하여 이를 침범하여 물건을 훔쳤을 경우 노예와 우마로 배상하게 하는 제도이다. 책화의 풍속을 가진 국가는 동예이다.

10 다음 중 1책 12법을 실시한 나라에 대한 설명으로 옳은 것은?

① 농업 사회의 전통을 반영하는 영고가 있었다.
② 3세기 말 선비족 모용황의 침입으로 쇠퇴하였다.
③ 제천행사는 10월에 행했다.
④ 서옥제라는 결혼 풍습이 존재하였다.

11 고조선에 대한 설명으로 옳지 않은 것은?

① 전국 시대 연나라와 힘을 겨룰 정도의 큰 세력을 이루었다.
② 노비가 발생하는 등 계급 분화가 이루어졌다.
③ 관료 조직이 아직 갖추어지지 않은 상태였다.
④ 사유 재산에 대한 보호 관념이 높아졌다.

12 위만 조선에 대한 설명으로 옳지 않은 것은?

① 위만에게 밀려난 준왕은 진국(辰國)으로 가서 한왕이라 자칭하였다.
② 중국 세력과의 전쟁에서 서쪽의 영토 2,000여 리를 빼앗겼다.
③ 성장 과정에서 주변의 진번·임둔 등을 복속시켰다.
④ 이 시기 대표적인 무덤 양식은 널무덤이다.

---

answer 10.② 11.③ 12.②

10 1책 12법은 부여의 법률로서 물건을 훔친 자는 12배로 배상하게 한다는 것이다. 부여는 3세기 말 선비족의 침입을 받고, 그 세력이 점차 쇠퇴해지다가 이후 고구려에 편입되게 된다.
①③ 부여의 제천행사는 12월의 영고이다. 영고는 수렵사회의 전통을 반영한 것이다.
④ 서옥제는 고구려의 풍습으로 데릴사위제와 유사한 형태이다.

11 부왕, 준왕 때 왕위가 세습되고 상, 대부, 장군 같은 관직 체제가 형성되었다.

12 기원전 300년 전후하여 연의 장수 진개의 침입으로 고조선은 서방 영토 2,000여 리를 상실하였다.

13 고대의 초기 국가에 대한 설명으로 옳은 것은?

① 마한에서는 정치적 지배자 중 세력이 큰 것은 읍군, 작은 것은 삼로라 불렀다.
② 옥저에서는 석관에 시신을 안치하고, 쌀을 담은 항아리를 함께 묻었다.
③ 동예의 특산물은 단궁, 과하마, 반어피 등이며, 족내혼을 엄격하게 지켰다.
④ 부여에서 행하는 제천 행사인 영고는 수렵 문화 전통을 보여준다.

14 다음과 관련 있는 나라에 대한 설명으로 옳지 않은 것은?

㉠ 영고	㉡ 동
㉢ 무천	㉣ 수릿날

① ㉠ 물건을 훔칠 경우 그 12배를 배상하게 하였다.
② ㉡ 형사취수제와 서옥제의 풍습이 있었다.
③ ㉢ 다른 부족의 영역을 침범할 경우 노비와 소, 말 등으로 변상하였다.
④ ㉣ 읍군, 삼로 등의 군장이 자기 부족을 지배하는 군장 국가였다.

15 8조법에 의한 고조선의 사회상황에 대한 설명으로 옳지 않은 것은?

① 노동력을 중요시하게 생각하였다.
② 사유재산의 침해시 가혹하게 징계하였다.
③ 화폐경제가 발달하고 있었다.
④ 남녀평등이 중요시 되었다.

answer 13.④ 14.④ 15.④

13 ① 대장군은 신지, 견지이다.
　② 옥저에서는 가족 시신을 커다란 목곽에 안치하였다.
　③ 동예는 족외혼이다.

14 읍군, 삼로 등의 군장은 옥저와 동예의 정치세력이다.

15 8조법에는 여자는 정절을 소중히 여긴다는 고조선의 풍습을 덧붙이고 있어 가부장사회가 확립되었으며, 간음, 질투 등에 대한 죄목이 있었음을 알 수 있다.

고대의 세계 단원에서는 고대의 세계를 정치, 경제, 사회, 문화로 나누어
고대의 각 분야별 변화를 파악할 수 있습니다.

고대의 세계

CHAPTER 01 고대의 정치

 고대사회의 성장

(1) 고대국가의 성립과정

① **연맹왕국의 형성** : 철기문화의 보급과 생산력 증대를 바탕으로 성장한 여러 소국들은 그 중 우세한 집단의 족장을 왕으로 하는 연맹왕국을 이루었다. 연맹왕국은 종래의 군장세력이 자기 부족에 대한 지배권을 행사했으므로 집권국가로서는 한계가 있었다.

② **고대국가의 형성**
- ㉠ **율령 반포** : 왕권을 합법화하고 통치체제를 정비하기 위하여 율령을 반포하였는데, 형법·관등제·조세제·조사상장·학·악 등에 이르기까지 정치조직과 사회생활 전반을 규제하는 성문법전이었다.
- ㉡ **불교 수용** : 부족의 전통에 따른 분열을 극복하고, 초부족적인 사상의 통일을 꾀하기 위하여 불교를 받아들여 집단의 통합을 강화하였다.
- ㉢ **영토 확장** : 왕은 자기 집단 내부의 지배력을 강화하는 동시에 다른 집단에 대한 지배력을 키워 나갔고, 이 과정에서 주변지역을 활발하게 정복하여 영역을 확대하고 정복 과정에서 경제력과 군사력을 바탕으로 왕권이 강화되었다.

③ **고대국가의 발전과정**
- ㉠ 선진문화의 수용과 지리적 위치에 따라 차이를 보인다.
- ㉡ 고구려, 백제, 신라의 순서로 고대국가체제가 정비되고, 가야연맹은 삼국의 각축 속에서 중앙집권화를 이루지 못하고 해체되었다.

(2) 초기의 고구려

① **건국(B.C. 37)** : 부여 계통의 주몽세력과 토착민세력의 결합으로 건국되어 졸본성에서 국내성으로 천도하여 체제정비를 하였으며, 삼국 중 가장 빠르게 국가체제를 정비하였다.

② **태조왕(1세기 후반)**
- ㉠ **왕위세습권 정비** : 계루부 고씨의 형제상속에 의한 왕위계승(형제상속)을 확립하였다.
- ㉡ **영토 확장** : 옥저와 동예를 복속하여 중국과의 전쟁에 있어 후방기지를 확보하였다.

③ 고국천왕(2세기 후반)
  ㉠ 중앙집권체제의 정비 : 형제상속에서 부자상속으로 왕위계승을 바꾸었으며, 부족적인 전통을 지녀온 5부가 행정적 성격의 5부로 개편하여 족장들을 중앙귀족으로 편입시켰다.
  ㉡ 진대법의 시행 : 을파소를 국상으로 등용하여 자영소농민을 보호하고, 지배층의 노예가 되는 것을 방지하기 위해 진대법을 시행하였다.

(3) 초기의 백제

① 건국(B.C. 18) : 한강 유역의 토착민과 고구려 계통의 북방 유이민의 결합으로 성립되었는데, 우수한 철기문화를 보유한 유이민 집단이 지배층을 형성하였다.
② 고이왕(3세기 중엽)
  ㉠ 중앙집권체제의 정비 : 형제상속에 의한 왕위계승을 확립하고, 6좌평·16관등제의 관직체제를 만들어 지방족장을 중앙관료로 편입시키고, 백관의 공복을 제정하는 한편, 율령을 반포하여 중앙집권체제를 정비하였다.
  ㉡ 대외활동 : 대부분의 한강유역을 차지하였고, 중국과 문물교류를 통해 발전된 문물을 받아들였다.

(4) 초기의 신라

① 건국(B.C. 57) : 경주의 토착집단과 유이민 집단의 결합으로 박혁거세에 의해 건국되었다.
② 성립 : 초기에는 석탈해 집단의 합류로 박·석·김의 세 부족이 연맹하여 이사금(왕)으로 추대하는 6부족 연맹체로 발전하였다.
③ 내물왕(356~402)
  ㉠ 중앙집권체제의 정비 : 활발한 정복활동을 통해 낙동강 유역의 진한지역을 차지하고, 김씨에 의한 왕위세습권을 확립하고, 군장의 칭호도 이사금 대신 마립간이라는 칭호를 사용하였다.
  ㉡ 대외활동 : 백제와 왜의 침략(399)에 내물왕은 고구려 광개토대왕의 원조를 받아 이를 물리쳤으나 고구려의 영향력 하에 놓였다. 고구려를 통해 중국문물을 수용하여 중앙집권국가로 발전하였다.

(5) 가야

가야연맹

① 성립 : 낙동강 하류지역의 변한 12국이 철기문화를 바탕으로 새로운 연맹왕국으로 성장하게 되었다.

② 전기 가야연맹(금관가야 중심)

  ㉠ 금관가야는 김수로에 의해 건국되었으며, 세력 범위는 낙동강 유역 일대에 걸쳐 있었다.

  ㉡ 4세기 초 고구려가 낙랑·대방 양군을 멸망시키자 유력한 교역상대를 잃게 되었고, 신라를 지원하는 고구려 광개토대왕의 공격을 받고 가야의 중심세력으로서의 권력을 상실하고 가야 영역은 낙동강 서쪽 연안지역으로 축소되었다.

③ 후기 가야연맹(대가야 중심)

  ㉠ 대가야를 중심으로 삼국의 각축 속에 명맥을 유지해 나갔다.

  ㉡ 대가야는 신라의 법흥왕과 결혼동맹(522)을 맺기도 하였으며, 금관가야가 신라 법흥왕에 투항하자 백제를 끌어들여 신라에 맞섰다.

  ㉢ 가야 소국들은 백제와 신라에 분할 점령되고, 대가야도 신라 진흥왕(562)에 멸망하면서 가야연맹은 완전히 해체되었다. 가야는 삼국과 달리 고대국가로 발전하지 못하면서 멸망하였다.

④ 경제·문화

  ㉠ 농경문화가 발달하고 토기제작(일본 스에키 토기에 영향) 및 수공업이 발달하여 경제적인 발달을 이루었다.

  ㉡ 철의 생산과 낙랑·대방 및 일본 규슈 지방과의 중계무역으로 많은 이득을 얻었다.

② 삼국의 정치적 발전과 통치체제

(1) 고구려의 발전(3~4세기)

① 동천왕(227~248) : 중국의 위·촉·오 삼국시대에 오와 외교관계를 수립하여 위를 견제하였으며 압록강 입구인 서안평을 공격하여 중국과 낙랑의 통로를 차단하려 하였으나, 위의 장수 관구검의 반격(244)을 받아 한 때 국내성이 함락되기도 하였다.

② 미천왕(300~331) : 서안평을 점령하고, 낙랑·대방을 점렴하면서 한반도에서 중국 군현을 완전히 소멸하고, 압록강 중류 지역을 벗어나 남쪽 진출의 발판을 마련하였다.

③ **고국원왕**(331~371) : 북의 전연 모용황의 침입(342)으로 수도를 함락당하기도 하였고, 전진과 우호 관계를 맺고 남쪽으로 영토 확장을 하였으나, 평양성 전투에서 백제의 근초고왕에 의해 전사(371) 하면서 국가적 위기를 맞이하였다.

④ **소수림왕**(371~384)

　　㉠ 율령 반포(373) : 율령을 반포하여 통치체제를 정비하였다.

　　㉡ 불교 수용(372) : 북중국 전진으로 받아들여 불교를 공인하고, 국가의 사상 통일을 이루고자 하였다.

　　㉢ 태학 설립 : 관리 양성을 위해 우리나라 최초의 중앙국립대학을 설립하였다.

(2) 백제의 발전(4세기)

4세기 백제 전성기

① **근초고왕**(346~375)

　　㉠ 영토확장

　　　– 마한의 대부분을 정복하였으며, 황해도 지역을 두고 고구려와 대결(고국원왕 패사)을 하였다.

　　　– 낙동강 유역의 가야연맹에 대한 지배권 행사하였고, 중국의 요서지방(대중국 무역기지로 이용)과 산동 지방, 일본의 규슈 지방까지 진출하였다.

　　㉡ 중앙집권체제 정비 : 왕위를 형제상속에서 부자상속제로 확립하였으며, 고흥으로 하여금 「서기」를 편찬하게 하였다.

② **침류왕**(384~385) : 불교를 공인하여(384) 중앙집권체제를 확립하려 하였다.

③ **비유왕**(427~455) : 신라의 눌지왕과 나 · 제동맹(434)을 체결하였다.

(3) 신라의 발전

① **눌지왕**(417~458) : 부자상속제를 확립하고 고구려의 간섭을 배제하기 위해 나 · 제동맹(434)을 체결하였다.

② **소지왕**(479~500) : 6촌 6부의 행정구역으로 개편하고, 백제 동성왕과 결혼동맹을 체결하여 고구려에 대항하였다.

③ **지증왕**(500~514)

　　㉠ 국호를 신라로 고치고, 왕호를 마립간에서 왕으로 고쳤다. (적극적인 환화정책 추구)

　　㉡ 우경을 권장하고, 시장관리 감독청인 동시전을 설치하였다.

　　㉢ 이사부로 하여금 우산국(울릉도)를 복속시켰다.

④ **법흥왕**(514~540)
　　㉠ **체제 정비** : 군사권 장악을 위해 병부를 설치하고, 귀족회의체를 보다 효과적으로 통제하기 위해 상대
　　　등제도를 마련하고, 율령의 반포로 17관등 및 백관공복제를 마련하여 제도를 정비하였다. '건원'이라
　　　는 신라 최초의 연호를 사용하여 강력한 왕권을 확립하고, 중국과 대등한 관계임을 과시하였다.
　　㉡ **불교공인** : 이차돈 순교를 통해 불교가 공인되었다(527).
　　㉢ **대외정책** : 금관가야를 정복(532)하여 낙동강까지 영토를 확장하였다.

③ 삼국과의 항쟁

(1) 고구려의 대제국 건설

① **광개토대왕**(391~413)
　　㉠ **정복활동**
　　　– 만주지방은 숙신(여진)을 정벌하고, 요동지방은 후연(선비족)을 정벌하여 확보하였다.
　　　– 백제를 압박하여 한강유역 이북을 차지하고, 신라 내물왕을 도와 신라에 침입한 왜를 격퇴하고, 한반
　　　　도 남부에까지 영향력을 확대하였다.
　　　– 우리나라 최초의 연호인 '영락'을 사용하였다.

② **장수왕**(413~491)

5세기 고구려 전성기

　　㉠ **정복활동**
　　　– 수도를 국내성에서 평양으로 천도하자(427), 백제는 신라와 동
　　　　맹을 맺고(433) 중국 북조에 군사원조를 요청(427)하였다.
　　　– 백제의 수도인 한성을 함락(개로왕 패사)하여 한강유역을 완전히
　　　　점령하였고, 고구려의 남하정책을 기념하여 중원고구려비(481)
　　　　를 건립하였다.
　　㉡ **대외활동** : 중국 남북조와 각각 교류하면서 대립하고 있던 두 세
　　　력을 조종하여 중국을 견제하였다.
　　㉢ 우리나라의 최초의 사학인 경당을 설치하였다.

③ **문자왕**(491~519) : 동부여를 복속하고 고구려 최대의 영토를 확보하였다.

(2) 백제의 중흥

① 개로왕(455~475) : 중국 북조의 북위에 군사원조를 요청하였으나, 장수왕의 공격(475)으로 한성이 함락되고 전사하였다.

② 문주왕(475~477) : 수도를 웅진(공주)로 천도하면서 대외무역활동이 침체되고, 정치적 혼란으로 왕권 약화와 귀족세력이 국정을 장악하게 되었다.

③ 동성왕(479~501) : 신라의 소지왕과 결혼동맹을 맺고 고구려에 대항하였다.

④ 무령왕(501~522)
　㉠ 지방에 22담로라는 특별행정구역을 설치하고 왕족을 파견하여 지방통제를 강화하였다.
　㉡ 중국의 남조의 양나라와 교류하였다.

⑤ 성왕(523~554)
　㉠ 체제정비
　　– 사비(부여)로 천도하고(553), 국호를 남부여로 개칭하였다.
　　– 중앙은 22부, 수도는 5부로 지방은 5방으로 제도를 정비하였다.
　　– 겸익을 등용하여 불교를 진흥시키고 일본에 전파하였다.
　㉡ 대외활동 : 신라와 연합하여 한강유역을 확보하였으나, 신라 진흥왕의 배신으로 신라에 한강 하류지역을 빼앗기고 성왕은 관산성에서 전사하였다(554). 이로써 나·제동맹은 결렬되고 백제의 중흥이 실패로 끝나게 되었다.

(3) 신라의 발전

6세기 신라 전성기

① 진흥왕(540~576)
　㉠ 체제정비
　　– 화랑도를 국가적 조직으로 개편하고, 불교 교단을 정비하였다.
　　– '개국', '대창', '홍제'라는 연호를 사용하였다.
　㉡ 대외활동
　　– 단양의 적성을 점령하여 한강상류를 확보하고 백제와의 한강유역 주도권 다툼에서 승리함으로서 경제적 기반을 강화하고 전략적 거점을 확보할 수 있었다.
　　– 한강유역 확보로 중국과 교통할 수 있었으며, 이를 위해 당항성을 설립하였다.
　　– 대가야를 정복(562)하여 낙동강유역을 완전히 점령하고, 고구려를 공격하여 북으로 함경도 원산만까지 진출하였다.
　　– 단양일대의 고구려 영토를 차지하고 이곳 백성을 선무한 표적으로 단양적성비를 세웠다.

ⓒ 진흥왕 순수비
 – 북한산비(555) : 한강 유역 점령 기념
 – 창녕비(561) : 대가야 정복 기념
 – 황초령비(568) · 마운령비(568) : 원산만 진출 기념

삼국의 기념비

비명	건립연대	내용
광개도대왕릉비	장수왕(414)	고구려 건국부터 광개토대왕대까지의 주요 사건 기록되었다. (광개토대왕의 정복활동이 연대순으로 기록됨)
중원고구려비	장수왕(481)	고구려가 남한강 유역까지 영역을 확장한 것을 기념한 것으로 추정되며, 고구려군이 신라의 영토에 주둔하며 영향력을 행사했다는 사실이 확인된다.
영일냉수리비	지증왕(503)	지증왕과 신라 6부의 대표자들의 재산분쟁에 관한 논의 · 결정을 기록하였다.
울진봉평신라비	법흥왕(524)	법흥왕이 순행하여 어떤 사건에 발생하자, 군대를 동원하여 해결한 뒤, 소를 잡아 의식을 거행하면서 이 지역에 대해 사후조치를 취한 사실이 기록되었다. 이를 통해 법흥왕 때 율령반포를 알 수 있다.
단양적성비	진흥왕 (545~550 으로 추정)	고구려 지역이었던 적성을 공략하고 난 뒤, 그들을 도와 공을 적성 출신의 야이차(也尒次)와 가족 등 주변인물을 포상하고 적성지역의 백성들을 위로할 목적에서 세웠다.
4대 순수비	진흥왕	북한산비(555), 창녕비(561), 황초령비(568), 마운령비(568) 순수비는 영토를 확장하고 국위를 선양하기 위해 점령하고 개척한 변방을 순행하면서 기념으로 세운 것이다.
남산신성비	진평왕(591)	경주 남산에 신성을 축조하고 세운 비로, 성 · 촌의 방체제와 지방인의 통치와 관계된 역역체제가 기록되었다.
임신서기석	진평왕(612)	비문내용 중에 ≪시경≫ · ≪상서≫ · ≪예기≫ 등 신라 국학의 주요한 교과목의 습득을 맹세한 점을 통해 청소년들의 유교경전 학습을 짐작할 수 있다.

(4) 삼국의 통치체제

① 통치조직의 정비
  ○ 삼국 초기에는 부족 단위 각 부의 귀족들이 독자적으로 관리를 거느리는 방식으로 귀족회의에서 국가의 중요한 일을 결정하였다.
  ○ 중앙집권체제의 형성
  – 왕을 중심으로 한 통치체제로 왕의 권한이 강화되었다.
  – 관등제와 행정구역이 정비되어 각 부의 귀족들은 왕권 아래 복속되고, 부족적 성격이 행정적 성격으로 개편되었다.

② 관등조직 및 중앙관제
  ○ 정치조직

구분	관등	수상	중앙관서	귀족합의제
고구려	10여 관등	대대로(막리지)		제가회의
백제	16 관등	상좌평	6좌평, 22부	정사암회의
신라	17 관등	상대등	병부, 집사부	화백회의

  ○ 신라의 골품제도 : 관등제도와 함께 결합하여 운영하였는데 신분제에 의해 제약을 받았다.
  ○ 관등제 : 왕 아래에 다양한 세력집단이 하나의 체계로 조직되어 상하관계를 이룬 것이다.
  – 고구려의 관등

등급	관등명	등급	관등명	등급	관등명
1	대대로(대막리지)	6	대사자	11	제형
2	태대형(막리지)	7	대형	12	과절
3	울절	8	발위사자	13	부절
4	태대사자	9	소사자	14	선인
5	조의두대형	10	서형		

  – 백제의 관등

등급	관등명	등급	관등명	등급	관등명	등급	관등명
1	좌평	5	한솔	9	고덕	13	무독
2	달솔	6	내솔	10	계덕	14	좌군
3	은솔	7	장덕	11	대덕	15	진무
4	덕솔	8	시덕	12	문독	16	극우

  – 신라의 관등 : 신라의 관등제는 경위(京位)와 외위(外位)로 구성된 이원적인 관등제로, 골품제의 적용을 받은 경주인들은 중앙관직에 진출하여 경위를 지급받았다. 반면에 지방인들은 골품제가 적용되지 않은 채 지방의 외위만 받았다. 통일 이후에는 지방민에게도 외위 대신 경위를 주면서 외위는 소멸되고 관등체계가 일원화되었다.

③ 지방제도

    ㉠ 지방조직

구분	수도	지방(장관)	특수행정구역
고구려	5부	5부(욕살)	3경(평양성, 국내성, 한성)
백제	5부	5방(방령)	22담로(지방 요지)
신라	6부	5주(군주)	2소경[중원경(충주), 동원경(강릉)]

    ㉡ 지방제도의 정비 : 최상급 지방행정단위로 부와 방 또는 주를 두고 지방장관을 파견하였고, 그 아래의 성이나 군에도 지방관을 파견하여 지방민을 직접 지배하였으나 말단 행정단위인 촌은 지방관을 파견하지 않고 토착세력을 촌주로 삼았다. 그러나 대부분의 지역은 중앙정부의 지배가 강력히 미치지 못하여 지방세력가들이 지배하게 되었다.

④ 군사조직 : 지방행정조직이 그대로 군사조직이기도 하여 각 지방의 지방관은 곧 군대의 지휘관(백제의 방령, 신라의 군주)이었다.

④ 대외항쟁과 신라의 삼국통일

(1) 고구려와 수 · 당의 전쟁

① 동아시아의 정세(6세기 말)

    ㉠ 중국 : 남북조의 분열기를 통일한 수나라가 신라와 동맹하여 고구려에 압박을 가하였다.

    ㉡ 고구려 : 수나라와 신라의 동서연합에 맞서 북방의 돌궐 및 남쪽의 백제 · 왜와 연결되는 남북세력을 이루었다.

    ㉢ 삼국의 대외관계 변천

        4세기 = 전진, 고구려, 신라 VS 동진, 백제, 왜

        7세기 = 돌궐, 고구려, 백제, 왜 VS 수 · 당, 신라

② 고구려와 수나라의 전쟁

고구려와 수의 전쟁

㉠ 원인 : 수의 성장에 고구려가 영양왕 때 요서지방을 선제
공격을 하였다(598).

㉡ 경과 : 수나라 문제의 침입(1차)과 수나라 양제의 침입(2
차~4차)이 있었으나, 고구려 정복에 실패하였다.

㉢ 을지문덕의 살수 대첩(612, 2차 침입) : 수나라 수군은 대
동강(패수)에서 괴멸당하고, 113만 육군은 요동성 공략에
실패하자 우중문의 30만 별동대가 평양성을 공격하였지
만 살수(청천강)에서 을지문덕에게 대패를 당하였다.

㉣ 결과 : 수나라는 국력 소모와 내란으로 멸망(618)하게 되고,
수나라를 계승한 당나라를 건국하였다.

③ 고구려와 당나라의 전쟁

고구려와 당의 전쟁

㉠ 원인 : 당나라 초기에는 고구려에 유화정책을 취했으나 곧이어 동
북아시아로 세력을 뻗쳐오자, 고구려는 당의 침략에 대비하여 천
리장성을 축조하고 연개소문은 대당강경정책을 추진하였다.

㉡ 경과 : 당 태종은 요동의 여러 성을 공격하고 전략상 가장 중요한
안시성을 공격하였으나 고구려의 의해 실패하였다(645, 1차 침
입). 그 후에도 두 차례를 침입하였으나, 실패하면서 당의 동북
아시아 지배야욕을 좌절시켰다.

(2) 백제와 고구려의 멸망

백제와 고구려 부흥운동

① 한반도 정세의 변화 : 여·제동맹 이후 나·당연합이 결성되었다.

② 백제의 멸망

㉠ 원인 : 정치질서의 문란과 지배층의 향락으로 국방이 소홀해지면서 몰
락하게 되었다.

㉡ 과정 : 신라는 황산벌에서 백제를 격파하여 사비성으로 진출하였고, 당
군은 금강 하구로 침입하였다. 결국 사비성은 함락되었다(660).

㉢ 부흥운동 : 복신과 흑치상지, 도침 등은 주류성과 임존성을 거점으로
하여 사비성과 웅진성을 공격하였으나, 나·당연합군에 의하여 진압되
었다. 이때 왜군이 백제 지원을 나섰으나 백강 전투에서 패배하고 말
았다.

③ 고구려의 멸망
　　㉠ 원인 : 지배층의 분열과 국력의 약화로 정치가 불안정하였다.
　　㉡ 과정 : 나·당연합군의 침입으로 평양성이 함락되었다(668).
　　㉢ 부흥운동 : 보장왕의 서자 안승을 받든 검모잠과 고연무 등은 한성과 오골성을 근거지로 한때 평양성
　　　을 탈환하였으나, 결국 실패하였다. 그러나 7세기 후반 고구려 유민들의 발해 건국을 통해 고구려의
　　　전통을 지속할 수 있었다.

(3) 신라의 삼국통일

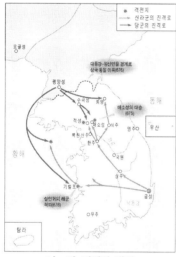

나·당 전쟁의 전개

① 과정 : 신라·고구려·백제 유민의 연합으로 당과 정면으로 대결
　하였다.
　㉠ 당의 한반도 지배 의지 : 한반도에 웅진도독부, 안동도호부, 계림
　　도독부를 설치하였다.
　㉡ 나·당전쟁 : 신라의 당 주둔군에 대한 공격으로 매소성과 기벌포
　　전투에서 승리를 거두게 되고 당군을 축출하여 삼국통일 이룩하
　　였다(678).
② 삼국통일의 의의와 한계
　㉠ 의의 : 당의 축출로 자주적 성격을 인정할 수 있으며 고구려와
　　백제문화의 전통을 수용하고, 경제력을 확충함으로써 민족문화
　　발전의 토대를 마련하였다는 점에서 큰 의의가 있다.
　㉡ 한계 : 외세(당)의 협조를 받았다는 점과 대동강에서 원산만 이남
　　에 국한된 불완전한 통일이라는 점에서 한계성을 지닌다.

⑤ 남북국시대의 정치변화

(1) 통일신라의 발전

① 통일 이후 신라의 상황 : 삼국통일 후 영역이 확대되고, 인구의 증가, 생산력 증대, 강력한 군사력을
　바탕으로 왕권의 전제화와 정치적인 안정을 이룩할 수 있게 되었다.

② 무열왕(654~661)
　㉠ 최초의 진골귀족 출신 왕으로 통일과정에서 왕권을 강화하였으며, 이후 무열왕 직계자손이 왕위를 계
　　승하게 되었다.
　㉡ 집사부의 장관인 시중의 기능을 강화하고 귀족세력의 이익을 대변하던 상대등의 세력을 억제하였다.

③ 문무왕(661~681) : 당나라를 축출하고(676) 통일왕국을 형성하였다.

④ 신문왕(681~691)
　㉠ 왕권강화 : 김흠돌 모역 사건을 통해 귀족세력을 숙청하고 정치세력을 재편성하였다.
　㉡ 지방·군사제도 정비 : 지방행정조직을 9주 5소경으로 완비하고, 군사조직을 9서당, 지방군인 10정을 조직하였다.
　㉢ 토지제도 : 문무관리에게 관료전을 지급하고 녹읍을 폐지하여 귀족의 경제기반을 약화시켰다.
　㉣ 교육제도 : 국학을 설립하여 유학사상을 강조하고 유교정치이념을 확립시켰다.
　㉤ 6두품의 진출 : 왕권이 전제화되면서 진골귀족의 세력은 약화되었고 진골귀족에 정치적으로 성장할 수 없었던 6두품 세력은 학문적 식견을 바탕으로 왕권과 결탁하여 왕의 정치적 조언자로 활동하거나 행정실무를 총괄하였다.

⑤ 전제왕권의 동요(8세기 후반 이후)
　㉠ 경덕왕 이후 진골귀족 세력의 반발로 전제왕권이 흔들리기 시작하였다.
　㉡ 녹읍제가 부활하고, 사원의 면세전인 증가되어 국가재정의 압박을 가져왔다.
　㉢ 귀족들이 특권적 지위를 고수하려 하고, 향락과 사치가 계속되자 농민의 부담은 가중되었다.

(2) 통일신라의 통치체제

① 중앙정치체제
　㉠ 집사부의 기능 강화 : 집사부 시중의 지위과 강화되고(국정총괄), 집사부 아래에 위화부와 13부를 두고 행정업무를 분담하였으며, 왕권을 옹호하는 행정적인 대변자인 동시에 정치적 책임자의 역할을 하였다.
　㉡ 민족통합정책 : 고구려, 백제의 옛 관리 중의 일부를 신라의 지배체제 안에 흡수하였다.
　㉢ 유교정치이념의 수용 : 국학을 설립하였다.
　㉣ 군사조직의 정비
　　－9서당(중앙군) : 옷소매의 색깔로 표시하였는데 부속민에 대한 회유와 견제의 양면적 성격이 있다.
　　－10정(지방군) : 9주에 각 1정의 부대를 배치하였으나, 한산주에는 2정(남현정, 골내근정)을 두었다.

② 지방정치체제
　㉠ 9주 5소경
　　－9주(도독) : 주의 장관은 총관(후에 도독)으로 군사적 기능은 약화되고, 행정적 기능이 강화되었다. 일부 군·현에는 태수와 현령이 중앙에서 파견되었다.
　　－5소경 : 수도의 지역적 치우침을 보완하기 위하여 군사적·행정적 요지에 설치하였다.
　㉡ 지방관의 감찰을 위하여 외사정을 파견하였고, 지방 자제들을 수도에 머물게 하는 상수리제도를 실시하였으며, 향·부곡이라 불리는 특수행정구역도 설치하였다.

③ 한계 : 중국식 정치제도의 도입으로 강력한 중앙집권적 전제국가로 발전하였다. 그러나 진골귀족이 권력을 독점하는 한계를 가지고 있다.

(3) 발해의 건국과 발전

발해의 건국

① 건국

ㄱ 고구려 유민은 요동지방을 중심으로 대당 저항을 하였고, 이에 당은 보장왕을 이용한 회유책(민족분열정책)을 사용하였으나, 고구려 유민의 동족의식만 강화시켰다.

ㄴ 고구려 출신의 대조영이 고구려 유민과 말갈집단을 구성원으로 하여 길림성에 건국하여 남쪽의 신라와 북쪽의 발해가 공존하는 남북국이 형성되었다(698).

② 발해의 성격

ㄱ 이원적 민족구성 : 지배층은 고구려인이고 피지배층은 말갈인으로 구성되었다.

ㄴ 독자적 연호 사용 : 대조영은 '천통', 무왕은 '인왕', 문왕은 '대흥', 선왕은 '건흥' 등을 독자적 연호로 사용하면서 왕권의 강력함과 중국과의 대등함을 드러내었다.

ㄷ 고구려 계승의식 표방 : 일본에 보낸 국서에 고려 또는 고려국왕이라는 칭호를 사용하였고, 고구려 문화와 유사성이 있다.

③ 발해의 발전

ㄱ 무왕(8세기 전반, 영토 확장)

– 대외정책 : 만주의 대부분과 연해주의 영토를 장악하고, 장문휴의 수군을 통해 당의 산동반도 공격 · 점령 후 발해관을 설치하고, 돌궐 · 일본과 연결하여 당과 신라에 대항하였다.

– 독자적 연호 사용 : 연호를 '인안'이라 하고 자주적인 모습을 보였다.

ㄴ 문왕(8세기 후반, 체제 정비)

– 대외정책 : 당과 친선관계를 맺어 중국문물을 수용하였고, 신라와는 동해안을 따라 이르던 교통로인 신라도를 통해 교류하였다.

– 체제 정비 : 수도를 중경에서 상경으로 천도하고, 연호를 '대흥'이라 칭하였다.

ㄷ 선왕(9세기 전반, 중흥기)

– 대외정책 : 요동지방으로 진출하였으며 남쪽으로는 신라와 국경을 접할 정도로 넓은 영토를 차지하였다.

– 체제 정비 : 광대한 영토를 효과적으로 통치하기 위하여 5경 15부 62주의 지방행정제도를 완비하였다.

– 당시 고구려계통의 문화와 당문화의 결합이 절정에 이르러 당시 발해의 전성시대를 '해동성국(海東盛國)'이라 칭하였다.

④ 발해의 대외관계

ㄱ 대당관계 : 8세기 초에는 고구려 계승의식 강하여 대립관계에 있었으며, 당은 신라 · 흑수부 말갈 족을 이용하여 발해를 압박하였다. 8세기 후반 이후 문왕 때 국교를 재개하여 당과의 교류가 활발하였다.

ⓒ 일본과의 관계 : 신라 견제를 위해 우호적인 관계를 유지하였다.

ⓒ 신라와의 관계 : 당의 견제정책으로 대립하였으나, 부분적으로 친선관계도 유지하였다.

⑤ 발해의 멸망 : 거란의 세력 확대와 귀족들의 권력투쟁으로 인해 국력이 쇠퇴하면서 거란에 멸망되었다(926).

(4) 발해의 통치체제

① 중앙정치체제

ⓐ 3성 6부 : 당의 제도를 수용하였으나 명칭과 운영은 독자성을 유지하였다.

– 3성 : 정당성(대내상이 국정총괄), 좌사정, 우사정(지 · 예 · 부)으로 구성되었다.

– 6부 : 충부(이부), 인부(호부), 의부(예부), 지부(병부), 예부(형부), 신부(공부)로 구성되었다.

ⓑ 국가 중대사는 귀족들이 정당성에 모여 회의를 통해 결정하였고, 중정대(감찰 기구), 문적원(서적 관리), 주자감(중앙 최고 교육기관)등의 기관이 있었다.

ⓒ 군사조직의 정비

– 10위(중앙군) : 왕궁과 수도경비를 담당하였다.

– 지방군 : 농병일치 군사조직으로 지방관이 지휘를 하였다.

② 지방정치체제

ⓐ 5경 15부 62주

– 5경 : 수도 상경을 비롯한 일종의 직할구역으로 전략적 요충지에 설치하였다.

– 15부 62주 : 전국을 15부로 나누고 부에는 도독을 두고, 부 아래에 62주로 편성하여 주에는 자사를 두어 도독의 일원적인 지휘를 받았다.

ⓑ 지방행정의 말단인 촌락은 주로 말갈인 촌장이 지배하였다.

(5) 신라 말기의 정치변동

① 신라하대의 사회 동요

ⓐ 중앙 귀족들의 왕위 쟁탈전

– 배경 : 중앙 귀족들이 토지, 노비, 사병을 확대하여 세력을 강화하였다.

– 전개 과정 : 진골 귀족들은 사병을 거느리고 권력 다툼을 벌였으며, 96각간의 난이 대표적이다.

– 결과 : 780~935년 155년간 20명의 왕이 교체되었고, 상대등이 정치권력을 가지면서 왕권은 미약하였다.

ⓑ 지방 세력의 반란

– 배경 : 정부의 지방 통제력이 약화되었다.

– 전개 과정 : 왕위 계승 다툼에 지방세력이 가담하였다.

– 김헌창의 난(822) : 웅주 도독 김헌창이 왕위 계승에 불만을 품고 반란을 일으키나 실패하였다.

– 장보고의 난(846) : 청해진에서 세력을 키워 해상무력에 크게 기여한 장보고가 왕위쟁탈 전에 가담하나 실패하였다.

ⓒ 지방 토착세력의 성장
- 지방 호족의 등장 : 토착세력의 촌주, 중앙에서 내려온 중앙귀족 또는 해상 · 군사 세력이 호족으로 성
  장하여 사병을 양성하고 스스로 성주 · 장군이라 칭하고 광대한 농장을 형성하고 지방의 행정권 및
  군사권을 장악하였다. 선종을 지지하였다.
- 도적 집단인 초적이 등장하고, 경제력과 노동력을 통한 불교사원의 지방 세력화로 사원세력이 성장하
  였다.
ⓔ 농민봉기의 발생
- 배경 : 중앙정치의 부패와 귀족들의 수탈에 토지를 잃고 노비가 되거나 초적이 되었다.
- 원종과 애노의 난(진성여왕 3년, 889) : 신라의 사벌주(沙伐州 : 지금의 경상북도 상주)에서 원종 · 애노가
  일으킨 농민 봉기이다.
- 적고적의 난(진성여왕 4년, 896) : 적고적은 붉은색 바지를 입어 스스로 구별했기 때문에 붙여진 이름
  으로 중앙정부가 지방 군 · 현에 대해 조세를 독촉한 것을 계기로 일어났다.
ⓜ 6두품 세력의 불만
- 중앙 귀족임에도 관직 승진의 제한으로 반신라적 성향이 심화되었다.
- 골품제의 모순을 비판하고 호족세력과 연계를 시도하였다.
- 6두품 최치원은 진성여왕에게 개혁한 시무 10조를 건의하였으나 귀족들의 반발로 실패하였다.
ⓗ 선종의 영향
- 배경 : 귀족사회 분열이 심화되자 선종은 지방 세력들의 지지를 받았다.
- 실천적인 성향과 개혁적인 성격을 지녔으며, 호족의 이념적 지주로서 고려왕조 개창에 사상적 바탕이
  되었다.

(6) 후삼국의 성립

후삼국의 성립

① 배경 : 10세기에 접어들면서 신라 말의 혼란을 이용하여 견훤과 궁예는 독자적인 정권을 수립하고, 신라의 지배권은 경주 일대로 축소되면서 다시 삼국이 정립되는 후삼국시대가 전개되었다.

② 후백제
　㉠ 농민 출신의 견훤이 군진·호족세력을 토대로 완산주(전주)에 건국하였다(900).
　㉡ 중국과는 외교관계를 맺었으나 신라와는 적대적이었다.
　㉢ 농민에 대한 지나친 조세 부과로 반감을 샀으며, 호족세력의 포섭에 실패하였다.

③ 후고구려
　㉠ 신라 왕실의 후손 궁예가 초적·호족세력을 토대로 송악(개성)에 건국하였다(901).
　㉡ 국호는 후고구려→마진→태봉으로 바뀌었고, 도읍지도 송악에서 철원으로 옮겨졌다.
　㉢ 국정 최고기구인 광평성과 여러 관서를 설치하고, 9관등제를 실시하였다.
　㉣ 농민에 대한 지나친 조세를 부과하였고, 미륵신앙을 이용한 전제정치를 펼쳐 신하들에 의해 축출되었다.

기출예상문제

1 삼국시대의 정치 발전에 대한 설명으로 가장 적절하지 않은 것은?

2015년 1차 일반공채순경 · 101경비단

① 고구려 소수림왕은 율령 반포, 불교 공인 등을 통해 지방의 부족세력을 효율적으로 통제하였다.
② 신라 지증왕은 국호를 신라로 바꾸고, 왕의 칭호도 마립간에서 왕으로 고쳤다.
③ 백제 무령왕은 대외 진출이 쉬운 사비(부여)로 도읍을 옮기고, 지방의 22담로에 왕족을 파견함으로써 지방에 대한 통제를 강화하였다.
④ 백제 성왕은 중앙 관청을 22부로 확대 정비하고, 수도를 5부로 지방을 5방으로 정비하였다.

2 다음 역사적 사건을 시대 선후대로 나열한 것은?

2007.9.9. 정보통신순경

⊙ 옥저 정복	ⓒ 요동 정벌
ⓒ 낙랑 정복	ⓔ 서안평 공격

① ⓔ-ⓒ-ⓒ-⊙
② ⊙-ⓔ-ⓒ-ⓒ
③ ⓒ-ⓒ-ⓔ-⊙
④ ⓒ-ⓒ-⊙-ⓔ

---

answer 1.③ 2.②

1 ③ 백제의 수도를 사비(부여)로 옮긴 왕은 성왕이다. 백제 무령왕은 백가의 난을 진압한 후 지방 세력을 통제하기 위하여 전국을 22담로로 나누고 왕족을 파견하였다.

2 ⊙ 2세기 초 태조왕 때 옥저를 정복하였다.
ⓒ 4세기 말 광개토대왕 때 요동을 정벌하였고, 북부여를 복속하였다.
ⓒ 4세기 초 미천왕 때 낙랑을 정복하고 대동강 유역을 확보하였다.
ⓔ 3세기 중반 동천왕 때 서안평을 공격하였다가 북위 관구검의 침입을 당해 국내성이 함락 당하였다.

3 다음은 삼국시대 고구려가 강성했을 당시의 역사적 사실을 나열한 것이다. 보기의 사실을 시대 순으로 가장 옳게 나열한 것은?

2012.8.25. 일반공채순경, 전·의경 특채, 101경비단

㉠ 백제의 웅진천도	㉡ 나제동맹 결성
㉢ 광개토대왕비의 건립	㉣ 고구려 평양천도

① ㉢-㉣-㉡-㉠　　　　　　　　　② ㉡-㉢-㉣-㉠
③ ㉣-㉢-㉠-㉡　　　　　　　　　④ ㉢-㉣-㉠-㉡

4 다음은 신라의 어느 왕에 대한 기록이다. 이 왕의 재위기간에 있었던 일로 가장 적절한 것은?

2016년 제1차 경찰공무원(순경)

> 여러 신하들이 아뢰기를 "시조께서 나라를 세우신 이래 국호(國號)를 정하지 않아 사라(斯羅)라고도 하고 혹은 사로(斯盧) 또는 신라(新羅)라고도 칭하였습니다. 신들의 생각으로는 신(新)은 '덕업이 날로 새로워진다.'는 뜻이고 나(羅)는 '사방을 망라한다.'는 뜻이므로, 이를 국호로 삼는 것이 마땅하다고 여겨집니다. …… 이제 뭇 신하들이 한 마음으로 삼가 신라국왕이라는 칭호를 올립니다."라고 하니, 왕이 이에 따랐다.
>
> – 삼국사기 –

① 우산국을 복속시켜 영토로 편입하였다.
② 율령의 반포, 공복의 제정 등을 통하여 통치 질서를 확립하였다.
③ 화랑도를 국가적인 조직으로 개편하였다.
④ 유교 교육을 위하여 국학을 설립하였다.

---

answer 3.①　4.①

3 고구려의 최전성기 장수왕(413~491) 때 있었던 일이다.
　㉠ 장수왕의 남하정책으로 아차산성에서 백제 개로왕이 죽고, 이에 백제는 문주왕 때 한성에서 웅진성(충남 = 공주)으로 천도하였다(475).
　㉡ 고구려의 침략에 백제의 비류왕과 신라 눌지왕 사이에 나제동맹을 체결하여 막아내고자 하였다(433).
　㉢ 장수왕은 부왕인 광개토대왕의 업적을 기리기 위해 만주 집안에 비석을 세웠다(414).
　㉣ 장수왕은 남하정책을 표방하여 수도를 국내성에서 평양성으로 천도하였다(427).

4 제시문과 관련된 왕은 신라의 지증왕이다. 지증왕 때 우산국을 복속시켜 영토로 편입하였다.
　② 법흥왕　③ 진흥왕　④ 신문왕

01. 고대의 정치 **65**

5 다음 보기의 왕의 업적이 시대 순으로 가장 적절하게 나열된 것은?

2012.2.25. 일반공채순경

⊙ 근초고왕 때에는 산둥 지방과 일본의 규슈 지방에까지 진출하는 등 활발한 대외활동을 벌였다.
ⓒ 법흥왕은 병부의 설치, 율령의 반포, 공복의 제정 등을 통하여 통치 질서를 확립하였다.
ⓒ 장수왕은 평양으로 도읍을 옮기고, 뒤이어 백제의 수도 한성을 함락하는 등 세력을 넓혔다.
ⓒ 신문왕은 9주 5소경 체제의 지방행정 조직을 완비하였고, 녹읍을 폐지하였다.

① ㉠-㉡-㉢-㉣
② ㉠-㉢-㉡-㉣
③ ㉡-㉠-㉣-㉢
④ ㉡-㉠-㉢-㉣

6 다음은 삼국시대에 일어난 역사적 사건들이다. 시대 순으로 바르게 나열된 것은?

2011.8.27. 정보통신순경

㉠ 고구려의 불교수용, 태학설립, 율령반포
㉡ 백제의 22부 중앙관제 성립 및 5부 5방의 지방제도 정비
㉢ 신라의 6부 행정구역 개편 및 백제와의 혼인동맹 결성
㉣ 신라의 국호 정비 및 우경 도입

① ㉠-㉢-㉣-㉡
② ㉡-㉠-㉢-㉣
③ ㉢-㉣-㉠-㉡
④ ㉠-㉣-㉡-㉢

answer 5.② 6.①

5 ㉠ 백제 근초고왕(166~214)
   ㉡ 신라 법흥왕(514~540)
   ㉢ 고구려 장수왕(413~491)
   ㉣ 신라 신문왕(681~692)

6 ㉠ 고구려 소수림왕(371~384), ㉡ 백제 성왕(523~554), ㉢ 신라 소지왕(479~500), ㉣ 신라 지증왕(500~514)의
   업적이다.

7 삼국시대 대외 진출 또는 영토 확장에 관한 내용이다. 다음에 해당하는 시기의 대외관계가 가장 적절하게 연결되지 않은 것은?

2012.8.25. 일반공채순경, 전·의경 특채, 101경비단

> ⊙ 사비로 도읍을 옮기고, 중국의 남조와 활발하게 교류하고 일본에 불교를 전하기도 하였다.
> ⓒ 한강 유역을 장악하여 경제기반을 강화하고, 이후 삼국 경쟁의 주도권을 장악하는 계기를 마련하였다.
> ⓒ 한강 전 지역을 포함하여 죽령 일대에서 남양만을 연결하는 선까지 영토를 넓혔다.
> ⓔ 마한세력을 정복하여 전라도 남해안에 이르렀으며, 낙동강 유역의 가야에 대해서도 지배권을 행사하였다.

① ⊙ - 신라와 연합하여 한강 유역을 부분적으로 수복하였지만, 곧 신라에게 빼앗겼다.
② ⓒ - 금관가야를 정복하여 낙동강 서쪽을 장악하였다.
③ ⓒ - 중국 남북조와 각각 교류하면서, 두 세력을 조정하는 외교정책을 써서 중국을 견제하였다.
④ ⓔ - 중국 산둥 지방과 일본의 규슈 지방에까지 진출하는 등 대외 활동을 벌였다.

8 다음 중 삼국시대의 정치발전과 관련하여 가장 적절하지 않은 것은?

2012.10.20. 일반공채순경, 전의경 특채

① 무령왕 - 웅진(공주)으로 도읍을 옮긴 후, 백제의 중흥을 도모하였다.
② 고국천왕 - 왕위 계승이 형제상속에서 부자상속으로 바뀌었다.
③ 고이왕 - 6좌평을 두어 업무를 분장시키고, 16품의 관등제와 백관의 공복을 제정하였다.
④ 지증왕 - 국호를 신라로 바꾸고, 왕의 칭호도 마립간에서 왕으로 고쳤다.

---

answer 7.② 8.①

---

7 ⊙은 백제 성왕(523~554), ⓒ은 신라 진흥왕(540~576), ⓒ은 고구려 장수왕(413~491), ⓔ은 백제 근초고왕(346~375) 때의 역사적 사실이다.
① 백제 성왕은 신라 진흥왕과 연합하여 한강 유역을 잠시 수복하나 신라의 배신과 관산성 전투를 통해 전사하였다.
② 신라 법흥왕은 김해의 금관가야를 정복하고 낙동강 유역의 가야 땅으로 진출하는 발판을 마련하였다(552).
③ 고구려 장수왕은 흥안령 일대의 초원지대를 장악하고, 중국 남북조와 각각 교류하면서 대립하고 있던 두 세력을 조종하는 외교정책을 통해 중국을 견제하였다.
④ 백제 근초고왕은 요서, 진평 두 군을 점령한 후에 백제군을 설치하였고, 산둥 반도와 일본 규슈 지방까지 진출하여 해상 무역로를 개척하였다.

8 백제는 문주왕 때 고구려의 남하정책에 따라 웅진성(충남 공주, 475)로 천도하였고, 중흥을 꾀하고자 성왕 때 사비성(충남 부여, 538)으로 재천도하였다.

9 다음 중 삼국의 한강유역 쟁탈 과정을 살펴 볼 수 있는 비(碑)는 모두 몇 개인가?

2013.3.9. 일반공채순경, 101경비단

㉠ 북한산비 ㉡ 단양적성비
㉢ 사택지적비 ㉣ 중원고구려비
㉤ 백두산정계비 ㉥ 광개토대왕릉비

① 2개 ② 3개
③ 4개 ④ 5개

10 고구려의 한강유역 진출에 대한 사실을 잘 나타내 주고 있는 비석은?

2008.7.26. 정보통신순경

① 중원고구려비 ② 단양적성비
③ 진흥왕순수비 ④ 점제현신사비

---

answer 9.③ 10.①

9 ㉠ **북한산비**(555) : 신라 진흥왕이 한강 하류를 진출하였다는 사실을 밝혀주는 비문이다.
㉡ **단양적성비**(551) : 신라 진흥왕이 소백산맥 이북으로 진출하여 고구려 영토였던 적성(남한강 상류 단양 영역)을 빼앗음을 전해준다.
㉢ **사택지적비문**(7세기 중반) : 날이 쉽게 가고 돌아오기 어려움을 슬프게 여겨 금으로 법당을, 옥으로 탑을 세운 후 기념으로 세웠다는 사씨의 묘비로 백제 의자왕 때 건립되었다.
㉣ **중원고구려비**(5세기) : 고구려 장수왕이 남하정책을 추진하여 신라를 공격하고 남한강 상류까지 확보하여 남양만에서 죽령에 이르는 지역을 점령한 뒤 세운 척경비이다.
㉤ **백두산정계비**(1712) : 숙종 때 설치되는데, 후에 비문의 해석을 둘러싸고 조선과 청 사이에 간도의 귀속문제에 대한 분쟁이 일어났다.
㉥ **광대토대왕릉비**(414) : 장수왕이 아버지 광개토대왕의 업적을 기리기 위해 건립한 것으로, 백제의 수도를 압박하고, 신라를 도와 남해안 일부지역에 침입한 왜군을 격퇴하고, 후연(後燕)을 격파하여 요동을 점령하고, 모두루로 하여금 북부여를 정벌한 사실을 기록하고 있다.

10 ① **중원고구려비** : 장수왕 때 고구려가 남하하여 남한강 상류까지 세력을 확대시킨 사실을 전하고 있다.
② **단양적성비** : 신라의 진흥왕이 소백산맥 이북으로 진출했던 사실을 전하고 있다.
③ **진흥왕순수비**(북한산비, 창녕비, 황초령비, 마운령비) : 신라 진흥왕 때의 영토 확장을 보여준다.
④ **점제현신사비** : 평안도 용강에서 발견된 1세기 경에 세워진 현존하는 최고의 비문이다.

11 신라 진흥왕은 신라의 국토를 크게 확장했다. 그것은 현지인들의 도움을 받았기에 가능했다. 진흥왕은 새로 정복한 지역에 5개의 비문을 남긴 것이 확인된다. 그 가운데 현지인들의 공을 치하하는 비문도 있다. 다음 내용과 관련이 있는 비문은?

2010.9.11. 정보통신순경

> 이 때에 이곳 출신의 야이차(也爾次)에게 교(敎)하시기를 … 중에 옳은 일을 하는데 힘을 쓰다가 죽게 되었으므로 이 까닭으로 이후 그의 처(妻)인 삼(三) … 에게는 … 이(利)를 허(許)하였다. 중략 … 교(敎)하기를 이후로부터 나라 가운데에 야이차(也爾次)와 같이 옳은 일을 하여 힘을 쓰고 다른 사람으로 하여금 일하게 한다면 만약 그가 아들을 낳건 딸을 낳건 나이가 적건 (많건) 대를 이어 포상하리라.

① 북한산비　　　　　　　　　　② 황초령비
③ 마운령비　　　　　　　　　　④ 단양적성비

12 다음 보기 중에서 진흥왕대에 세워진 순수비로 가장 옳게 짝지어진 것은?

2012.8.25. 일반공채순경, 전·의경 특채, 101경비단

> ㉠ 마운령비　　　　　　　　㉡ 영일 냉수리비
> ㉢ 임신서기석　　　　　　　㉣ 북한산비
> ㉤ 울진 봉평비　　　　　　　㉥ 황초령비
> ㉦ 창녕비

① ㉠㉣㉥㉦　　　　　　　　　② ㉡㉢㉣㉦
③ ㉡㉣㉤㉥　　　　　　　　　④ ㉠㉢㉤㉥

---

answer 11.④　12.①

---

11 제시된 자료는 신라의 진흥왕이 소백산맥 이북으로 진출하였음을 전하는 단양적성비의 내용이다. 단양적성비에는 당시의 관직명, 율령 정비 내용 등이 수록되어 있다.

12 ㉠ **마운령비** : 신라의 함흥지방 진출을 밝혀주는 비문이다(진흥왕 29, 568).
　　㉡ **영일 냉수리비** : 현존하는 최고의 신라비문으로 영일지방의 재산분쟁을 판결해주는 내용을 담고 있다(지증왕, 3, 503).
　　㉢ **임신서기석** : 신라시대의 금석문. 비문의 첫머리에 임신년의 간지가 있고, 그 내용이 서약하는 것이어서 붙여진 이름으로 신라의 청년들이 유교경전을 공부했던 사실이 기록되어 있다.
　　㉣ **북한산비** : 신라의 한강하류 진출을 밝혀주는 비문이다(진흥왕 16, 555).
　　㉤ **울진 봉평비** : 법흥왕이 율령을 반포한 내용을 담고 있다(법흥왕 11, 524).
　　㉥ **황초령비** : 신라의 함흥지방 진출을 밝혀주는 비문이다(진흥왕 29, 568).
　　㉦ **창녕비** : 신라의 대가야 정복을 내용으로 한다(진흥왕 22, 561).

13 삼국시대에 건립한 비석 중 그 성격이 다른 것은?

2006.2.7. 해양경찰

① 광개토대왕비
② 중원 고구려비
③ 임신서기석
④ 진흥왕 순수비

14 신라의 관등제도에 대한 설명을 가장 적절하지 않은 것은?

2013.3.9. 일반공채순경, 101경비단

① 6세기 초 법흥왕 때 완성되었다.
② 왕경인에 대한 경위(京位) 17관등과 지방인에 대한 외위(外位) 11관등으로 구성되었다.
③ 6두품은 아찬(阿飡)까지, 5두품은 대사(大舍)까지 승진의 한계가 정해져 있다.
④ 삼국통일을 전·후한 시기에 이르면 6두품 이하에 속한 사람들에게 중위(中位)제도라는 일종의 특진의 길을 개방하기도 하였다.

15 다음의 (   )안에 들어갈 용어를 순서대로 옳게 나열한 것은?

2010.9.11. 정보통신순경

> 삼국의 지방 행정조직은 그대로 군사 조직이기도 하였으므로 각 지방의 지방관은 곧 군대의 지휘관이었다. 백제의 (   )은(는) 각각 700 – 1200명의 군사를 거느렸고, 신라의 (   )은(는) 주 단위로 설치한 부대인 정을 거느렸다.

① 욕살 – 방령
② 방령 – 욕살
③ 방령 – 군주
④ 군주 – 방령

---

answer 13.③ 14.③ 15.③

13 ① 광개토대왕비에는 신라를 도와 왜구를 격퇴하고, 요동지역 확보와 북부여를 정벌한 내용 등이 기록되어 있다.
② 중원 고구려비는 고구려의 장수왕이 남한강 상류까지 진출한 사실이 기록되어 있다.
③ 임신서기석은 두 화랑도가 3년 이내에 시경·서경·예기 등을 습득한 후 국가에 충성하겠다는 내용을 담고 있으며 유교 경전을 공부한 사실을 알 수 있다.
④ 진흥왕 순수비는 진흥왕 때의 영토 확장을 보여준다.

14 6두품은 6등급 관등(아찬)까지, 5두품은 10등급(대나마)까지, 4두품은 12등급(대사)까지 승진할 수 있었으며, 복색도 관등에 따라 구분하였다. 신라 사회에서는 두품 여하에 따라 사회활동의 범위가 결정되었다.

15 욕살, 방령, 군주는 각각 고구려, 백제, 신라의 지방관 명칭이다. 삼국시대 국가의 지방 통치는 본질적으로 군사적인 성격을 띠고 있었다.

16 고대국가의 중앙 · 지방제도에 대한 설명으로 가장 적절한 것은?

2011.8.27. 정보통신순경

① 고구려의 관등제는 경위(京位)와 외위(外位)의 2원적 체계로서 '형(兄)'과 '사자(使者)'의 명칭이 붙은 관등이 많았다.

② 고구려는 평양천도 이후에 수상격으로 대대로가 있었고, 그 아래에 재정을 담당하는 주부와 내무를 담당하는 내평과 외무업무를 담당하는 외평이 국정을 분장하였다.

③ 백제는 수상격인 상좌평 또는 내신좌평을 3년마다 정사암회의에서 선출하였고, 내법좌평은 형옥업무를 관장하였다.

④ 신라는 법흥왕 때 17관등제를 정비하였고, 관등승진의 상한선은 골품에 따라 정해져 있었는데 6두품은 이벌찬의 관등까지 승진할 수 있었다.

17 삼국통일 후 후기 신라(통일신라)가 국가체제의 확대 · 정비와 관련하여 취한 조치에 해당하는 것은?

2009.7.25. 정보통신순경

① 삼국통일 후 중국의 6전 조직을 그대로 모방하여 이부 · 호부 · 예부 · 병부 · 형부 · 공부를 두었다.

② 지방제도는 9주 5소경제도를 마련하였으나, 통일과정에서 강대한 위력을 발휘한 군사력을 확신하게 되었으므로 군사제도에는 변화의 필요성을 느끼지 않았다.

③ 왕실은 불교식 왕명을 버리고 중국식 시호를 취하였지만, 국가제도의 측면에서는 종교적 이념에 따라 불교적인 제도들을 도입하였다.

④ 화백회의의 의장인 상대등보다 왕명에 의해 실제 정무를 처리하는 집사부(집사성)가 최고의 행정관부로 중요시되었고, 책임자인 시중의 권한이 보다 강화되었다.

---

answer　16.②　17.④

16　① 신라의 관등체제는 왕경인에게 주는 경위와 지방민에게 주는 외위로 이원화되었으며, 통일 이후 지방민에게도 외위 대신 경위를 주면서 외위는 소멸되고 관등체계가 일원화되었다.
　　③ 중국의 6전 조직을 받아 정비한 백제의 6좌평 중 조정좌평이 형옥에 관한 업무를 관장하였고, 내법좌평은 의례에 관한 업무를 맡았다.
　　④ 신라 법흥왕 때 골품제도는 확립되었고, 6두품은 아찬의 관등까지 승진할 수 있었다.

17　① 고려시대에 이르러 6부를 두었다.
　　② 통일 이후 신라는 중앙에 9서당, 지방에 10정의 부대를 두었다.
　　③ 통일 이후 유교정치 이념을 교육하고자 국학을 설치하였다.

18 다음이 나타내는 고대국가에 대한 설명으로 가장 적절하지 않은 것은?

2013.3.9. 일반공채순경, 101경비단

> 고구려의 옛 땅을 회복하였고, 부여의 유속을 잇게 되었다.
>
> 〈일본에 보낸 무왕의 국서〉

① 선왕(宣王)때에는 3성 6부의 지방행정구역이 완비되었다.

② 이들 집단이 처음으로 터를 잡았던 동모산(東牟山)은 오늘날의 연변 조선족 자치주 돈화시에 있는 성산자 산성으로 여겨진다.

③ 초기 왕족 등 지배층의 무덤인 육정산고분군은 고구려계 양식인 석실봉토분이다.

④ 거란의 침입으로 멸망하였다.

19 다음 보기 중 발해에 대한 설명으로 옳은 것은 모두 몇 개인가?

2012.2.25. 일반공채순경

> ㉠ 발해의 주민은 고구려인과 말갈인으로 구성되어 있었다.
>
> ㉡ 발해는 당과 신라의 위협을 막아내기 위해 처음에는 북으로 돌궐, 남으로 일본과 가까운 관계를 맺었다.
>
> ㉢ 발해는 일본에 보낸 국서에 고려 또는 고려국왕이라는 명칭을 사용하기도 하였다.
>
> ㉣ 발해는 9세기 전반 선왕 때 대부분의 말갈족을 복속시키고 요동 지역으로 진출하였다.

① 1개   ② 2개

③ 3개   ④ 4개

answer 18.① 19.④

18 ① 문왕은 당과 친교관계를 유지하면서 당의 발달된 문물을 수용하여 3성 6부의 중앙관제를 정비하였다.
　　② 동모산은 중국 길림성 돈화시 현유향 성산자촌(城山子村)에 있는 발해시대의 산성으로 여겨진다.
　　③ 육정산은 목단강(牡丹江) 충적평원 한가운데에 동서로 가로 놓여 있는 해발 603m 높이의 산으로서, 남서쪽에 펼쳐진 2개의 골짜기 경사면을 따라 고분군이 형성되어 있는데 고구려계 양식인 석실봉토분이다.
　　④ 발해는 지배층의 내분과 거란의 침입으로 멸망하였다.

19 ㉠㉡㉢㉣ 모두 발해에 대한 설명으로 옳은 사실이다.

20 발해의 대외활동에 대한 설명으로 옳지 않은 것은?

2009.7.25. 정보통신순경

① 신라와의 국경지대에 발해관이 설치되었다.
② 8세기말 이후로는 신라 및 당과의 관계가 호전되었다.
③ 2대 무왕 때 발해 해군이 당나라의 산동(산둥)지방을 공격하였다.
④ 발해는 8~9세기에 걸쳐 일본과 활발히 교류하였다.

21 발해에 대한 설명 중 바른 것은?

2007.9.9. 정보통신순경

① 발해는 왕족이 부여씨를 비롯하여 8대성 귀족이 중심이 되었다.
② 발해의 피지배층은 말갈족과 거란족이었다.
③ 발해는 당나라의 3성 6부 체제를 그대로 모방하여 운영하였다.
④ 상경을 중심으로 5경을 연결하는 교통망이 이루어졌다.

22 통일신라 말의 사상적 동향에 대한 설명으로 가장 적절한 것은?

2011.8.27. 정보통신순경

① 신라 말기에 도선이 당에서 들여온 풍수지리설이 호족과 연결되어 발전을 보았다.
② 선종의 승려와 6두품 출신의 유학자들은 사상적인 차이 때문에 서로 대립하였다.
③ 아미타신앙과 함께 현세에서 구난 받고자 하는 관음신앙이 널리 설파되었다.
④ 심성 도야를 중시하는 교종에 대신하여 경전 중심의 선종이 유행하였다.

---

answer 20.① 21.④ 22.①

20 발해관은 중국 산도반도에 설치된 것으로 당나라에서 발해 사신을 위해 설치하였다.

21 ① 발해의 지배층은 왕족인 대씨를 비롯하여 귀족인 고씨 등의 고구려계 사람들로 구성되었다.
② 발해의 주민구성은 다수의 말갈인이 차지하였으며, 대부분 피지배층이었다.
③ 문왕 때 이르러 제도를 완비하였는데 당의 3성 6부 제도를 모방했으나 정당성을 중심으로 운영하여 발해의 특색을 유지하였다.

22 ② 6두품 귀족들은 불교의 선종 9산, 도당 유학생이 되어 새로운 사회건설의 주체세력으로 성장하였다.
③ 신라 중대의 의상대사는 내세중심의 아미타신앙과 현세구복적인 관음신앙 둘 모두를 이끌었다.
④ 교종은 경전과 교리를 중시하여 왕실과 귀족들의 후원을 받으며 발전하였다. 이에 비해 선종은 교리보다는 각 개인의 마음 속에 있는 불성을 깨닫는 것이 중요하다고 하며 정신수양을 강조하였다.

23 다음과 같은 사회적 상황이 나타난 시기의 역사적 사실로 가장 적절하지 않은 것은?

> 왕은 아첨하는 소인들은 항상 옆에 두고 남몰래 희롱하며 정사를 돌보지 않으므로 기강이 문란해졌고, 또한 기근이 심하여 백성들은 사방으로 유리하고 도적이 벌떼처럼 일어나서 국내가 어지럽게 되자, 견훤은 몰래 딴 마음을 먹고 많은 사람을 불러 모아가지고 서남쪽 주현의 적도들을 토벌하니 가는 곳마다 모든 사람들이 그에게 호응하여 한 달 사이에 5천명의 무리가 모여들었다.

① 귀족과 호족의 대토지 소유가 확대되면서 농민들은 토지를 잃고 노비가 되거나 초적(草賊)이 되었다.
② 6두품 세력은 골품제를 비판하며 새로운 정치이념으로 성리학을 제시하였다.
③ 후삼국의 정립으로 신라의 지배권은 왕경 부근의 경상도 일대로 축소되었다.
④ 중앙정부의 지방에 대한 통제력이 약화되면서 지방에서는 군사력과 경제력을 갖춘 호족세력이 성장하였다.

24 다음 자료에 등장하는 '설계두'란 인물이 속한 신분 계층에 대한 설명으로 가장 적절한 것은?

> 설계두가 하루는 친구들과 함께 술을 마시며 자기 뜻을 말하였다. "우리나라에서는 사람이 쓰는 데 먼저 골품을 따진다. 정말 그 족속이 아니면 비록 큰 재주와 뛰어난 공이 있다 하더라도 크게 될 수 없다."
>
> - 「삼국사기」 -

① 왕권의 전제화에 반대하여 반란을 일으킨 김흠돌이 이 신분 출신이었다.
② 신라 하대에 중앙 정부의 통제에서 벗어나 반독립적인 세력으로 성장하였다.
③ 「화랑세기」를 저술한 한산주의 도독 김대문이 이 신분 출신이었다.
④ 고려 성종 때에는 이들 출신의 유학자들이 국정을 주도하며 유교 정치를 펼쳤다.

answer 23.② 24.④

23 신라 하대의 6두품은 불교의 선종과 밀접한 관계가 있었으며, 고려 말기의 신진사대부가 유교철학인 성리학을 공부하였다.

24 제시된 자료는 6두품 귀족에 대한 설명으로 ①③은 전제왕권에 불만을 가진 진골 귀족, ②는 신라 하대의 호족, ④는 도당유학생의 대부분을 차지한 6두품 귀족이었다.

74 | 제3편 고대의 세계

25 다음 글에서 '그들'에 대한 설명으로 가장 옳지 않은 것은?

2010.9.11. 정보통신순경

- '그들'은 국가의 사민(徙民)정책이나 진골귀족의 분지화(分枝化)로 인한 자기도태 과정에서 지방으로 낙향했다. 특히 5소경(小京)과 9주(州)의 치소(治所)를 중심으로 정착하여 정치·경제적 기반을 구축하여 성장했다.
- '그들'은 군진(軍鎭)을 기반으로 성장하기도 했다. 신라는 변경 수비를 위해 곳곳에 군진을 설치하였는데, 경주에서 가장 멀리 떨어진 변경지역이었던 패강진은 신라의 지방통제력이 약해지자 가장 먼저 중앙정부의 통제를 벗어났다.
- '그들' 가운데 촌주(村主)출신도 있었다. 촌주는 촌락의 정무를 담당하는 대표적 재지세력(在地勢力)이었다. 촌주는 국가로부터 촌주위답(村主位畓)을 받는 등 정치적 지위를 인정받는 존재였으며, 경제적으로도 일반 촌민보다 우월한 기반을 지니고 있었다.

① 스스로 성주나 장군을 칭하면서 관반제를 실시하였다.
② 이들이 믿었던 사상은 선종·도교·풍수지리설로 기존 권위를 부정하는 것이었다.
③ 일정한 지역에서 지방민을 직접 지배하며 독자적 군사력을 보유했다.
④ 신라 통일전쟁기에 등장한 새로운 사회세력이다.

---

answer 25.④

25 '그들'은 통일신라 말기(=신라 하대)의 혼란기에 대두된 지방호족(=성주, 장군)들이다. 9세기 말에 이르러 사회적 모순이 크게 드러내기 시작하면서 성장하였다.

26 통일신라 말기의 사회변동에 대한 설명으로 옳지 않은 것은?

2008.7.26. 정보통신순경

① 사무역을 위주로 한 서해안의 해상세력이 강하였다.
② 지방호족이 사병을 거느리고 그 세력을 확대시켰다.
③ 진골귀족이 내부분열로 인한 왕위쟁탈전이 계속되었다.
④ 선종과 풍수지리사상이 유행하였으나 화엄종 때문에 억눌려 큰 역할을 수행하지 못하였다.

27 신라 하대의 상황과 관계없는 설명은?

2007.9.9. 정보통신순경

① 지방의 호족들은 반독립적 세력으로 성장하였다.
② 신라 사회에서 불교의 선종이 널리 유행하였다.
③ 중국에서는 당나라가 멸망하고 송나라가 건국되었다.
④ 6두품의 저항이 있었으나, 그 세력은 미약하였다.

28 다음 중 6세기 초반 신라의 정치적 상황에 대한 설명으로 옳은 것은?

① 이사부가 우산국, 울릉도를 복속시켰다.
② 요동을 확보하고 만주에 대한 대규모의 정복사업을 실시하였다.
③ 중국의 요서와 산둥지방에 진출하였다.
④ 나·제동맹을 통해 고구려의 간섭을 배제하고자 하였다.
⑤ 고령 지역의 대가야를 정복하고 낙동강 유역을 장악하였다.

---

answer 26.④ 27.④ 28.①

26 화엄종은 의상이 개창한 왕실 불교로 신라 중대에 영향력이 있었다.

27 ④ 골품제로 인해 정치적 출세에 제한을 받고 있던 6두품 세력은 학문·종교 분야에서 두각을 나타내더니 신라 하대에는 반신라 세력으로 성장하였다. 최치원, 최언위(왕건의 측근), 최승우(견훤 보필) 등이 유명하다.

28 ① 신라 지증왕 13년(513)
② 고구려 광개토대왕 5세기 초반
③ 백제 근초고왕 4세기 후반
④ 신라의 눌지왕 백제의 비류왕 5세기 초반

29 다음 중 가야연맹에 대한 설명으로 옳지 않은 것은?

① 중앙집권국가로 발전하지 못했다.
② 5세기경 고구려 신라의 압력으로 큰 타격을 입었다.
③ 풍부한 철의 생산과 중계무역으로 발전하였다.
④ 처음에는 대가야 후에는 금관가야를 중심으로 세력이 편제되었다.

30 다음을 시대순으로 가장 잘 연결한 것은?

| ㉠ 고구려는 수·당의 공격을 받았다. | ㉡ 신라는 한강 유역을 차지하였다. |
| ㉢ 고구려는 요동지역을 차지하였다. | ㉣ 백제는 요서, 산동, 일본으로 진출하였다. |

① ㉠-㉡-㉢-㉣
② ㉡-㉢-㉣-㉠
③ ㉢-㉣-㉡-㉠
④ ㉣-㉢-㉡-㉠

31 다음 중 고대국가의 군사조직에 대한 설명으로 옳은 것은?

① 삼국시대에는 지방관이 군사권을 보유하였다.
② 백제는 지방 장관에 군주를 파견하였다.
③ 발해의 지방군은 10위로 조직되어 지역방위를 담당했다.
④ 통일신라는 2군 6위제로 중앙과 지방군을 개편하였다.

answer 29.④ 30.④ 31.①

29 5세기 초 고구려 광개토대왕이 신라의 청으로 왜구를 물리치고자 이 지역에 군대를 파견하였고, 이 과정에서 고구려 군대가 낙동강 하류로 진격함에 따라 그 일대를 근거지로 한 금관가야에서 고령 지방의 대가야로 그 연맹의 중심이 이동하였다.

30 ㉠ 7세기
㉡ 진흥왕(540~576)
㉢ 광개토대왕(391~413)
㉣ 근초고왕(346~375)

31 ① 삼국시대에는 모든 말단 행정 단위까지 지방관이 파견되지 못했기 때문에 주요한 지역에 파견된 지방관은 행정뿐만 아니라 군사권까지 부여되었다.
② 지방 장관에 군주를 파견한 곳은 신라로 이는 행정과 군사권을 모두 가진 성격이었지만 이후 총관. 도독으로 그 명칭이 변경되면서 점차 행정적 성격만 가지게 되었다.
③ 통일 이후 신라는 중앙의 9서당과 지방의 10정으로 군사제도를 마련하였다.
④ 발해의 10위는 지방군이 아니라 중앙군이다.

32 다음 중 발해에 대한 설명으로 옳지 않은 것은?

① 신라를 견제하기 위해 왜와는 친선관계를 유지하였다.
② 지배층은 고구려인, 피지배층은 말갈인으로 이루어졌다.
③ 상경의 주작대로는 고구려의 영향을 받은 것이다.
④ 발해의 온돌 구조와 무덤양식인 적석목곽분은 고구려의 영향을 받은 것이다.

33 다음 중 신라 호족과 관련된 내용으로 옳지 않은 것은?

① 신라 말에 수용된 교종 세력과 결탁하였다.
② 6두품 세력과 결탁하여 중앙 진골귀족과 대립했다.
③ 대표적인 호족으로 궁예, 견훤, 양길 등이 있다.
④ 지방에 성을 쌓고 성주, 장군이라 칭했다.

34 다음 중 신라 중기에 일어났던 일로 옳은 것은?

① 녹읍이 완전히 사라지고 모든 관리에게 관료전이 지급되었다.
② 6두품은 진골귀족으로 인하여 중앙 요직에 진출하지 못했다.
③ 내물왕계 진골귀족이 왕위를 독점하였다.
④ 집사부의 시중의 권한이 강화되고, 상대등의 세력이 약화되었다.

---

answer   32.③   33.①   34.④

32 상경의 주작대로는 당나라의 장안성을 모방하였다.

33 지방 호족은 교종세력이 아니라 선종을 수용하였다.

34 ① 녹읍은 경덕왕때에 다시 부활하여 진골귀족들의 경제적 기반 강화에 기여하였다.
② 신라 중기는 왕권을 강화시키는 시기로 신문왕 같은 경우 진골 귀족을 견제하기 위해 6두품 세력을 기용하여 유교정치를 활성화시켰다.
③ 신라 중기 동안은 무열왕계 진골 귀족이 왕위를 독점하며 하대부터는 내물왕계 진골 귀족이 다시 왕위에 집권한다.
④ 상대등은 화백회의를 주관하는 진골 귀족의 대표로서 이를 약화시키는 것은 상대적으로 왕권을 강화시키는 계기가 되었다.

35 백제 사비시대에 일어난 사실로 옳지 않은 것은?

① 국호를 남부여로 바꾸었다.
② 익산에 미륵사를 창건하고 미륵사지 석탑을 건립하였다.
③ 22담로를 설치하여 지방을 통제하였다.
④ 개로왕 때 잃었던 한강 유역을 신라와 연합하여 회복하였다.

36 다음에 대한 설명으로 옳지 않은 것은?

- 내물왕은 김씨에 의한 왕위를 독점 세습화하였다.
- 법흥왕은 율령을 반포하고 상대등을 설치하였다.
- 진흥왕은 한강을 차지하여 대중국 교통로를 확보하였다.

① 왕권을 대변하는 상대등 설치는 왕권 중심의 귀족사회임을 보여준다.
② 내물왕 때 연맹왕국단계에서 중앙집권체제로 발전하였다.
③ 신라가 한강 유역을 차지한 후 나 · 제동맹이 결렬되었다.
④ 진흥왕은 당항성을 설치하여 중국과 직접 교류할 수 있게 되었다.

37 다음 사건을 순서대로 바르게 나열하면?

| ㉠ 6좌평 16관등제 정비 | ㉡ 고구려 율령 반포 |
| ㉢ 고구려 평양 천도 | ㉣ 동진을 통한 불교 수용 |

① ㉠-㉡-㉣-㉢
② ㉠-㉣-㉡-㉢
③ ㉡-㉢-㉣-㉠
④ ㉡-㉣-㉢-㉠

answer 35.③ 36.① 37.①

35 22담로는 지방통제를 위해 무령왕 때 설치한 것이다.

36 상대등은 귀족 대표로서 화백회의를 주관하였다. 즉, 이들 세력이 강해지면 왕권은 약해지고, 귀족의 권한이 강화되기 때문에 통일 이후에 신문왕은 상대등을 정책적으로 약화시키기도 하였다.

37 ㉠ 고이왕(260)
㉡ 소수림왕(373)
㉣ 침류왕(384)
㉢ 장수왕(472)

38 다음 사건을 시대순으로 바르게 나열한 것은?

> ㉠ 고구려는 수 · 당과 전쟁을 수행하였다.
> ㉡ 고구려는 신라를 도와 왜구를 격퇴하였다.
> ㉢ 백제 성왕은 사비로 천도하고 남부여로 개칭하였다.
> ㉣ 고구려에 대항하기 위해 신라와 백제는 나제동맹을 체결하였다.

① ㉠－㉡－㉢－㉣
② ㉡－㉠－㉣－㉢
③ ㉡－㉣－㉢－㉠
④ ㉢－㉡－㉣－㉠

39 고구려가 한강유역을 점령하였을 당시 대외상황에 대한 설명으로 옳은 것은?

① 신라는 대가야를 정복하고 낙동강 서쪽을 확보하였다.
② 고구려와 수나라의 전쟁인 살수대첩이 일어났다.
③ 백제와 신라의 나제동맹이 결렬되었다.
④ 고구려는 중국의 남북조와 직접 교류하면서 송나라를 견제하였다.

---

answer 38.③ 39.④

38 ㉠ 중국을 통일한 수나라의 문제가 침입한(589) 이후 양제가 침입하였으며(612), 수의 멸망 후 당나라의 태종도 여러 차례 고구려에 침입하였다.
　　㉡ 고구려의 광개토대왕(391~413)은 신라에 침입한 왜구를 격퇴하고 한반도 남부까지 영향력을 미쳤다.
　　㉢ 백제의 성왕은 538년 사비성으로 천도하고 남부여로 개칭하였다.
　　㉣ 5세기에 고구려의 세력이 성장하자 신라와 백제는 동맹을 맺고 이에 대항하였다.

39 ① 신라가 대가야를 정복한 시기는 진흥왕 약 550년이다.
　　② 살수대첩은 612년에 발발하였다.
　　③ 신라와 백제의 나제동맹이 결렬된 시기는 554년이다.

40 발해의 대외관계에 대한 옳은 설명으로만 묶인 것은?

> ㉠ 발해는 당나라의 문화를 받아들였으며 정혜공주의 묘는 전형적인 당나라 양식의 벽돌무덤이다.
> ㉡ 발해는 북으로 돌궐과 통하였고 일본과 친선관계를 맺고자 여러 차례 사신을 파견하였다.
> ㉢ 발해는 당나라에 유학생을 파견하여 빈공과 급제자를 배출하였다.
> ㉣ 발해는 신라와 연합하여 당나라의 공격에 대항하였다.

① ㉠㉢　　　　　　　　　　② ㉠㉣
③ ㉡㉢　　　　　　　　　　④ ㉡㉣

41 다음 금석문 중 신라 진흥왕대의 정복사업을 살피는데 도움이 되는 것으로만 묶인 것은?

> ㉠ 임신서기석　　　　　　㉡ 남산신성비
> ㉢ 단양적성비　　　　　　㉣ 북한산순수비

① ㉠㉣　　　　　　　　　　② ㉡㉢
③ ㉡㉣　　　　　　　　　　④ ㉢㉣

40 ㉠ 발해의 문화는 귀족 중심의 예술로서 고구려의 문화를 토대로 당나라의 문화를 흡수하여 부드러우면서도 웅장하고 건실한 문화를 이루고 있었으며 정혜공주의 묘는 고구려의 전통적 양식의 돌방무덤이다.
　　㉣ 발해는 신라와 긴밀한 교섭은 없으나 관계개선을 위한 사신의 왕래 등 친선과 대립이 교차되는 관계에 있었으며 신라는 당의 요청으로 발해의 남쪽을 공격하다가 실패하였다.

41 ㉠ 신라의 두 화랑이 학문에 전념할 것과 국가에 충성할 것을 맹세한 내용이 새겨져 있는 것으로 552년 또는 612년으로 추정되는 임신년에 만들어진 것이다.
　　㉡ 경상북도 경주시 남산에서 발견된 신라 때의 비석으로 신라시대에 남산 둘레에 쌓은 성에 대한 내력을 담고 있다.

42 삼국의 통치제도에 대한 설명으로 옳지 않은 것은?

① 신라 촌주는 촌에서 지방관을 보좌하여 실무를 처리하였다.

② 백제는 관등체계를 3등급으로 나누어 옷의 색깔을 자색·비색·청색으로 구분하였다.

③ 삼국시대 부곡민은 천민으로 간주되어 노비처럼 주인에게 예속되어 있었다.

④ 삼국은 군현보다 큰 지방행정단위로 부와 방 또는 주를 두고 지방관을 파견하였다.

⑤ 고구려 귀족들의 의사결정회의를 제가회의라고 하였다.

43 통일신라에 대한 설명으로 옳은 것은?

① 통일 신라의 지방군은 9서당으로 편제하였다.

② 왕권 강화를 위하여 관료전을 폐지하였다.

③ 녹읍을 지급받은 귀족들은 부역을 징발할 수 있었다.

④ 현세에서 복을 얻고자 미륵신앙을 바탕으로 한 정토종이 유행하였다.

44 다음은 신문왕의 정책들이다. 이러한 정책을 시행한 목적은?

• 국학의 설립	• 달구벌 천도 시도
• 문무 관료에게 토지지급	• 9주 5소경 설치
• 녹읍폐지	

① 지방문화의 발달 토대   ② 귀족체제의 강화

③ 중앙집권적 전제왕권강화   ④ 국가재정의 확보

---

answer   42.③   43.③   44.③

42 ③ 부곡민은 삼국시대가 아닌 고려시대의 신분체계이다.

43 ① 중앙군은 9서당 지방군은 10정으로 편제하였다.
② 신문왕 때 귀족. 녹읍을 폐지하고 관료전을 지급하고 백성에게도 정전을 지급한 것은 왕권을 강화하기 위해였으나 경덕왕 때 귀족들의 반발로 녹읍제가 부활되었다.
④ 정토종은 신라 말엽에 유행하였다.

44 제시된 정책은 신문왕이 귀족세력을 숙청하고 정치세력을 다시 편성하여 중앙집권적 전제왕권을 강화하려는 의도였다.

45 다음 중 삼국통일의 역사적 의의와 관계없는 것은?

① 고구려의 옛 지역을 상실함으로써 활동범위가 좁아졌다.
② 단일 민족으로 통일하는 기반을 조성하였다.
③ 당나라의 내정간섭으로 오늘날의 영토를 확보하였다.
④ 민족문화의 전통을 수립하였다.

46 4세기 경 삼국의 정세에 대한 설명으로 옳지 않은 것은?

① 신라는 때 한강 유역을 차지하고 통일의 기틀을 마련했다.
② 고구려 미천왕은 서안평을 점령하고 고조선의 옛 영토를 대부분 수복하였다.
③ 백제의 근초고왕은 요서지방, 산둥지방 그리고 일본의 규슈지역까지 진출하였다.
④ 신라 내물왕은 낙동강 동쪽의 진한을 점령하고 중앙집권국가로 발전하기 시작하였다.

47 7세기의 국내외 정세에 대한 서술로 옳지 않은 것은?

① 고구려에서 군부가 권력을 장악함으로써 중국과의 대립이 심화되고 긴장이 고조되었다.
② 백제는 왕권이 약화되어 왕이 피살되기에 이르렀고 귀족들의 정권 쟁탈전이 심화되었다.
③ 신라에서는 여왕이 등장하였고 한편으로 왕권을 위협하는 세력이 등장하였다.
④ 수나라가 중국을 통일한 이후 고구려를 압박하자 양국 간의 긴장이 고조되었다.

answer 45.③ 46.① 47.②

45 신라는 고구려와 백제를 멸망시키고 삼국을 통일하여 단일 민족의 통일국가를 이룩하였으나, 외세와의 연합을 통한 자주성을 약화시켰고, 광대한 고구려의 영토를 잃었다.

46 신라가 한강 유역을 차지하고 통일의 기틀을 마련한 것은 6세기 중엽 이후의 일이다.

47 의자왕은 재위 초기에는 친히 신라를 공격하여 신라에 큰 타격을 주고 국위를 만회하려 하였으나, 나·당 연합군의 침공을 맞아, 끝내 항복하였다.

고대의 경제

① 삼국의 경제생활

(1) 삼국의 경제정책

① 정복지역의 경제정책
- ㉠ 정복 지역의 지배자를 내세워 공물을 징수하였다.
- ㉡ 전쟁 포로들을 귀족이나 병사에 노비로 지급하였다.
- ㉢ 군공을 세운 사람에게 일정 지역의 토지와 농민을 식읍으로 지급하였다.
- ㉣ **정책 변화**: 시간이 흐르면서 피정복민에 대한 차별이 감소되어 갔으나 신분적 차별은 여전하였고, 더 많은 경제적 부담을 졌다.

② 수취체제의 정비
- ㉠ **배경**: 농민으로부터 전쟁 징수와, 군사 동원 등의 과도한 수취는 농민의 경제발전이 억제되고, 농민의 토지이탈의 발생과 사회체제의 동요를 불러왔다.
- ㉡ **정비**: 노동력의 크기로 호를 나누어 곡물·포·특산물 등을 징수하고, 15세 이상 남자의 노동력을 징발하였다.

③ 농민경제 안정책
- ㉠ 철제 농기구를 보급하고, 우경이나·황무지의 개간을 권장하였으며, 저수지를 축조하였다.
- ㉡ 흉년시 곡식을 대출해 주는 농민구휼정책을 시행하였으며, 고구려의 고국천왕이 실시한 진대법이 대표적이다.

④ **수공업**: 노비들이 무기나 장신구를 생산하였으며, 수공업 생산을 담당하는 관청을 설치하였다.

⑤ **상업**: 삼국은 정부와 지배층의 필요와 농업 생산력이 미약하였기 때문에 도시에만 시장이 형성되었다. 신라는 5세기 말 경주에 시장이 설치되고, 6세기 초 지증왕은 시장 감독기관인 동시전을 설치하였다.

⑥ **국제무역**: 왕실과 귀족의 수요품을 중심으로 공무역의 형태로 이루어졌으며, 4세기 이후 발달하였다.
- ㉠ **고구려**: 남북조와 북방 민족을 대상으로 하였다.
- ㉡ **백제**: 남중국, 왜와 무역하였다.
- ㉢ **신라**: 한강 확보 이전에는 고구려, 백제와 교류하였으나 한강 확보 이후에는 당항성을 통하여 중국과 직접 교역하였다.

(2) 경제생활

① 귀족의 경제생활
- ㉠ 경제기반 : 자신이 소유한 토지와 노비, 국가에서 지급받은 녹읍과 식읍을 바탕으로 하였다.
- ㉡ 농민수탈 : 귀족은 그들의 지배하에 있는 농민을 동원하여 농장을 경영하고, 고리대금업으로 농민의 땅을 빼앗거나 노비로 만들어 재산을 늘렸다.
- ㉢ 귀족생활 : 기와집, 창고, 마구간, 우물 등을 갖춘 호화로운 저택과 중국에서 수입된 보석과 비단옷을 입었다.

② 농민의 경제생활
- ㉠ 토지경작 : 자영농은 자기 소유지를 경작하였지만, 토지가 척박한 경우가 대부분이었다. 소작농은 부유한 자의 토지를 빌려 경작하였으며, 수확량의 절반을 지대로 납부하였다.
- ㉡ 농기구의 발전 : 초기의 농기구는 돌이나 나무로 만든 것과 일부분을 철로 보완한 농기구를 사용하였고, 4~5세기경에 철제 농기구가 보급되었고, 6세기에는 철제 농기구가 보편화되고 우경이 확대되었다.
- ㉢ 생활개선 : 농업기술을 개발하고, 경작지 확대를 위한 개간 등의 노력을 통해 자신들의 생활을 향상시키려고 하였다.
- ㉣ 농민의 생활 : 생활이 어려울 정도로 과도한 수취가 행해졌고, 본격적인 삼국 항쟁기에 접어들면서 군사 동원과 전쟁 물자의 조달 부담이 증가하면서 많은 농민들이 몰락하였다.

② 남북국시대의 경제적 변화

(1) 통일신라의 경제정책

① 목적 : 피정복민과의 갈등 해소와 사회 안정을 위한 것이었다.

② 수취체제의 변화
- ㉠ 조세 : 생산량의 10분의 1 정도를 수취하였다.
- ㉡ 공물 : 촌락 단위로 그 지역의 특산물을 징수하였다.
- ㉢ 역 : 군역과 요역으로 이루어져 있었으며, 16세에서 60세의 남자를 대상으로 하였다.

③ 신라의 민정문서
- ㉠ 목적 : 경덕왕(755)또는 현덕왕(815)때 작성된 것으로 보이며, 국가의 조세와 요역부과의 기준을 마련하기 위해 작성하였으며, 노동력 파악을 철저하게 하였다.
- ㉡ 토지의 종류 : 촌주위답, 연수유답, 관모답, 마전 등이 존재하였으며, 연수유답은 농민에게 지급된 토지이고 마전은 공동경작지로 추정된다.

ⓒ 내용
- 매해 변동사항을 파악하여 3년마다 작성하였으며, 토지는 논, 밭, 촌주위답(촌주가 그 직위로 받은 논) 등 토지의 종류와 면적을 기록하였다.
- 사람들은 인구, 가호, 노비의 수와 3년 동안의 사망, 이동 등 변동내용을 기록하였다. 그 밖에 소나 말의 수, 뽕나무, 잣나무, 호두나무의 수까지 기록하였다.
- 1호(戸)당 인구는 10~14명에 달하였고, 촌락의 인구는 남자의 수가 적고 사망률이 높아 감소 추세를 확인할 수 있으며, 1호당 10~16결의 토지를 소유하였기에 당시에는 휴경지가 많이 존재하였다.

④ **토지제도의 변천**: 국왕은 귀족에 대한 권한을 강화하고, 농민의 안정을 추구하기 위해 토지제도를 시행하였다.
ⓐ 식읍을 제한하고, 녹읍을 폐지하였으며 관료전을 지급하였다(신문왕, 689).
ⓑ 왕토사상에 의거하여 백성에게 정전을 지급하고, 구휼정책을 강화하였다(성덕왕, 722).
ⓒ 경덕왕 이후 녹읍제가 부활되고 관료전이 폐지되었다.

토지제도의 변천 요약

식읍 · 녹읍	해당 지역으로부터 세금을 수취할 수 있는 수조권(收租權)뿐만 아니라 그 토지에 딸린 노동력과 공물을 모두 수취할 수 있는 특권이 부여되었다.
관료전	관리들에게 봉급 대신에 지급한 토지로 관리의 등급에 따라 차등을 두어 지급하였고, 수조권만을 인정하여 귀족들의 농민 지배권을 제한시키고자 하였다.
정전	일부 토지가 없는 농민에게 국유지나 진전 등을 지급하고, 국가에 조를 납부하게 하여 국가의 농민에 대한 지배권을 강화시키고자 하였다.

(2) 통일신라의 경제활동

① 경제력의 향상
ⓐ 농업과 목축업이 발달하고, 수공업에서는 방직기술과 공예품 제조기술이 발달하였다.
ⓑ 통일 이후 인구와 상품생산의 증가로, 효소왕 대에 동시 외에 서시와 남시가 추가로 설치되고, 지방의 중심지나 교통의 요지에 시장이 개설되었다.

② 대외무역

남북국 시대의 무역로

　　㉠ **대당무역** : 공·사무역이 발달하였고 산둥반도와 양쯔강 하루에 신라방 (거주지), 신라소(자치기관), 신라관(여관), 신라원(절)을 설치하고, 당으로부터 비단, 책, 귀족들의 사치품을 수입하고, 베, 해표피, 인삼, 금·은 세공품을 수출하였다.

　　㉡ **대일무역** : 초기에는 무역을 제한하였으나, 8세기 이후 활발하게 무역을 전개하면서 쓰시마·규슈에 무역소를 설치하고 울산항을 통해 교역하였다.

　　㉢ **국제무역** : 울산에 이슬람상인이 내왕하여 당의 산물과 서역의 상품들을 수입하였다.

③ 장보고의 해상무역

　　㉠ 흥덕왕 때 완도에 청해진을 설치하여 해적을 소탕한 후 황해와 남해의 해상무역권을 장악하여 중계무역을 하였다.

　　㉡ 신무왕을 즉위시켰으나, 문성왕 때 암살을 당하면서 청해진은 해체(851)되었고, 이후 강주(진주)·금성(나주)·송악·혈구진(강화) 등의 해상세력이 대두하였다.

(3) 귀족의 경제생활

① 왕실의 경제

　　㉠ 왕실은 새로 획득한 땅을 소유하여, 국가수입 중 일부를 획득하였다.

　　㉡ 국가는 왕실과 귀족이 사용할 물품을 생산하기 위한 관청을 정비하여 왕실과 귀족에게 공급하였다.

② 귀족의 경제

　　㉠ 통일 전에는 녹읍과 식읍을 통해 농민을 지배하여 조세와 공물을 징수하고, 노동력을 동원하였다.

　　㉡ 통일 후에는 녹읍이 폐지되고 관료전이 지급되기도 하였지만, 국가에서 지급받은 토지와 곡물 외에도 세습 토지, 노비, 목장, 섬을 소유하고 있었다.

③ 귀족들 향락생활

　　㉠ 당이나 아리비아에서 수입한 사치품(비단, 양탄자, 유리그릇, 귀금속)등을 사용하였다.

　　㉡ 경주 근처의 호화주택과 별장을 소유(안압지, 포석정 등)하였다.

　　㉢ 노비를 통해 필요품을 만들고, 그 나머지는 시장에서 팔거나 당·일본 등지로 수출하였다.

(4) 농민의 경제생활

① 농민경제의 한계 : 척박한 토양과 적은 생산량으로 남의 땅을 빌려서 농사짓고, 생산량의 반 이상을 토지 소유자에게 지불하였다.

② 수취의 부담 : 전세는 생산량의 10분의 1 정도를 징수하였으나, 삼베 · 명주실 · 과실류를 바쳤고, 부역이 많아 농사에 지장을 초래하였다.

③ 농토의 상실
 ㉠ 8세기 후반 귀족이나 호족이 토지 소유를 늘리며 토지를 빼앗겼다.
 ㉡ 남의 토지를 빌려 경작하거나 노비로 자신을 팔거나, 유랑민이나 도적이 되기도 하였다.

④ 향 · 부곡민 : 농업 이외에도 수공업 · 어업 등에 종사하므로 일반 농민보다 더 많은 공물 부담을 져야 했기 때문에 형편이 어려웠다.

⑤ 노비 : 왕실, 관청, 귀족, 절 등에 소속되어 물품을 제작하거나, 일용 잡무 및 경작에 동원되었다.

(5) 발해의 경제

① 수취제도
 ㉠ 신라와 같이 조세로 조 · 콩 · 보리 등의 곡물을 징수하고, 공물로 베 · 명주 · 가죽 등의 특산물을 징수하고, 부역으로 농민을 궁궐 · 관청 등의 건축에 동원하였다.
 ㉡ 귀족은 대토지를 소유하고 당과의 무역을 통해 비단과 서적을 수입하였다.

② 발해의 경제발전
 ㉠ 농업
 – 밭농사 : 기후조건의 한계로 콩, 조, 보리, 기장 등의 밭농사가 중심이 되었다.
 – 논농사 : 철제 농기구를 사용하고, 수리시설을 확충하여 일부 지역에서 이용하였다.
 ㉡ 목축과 수렵 : 돼지, 말, 소, 양을 사육하고, 모피, 녹용, 사향을 생산 및 수출하였는데 특히 솔빈부의 말은 주요한 수출품이었다.
 ㉢ 수공업 : 금속가공업(철, 구리, 금, 은), 직물업(삼베, 명주, 비단), 도자기업 등이 다양하게 발달하였다. 철의 생산이 풍부하여 구리 제련술이 발달하였다.
 ㉣ 상업 : 도시와 교통요충지에 상업이 발달하고, 현물, 화폐를 주로 사용하였으며 외국화폐도 유통되었다.

③ 발해의 대외무역

　㉠ 대당무역 : 산둥반도의 덩저우에 발해관을 설치하였다. 수출품은 주로 토산품과 수공업품(모피, 인삼, 불상, 자기)이었고, 수입품은 귀족들의 수요품인 비단, 책 등이었다.

　㉡ 대일무역 : 신라에 대한 견제정책으로 인해 일본과의 외교관계가 중시되고, 활발한 무역활동을 전개하였다.

　㉢ 신라와의 관계 : 필요에 따라 사신이 교환되고, 소극적인 경제·문화교류를 하였다.

　㉣ 발해의 교통로

　　－ 거란도 : 거란으로 가는 육지의 길
　　－ 영주도 : 당나라로 가는 육지의 길
　　－ 조공도 : 당나라로 가는 바다의 길
　　－ 일본도 : 일본으로 가는 바다의 길
　　－ 신라도 : 신라로 가는 육지의 길

기출예상문제

1 다음 보기의 제도를 실시한 공통적인 목적으로 가장 적절한 것은?

2012.2.25. 일반공채순경

> ㉠ 진대법　　　　　　　　　　　　㉡ 녹읍법
> ㉢ 정전(丁田)의 지급

① 중앙의 지방에 대한 통제 강화
② 귀족의 경제 기반 확대
③ 농민의 경제 안정
④ 귀족 중심 관료체제의 운영 강화

2 신라장적(민정문서)에 대한 설명으로 가장 적절하지 않은 것은?

2016년 제2차 경찰공무원(순경)

① 사해점촌, 살하지촌 등 서원경을 중심으로 하는 4개의 자연 촌락에 대한 조사이다.
② 촌주가 변동 사항을 조사하여 촌 단위로 매년 다시 작성하였다.
③ 호(戶)는 9등급으로, 인구는 연령에 따라 6등급으로 나누었으며 성별도 구별하였다.
④ 토지는 내시령답, 관모답, 촌주위답, 연수유전답 등으로 나누어 조사하였다.

---

answer　1.③　2.②

1　㉠ 고구려 고국천왕은 진대법을 실시하여 가뭄이나 홍수 등으로 흉년이 들면 백성들에게 곡식을 빌려주었다.
　　㉡ 통일 이후 신라 신문왕 때 귀족세력을 누르기 위해 녹읍을 폐지하고, 그 대신 관리에게 관료전을 지급하였다.
　　㉢ 신라 성덕왕은 왕도사상에 의거하여 일반 백성에게도 정전(丁田)을 지급하여 국가에 조를 바치게 하였고, 시행
　　해오던 구휼정책을 지속적으로 강화하였다. 이와 같은 제도는 국왕의 권한을 강화하고 귀족을 견제하고 농민
　　경제를 안정시키려는 목적에서 시행되었다.

2　② 촌주가 변동 사항을 조사하여 촌 단위로 3년마다 다시 작성하였다.

3 다음 자료와 관련된 내용으로 가장 적절하지 않은 것은?

2012.10.20. 일반공채순경, 전의경 특채

> 사해점촌(沙害漸村)은 11호인데, 중하 4호, 하상 2호, 하하 5호이다. 인구는 147명인데, 남자는 정(丁)이 29명(노비 1명 포함), 조자 7명(노비 1명 포함), 추자 12명, 소자 10명, 3년간 태어난 소자가 5명, 제공 1명이다. 여자는 정녀 42명(노비 5명 포함), 조여자 11명, 추여자 9명, 소여자 8명, 3년간 태어난 소여자 8명(노비 1명 포함), 제모 2명, 노모 1명, 다른 마을에서 이사 온 추자 1명, 소자 1명 등이다. 논은 102결 정도인데, 관모답 4결, 촌민이 받은 것은 94결이며, 그 가운데 19결은 촌주가 받았다. 밭은 62결, 마전은 1결 정도이다. 뽕나무는 914그루가 있었고, 3년간 90그루를 새로 심었다. 잣나무는 86그루가 있었고, 3년간 34그루를 새로 심었다.

① 이 문서에는 토지 면적, 호수, 인구수, 나무종류와 수까지 기록하고 있다.
② 정부가 조세와 요역부과의 자료로 파악하였다.
③ 촌민들은 자기의 연수유답을 경작하여 수확을 거둬들이는 대가로 관모답, 내시령답 등을 공동경작 하였다.
④ 민정문서는 3년마다 각 호의 정남에 의해 작성되었다.

4 다음 중 민정문서에 관한 설명으로 옳지 않은 것은?

① 토지크기 인구 나무 등의 재산사항을 기록하였다.
② 국가의 수취 및 재정통제와 관련이 있다.
③ 촌주가 3년 마다 변동상황을 파악하여 기록하였다.
④ 촌주는 중앙에서 파견된 왕경인이다.

5 다음 중 삼국시대 농업에 대한 설명으로 옳지 않은 것은?

① 농민은 자영농민이 늘어나면서 자기 소유의 땅을 경작하거나 귀족의 땅을 소작하였다.
② 거름을 주는 기술의 발달로 휴경지가 줄어들었다.
③ 6세기 무렵부터 소를 경작지에 이용하는 우경이 시작되었다.
④ 고리대업이 성행하였으며 고리대를 갚지 못하면 노비로 전락하기도 하였다.

---

answer 3.④ 4.④ 5.②

---

3 ④ 한 촌주가 여러 촌락의 노동력과 생산자원을 조사하여 통계를 내어 3년마다 한 번씩 조세·곡물 징수와 부역 징발의 자료로 삼았다. 국가에서는 이를 통해 노동력과 재정을 충실하게 파악할 수 있었다.

4 촌주는 지방 토착세력 중에서 임명하였으며 중앙에서 파견하지 않았다.

5 삼국시대에는 퇴비를 만드는 기술이 발달하지 못하여 1년 또는 그 이상 동안 휴경을 하였다.

CHAPTER 03 **고대의 사회**

 신분제의 사회의 성립

(1) 사회계층과 신분제도

① 신분제도의 출현 : 정복전쟁으로 여러 부족들이 통합되는 과정에서 지배층 사이에 위계서열이 마련되면서 등장하였다.

② 읍락사회의 신분

　　㉠ 호민(경제적으로 부유한 계층)·하호(농업에 종사) : 모두 평민으로 가, 대가로 불리는 권력자의 지배를 받았으며, 특히 고구려의 하호는 양식과 고기, 소금 등을 대가들에게 공물로 납부하였다.

　　㉡ 노비 : 읍락의 최하층으로 주인에게 예속되어 생활하는 천민이다.

③ 귀족의 등장

　　㉠ 부여와 초기 고구려에는 가·대가로 불린 권력자들이 있었다.

　　㉡ 호민을 통해 읍락을 지배하는 한편, 자신의 관리와 군사력을 가지고 정치에 참가하였다.

　　㉢ 중앙집권국가가 성립하는 과정에서 귀족으로 편제되었다.

④ 신분제 운영 : 출신 가문의 등급에 따라 관직 승진에 특권을 누리거나 제한을 받았고, 경제적 혜택에 차등이 생기게 되었다.

(2) 삼국시대의 신분구조

① 삼국시대의 계층구조

　　㉠ 구성 : 왕족을 비롯한 귀족, 평민, 천민으로 크게 구분되지만, 기능상으로 더욱 세분화된 계층으로 나누어진다.

　　㉡ 특징

　　－ 강한 법적 구속력을 지닌다.

　　－ 지배층은 특권을 유지하기 위하여 율령을 제정하였다.

　　－ 신분은 능력보다는 그가 속한 친족의 사회적 위치에 따라 결정하였다.

② 귀족
  ㉠ 왕족을 비롯한 옛 부족장 세력이 중앙의 귀족으로 재편성되어 정치권력과 사회·경제적 특권을 향유하였다.
  ㉡ 골품제와 같은 지배층만을 대상으로 한 별도의 신분제를 운영하기도 하였다.

③ 평민
  ㉠ 대부분 농민으로서 신분적으로 자유민이었으나 귀족층에 비하여 정치·사회적으로 많은 제약을 받았다.
  ㉡ 조세를 납부하고, 노동력을 징발당하였기 때문에 생활이 어려워졌다.

④ 천민
  ㉠ 노비들은 왕실과 귀족 및 관청에 예속되어 신분이 자유롭지 못하였다.
  ㉡ 전쟁포로나 형벌·채무로 노비가 되는 경우가 많았다.

② 삼국사회의 모습

(1) 고구려의 사회기풍

① 사회기풍의 특징
  ㉠ 산간지역에 위치하여 식량생산이 충분하지 않았기 때문에 활발한 대외 정복활동을 전개하였으며, 이는 상무적 기풍을 형성하였다.
  ㉡ 엄격한 형법을 실시하였는데, 반역을 꾀하거나 반란을 일으킨 자는 화형에 처한 뒤에 다시 목을 베었고, 그 가족들을 노비로 삼았는데, 적에게 항복한 자나 전쟁에 패배자는 사형에 처했으며, 도둑질한 자는 12배를 배상하도록 하였다.

② 사회계층
  ㉠ 귀족 : 왕족인 고씨와 5부 출신의 귀족들은 지위를 세습하면서 높은 관직을 맡아 국정 운영에 참여하였다.
  ㉡ 백성 : 대부분 자영농으로 조세 납부·병역·토목공사에 동원되는 의무를 가졌다. 흉년이 들거나 빚을 갚지 못하면 노비로 전락하기도 하였다.
  ㉢ 천민·노비 : 대부분 피정복민이나 몰락한 평민이었으며, 남의 소나 말을 죽인 자는 노비로 삼았고, 빚을 갚지 못한 자는 그 자식들을 노비로 만들어 변상하게 하였다.

③ 사회풍습 : 형사취수제(남자의 경우 형이 죽은 뒤 동생이 형을 대신해 형수와 부부생활을 계속하는 혼인풍습), 서옥제가 있었고 자유로운 교제를 통해 결혼하였다.

(2) 백제의 생활상

① 사회기풍의 특징
- ㉠ 고구려와 언어, 풍속, 의복 등에 있어서 큰 차이가 없었으나 중국과 교류가 일찍부터 이루어져 선진 문화를 수용할 수 있었으며, 상무적 기풍을 간직하여 말타기와 활쏘기를 좋아하였다.
- ㉡ 엄격한 형벌을 실시하였는데, 반역이나 전쟁의 패배자는 사형에 처하고, 도둑질한 자는 귀양을 보내고 2배를 배상하게 하였으며, 뇌물을 받거나 횡령을 한 관리는 3배를 배상하고 종신토록 금고형에 처하였다.

② 지배층의 생활모습
- ㉠ 왕족인 부여씨와 8성의 귀족으로 구성되었다.
- ㉡ 중국 고전과 역사서를 탐독하고, 한문을 능숙하게 구사하였으며, 관청의 실무에도 밝았고 투호나 바둑 및 장기를 즐겼다.

(3) 신라의 골품제도와 화랑도

① 사회기풍의 특징 : 중앙집권화의 시기가 늦어 여러 부족의 대표들이 정치를 운영하는 초기의 전통을 오랫동안 유지하였다.

② 화백회의
- ㉠ 기원 : 여러 부족의 대표들이 함께 모여 정치를 운영하였다.
- ㉡ 기능
  - 국왕 추대 및 폐위에 영향력을 발휘하면서 왕권을 견제하기도 하였다.
  - 귀족들의 단결을 굳게 하고, 국왕과 귀족간의 권력을 조절하는 기능을 담당하였다.

③ 골품제도

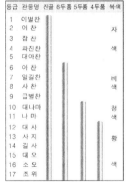

- ㉠ 성립 : 고대국가로 발전하는 과정에서 각 지방 족장의 세력정도에 따라 통합, 편제하면서 마련한 신분제도이다.
- ㉡ 특징 : 관등 승진의 상한선이 골품제에 따라 정해져 있어 개인의 사회활동과 정치활동의 범위를 제한하는 역할을 하였고, 가옥의 규모, 장식물, 수레 등의 일상생활에까지 제한을 하였다.
- ㉢ 내용 : 성골은 부모가 왕족이며 왕이 될 수 있는 최고 신분(진덕여왕을 끝으로 단절), 진골은 부모 중 한쪽만 왕족, 6두품(=득난)은 대족장이 골품으로 편입되면 받은 신분, 4·5두품은 군소 족장이 골품으로 편입되면서 받은 신분이다.
- ㉣ 중위제 : 골품제의 불만을 무마하기 위해 6두품 이하에 속한 아찬·대나마·나마에 중위제도를 두어 일종의 특진의 길을 개방하기도 하였다. 그러나 신분의 허구적 이동방법에 불과하였기 때문에 골품제의 모순은 심화되어 갔다.

④ 화랑도

    ㉠ 기원 : 원시사회의 청소년 집단에서 유래하였다.

    ㉡ 구성

      – 귀족의 자제 중에서 선발된 화랑을 지도자로 삼고, 귀족은 물론 평민까지 망라한 많은 낭도들이 그를 따랐다.

      – 여러 계층이 같은 조직에서 일체감을 갖고 활동함으로써 계층 간의 대립과 갈등을 조절하고 완화시켰다.

    ㉢ 활동 : 전통적 사회규범을 배웠으며, 사냥과 전쟁에 관한 교육을 통해 협동과 단결정신을 기르고 심신을 연마하였다.

    ㉣ 국가조직으로 발전 : 진흥왕 때 국가적 차원에서 그 활동을 장려하여 조직이 확대되었고, 원광은 세속5계를 가르쳤으며, 화랑도 활동을 통해 국가가 필요로 하는 인재가 양성되었다.

③ 남북국시대의 사회

(1) 통일신라와 발해의 사회

① 통일 후 신라 사회의 변화

    ㉠ 전제왕권의 강화 : 영토와 인구가 증가되고, 경제력이 향상되었다. 특히 삼국통일 이후 왕권이 강화되었다.

    ㉡ 진골귀족사회 : 중앙 관청의 정관직을 독점하고, 합의를 통해 국가 중대사를 결정하였다.

    ㉢ 6두품의 진출 : 학문적 식견과 실무 능력을 바탕으로 국왕을 보좌하였으나 신분의 제약으로 높은 관직 진출에 한계가 있었다.

    ㉣ 골품제의 변화 : 3두품에서 1두품 사이의 구분은 실질적인 의미를 잃고, 평민과 동등하게 간주되었다.

② 발해의 사회구조 : 왕족 대씨와 귀족 고씨 등 고구려계 대부분이 지배층을 구성하였고, 피지배층은 대부분 말갈인으로 구성되어 이들 중 일부는 지배층이 되거나 자신이 거주하는 촌락의 우두머리가 되어 국가행정을 보조하였다.

③ 통일신라의 생활

    ㉠ 도시의 발달 : 통일 신라의 서울인 금성(경주)은 정치와 문화의 중심지로서 귀족들이 모여 사는 대도시로 번성하였다.

    ㉡ 귀족생활 : 저택에서 노비와 사병을 거느렸고, 지방의 대토지와 목장과 고리대업을 하였다.

    ㉢ 평민생활 : 자영농이었지만, 귀족의 토지를 빌려 경작하며 생계를 잇거나 귀족들에게 빌린 빚을 갚지 못하여 결국 노비가 되는 경우도 적지 않았다.

(2) 통일신라 말의 사회모순

① 통일신라 말의 사회 모습
- ㉠ **백성의 생활 곤궁** : 귀족들의 정권 다툼과 대토지 소유 확대로 백성의 생활이 어려워지면서 자영농이 몰락하였다.
- ㉡ **지방세력 성장** : 지방의 토착세력과 사원들은 대토지를 소유하면서 유력한 신흥세력으로 성장하였다.
- ㉢ **농민의 부담 가중** : 중앙정부의 통치력 약화로 대토지 소유자들은 세금을 부담하지 않는 대신 농민들이 더 많은 조세를 감당하게 되었다.

② 사회모순의 표출
- ㉠ **호족의 등장** : 지방의 유력자들을 중심으로 무장조직이 결성되었고, 이들을 아우른 큰 세력가들이 호족으로 등장하였다.
- ㉡ **정부의 대책** : 수리시설을 정비하고, 자연재해가 심한 지역에 조세를 면제해 주었다. 또 굶주리는 농민을 구휼하였으나 큰 효과는 거두지 못하였다.
- ㉢ **빈농의 몰락** : 토지를 상실한 농민들은 소작농이나 유랑민, 화전민이 되었으며, 그들 중의 일부는 노비가 되기도 하였다.
- ㉣ **농민봉기** : 중앙정부의 기강이 극도로 문란해졌으며, 지방의 조세 거부로 국가재정이 고갈되자, 국가는 강압적으로 조세 징수를 할 수 밖에 없었고, 전국 각지에서 농민봉기가 일어났다.

기출예상문제

1 다음 보기의 내용을 통하여 공통적으로 추론할 수 있는 역사적 사실로 가장 적절한 것은?

2012.2.25. 일반공채순경

> ㉠ 국학의 설치
> ㉡ 독서삼품과의 시행
> ㉢ 도당유학생의 파견

① 유학의 보급
② 당과의 교류 확대
③ 귀족들의 왕권에 대한 견제 강화
④ 풍수지리사상의 유행

2 골품제도에 대한 설명으로 옳지 않은 것은?

2007.9.9. 정보통신순경

① 4두품은 12관등 대사까지 승진할 수 있었다.
② 관직은 물론 일상생활에서도 제한이 있었다.
③ 신라통일 이후 왕권강화 과정에서 완성되었다.
④ 6두품은 득난이라고도 불리었다.

---

answer 1.① 2.③

---

1 ㉠ **국학의 설치** : 신문왕은 정치운영에 유교이념이 필요하게 되자 국학을 설립하고 박사, 조교를 두어 유학을 가르쳤다. 필수과목은 논어, 효경, 선택과목은 5경(시경, 서경, 역경, 좌전, 예기)와 문선 등이 있었다.
　㉡ **독서삼품과의 시행** : 원성왕은 유학 성적에 따라 관리를 임명하자는 원칙을 세워 성적을 3품으로 구별하여 관리를 채용하는 독서삼품과를 시행하였다.
　㉢ **도당유학생의 파견** : 신라 때 당나라에서 유학하여 국자감에서 공부하는 숙위학생 중에서 외국인에게 응시기회를 준 빈공과라는 과거에 합격하여 당나라 관리가 되기도 하였는데, 유학의 보급과 학대에 기여를 하였다.

2 골품제도는 법흥왕 때 율령반포와 더불어 각 지방의 부족장들을 그 세력의 크기에 따라 등급을 두어 족장 세력을 통합하여 중앙 귀족에 편입하는 과정에서 성립하였다.

3 고구려 사회에 대해 옳게 설명한 것만 모은 것은?

2009.7.25. 정보통신순경

> ○ 지배층의 혼인 풍습으로 형사취수제와 서옥제가 있었다.
> ○ 도둑질한 자는 12배를 물게 하였다.
> ○ 지배층은 왕족인 고씨, 부여씨와 8성의 귀족으로 이루어졌다.
> ○ 진대법을 실시하여 가난한 농민을 구제하였다.

① ㉠㉡㉣   ② ㉡㉢㉣
③ ㉠㉡㉢   ④ ㉠㉢㉣

4 다음 글은 「삼국사기」 고구려본기 산상왕조에서 인용한 것이다. 이와 관련된 고구려의 혼인제도를 고르면?

2010.9.11. 정보통신순경

> 고국천왕이 죽자 왕후 우씨는 죽음을 비밀로 했다. 그녀는 밤에 죽은 왕의 첫째 아우 발기의 집에 찾아갔다. 발기가 사실을 모르고 말했다. "부인이 밤에 다니는 것을 어떻게 예라고 할 수 있겠습니까?" 왕비는 부끄러워하고 곧 왕의 둘째 동생 연우의 집에 갔다. 연우는 왕비를 위해 잔치를 베풀었다. 연우가 고기를 베다가 손가락을 다쳤다. 왕후가 치마끈을 풀어 다친 손가락을 싸주고 돌아가려할 때 "밤이 깊어 두려우니 그대가 왕궁까지 전송해 주시오." 연우가 그 말을 따르니 왕후는 손을 잡고 궁으로 들어갔다. 다음날 왕후가 선왕의 명령이라 사칭하고 연우를 왕으로 세웠다. 왕은 우씨 때문에 왕위에 올랐으므로 다시 장가들지 않고 우씨를 왕후로 삼았다.

① 서옥제   ② 민며느리제
③ 형사취수제   ④ 예서제

answer 3.①   4.③

3   © 고구려의 왕족은 계루부 고씨, 왕비족인 절노부와 5부 출신의 귀족들이 연합하여 주도하였다. 백제는 왕족인 부여씨와 8대성 귀족이 중심이 되었다.

4   제시된 글은 형이 죽은 뒤에 동생이 형수와 결혼하여 함께 사는 혼인제도인 형사취수제를 서술하고 있다.
    ①과 ④의 서옥제와 예서제는 같은 말로 고구려의 풍습은 맞으나 일종의 데릴사위제로 형사취수제와는 관련이 없다.
    ② 민며느리제(=예부제)는 옥저에서 있었던 혼인 풍습이다.

5 다음 도표는 신라의 골품과 관등에 관한 것이다. 제시된 도표와 관련된 설명으로 옳지 않은 것은?

등급	관등명	진골	6두품	5두품	4두품	복색
1	이벌찬	▨				자색
2	이찬	▨				
3	잡찬	▨				
4	파진찬	▨				
5	대아찬	▨				
6	아찬	▨	▨			비색
7	일길찬	▨	▨			
8	사찬	▨	▨			
9	급벌찬	▨	▨			
10	대나마	▨	▨	▨		청색
11	나마	▨	▨	▨		
12	대사	▨	▨	▨	▨	황색
13	사지	▨	▨	▨	▨	
14	길사	▨	▨	▨	▨	
15	대오	▨	▨	▨	▨	
16	소오	▨	▨	▨	▨	
17	조위	▨	▨	▨	▨	
관등			골품			복색

① 공복의 색깔은 관등에 의해 결정되었다.
② 진골이 처음 받는 관등은 대아찬이었다.
③ 5두품은 황색과 청색공복을 입을 수 있었다.
④ 골품에 따라 진출할 수 있는 관등에 한계가 있었다.

6 다음의 정치 회의를 한 국가에 대한 설명으로 바른 것은?

> 호암사에는 정사암이란 바위가 있다. 나라에서 장차 재상을 뽑을 때에 후보 3~4명의 이름을 써서 상자에 넣고 봉해서 바위 위에 두었다가 얼마 후에 가지고 와서 열어보고 그 이름을 위에 도장이 찍혀있는 사람을 재상으로 삼았다. 이런 이유로 '정사암'이라 하였다.

① 뇌물을 수수한 관리는 3배로 배상하였다.
② 서옥제와 형사취수제가 있다.
③ 책화를 두었다.
④ 골품제를 두었다.

answer 5.② 6.①

5 진골이 처음 받는 관등이 정해진 것은 아니다.

6 제시문은 백제의 정사암 제도에 대한 설명이다. ②은 고구려, ③은 동예, ④은 신라에 대한 설명이다.

7 삼국 시대의 사회에 대한 설명으로 옳은 것은?

① 농민 보호책으로 인해 고리대는 없어졌다.
② 엄격한 신분 제도가 편제되고 율령이 만들어졌다.
③ 생명의 존엄성을 중시하여 사형 제도가 없어졌다.
④ 형(兄)은 지방 조세의 수납 업무를 맡아 보았다.

8 고구려 사회에 대한 설명으로 옳은 것은?

> ㉠ 지배층의 혼인 풍습으로 형사취수제와 서옥제가 있었다.
> ㉡ 도둑질한 자는 12배를 물게 하였다.
> ㉢ 지배층은 고씨, 부여씨와 8성의 귀족으로 이루어졌다.
> ㉣ 진대법을 실시하여 가난한 농민을 구제하였다.

① ㉠㉡㉣   ② ㉡㉢㉣
③ ㉠㉡㉢   ④ ㉠㉢㉣

7 ① 삼국시대 이래 고리대업은 계속 존재하였다.
　　 ③ 사형제도는 존재하였다.
　　 ④ 지방 조세의 수납 사무는 사자(使者)가 맡았다.

8 ㉢ 부여씨와 8성의 귀족은 백제의 지배층이다.

고대의 문화

CHAPTER 04

① 학문과 사상 · 종교

(1) 한자의 보급과 교육

① 한자의 전래
  ㉠ 한자는 철기시대부터 지배층을 중심으로 사용되었다.
  ㉡ 한자의 뜻과 소리를 빌려 우리말을 기록하는 이두·향찰이 사용되었고, 이로써 한문이 토착화되고 한
    문학이 널리 보급되어 갔다.

② 교육기관의 설립과 한자의 보급
  ㉠ 고구려
    - 태학(수도) : 유교경전과 역사서를 가르쳤다.
    - 경당(지방) : 청소년에게 한학과 무술을 가르쳤다.
  ㉡ 백제
    - 5경 박사·의박사·역박사 : 유교경전과 기술학 등을 가르쳤다.
    - 한문 문장 : 북위에 보낸 국서는 매우 세련된 한문 문장으로 쓰여졌으며, 사택지적 비문에는 불당을
      세운 내력을 기록하고 있다.
  ㉢ 신라 : 임신서기석을 통해 청소년들이 유교경전을 공부하였던 사실을 알 수 있다.

③ 유학의 교육
  ㉠ 삼국시대 : 학문적으로 깊이 있게 연구된 것이 아니라 충·효·신 등의 도덕규범을 장려하는 정도였다.
  ㉡ 통일신라
    - 유학교육기관 : 신문왕 때 국학이라는 유학교육기관을 설립하였고, 경덕왕 때는 국학을 태학이라고 고
      치고 박사와 조교를 두어 논어와 효경 등 유교경전을 가르쳤는데, 이것은 충효일치의 윤리를 강조한
      것이었다.
    - 독서삼품과 : 원성왕 때 학문과 유학의 보급을 위해 마련하였다.
  ㉢ 발해 : 주자감을 설립하여 귀족 자제들에게 유교경전을 교육하였다.

(2) 역사편찬과 유학의 보급

① 삼국시대
- ㉠ **역사편찬의 목적** : 학문이 점차 발달되고 중앙집권적 체제가 정비됨에 따라 자기 나라의 전통을 이해하고 왕실의 권위를 높이며 나라에 대한 백성들의 충성심을 모으기 위해 편찬하였다.
- ㉡ **역사편찬의 내용**
  - 고구려 : 「유기」, 이문진의 「신집 5권」
  - 백제 : 고흥의 「서기」
  - 신라 : 거칠부의 「국사」

② 통일신라
- ㉠ **김대문** : 「화랑세기」, 「고승전」, 「한산기」를 저술하여 주체적인 문화의식을 드높였다.
- ㉡ **6두품 유학자** : 강수(외교문서를 잘 지은 문장가)나 설총(「화왕계」 저술)이 활약하여 도덕적 합리주의를 제시하였다.
- ㉢ **도당 유학생** : 김윤경, 최치원이 다양한 개혁안을 제시하였다. 특히 최치원은 당에서 빈공과에서 급제하고 「계원필경」 등 뛰어난 문장과 저술을 남겼으며, 유학자이면서도 불교와 도교에 조예가 깊었다.

③ **발해** : 당에 유학생을 파견하였고, 당의 빈공과에 급제한 사람도 여러 명 나왔다.

(3) 불교의 수용

① **불교의 전래와 공인** : 중앙집권적 국가체제를 정비할 무렵인 4세기에 전래되었다.
- ㉠ **고구려** : 소수림왕 때 중국의 전진에서 전래되었다(372).
- ㉡ **백제** : 침류왕 때 동진에서 전래되었다(384).
- ㉢ **신라** : 고구려에서 전래되었고(457), 법흥왕 때 공인하였다(527).

② **불교의 영향**
- ㉠ 새로운 국가정신의 확립과 왕권 강화의 결과를 가져왔다. 신라의 경우는 불교식 왕명이나 세속 5계를 통해 발전하게 되었다.
- ㉡ 삼국은 사상 · 음악 · 미술 · 건축 · 공예 · 의학 등의 선진문화를 수용할 수 있었고, 새로운 문화를 창조하게 되었다.

③ **신라의 불교** : 업설(왕즉불사상), 미륵불 사상(불국토 사상 – 화랑제도의 정신적 기반)이 불교의 중심 교리였다.

④ **도교의 전래** : 산천숭배나 신천사상과 결합하여 귀족사회에 전래되었다. 고구려의 사신도, 백제의 산수무늬벽돌, 금동대향로를 통해 알 수 있다.

(4) 불교사상의 발달

① 통일신라 : 다양하고 폭넓은 불교사상에 대한 본격적인 이해기반을 확립하기 시작하였다.
　⊙ 원효 : 불교의 사상적 이해기준을 확립시켰고(「금강삼매경론」, 「대승기신론소」), 종파간의 사상적 대립을 극복하고 조화시키려 애썼으며, 불교의 대중화에 이바지하였다(아미타신앙).
　ⓛ 의상 : 「화엄일승법계도」를 통해 화엄사상을 정립하고 부석사를 건립하였다. 현세에서 고난을 구제한다는 관음사상을 외치기도 하였다.
　ⓒ 혜초 : 인도에 가서 불교를 공부하였으며, 「왕오천축국전」을 저술하기도 하였다.
　ⓔ 원측 : 당나라에서 섭론종을 익혔으며 현장에게서 신유식을 배워 유식학을 독자적으로 발전시켰다.
② 발해 : 왕실과 귀족을 중심으로 성행하였고, 문왕은 스스로를 불교적 성왕으로 일컬었다.

(5) 선종과 풍수지리설

① 선종 : 통일 전후에 전래되어 신라말기에 유행하였다.
　⊙ 성격 : 경전의 이해를 통하여 깨달음을 추구하는 교종과는 달리 선종은 문자를 뛰어 넘어 구체적인 실천수행을 통하여 각자의 마음속에 내재된 깨달음을 얻는다는 실천적 경향이 강하였다.
　ⓛ 선종 9산 : 지방의 호족세력과 결합하여 각 지방에 근거지를 두었다.
　ⓒ 지방문화의 역량을 증대시키고 고려 사회 건설의 사상적 바탕이 되기도 하였다.
② 풍수지리설 : 신라말기의 도선과 같은 선종 승려들이 중국에서 풍수지리설을 들여왔다.
　⊙ 성격 : 도읍, 주택, 묘지 등을 선정하는 인문 지리설 학설을 말하며, 도참사상과 결합하기도 하였다.
　ⓛ 경주 중심에서 벗어나 다른 지방의 중요성을 자각하는 계기가 되었고, 국토를 지방 중심으로 재편성하는 주장을 펴기도 하였다. 이는 신라 정부의 권위를 약화시키는 역할을 하기도 하였다.

② 과학기술의 발달

(1) 천문학과 수학

① 천문학의 발달 : 천체관측을 중심으로 발달하였다.
　⊙ 배경 : 농경과 밀접한 관련을 가졌으며, 왕의 권위를 하늘과 연결시켰다.
　ⓛ 발달
　－고구려 : 별자리를 그린 천문도가 만들어졌다.
　－신라 : 세계에서 가장 오래된 천문대인 첨성대를 세워 천체를 관측하였다.
　ⓒ 일월식, 혜성의 출현, 기상 이변들이 삼국사기에 기록되어 있는데 매우 정확한 기록으로 밝혀지고 있다.

② 수학의 발달 : 수학적 지식을 활용한 조형물을 통해 수학이 높은 수준으로 발달했음을 알 수 있다.
- ㉠ 고구려 : 고분의 석실과 천장의 구조
- ㉡ 백제 : 정림사지 5층 석탑
- ㉢ 신라 : 황룡사지 9층 목탑, 석굴암의 석굴구조, 불국사 3층 석탑, 다보탑

(2) 목판인쇄술과 제지술의 발달

① 배경 : 불교문화의 발달에 따라 불경을 대량으로 인쇄하기 위한 목판인쇄술과 질 좋은 종이를 만들 수 있는 제지술이 발달하였다.

② 무구정광대다라니경 : 세계에서 가장 오래된 목판인쇄술이며, 닥나무 종이를 사용하였다.

(3) 금속기술의 발달

① 고구려 : 철의 생산이 중요한 국가적 산업이었으며, 우수한 철제 무기와 도구가 출토되었다. 고분벽화에는 철을 단련하고 수레바퀴를 제작하는 기술자의 모습이 묘사되어 있다.

② 신라 : 금세공기술과 금속주조기술도 발달하였다(금관, 성덕대왕신종).

③ 백제 : 금속공예기술이 발달하였다(칠지도, 백제 금동대향로).

(4) 농업기술의 혁신

① 철제 농기구의 보급을 통해 농업생산력이 증가하였으며, 이는 중앙집권적 귀족국가로 발전하는 경제적 기반이 되었다.

② 삼국의 농업기술 : 쟁기, 호미, 괭이 등의 농기구가 보급되어 농업생산이 증가되었다.
- ㉠ 고구려 : 쟁기갈이, 보습의 사용으로 농업이 발달하였다(4세기).
- ㉡ 백제 : 수리시설의 축조, 철제농기구의 개량을 통해 논농사가 발전하였다(4~5세기).
- ㉢ 신라 : 우경의 보급 및 확대로 생산량이 증가하였다(5~6세기).

③ 고대인의 자취와 멋

(1) 고분과 고분벽화

① 고구려
- ㉠ 돌무지무덤(초기) : 돌을 정밀하게 쌓아 올린 무덤으로 벽화가 없는 것이 특징이며 7층까지 쌓아 올린 장군총이 대표적인 무덤이다.

ⓛ **굴식돌방무덤(후기)** : 돌로 널방을 짜고 그 위에 흙으로 덮어 봉분을 만든 것으로 내부의 벽과 천장에 벽화를 그리기도 하였다. 주로 만주 집안, 황해도 안악 등에 분포하고 있으며 무용총(사냥 그림), 강서대묘(사신도), 쌍영총, 각저총(씨름도)등이 대표적이다.

ⓒ **고분벽화의 특징** : 당시 고구려의 생활, 문화, 종교 등을 파악할 수 있다. 초기에는 무덤의 주인의 생활을 표현한 그림이 많았고, 후기로 갈수록 점차 추상화되어 상징적 그림으로 변하였다.

② **백제**

ㄱ **계단식 돌무지무덤(한성시대)** : 고구려 초기의 고분과 비슷하며, 서울 석촌동 고분이 대표적이다.

ⓛ **굴식돌방무덤, 벽돌무덤(웅진시대)** : 굴식돌방무덤과 중국 남조의 영향을 받은 벽돌무덤 양식의 무령왕릉이 있다.

③ **신라** : 거대한 돌무지 덧널무덤(천마총의 천마도)를 만들었으며, 삼국통일 직전에는 굴식돌방무덤도 만들었다.

④ **통일신라** : 불교의 영향으로 화장이 유행하였으며, 거대한 돌무지 덧널무덤에서 점차 규모가 작은 굴식 돌방무덤으로 바뀌었다. 그리고 무덤의 봉토 주위를 둘레돌로 두르고, 그 둘레돌에는 12지신상을 조각하였다.

⑤ **발해**

ㄱ **정혜공주묘** : 굴식 돌방무덤으로 모줄임 천장구조가 고구려 고분과 닮았고, 이곳에서 나온 돌사자상은 매우 힘차고 생동감이 있다.

ⓛ **정효공주묘** : 묘지와 벽화가 발굴되었는데, 이 무덤에서 나온 유물들은 발해의 높은 문화수준을 보여준다.

(2) 건축과 탑

① **삼국시대**

ㄱ **궁궐** : 평양의 안학궁은 고구려 남진정책의 기상을 보여준다.

ⓛ **사원** : 신라의 황룡사는 진흥왕의 팽창의지를 보여주고, 백제의 미륵사는 무왕이 추진한 백제의 중흥을 반영하는 것이다.

ⓒ **가옥** : 고구려의 고분벽화에는 가옥구조가 잘 나타나 있다.

ㄹ **성곽** : 산성이 대부분이었으며 방어를 위해 축조하였다.

ㅁ **탑** : 불교의 전파와 함께 부처의 사리를 봉안하여 예배의 주대상으로 삼았다.

– 고구려 : 주로 목탑을 건립했는데 현재는 남아 있는 것이 없다.

– 백제 : 목탑형식의 석탑인 익산 미륵사지 석탑, 부여 정림사지 5층 석탑이 대표적인 석탑이다.

– 신라 : 몽고의 침입 때 소실된 황룡사 9층 목탑과 벽돌모양의 석탑인 분황사탑이 유명하다.

② 통일신라

　　㉠ **건축** : 궁궐과 가옥은 남아있는 것이 거의 없다.

　　㉡ **사원** : 불국토의 이상을 조화와 균형 감각으로 표현한 불국사, 아름다운 비례와 균형의 조형미가 뛰어난 석굴암이 대표적이다. 인공 연못인 안압지를 통해 뛰어난 신라 조경술과 화려한 귀족생활의 모습을 짐작할 수 있다.

　　㉢ **탑**

　　　－ 신라 중대에는 목탑양식과 전탑양식을 계승, 발전시켜 2중 기단 위에 3층으로 석탑이 있는 형식이 유행하였고, 석가탑, 다보탑 등이 대표적이다.

　　　－ 신라 하대에는 선종이 유행하면서 승려들의 사리를 봉안하는 승탑과 승비가 유행하였다. 승탑과 승비는 세련되고 균형감이 뛰어나 이시기 조형미술을 대표하여, 신라말기 지방호족들의 정치적 역량이 성장하였음을 보여준다.

③ **발해** : 수도 상경에 외성을 쌓고, 당의 장안성을 모방한 주작대로를 내고, 그 안에 궁궐과 사원을 세웠다. 사찰은 높은 단 위에 금당을 짓고 그 좌우에 건물을 배치하였다.

(3) 불상 조각과 공예

① **삼국시대** : 불상으로는 미륵보살반가상을 많이 제작하였다. 그 중에서도 금동미륵보살반가상은 날씬한 몸매와 자애로운 미소로 유명하다.

　　㉠ **고구려** : 연가 7년명 금동여래입상(중국 북조의 영향을 받았으나 강인한 인상과 은은한 미소에는 고구려의 독창성이 보임).

　　㉡ **백제** : 서산 마애삼존불상(부드러운 자태와 온화한 미소)

　　㉢ **신라** : 경주 배리석불입상(푸근한 자태와 부드럽고 은은한 미소)

② 통일신라

　　㉠ **석굴암의 본존불과 보살상** : 사실적 조각으로 불교의 이상세계를 구현하는 것이다.

　　㉡ **조각** : 태종 무열왕릉비의 받침돌, 불국사 석등, 법주사 쌍사자 석등이 유명하다.

　　㉢ **공예** : 원사 종, 성덕대왕 신종, 특히 성덕대왕 신종은 맑고 장중한 소리, 경쾌하고 아름다운 비천상으로 유명하다.

③ 발해

　　㉠ **불상** : 흙을 구워 만든 불상과 부처 둘이 앉아 있는 불상이 유명한데, 고구려 양식을 계승하고 있다.

　　㉡ **조각** : 벽돌과 기와무늬(고구려 영향), 석등(팔각기단)이 유명하다.

　　㉢ **공예** : 자기공예가 독특하게 발전하였고 당에 수출하기도 했다.

(4) 글씨 · 그림과 음악

① 서예
   ㉠ 광개토대왕릉 비문 : 웅건한 서체로 써졌다.
   ㉡ 김생 : 질박하면서도 굳센 신라의 독자적인 서체를 열었다.

② 그림
   ㉠ 천마도 : 신라의 힘찬 화풍을 보여준다.
   ㉡ 솔거 : 황룡사 벽에 그린 소나무 벽화가 실물에 가까워 새들이 날아왔다는 일화로 유명하다.
   ㉢ 화엄경 변상도 : 섬세하고 유려한 모습은 신라 그림의 높은 수준을 보여준다.

③ 음악과 무용(종교 및 노동과 밀접한 관련)
   ㉠ 고구려 : 왕산악은 거문고를 만들어 악곡을 지었다.
   ㉡ 신라 : 백결 선생은 방아타령을 지어 가난한 사람들을 달랬다.
   ㉢ 가야 : 우륵은 가야금을 만들고 12악곡을 지었다.

(5) 한문학과 향가

① 삼국시대
   ㉠ 한시 : 황조가(고구려, 유리왕의 이별의 슬픔을 노래함), 오언시(을지문덕이 수의 장수에게 보냄)가 전해지고 있다.
   ㉡ 노래 : 구지가(무속신앙과 관련), 회소곡(노동과 관련), 정읍사(백제), 혜성가(신라의 향가)등이 유행하였다.

② 통일신라
   ㉠ 향가 : 화랑에 대한 사모의 심정, 형제간의 우애, 공덕이나 불교에 대한 신앙심을 담고 있으며 삼대목을 편찬하였다.
   ㉡ 설화문학 : 에밀레종 설화, 설씨녀 이야기, 효녀 지은 이야기 등을 통해 종교와 백성들의 어려운 삶을 찾아볼 수 있다.

③ 발해 : 4 · 6변려체로 써진 정혜 · 정효공주의 묘지를 통해 높은 수준을 알 수 있고, 시인으로 양태사(다듬이 소리)가 유명하다.

④ 일본으로 건너간 우리 문화

(1) 삼국문화의 일본 전파

① 일본 고대문화 성립과 발전에 큰 영향을 끼쳤다.

② 백제

  ㉠ 아직기와 왕인 : 4세기에 아직기는 일본의 태자에게 한자를 가르쳤고, 뒤이어 왕인은 천자문과 논어를 가르쳤다.

  ㉡ 노리사치계 : 6세기에 불경과 불상을 전하였다. 그 결과 일본은 고류사 미륵반가사유상과 호류사 백제 관음상을 만들 수 있었다.

  ㉢ 5경 박사, 의박사, 역박사, 화가, 공예 기술자가 파견되어 이들에 의해 목탑이 건립되었고, 백제가람 양식이 생겨났다.

③ 고구려

  ㉠ 담징 : 종이와 먹의 제조방법을 전하였고, 호류사의 벽화를 그렸다.

  ㉡ 혜자 : 소토쿠 태자의 스승이 되었다.

  ㉢ 혜관 : 불교 전파에 큰 공을 세웠다.

  ㉣ 다카마쓰 고분벽화가 수산리 고분벽화와 흡사한 점에서 고구려의 영향력을 살펴 볼 수 있다.

④ 신라 : 축제술(한인의 연못)과 조선술을 전해주었다.

⑤ 삼국의 문화는 야마토 정권과 아스카 문화의 형성에 큰 영향을 주었다.

기출예상문제

1 다음 글은 최치원의 '난랑비서문'에서 인용한 것이다. 이 글에 포함되어 있는 사상과 관련이 있는 비문을 보기에서 고르면?

2009.7.25. 정보통신순경

> 나라에 현묘(玄妙)한 도가 있으니 풍류(風流)라 한다. 실로 이는 삼교(三敎)를 포함하고 뭇 백성들을 교화한다. 이를테면 들어와서는 집안에서 효를 행하고, 나가서는 나라에 충성함은 노나라 사구(司寇)의 가르침이고, 하였다고 자랑함이 없는 일을 하고 말없는 가르침을 행함은 주나라 주사(柱史)의 뜻이며, 모든 악을 짓지 말고 모든 선을 받들어 행하라 함은 축건태자(竺乾太子)의 교화이다.

> ㉠ 사택지적비   ㉡ 울진봉평비
> ㉢ 임신서기석   ㉣ 중원고구려비

① ㉠㉡   ② ㉠㉢
③ ㉡㉣   ④ ㉢㉣

---

answer   1.②

---

1   제시된 난랑비 서문을 통해 유교, 불교, 도교 사상을 포함한 풍류를 엿볼 수 있다.
 ㉠ 백제 의자왕 때 활약했던 사택지적이 남긴 비로 날이 쉽게 가고 돌아오기 어려움을 슬프게 여겨 금으로 법당을, 옥으로 탑을 세운 후 기념으로 세운 것이다. (도교)
 ㉡ 524년(법흥왕 11)에 세워진 신라의 비석으로 율령을 반포한 내용이 실려 있다.
 ㉢ 신라의 임신서기석은 화랑도가 3년 이내에 시(詩)·상서(尙書)·예기(禮記) 등을 습득한 후 국가에 충성하겠다는 내용을 담고 있다. (유교)
 ㉣ 중원고구려비는 장수왕 때 고구려 세력이 남하하여 남한강 상류까지 진출했다는 기록이 있다.

2 다음 신라시대 불교문화 발달에 대한 내용으로 옳게 짝지어진 것은?

2013.3.9. 일반공채순경, 101경비단

> ㉠ 혜초는 인도를 순례한 후 「왕오천축국전」을 남겼다.
> ㉡ 원효는 「화엄일승법계도」를 저술하고 부석사를 건립하였다.
> ㉢ 의상은 화엄사상 뿐 아니라 관음신앙을 이끌며 많은 사찰을 세웠다.
> ㉣ 신라 말기에 교종 승려들은 중국에서 유행한 풍수지리설을 들여왔다.

① ㉠㉡
② ㉠㉢
③ ㉠㉣
④ ㉡㉣

3 삼국시대 불교에 대한 다음 설명 중 가장 옳은 것은?

2112.10.20. 일반공채순경, 전의경 특채

① 불교의 전파는 사신도, 산수무늬벽돌 등에서 확인할 수 있다.
② 신라 진흥왕이 황룡사를 짓고 대규모의 9층탑을 만든 것은 불교의 호국신앙적 성격을 보여 준다.
③ 삼국의 불교는 왕실에 의해 적극 수용되었으나, 귀족들의 반대에 부딪쳐 공인되지는 못하였다.
④ 삼국의 불교는 모두 왕실에서 먼저 받아들여지고 점차 민간에게로 전파되었다.

answer 2.② 3.②

2　㉠ 혜초는 인도 구법승으로 육로와 해로가 같이 언급되어 있고, 인도와 중앙아시아의 풍물을 서술한 「왕오천축국전」을 저술하였다.
　　㉡ 의상과 관련이 있다.
　　㉢ 의상은 「화엄일승법계도」를 저술하여 모든 존재는 상호 의존적인 관계에 있으면서 서로 조화를 이루고 있다는 화엄사상을 정립하고, 이를 바탕으로 교단을 형성하고 많은 제자를 양성하고 영주 부석사를 비롯한 여러 사원을 건립하였다.
　　㉣ 풍수지리설은 도선이 중국에서 전래한 인문지리적 인식, 예언적인 도참신앙으로 신라 하대에 이르러 선종사상이나 노장사상과 더불어 반신라적 경향을 띠게 되었다.

3　① 고구려의 사신도 벽화와 백제의 산수무늬벽돌 등은 불교가 아닌 도교의 영향을 받았다.
　　③ 고구려는 소수림왕(372), 백제는 침류왕(384), 신라는 이차돈의 순교 이후 법흥왕(527)때 각각 불교가 공인되었다.
　　④ 불교는 삼국시대에 왕실 및 귀족사회에서 신봉되었으나, 통일신라 이후 대중 불교의 성격이 나타나면서 민간에게로 종교기반이 확대되었다.
　　참고 경찰청에서는 이 문제와 관련 수험생들의 이의를 접수한 결과
　　②번 지문의 경우, 대규모 9층탑의 건축 주체(또는 연대)를 묻는 출제의도로 오인할 소지가 있다고 인정하여 '신라 진흥왕이 대규모의 9층탑을 만든'부분을 틀린 설명으로 처리하였다.

4 우리나라가 일본에 전파한 문화에 대한 설명으로 가장 적절하지 않은 것은?

2015년 1차 일반공채순경 · 101경비단

① 왕인은 일본에 건너가 천자문과 논어를 전하고 가르쳤다.
② 혜자는 일본 쇼토쿠 태자의 스승이 되었다.
③ 원효, 강수, 설총이 발전시킨 불교와 유교 문화는 일본 아스카 문화의 성립에 기여하였다.
④ 노리사치계는 일본에 불경과 불상을 전하였다.

5 신라가 국력의 총화단결을 상징하기 위하여 세운 것은?

2006.2.7. 해양경찰

① 황룡사 9층탑
② 임신서기석
③ 정림사지 5층 석탑
④ 분황사 모전석탑

6 신라의 문화 현상에 대한 설명으로 맞지 않는 것은?

2009.7.25. 정보통신순경

① 처용에 관한 일화나 서양인 모습의 무인상, 유리그릇과 같은 유물들은 신라가 바다 건너 서역과 활발히 교류했음을 말해 준다.
② 신라 귀족들은 현실의 희로애락을 솔직히 표현한 토우(土偶)를 만들어 무덤 속에 넣었다.
③ 신라인들은 불국토(佛國土)를 구현하기 위하여, 남산에 수많은 탑과 불상, 마애불을 조각하였다.
④ 삼국 통일 이전, 통일을 염원하는 신라인들은 각 지방에서 대단히 큰 거불(巨佛)형태의 불상을 조성하였다.

---

answer 4.③ 5.① 6.④

4 ③ 원효, 강수, 설총 등은 통일신라 초기인 7세기 말에 활동한 인물들로, 통일신라의 문화는 일본 하쿠호 문화의 성립에 기여하였다. 아스카 문화는 4세기 삼국의 영향으로 성립된 문화이다.

5 ① 황룡사 9층탑은 신라 선덕여왕 때 자장의 건의로 건립되어 주변 9개국을 정복하려는 신라인들의 염원이 담긴 상징물이었다.
② 임신서기석은 신라에서 유학을 공부한 사실을 전하고 있다.
③ 정림사지 5층석탑은 백제가 7세기에 지금은 터만 남은 부여 정림사에 세워져 있다.
④ 분황사 모전석탑은 재질은 돌이되 전탑(벽돌탑) 양식으로 쌓은 신라의 석탑이다.

6 고려시대에 석불과 금동불이 주류를 이루나, 대형 철불의 제작이 유행하였는데 인체 비례가 균형을 이루지 못하고, 조형미도 신라에 비해 퇴화하였다.

7 다음 중에서 벽화가 있는 것으로만 묶인 것은?

> ㉠ 천마총   ㉡ 강서대묘
> ㉢ 서울 석촌동 고분   ㉣ 발해 정효공주묘

① ㉠㉡   ② ㉠㉡㉢
③ ㉡㉣   ④ ㉡㉢㉣

8 다음 설명 중 옳은 것을 모두 고르면?

> ㉠ 대승기신론소와 금강삼매경론은 원효의 저서이다.
> ㉡ 의상은 아미타신앙과 함께 관음신앙을 중심으로 하였다.
> ㉢ 자장은 신라의 젊은이들에게 세속오계를 가르쳤다.
> ㉣ 원측은 화엄사상을 기본으로 하는 교단을 형성하였다.

① ㉠㉡   ② ㉠㉣
③ ㉡㉣   ④ ㉢㉣

7 벽화가 그려질 수 있는 무덤은 굴식돌방무덤(石室墳)과 같이 석실이 있는 무덤이어야 하며 강서대묘와 발해의 정효공주묘가 이에 해당한다.
㉠ 신라의 돌무지덧널무덤(積石木槨墳)으로 벽화가 없다.
㉢ 백제 초기무덤 양식인 돌무지무덤(積石塚)으로 벽화가 없다.

8 ㉢ 신라의 화랑에게 세속오계를 가르친 승려는 원광법사이다.
㉣ 화엄사상을 바탕으로 한 승려는 의상대사이며, 원측은 당에서 유식불교를 연구하여 법상종의 기반을 마련하였다.

9 다음 삼국의 불교발전에 힘쓴 승려의 활동 중 신라의 승려가 아닌 사람은?

① 원효-화쟁사상으로 종파간의 사상적 대립을 극복하고자 하였다.
② 원광-세속 5계를 지어 화랑도를 지도하였다.
③ 겸익-인도에 다녀와 계율종을 소개하였다.
④ 의상-화엄종을 개창하였다.

10 통일 신라 시대 불교문화에 대한 설명으로 옳지 않은 것은?

① 미륵 신앙이 성행하면서 미륵보살 반가사유상이 많이 제작되었다.
② 상원사 종, 성덕대왕의 신종 등 범종이 많이 주조되었다.
③ 팔각원당형을 기본형으로 하는 승탑과 승려의 일대기를 새긴 탑비가 유행하였다.
④ 이중 기단 위에 3층으로 쌓는 전형적인 통일 신라 석탑 양식이 완성되었다.

answer 9.③ 10.①

9 겸익은 삼국 중 백제의 승려였다.

10 미륵보살 반가사유상이 많이 제작된 시기는 삼국시대이다.

중세의 세계 단원에서는 중세의 세계를 정치, 경제, 사회, 문화로 나누어 중세의
각 분야별 변화를 파악할 수 있습니다.

중세의 세계

CHAPTER 01 중세의 정치

① 중세사회의 성립과 전개

(1) 고려의 성립과 민족의 재통일

① 고려의 건국
- ㉠ **왕건의 등장**: 송악의 호족으로서 예성강 유역의 해상세력과 연합하였다. 처음에는 궁예 휘하로 들어가서 한강 유역과 나주지방을 점령하여 후백제를 견제하였다. 이후에는 궁예의 실정을 계기로 정권을 장악하게 된다.
- ㉡ **고려의 건국**: 고구려의 후계자임을 강조하여, 국호를 고려라 하고 송악에 도읍을 세웠다. 조세경감, 노비해방으로 민심을 수습하고 호족세력을 융합하였다.

② **민족의 재통일**: 중국의 혼란기를 틈타 외세의 간섭 없이 통일이 성취되었다.
- ㉠ **고려의 정책**: 지방세력을 흡수·통합하였고, 중국 5대와 교류하였다.
- ㉡ **후삼국통일**: 신라에 우호정책을 펼쳐 신라를 병합하고(935), 후백제를 정벌하였으며(936), 후삼국뿐만 아니라 발해의 유민을 수용하여 민족의 재통일을 이루었다.

(2) 태조의 정책

① **취민유도 정책**: 흩어진 백성을 모으고 조세를 징수함에 법도가 있게 한다는 민생안정책으로 유교적 민본이념을 나타낸다(세율을 1/10로 경감).
- ㉠ **조세경감**: 호족의 수취를 금지하였다.
- ㉡ **민심수습**: 전란 중 억울하게 노비가 된 자를 해방하였다.
- ㉢ **흑창설치**: 고구려의 진대법을 계승하여 춘궁기에 곡식을 나눠주고 추수 후에 갚게 하는 빈민구제기구이다. 성종 때 의창으로 바뀌었다.

② 통치기반 강화
- ㉠ 관제정비 : 태봉의 관제를 중심으로 신라와 중국의 제도를 참고하여 정치제도를 만들고, 개국공신과 호족을 관리로 등용하였다.
- ㉡ 호족회유 : 호족을 회유하기 위해 정략결혼, 왕씨 성을 하사하는 사성정책, 개국공신과 호족을 중앙관리로 임명하거나 역분전을 제공하였다.
- ㉢ 호족견제 : 사심관제도(우대)와 기인제도(감시)를 실시하였다.
- ㉣ 통치규범 : 정계, 계백료서를 지어 관리들이 지켜야 할 규범을 제시하였고, 후손들이 지켜야할 교훈이 담긴 훈요 10조를 남겼다.

③ 북진정책 : 고구려를 계승하였음을 강조하여 국호를 고려라 하고, 국가의 자주성을 강조하기 위해 천수(天授)라는 연호를 사용하였다.
- ㉠ 서경(평양)중시 : 청천강 ~ 영흥만으로의 영토를 회복하였다.
- ㉡ 거란 배척 : 발해를 멸망시킨 무도한 국가로 인식하여 거란을 배척하였다.

(3) 광종의 개혁정치

① 고려 초의 혼란기(혜종, 정종)
- ㉠ 왕위계승분쟁 : 호족과 공신세력의 연합정권이 형성되어 왕자들과 외척들 사이에 왕위계승다툼이 일어났다.
- ㉡ 왕규의 난 : 정략결혼과 호족, 외척세력의 개입으로 나타난 부작용이었다.

② 광종의 개혁정치 : 왕권의 안정과 중앙집권체제를 확립하기 위한 것이었다.
- ㉠ 전제왕권의 확립 : 공신과 호족세력을 숙청하고, '칭제건원', '광덕', '준풍' 등의 독자적인 연호를 사용하였으며, 개경을 황도로 불렀다.
- ㉡ 노비안검법 : 후삼국 혼란기에 불법적으로 노비가 된 자를 해방하여 호족의 경제적·군사적 기반을 약화시키고, 노비들을 양인으로 회복시켜 조세와 부역을 담당하게 하여 국가재정을 강화시켰다.
- ㉢ 과거제도 : 쌍기의 건의를 받아들여 실시하였으며, 문신 유학자를 등용하여 신·구세력의 교체를 도모하였다.
- ㉣ 공복제도 : 관료의 위계질서 확립을 위해 관등에 따라 자, 단, 비, 녹으로 복색을 구분하였다.
- ㉤ 제위보 설치 : 빈민구제기금을 만들어 빈민을 구제하였다.
- ㉥ 주현공부법 실시 : 국가수입 증대를 위해 실시하였다.
- ㉦ 외교관계 : 송과 문화적·경제적 목적에서 외교관계를 수립하였으나, 군사적으로는 중립적 자세를 취하였다.

③ 경종의 전시과제도 실시 : 중앙관료의 경제적 기반을 보장하기 위한 것이었다.

(4) 유교적 정치질서의 강화

① 유교정치이념 확립
- ㉠ 유교적 정치이념을 실현하기 위해 6두품 출신의 유학자를 등용하였다.
- ㉡ 고려 초기 성종 1년(982) 최승로는 성종에게 올린 시무 28조는 국가체제 정비에 큰 영향을 주었다.

최승로의 시무 28조

유·불·도의 삼도는 각각 다른 목적이 있어 이를 혼동하여 하나로 할 수 없습니다. 불교를 행하는 것은 수신(修身)의 근본이요, 유교를 행하는 것은 치국(治國)의 근원입니다. 수신은 내생의 복을 구하는 것이며, 치국은 금일의 임무입니다. 금일은 지극히 가깝고 내생은 머니, 가까움을 버리고 먼 것을 구함은 또한 그릇된 것이 아니겠습니까.

* 제시된 자료는 최승로의 시무 28조로 서문에서 '유교는 치국(治國)의 도(道)', '불교는 수신(修身)의 도(道)'라고 하여 유교와 불교의 중요성을 강조하였다.

---

* 최승로의 시무 28조 일부 요약
- 관리를 공정히 선발한다.
- 관리의 의복과 백성의 의복을 달리해야 한다.
- 유교를 나라를 다스리는 근본으로 삼아야 한다.
- 국가의 큰 행사(연등, 팔관회)는 백성의 부담이 크므로 줄인다.
- 지방 호족들이 백성들을 괴롭히는 사례가 많으니, 관리를 파견하여 백성을 보호해야 한다.
- 노비신분 규제 철저
- 북계의 확정과 방어책
- 사원 재물을 행하는 고리대 시정
- 함부로 사찰(절)짓는 것 금지

* 이는 최승로 시무 28조의 일부를 요약한 것으로 성종의 정치개혁에 커다란 영향을 주었다.

② 성종의 중앙집권화
- ㉠ 유교적 정치이념을 실현하기 위해 6두품 출신의 유학자(최승로)를 등용하였다.
- ㉡ 당의 3성 6부제를 기반으로 2성 6부를 마련하고 고려의 독자적 기구인 도병마사와 식목도감을 설치하였다.
- ㉢ 지방에 12목을 설치하고, 지방관을 파견하여 지방에 대한 직접 통치가 가능하게 되었다.
- ㉣ 문벌귀족 중심의 정치를 이룩하고, 향리제도를 실시하여 지방의 호족을 향리로 편제하였다.
- ㉤ 중앙에는 국자감을 설치하고, 지방에는 향교를 개설하고 경학박사와 의학박사를 파견하였다.
- ㉥ 우리나라 최초의 화폐인 건원중보를 발행하였다.

② 통치체제의 정비

(1) 중앙의 통치조직

① 2성 6부
  ㉠ **중서문하성** : 중서성과 문하성의 통합기구로 문하시중이 국정을 총괄하였다.
   – 재신 : 2품 이상의 고관으로 백관을 통솔하고, 국가의 중요정책을 심의 · 결정하였다.
   – 낭사 : 3품 이하의 관리로 정책을 건의하거나, 정책집행의 잘못을 비판하는 일을 담당하였다.
  ㉡ **상서성** : 실제 정무를 나누어 담당하는 6부를 두고 정책의 집행을 담당하였다.
  ㉢ **6부**(이 · 병 · 호 · 형 · 예 · 공부) : 상서성에 소속되어 실제 정무를 분담하던 관청으로 각 부의 장관은 상서, 차관은 시랑이었다.

② **삼사** : 화폐와 곡식의 출납에 대한 회계업무만을 담당하였다.

③ **어사대** : 풍속을 교정하고 관리들의 비리를 감찰하는 감찰기구이다.

④ 귀족 중심의 정치
  ㉠ **귀족합좌 회의기구**(중서문하성의 재신, 중추원의 추밀)
   – 도병마사 : 재신과 추밀이 함께 모여 회의로 국가의 중요한 일을 결정하는 곳이다. 국방문제를 담당하는 임시기구였으나, 도평의사사(도당)로 개편되면서 구성원이 확대되고 국정 전반에 걸친 중요사항을 담당하는 최고정무기구로 발전하였다.
   – 식목도감 : 임시기구로서 재신과 추밀이 함께 모여 국내 정치에 관한 법의 제정 및 각종 시행규정을 다루던 회의기구였다.
  ㉡ **대간(대성)제도** : 어사대의 관원과 중서문하성의 낭관으로 구성되었다. 비록 직위는 낮았지만 왕이나 고위관리들의 활동을 지원하거나 제약하여 정치 운영의 견제와 균형을 이루었다.
   – 서경권 : 관리의 임명과 법령의 개정이나 폐지 등에 동의하는 권리이다.
   – 간쟁 : 왕의 잘못을 말로 직언하였다.
   – 봉박 : 잘못된 왕명을 시행하지 않고, 글을 써서 되돌려 보내었다.

(2) 지방행정조직의 정비

5도 양계

① 정비과정

    ㉠ **초기** : 호족세력의 자치로 이루어졌다.

    ㉡ **성종** : 12목을 설치하여 지방관을 파견하였다.

    ㉢ **현종** : 4도호부 8목으로 개편되어 지방행정의 중심이 되었고, 그 후 전국을 5도와 양계, 경기로 나눈 다음 그 안에 3경·4도호부·8목을 비롯하여 군·현·진을 설치하였다.

② 지방조직

    ㉠ **5도(일반행정구역)** : 상설 행정기관이 없는 일반 행정 단위로서 안찰사를 파견하여 도내의 지방을 순찰하게 하였다. 도에는 주와 군(지사)·현(현령)이 설치되고, 주현에는 지방관을 파견하였지만 속현에는 지방관을 파견하지 않았다.

    ㉡ **양계(군사행정구역)** : 북방의 국경지대에는 동계와 북계의 양계를 설치하여 병마사를 파견하고, 국방 상의 요충지에 군사특수지역인 진을 설치하였다.

    ㉢ **8목 4도호부** : 행정과 군사적 방비의 중심적인 역할을 맡은 곳이다.

    ㉣ **특수행정구역**

      – 3경 : 풍수설과 관련하여 개경(개성), 서경(평양), 동경(경주, 숙종 이후 남경)에 설치하였다.

      – 향·소·부곡 : 향·부곡은 국유지를 경작하고, 소는 특정 공납품을 생산하는 등 특정한 역에 대한 부가적 부담으로 인해 일반적인 양민과 달리 그 신분이 노비·천민에 유사하였다.

    ㉤ **지방행정** : 실제적인 행정사무는 향리가 처리하여 지방관보다 영향력이 컸다(속현, 향, 소, 부곡 등).

(3) 군역제도와 군사조직

① 중앙군

    ㉠ **2군 6위** : 국왕의 친위부대인 2군과 수도경비와 국경방어를 담당하는 6위로 구성되었다.

    ㉡ **직업군인** : 군적에 올라 군인전을 지급받고, 군역을 세습하였으며, 군공을 세워 신분을 상승시킬 수 있는 중류층이었다. 이들은 상장군, 대장군 등의 무관이 지휘하였다.

② 지방군

    ㉠ **주진군(양계)** : 양계에 배치되었으며 국방의 주역을 담당한 상비군(좌군, 우군, 초군)으로 국경 수비를 하였다.

    ㉡ **주현군(5도)** : 5도에 배치되었으며 주로 자기 토지를 경작하는 농민으로 구성되어 지방관의 지휘를 받아 치안과 지방방위·노역에 동원되었다.

(4) 관리임용제도

① 과거제도(법적으로 양인 이상이면 응시가 가능)
    ㉠ 제술과 : 문학적으로 재능과 정책을 시험하였다.
    ㉡ 명경과 : 유교경전에 대한 이해능력을 시험하였다.
    ㉢ 잡과 : 지리, 회계, 법률 등 실용기술학을 시험하였다.
    ㉣ 한계와 의의 : 능력 중심의 인재등용과 유교적 관료정치의 토대 마련의 계기가 되었으나, 과거출신자보다 음서출신자가 더 높이 출세할 수밖에 없었고, 무과는 실시하지 않았다.

② 음서제도 : 왕족의 후예·공신의 후손·5품 이상의 고관의 자손은 과거를 거치지 않고 관직에 진출할 수 있는 제도로 과거보다 더 중요시되었으며, 공음전과 함께 고려 문벌귀족사회의 특징적 모습을 상징한다.

③ 문벌귀족사회의 성립과 동요

(1) 문벌귀족사회의 성립

① 출신유형 : 지방호족 출신이 중앙관료화된 것으로, 신라 6두품 계통의 유학자들이 과거를 통해 관직에 진출하여 성립되었다.

② 문벌귀족의 형성 : 대대로 고위관리가 되어 중앙정치에 참여하게 되고, 과거와 음서를 통해 관직을 독점하였다.

③ 문벌귀족사회의 모순
    ㉠ 문벌귀족의 특징
    – 정치적 특권 : 과거와 음서제를 통해 고위 관직을 독점하였다.
    – 경제적 특권 : 과전, 공음전, 사전 등의 토지겸병이 이루어졌다.
    – 사회적 특권 : 왕실 및 귀족들간의 중첩된 혼인관계를 이루었다.
    ㉡ 측근세력의 대두 : 과거를 통해 진출한 지방 출신의 관리들이 국왕을 보좌하면서 문벌귀족과 대립하였다.
    ㉢ 이자겸의 난, 묘청의 서경천도운동 : 문벌귀족과 측근세력의 대립으로 발생한 사건들이다.

(2) 이자겸의 난과 서경천도운동

① 이자겸의 난(인종, 1126)
    ㉠ 배경 : 금의 사대요구에 타협적인 이자겸 세력과 이자겸의 권력 독점에 반발하는 왕의 측근세력 간의 대립이 심화되었다. 경원 이씨의 권력독점은 문종~인종까지 80여 년간 이어져 왔고, 이자겸은 예종과 인종 때 거듭 외척이 되어 왕권을 능가하였다.

ⓒ 과정 : 이자겸은 인종 때 왕위 찬탈을 시도하였으나, 인종이 척준경을 회유하여 이자겸을 제거하고 탄핵을 받은 척준경을 몰아내면서 이자겸의 난을 종결되었다.

ⓒ 결과 : 경원 이씨 세력이 몰락으로 귀족사회의 동요가 일어나고, 묘청의 서경천도운동의 계기가 되었다.

② 묘청의 서경천도운동(1135)

　　ⓒ 배경 : 이자겸의 난 이후 왕권이 약화되고, 궁궐이 소실되었으며, 서경길지론이 대두되어 민심이 동요하였다.

　　ⓒ 내용

　　　– 서경(평양)천도, 칭제건원, 금국정벌을 주장하였으나 문벌귀족의 반대에 부딪혔다.

　　　– 묘청은 대위국을 건국하고, 연호를 '천개'라 하여 서북지방을 장악하였다.

　　ⓒ 결과 : 개경파 문벌귀족의 반대로 김부식이 이끄는 관군에 진압되고 말았다.

　　ⓒ 영향 : 분사제도와 삼경제가 폐지되고, 숭문천무풍조가 생겨나 무신정변의 계기가 되었다.

(3) 무신정권의 성립

① 무신정변(1170)

　　ⓒ 원인 : 숭무천무정책으로 인한 무신을 천시하는 풍조와 의종의 실정이 원인이 되었다.

　　ⓒ 과정 : 정중부, 이의방 등이 의종을 폐하고 명종을 옹립하였다.

　　ⓒ 무신정권의 전개 : 정중부(중방정치)에서 경대승(도방정치), 이의민(중방정치), 최충헌으로 정권이 넘어갔다.

　　ⓒ 결과

　　　– 정치면 : 문신 중심의 귀족사회에서 관료체제로 전환되는 계기가 되었다.

　　　– 경제면 : 전시과체제가 붕괴되고, 무신에 의해 토지의 독점이 이루어져 사전과 농장이 확대되었다.

　　　– 문화면 : 조계종이 발달하고 패관문학과 시조문학이 발생하였다.

　　　– 사회면 : 하극상 풍조가 만연하면서 신분질서가 동요되었다.

② 사회의 동요

　　ⓒ 무신정권에 대한 반발로 김보당의 난과 조위총의 난이 일어났다.

　　ⓒ 하극상인 농민의 난(김사미·효심의 난)·천민의 난(망이·망소이의 난)이 일어났으며 신분해방을 추구하였다.

③ 최씨 정권

　　ⓒ 최충헌의 독재정치 : 민란을 진압하고, 반대파를 제거하며 시작되었다.

　　ⓒ 최씨 정권의 기반

　　　– 정치적 : 교정도감(최충헌)과 정방(최우), 서방(최우)를 중심으로 전개되었다.

　　　– 경제적 : 전라도와 경상도 일대에 대규모 농장을 형성하였다.

　　　– 군사적 : 사병을 보유하고 설치하여 신변을 경호하였다.

　　ⓒ 한계 : 정치적으로 안정되었지만 국가통치질서는 오히려 약화되었다. 최씨 정권은 권력의 유지와 이를 위한 제체의 정비에 집착했을 뿐, 국가의 발전이나 백성들의 안정을 위한 노력에는 소홀하였다.

④ 무신정권의 주요 권력기구

기구	설치자	성격
중방		무신의 최고회의기관
도방	경대승, 최충헌	사병집단, 무인정권의 군사적 배경
정방	최우	최씨정권 최고인사기구(공민왕 때 폐지)
서방	최우	최씨정권 문인우대기구
교정도감	최충헌	관리비위규찰·인사행정·세정담당, 장인 교정별감이 국정을 장악
삼별초	최우	• 방도(防盜) 등 치안유지를 위해 설치한 야별초(夜別抄)에서 시작 • 야별초에 소속한 군대가 증가하자 이를 좌별초·우별초로 나누고, 몽골 병사와 싸우다 포로가 되었다가 탈출한 병사들로 신의군(神義軍)을 조직하고, 이를 좌·우별초와 합하여 삼별초의 조직 • 무신정권기에는 사병적인 요소, 항몽전에서는 유격전술로 몽골병을 괴롭혔으며, 무신정권이 무너지고, 고려정부가 개경으로 환도하자 개경정부 및 몽골과 대항하여 항쟁

④ 대외관계의 변화

(1) 거란의 침입과 격퇴

① 고려의 대외정책 : 친송배요정책으로 송과의 친선관계를 유지했으나, 거란은 배척하였다.

② 거란(요)의 침입과 격퇴

    ㉠ 1차 침입(성종, 993) : 서희의 담판으로 강동 6주를 확보하였으며, 거란과 교류관계를 맺었다.

    ㉡ 2차 침입(현종, 1010) : 고려의 계속되는 친송정책, 강조의 정변을 계기로 40만 대군이 침입하여 개경이 함락되었으나, 현종의 입조조건으로 거란이 퇴군할 때 양규가 귀주에서 격퇴하였다.

    ㉢ 3차 침입(현종, 1018) : 현종의 입조조건과 강동 6주 반환요구를 거절하자, 소배압의 10만 대군이 침입하였으나 강감찬 등이 귀주에서 격퇴하고 양국은 강화를 맺었다.

    ㉣ 결과 : 고려, 송, 거란 사이의 세력균형을 유지하게 되었다.

    ㉤ 영향 : 나성과 천리장성(압록강~도련포)를 축조하여 수비를 강화하였다.

(2) 여진 정벌과 9성 개척

① 윤관의 여진 정벌
- ㉠ **고려의 여진정책** : 회유와 동화정책을 펴서 여진을 포섭해 나갔다.
- ㉡ **동북 9성** : 기병을 보강한 윤관의 별무반이 여진을 토벌하여 동북 9성을 축조하였다.
- ㉢ **9성의 반환** : 여진의 계속된 침입으로 고려는 고려를 침략하지 않고, 조공을 바치겠다는 여진의 조건을 수락하면서 9성을 돌려주었다.

② 여진의 금(金) 건국(1115)
- ㉠ 여진은 더욱 강해져 거란을 멸한 뒤 고려에 대해 군신관계를 요구하자 현실적인 어려움으로 당시의 집권자인 이자겸은 금의 요구를 받아들였다.
- ㉡ 이자겸의 사대외교는 자신의 정권 유지를 위한 것이었다.

(3) 몽고와의 전쟁

① 몽고와의 전쟁
- ㉠ **원인** : 몽고는 과중한 공물을 요구하였으며, 몽고의 사신 저고야가 피살되는 사건이 일어났다.
- ㉡ **몽고의 침입**
  - 제1차 침입(1231) : 몽고 사신 저고야의 피살을 구실로 몽고군이 침입하였고, 귀주성에서 박서가 항전하였으나, 강화가 체결되고 몽고는 서경 주변에 다루가치를 설치 후 철수하였다.
  - 제2차 침입(1232) : 몽고의 요구에 반발하여 최우가 강화도로 천도하자 몽고는 침입을 하였고, 처인성에서 김윤후가 몽고장수 살리타를 사살하자 철수하였다.
  - 제3차 침입(1235) : 몽고는 남송 정복을 앞두고 고려의 배후를 제거할 목적으로 침입을 하였고, 1~2차 정복 실패를 만회하기 위한 장기적인 무력공세로 고려에 가장 피해를 준 침입이었다(황룡사 9층탑, 대구 부인사 대장경판 소실).
  - 제4차~제8차 침입 : 농민, 노비, 천민들의 활약으로 몽고를 끈질기게 막아냈다.
- ㉢ **결과** : 전 국토가 황폐화되고 민생이 도탄에 빠졌다.
- ㉣ **최씨 정권의 몰락** : 온건파의 활약으로 무너지고 왕실이 몽고와 강화조약을 맺어 개경환도가 이루어졌다(1270).
- ㉤ **몽고와의 강화정책 의미** : 고려의 끈질긴 항쟁으로 몽고가 고려 정복계획을 포기하게 되고, 고려의 주권과 고유한 풍속을 인정하게 되었다는 것이다.

② 삼별초의 항쟁(1270~1273)
- ㉠ **배경** : 배중손은 무신정권의 붕괴와 몽고와의 굴욕적인 강화를 맺는 데 반발하였다.
- ㉡ **경과** : 개경으로 환도하자 대몽 항쟁에 앞장섰던 삼별초는 배중손의 지휘 아래 장기 항전을 계획하고 진도로 옮겨 용장성을 쌓고 저항하였으나, 여 · 몽연합군의 공격으로 진도가 함락되자 다시 제주도로 가서 김통정의 지휘아래에 항파두리성을 쌓고, 항쟁하였으나 여 · 몽연합군에 의해 진압되었다.

ⓒ **장기항쟁이 가능하였던 이유** : 몽고군이 접근하기 어려운 지리적 이점과 일반 민중들의 적극적인 지원이 있었기 때문이다.

ⓔ **결과** : 원은 제주에 탐라총관부를 설치하고 목마장에 두었다.

ⓜ **의의** : 삼별초의 항쟁은 고려인의 배몽사상과 자주정신을 보여주었다.

⑤ 고려후기의 정치변동

(1) 원(몽고)의 내정간섭

① 정치적 간섭

　ⓐ **일본 원정** : 두 차례의 원정에 인적 · 물적 자원이 수탈되었으나, 실패하였다.

　ⓑ **영토의 상실과 수복**

　－ 쌍성총관부 : 원은 화주(영흥)에 설치하여 철령 이북 땅을 직속령으로 편입하였는데, 공민왕(1356) 때 유인우가 무력으로 탈환하였다.

　－ 동녕부 : 자비령 이북 땅에 차지하여 서경에 두었는데, 충렬왕(1290) 때 고려의 간청으로 반환되었다.

　－ 탐라총관부 : 삼별초의 항쟁을 평정한 후 일본 정벌 준비를 위해 제주도에 설치하고(1273), 목마장을 두었다. 충렬왕 27년(1301)에 고려에 반환하였다.

　ⓒ **관제의 개편** : 관제를 격하시키고(3성→첨의부, 6부→4사) 고려를 부마국 지위와 왕실호칭을 사용하게 하였다.

　ⓓ **원의 내정간섭**

　－ 다루가치 : 1차 침입 때 설치했던 몽고의 군정지방관으로 공물의 징수 · 감독 등 내정간섭을 하였다.

　－ 정동행성 : 일본 원정 준비기구로 설치된 정동행성이 내정간섭기구로 남았다. 고려 · 원의 연락기구였다.

　－ 이문소 : 정동행성에 설립된 사법기구로 고려인을 취조 · 탄압하였다.

　－ 응방 : 원에 매를 생포하여 조달하는 기구였으나 여러 특권을 행사해 폐해가 심하였다.

② **사회 · 경제적 수탈** : 금, 은, 베, 인삼, 약재, 매 등의 막대한 공물의 부담을 가졌으며, 몽고어, 몽고식 의복과 머리가 유행하고, 몽고식 성명을 사용하는 등 풍속이 변질되었다.

(2) 공민왕의 개혁정치

공민왕의 영토 수복

① 원 간섭기의 고려 정치
- ㉠ 권문세족의 횡포
  - 권문세족은 첨의부 등의 고위관직을 독점하고 도평의사사의 구성원이 되어 권력을 장악하였다.
  - 농장을 확대하였으며 막대한 노비를 소유하였다.
- ㉡ 충선왕과 충목왕이 개혁의지를 불태웠으나 원의 간섭으로 실패하였다.

② 공민왕의 개혁정치 : 원·명 교체기로 원의 간섭이 약해지자 대외적으로 반원자주정책, 대내적으로는 왕권 강화를 위한 개혁 정책을 추진하였다.

㉠ 반원자주정책
- 개혁을 위해 기철 등의 친원세력을 숙청하였다.
- 원의 연호, 체두변발을 금지하고 몽고의 풍습을 일체 금지하였다.
- 고려의 내정을 간섭하던 정동행성 이문소를 폐지하고 관제를 다시 2성 6부로 복구하였다.

㉡ 영토의 수복
- 유인우로 하여금 무력으로 쌍성총관부를 공격하여 철령 이북의 땅을 수복하였다.
- 요동을 공략하여 압록강 건너 동녕부를 점령하였다(후에 명이 지배).

㉢ **왕권강화정책** : 반원자주정책이 친원파의 반발로 중단될 위기에 놓이자, 이에 대외적인 개혁의 완수를 위해 대내적으로 왕권을 강화하고 권문세족을 눌렀다.
- 정방의 폐지 : 왕권을 제약하고 신진사대부의 등장을 억제하고 있던 정방을 폐지하였다.
- 과거제도를 강화하여 신진사대부의 진출을 촉진하고 성균관을 통해 유학교육을 강화하였다.
- 전민변정도감의 설치 : 승려 신돈을 등용하여 권문세족들이 부당하게 빼앗은 토지와 노비를 본래의 소유주에게 돌려주거나 양민으로 해방시켰다. 이를 통하여 권문세족들의 경제기반을 약화시키고 국가재정수입의 기반을 확대하였다.

㉣ 개혁의 실패원인 : 권문세족들의 강력한 반발로 신돈이 제거되고, 개혁추진의 핵심인 공민왕까지 시해되면서 중단되고 말았다. 결국 이 시기의 개혁은 개혁추진세력인 신진사대부 세력이 아직 결집되지 못한 상태에서 권문세족의 강력한 반발을 효과적으로 제어하지 못하였고, 원나라 간섭 등으로 인해 실패하고 말았다.

(3) 신진사대부의 성장

① **출신 배경** : 학문적 실력을 바탕으로 과거를 통하여 중앙에 진출한 지방의 중소지주층과 지방향리 출신이 많았다.

② **정치 활동**

  ㉠ 정치이념으로는 성리학을 수용하였으며, 불교의 폐단을 비판하였다.

  ㉡ 개혁정치를 추구하여 권문세족의 비리와 불법을 견제하였다.

  ㉢ 홍건적과 왜구의 침입을 격퇴하면서 성장한 신흥무인세력과 손을 잡으면서 사회의 불안과 국가적인 시련을 해결하고자 하였다.

③ **한계** : 권문세족의 인사권 독점으로 관직의 진출이 제한되었고, 과전과 녹봉도 제대로 지급받지 못하는 등 경제적 기반이 약하여 고려 후기 개혁정치에 적극적으로 참여했으나, 권문세족이 맞서기에는 역부족이었다.

(4) 고려의 멸망

① **신흥무인세력의 등장** : 홍건적과 왜구의 침입을 격퇴하는 과정에서 성장한 세력이다.

② **위화도 회군**(1388)

  ㉠ **요동정벌** : 우왕 말에 명은 쌍성총관부가 있던 땅에 철령위를 설치하여 명의 땅으로 편입하겠다고 통보하였다. 이에 최영은 요동정벌론을 이성계는 4불가론을 주장하여 대립하였다.

  ㉡ **경과** : 최영의 주장에 따라 요동정벌군이 파견되었으나, 위화도 회군으로 이성계가 장악 하였다.

  ㉢ **결과** : 급진개혁파(혁명파)는 정치적 실권을 장악하고, 새 왕조를 개창할 수 있는 기반을 마련하였으며, 명(明)과의 관계를 호전시켜 나갔다.

③ **과전법의 실시** : 전제개혁을 단행하여 과전법을 마련하였다. 과전법 실시로 고갈된 재정이 확충되고 신진관료들의 경제기반이 마련되었으며 피폐한 농민생활을 개선시켜 주고 국방에 필요한 재원을 확보할 수 있었다.

④ **조선의 건국** : 급진개혁파는 역성혁명을 반대하던 온건개혁파를 제거하고 도평의사사를 장악하였다. 뒤이어 공양왕의 왕위를 물려받아 조선을 건국하였다.

기출예상문제

1 다음 주장을 편 인물의 건의를 받아 실시한 정책으로 가장 적절한 것은?

2013.3.9. 일반공채순경·101경비단

> 불교를 믿는 것은 자신을 다스리는 근본이며, 유교를 행하는 것은 나라를 다스리는 근원을 구하는
> 것입니다. 자신을 다스리는 것은 내세에 복을 구하는 일이며, 나라를 다스리는 것은 오늘의 급한 것
> 입니다. 오늘은 아주 가까운 것이요, 내세는 지극히 먼 것입니다. 가까운 것을 버리고 먼 것을 구하
> 는 것은 또한 그릇된 것이 아니겠습니까?
>
> 〈고려사〉

① 노비안검법을 실시하여 호족의 세력을 약화시키고 국가 수입 기반을 확대하였다.

② 유교의 학식과 능력에 따른 관리 선발제도인 과거제를 실시하였고, 백관의 공복을 제정하
였다.

③ 12목을 설치하고 지방관을 파견하였으며, 지방중소호족을 향리로 편입하여 통제하였다.

④ 정방을 폐지하고 전민변정도감을 설치하여 권문세족의 경제기반을 약화시키고 국가 재정
수입의 기반을 확대하였다.

---

answer 1.③

1 제시된 사료는 고려 성종에게 올린 최승로의 '시무28조'의 내용 일부이다.
①②는 광종 재위 시기에 시행된 정책이며, ③은 성종 재위 시기에 시행된 정책이며 ④는 공민왕 재위 시기에 시
행된 정책이다.

2 고려시대에 있었던 외적의 침입에 대한 사실이다. 일어난 순서대로 옳게 나열한 것은?

2013.3.9. 일반공채순경 · 101경비단

⊙ 최광윤의 보고에 따라 거란 침입에 대비하여 광군 조직
ⓛ 김윤후가 이끄는 민병과 승군이 처인성에서 몽골 장수 살리타 사살
ⓒ 기병 중심의 별무반을 이끌고 윤관은 여진을 정벌하고 동북 9성 축조
ⓔ 고려왕의 친조를 요구하며 침입한 거란군을 강감찬이 귀주에서 전멸시킴
ⓜ 삼별초는 개경환도에 반대하며 강화도, 진도, 제주도로 이동하며 대몽 항쟁 추진
ⓗ 서희가 송과의 관계를 끊는 조건으로 압록강 동쪽 280여리 지역을 거란으로부터 돌려 받음
ⓢ 홍건적이 침입하여 개경이 함락되고 왕이 안동으로 피난하였으나 정세운, 이방실 등이 격퇴시킴

① ⊙ - ⓗ - ⓔ - ⓛ - ⓒ - ⓢ - ⓜ
② ⊙ - ⓗ - ⓔ - ⓒ - ⓛ - ⓜ - ⓢ
③ ⓗ - ⊙ - ⓔ - ⓒ - ⓛ - ⓜ - ⓢ
④ ⓗ - ⓔ - ⊙ - ⓒ - ⓛ - ⓢ - ⓜ

---

answer   2.②

2   ⊙ 최광윤이 후진(後晉)에 유학하던 중 거란의 포로가 되었는데, 거란족이 장차 고려를 침략하여 한다는 사실을 알고 이를 전했다. 고려에서는 이에 대비하기 위해 호족들의 군사력을 하나로 연합하여 광군을 조직하였다(947).
ⓛ 당시 집권자인 최우가 수도를 강화도로 옮기자 몽골은 42년간 6차에 걸쳐 계속 침입하였다. 몽골족의 장수 살리타가 다시 침입해 왔으나, 처인성에서 고려의 김윤후가 이끄는 민병과 승병에 의해 사살되자 퇴각하였다(1232).
ⓒ 윤관의 건의에 따라 기병인 신기군, 보병인 신보군, 승병인 항마군 등으로 구성된 별무반을 새로이 편성하였다. 예종 때 윤관은 별무반을 이끌고 함경도 쪽으로 진격하여 여진족을 북방으로 쫓아 버리고, 동북지방 일대에 9성을 축조하고, 적극적인 영토 확장책의 일환으로 사민을 실시하기도 하였다(1107).
ⓔ 소배압이 이끄는 거란족의 10만 대군이 침입하여 개경 부근까지 이르렀다. 거란 군대는 고려군의 협공을 받아 후퇴하다가 귀주에서 강감찬이 지휘하는 고려 군대에게 섬멸되었다(귀주대첩, 1019).
ⓜ 몽골에 대한 굴복에 반발하여 배중손이 이끈 삼별초는 진도로 옮겨 용장성을 쌓고 저항을 계속하였으나, 여·원 연합군에 의해 진도가 함락되었다. 다시 제주도에서 항파두리성(제주 애월읍)을 쌓고 김통정의 지휘 아래 항쟁을 계속하였다(1271).
ⓗ 고려 성종 때 거란족은 소손녕이 80만 대군을 이끌고 침입하였다. 이에 고려의 서희는 소손녕과의 담판을 통해 고려가 송과 단교하고 요와 통교할 것을 약속한 대가로 거란으로 가는 길목인 압록강 동쪽 280리를 돌려받기로 하고 화약을 맺었다(993).
ⓢ 홍건적이 침입하여 개경이 함락하자, 공민왕은 남쪽으로 피신하여 복주(경북 안동)에 이르게 되었다. 그것에 머무르면서 공민왕이 직접 썼다고 하는 영호루 현판 등이 현재까지 전해지고 있다(1361).

3 다음 ㉮에 대한 〈보기〉의 설명 중 옳은 것은 모두 몇 개인가?

2013.3.9. 일반공채순경 · 101경비단

> __㉮__ 은(는) 고려와 몽골간의 전쟁과정에서 뛰어난 전투력을 바탕으로 두각을 나타냈다. 1270년에 고려와 몽골사이에 강화가 체결되면서 개경 환도가 결정되자 이들은 조정의 결정에 불복하였다. 이후 승화후 온(溫)을 내세워 강화도에서 진도로 근거지를 옮기면서 대몽항쟁을 계속하였는데, 이 때 육지의 반몽 세력과 연합하여 강력한 해상왕국을 건설하였다.

> ㉠ 이들은 최씨 무신정권의 사병이자 무력적 기반이었다.
> ㉡ 그 구성원은 특별히 선발한 뛰어난 무사들로 구성되었는데, 관군과 귀족장교로만 선발하였다.
> ㉢ 이들은 규모가 커진 야별초(좌별초, 우별초)와 대몽항쟁 과정에서 포로로 잡혔다가 탈출한 이들로 창설된 신의군을 합하여 만들어졌다.
> ㉣ 강화도에서 진도로 이동하면서 김통정이 지휘를 받았으나, 여·몽 연합군의 공격으로 김통정이 전사하자 배중손이 그 지휘를 이어받아 제주도에서 항전을 계속하였다.
> ㉤ 무신정권의 사병적인 기능뿐만 아니라 국왕의 시위와 도적의 체포도 담당했다.

① 1개   ② 2개
③ 3개   ④ 4개

---

answer 3.③

3 제시된 자료에서 ㉮는 몽골족에 항쟁한 '삼별초'이다.
㉡ 삼별초는 좌별초, 우별초, 신의군으로 조직되었는데, 신의군은 몽고군의 포로가 되어 압송 중 탈출하여 온 자들로 구성되었기에 반드시 관군과 귀족 장교일 수만은 없다.
㉣ 몽골족에 대한 굴복에 반발하여 배종손이 이끈 삼별초는 진도로 옮겨 용장성을 쌓고 저항을 계속하였으나, 여·원 연합군에 의해 진도가 함락되자, 다시 1271년 9월 제주도에서 항파두리성을 쌓고 김통정의 지휘 아래 항쟁을 계속하였다.

4 고려 시대 광종의 개혁정치에 대한 설명으로 가장 적절한 것은?

2015년 3차 일반공채순경·101경비단

① 전국의 주요 지역에 12목을 설치하고 목사를 파견하였으며, 과거제도를 시행하여 신구 세력의 교체를 도모하였다.
② 국자감을 정비하고, 지방에 경학 박사와 의학 박사를 파견하여 유학 교육의 진흥에 노력하였다.
③ 지배층의 위계질서를 확립하기 위하여 백관의 공복을 제정하였다.
④ 「정계」와 「계백료서」를 지어 관리가 지켜야 할 규범을 제시하였다.

5 고려의 대외 항쟁에 대한 설명으로 가장 적절한 것은?

2016년 제2차 경찰공무원(순경)

① 거란의 1차 침입 때 서희의 담판으로 압록강 동쪽의 9성을 확보하였다.
② 고려는 국경 지대에 나성과 천리장성을 쌓아 거란과 여진의 침략에 대비하였다.
③ 거란은 강조의 정변을 구실로 두 번째 침입을 하였다가 현종의 입조를 조건으로 물러갔다.
④ 삼별초는 배중손의 지휘 아래 제주도로 근거지를 옮겨 끝까지 대몽 항쟁을 벌였다.

---

answer 4.③ 5.③

4 ① 전국의 주요 지역에 12목을 설치하고 지방관을 파견한 것은 성종 때의 일이다.
② 성종 때의 일이다.
④ 태조의 업적이다

5 ① 거란의 1차 침입 때 서희의 담판으로 압록강 동쪽의 <u>강동 6주</u>를 확보하였다.
② 국경 지대에 쌓은 것은 천리장성이다. 나성은 왕성 바깥의 시가지와 논밭을 에워싼 성이다.
④ 삼별초는 <u>김통정</u>의 지휘 아래 제주도로 근거지를 옮겨 끝까지 대몽 항쟁을 벌였다.

6 다음 자료의 밑줄 친 '새로운 군대'의 활약으로 나타난 역사적 사실 중 가장 옳은 것은?

2012.10.20. 일반공채순경, 전의경 특채

> "신이 오랑캐에게 패한 것은 그들은 기병인데 우리는 보병이라 대적할 수 없었기 때문이었습니다."
> 이에 왕에게 건의하여 <u>새로운 군대</u>를 편성하였다. 문·무 산관, 이서, 상인, 농민들 가운데 말을 가진 자를 신기군으로 삼았고, 과거에 합격하지 못한 20살 이상 남자들 중 말이 없는 자를 모두 신보군에 속하게 하였다. 또 승려를 뽑아서 항마군으로 삼았다.
>
> — 「고려사절요」 —

① 압록강 동쪽의 강동 6주를 확보하는 성과를 거두었다.
② 개경까지 침입했던 홍건적을 격퇴하였다.
③ 처인성(경기 용인)에서 몽골 장수 살리타의 군대를 물리쳤다.
④ 여진족을 북방으로 몰아내고 동북 지방에 9성을 쌓았다.

7 다음은 고려 태조가 실시한 제도이다. 이를 실시한 목적으로 가장 옳은 것은?

2012.10.20. 일반공채순경, 전의경 특채

• 사심관제도	• 기인제도

① 지방 호족을 견제하고 지방 통치를 보완하고자 하였다.
② 유교적 정치질서를 완성하고자 하였다.
③ 문신 관료들을 위해 실시하였다.
④ 지방 호족을 옹호하면서 향촌자치를 위해 실시하였다.

answer 6.④ 7.①

6 제시된 자료는 여진족을 격퇴하고자 만든 특수부대인 별무반이다.
  ① 거란족의 1차 침입 때 서희의 담판 외교를 통해 강동 6주를 확보하였다.
  ② 홍건적이 개경하자 공민왕은 경북 안동까지 피난을 가였으나 정세운, 이방실 등이 격퇴하였다.
  ③ 몽골의 2차 침입 때 김윤후가 이끄는 민병과 승병에 의해 몽고 장수 살리타가 사살되었다.
  ④ 윤관은 별무반을 이끌고 함경도 쪽으로 진출하여 여진족을 몰아내고 동북지방 일대에 9성을 축조하였다.

7 고려 태조는 사심관 제도로 전직 관료들을 활용하였고, 기인제도를 실시하여 지방 호족의 자제를 인질로 삼아 호족 세력들을 견제하였다.

8 다음 보기의 개혁을 실시하던 왕이 재위하던 시기의 역사적 사실로 적절한 것은 모두 몇 개인가?

2011.8.27. 정보통신순경

신돈이 전민변정도감 두기를 청하고 "종묘, 학교, 창고, 사원 등의 토지와 세업전민(世業田民)을 호강가(豪强家)가 거의 다 빼앗아 차지하고는 혹 이미 돌려주도록 판결난 것도 그대로 가지고 있으며, 혹은 양민을 노비로 삼고 있다. 이제 전민변정도감을 두어 고치도록 하니 잘못을 알고 스스로 고치는 자는 죄를 묻지 않을 것이나, 기한이 지나 일이 발각 되는 자는 엄히 다스릴 것이다."

㉠ 성균관을 통하여 유학교육을 강화하고 과거제도를 정비하였다.
㉡ 사림원을 설치하고 개혁정치를 주도하였다.
㉢ 의염창을 설치하여 국가재정을 확충하였다.
㉣ 내정간섭기관이었던 정동행성의 이문소를 폐지하였다.
㉤ 쌍성총관부와 동녕부를 무력으로 탈환하였다.
㉥ 역법(曆法)은 명(明)의 수시력을 채용하였다.

① 1개
② 2개
③ 3개
④ 4개

9 고려시대의 통치 체제에 대한 설명으로 가장 적절하지 않은 것은?

2016년 제1차 경찰공무원(순경)

① 중서문하성은 국가의 정책을 심의하는 재신과 정치의 잘못을 비판하는 낭사로 구성되었다.
② 중추원은 군사기밀을 담당하는 추밀과 왕명의 출납을 담당하는 승선으로 구성되었다.
③ 대간은 왕의 잘못을 논하는 간쟁과 잘못된 왕명을 시행하지 않고 되돌려 보내는 봉박, 관리의 임명과 법령의 개정이나 폐지 등에 동의하는 서경권을 가지고 있었다.
④ 원 간섭기에 중서문하성과 중추원을 합쳐 첨의부로 하고, 6부는 4사로 통폐합되었다.

---

answer 8.② 9.④

8 제시된 글은 개혁정치를 추구했던 고려 공민왕 집권기의 모습이다. ㉠㉣은 공민왕의 업적이고, ㉡㉢은 충선왕 시기의 일이고, ㉤의 동녕부는 충렬왕, 쌍성총관부는 공민왕 때 탈환하였고, ㉥원나라에서는 수시력, 명나라에서는 대통력을 역법으로 채택하였다.

9 원 간섭기에 중서문하성과 상서성을 합쳐 첨의부로 하고, 6부는 4사로 통폐합되었다.

10 다음은 고려시대 대외 정세의 변화를 시기별로 정리한 것이다. 각 시기에 해당하는 국내 지배세력의 동향을 가장 적절히 설명한 것은?

2011.8.27. 정보통신순경

> ㉠ 거란(요)이 발해를 멸하였다.
> ㉡ 고려는 몽고와 강화하고 개경으로 환도하였다.
> ㉢ 몽고 사신 저고여가 국경지대에서 피살당하였다.
> ㉣ 여진이 금을 건국하고 요를 멸하였다.

① ㉠ - 중방, 도방, 교정도감 등을 통해서 정권을 장악하였다.
② ㉡ - 지방에 근거를 둔 세력으로 결혼 정책에 의하여 왕권에 포섭되었다.
③ ㉢ - 첨의부 등의 고위 관직을 독점하고 도평의사사의 구성원이 되어 권력을 장악하였다.
④ ㉣ - 이자겸의 난은 문벌귀족사회 붕괴를 촉진하는 계기가 되었다.

11 고려시대의 다음 사건들을 시대순대로 나열한 것은?

2009.7.25. 정보통신순경

> ㉠ 강감찬의 귀주 대첩
> ㉡ 서희의 외교술로 강동 6주 획득
> ㉢ 무신정권의 강화 천도
> ㉣ 공민왕의 쌍성총관부 지역 수복
> ㉤ 윤관의 여진족 정벌과 동북 9성 수축

① ㉡ - ㉠ - ㉣ - ㉢ - ㉤
② ㉡ - ㉠ - ㉤ - ㉢ - ㉣
③ ㉠ - ㉡ - ㉤ - ㉢ - ㉣
④ ㉠ - ㉡ - ㉢ - ㉤ - ㉣

---

answer　10.④　11.②

10　㉠은 918년, ㉡은 1273년, ㉢은 1231년, ㉣은 1125년에 있었던 역사적 사실이다.
　① 무신정변이 이후 무신들이 중방, 도방, 교정도감을 통해 정권을 장악하였다(1170).
　② 고려 태조왕건은 혼인정책, 기인제도 등을 통해 지방호족세력들을 견제하였다(936).
　③ 친원세력이 주축이 된 권문세족은 첨의부 등의 고위 관직을 독점하고 도평의사사를 장악하였다(1279).
　④ 고려 중기 때 집권세력인 문벌귀족인 이자겸의 난(1127) · 묘청의 서경천도운동(1135)을 거치면서 몰락하기 시작하였다.

11　㉠ 1019년, ㉡ 993년, ㉢ 1232년, ㉣ 1356년, ㉤ 1108년으로 ㉡ - ㉠ - ㉤ - ㉢ - ㉣의 시대 순으로 나열될 수 있다.

12 고려 후기 민란 중 신분해방과 권력쟁취를 목표로 일으킨 난은?

2008.7.26. 정보통신순경

① 김사미와 효심의 난
② 전주 관노의 난
③ 망이 · 망소이의 난
④ 만적의 난

13 고려시대의 정치기구에 대한 설명으로 올바른 것은?

2007.9.9. 정보통신순경

① 어사대와 중서문하성의 낭사는 대간 또는 대성이라 불렀다.
② 중서문하성에는 실제적 행정 업무를 담당하는 6부가 속했다.
③ 식목도감은 군사문제, 도병마사는 법의 개폐 등의 중대한 일을 심의하였다.
④ 중추원은 군사문제와 왕명출납을 담당하였으며, 어사대와 함께 양부라 불렀다.

14 다음 중 고려시대에 대한 설명으로 옳지 않은 것은?

2007.9.9. 정보통신순경

① 모두 3차에 걸쳐 거란의 침입이 있었다.
② 여진족의 침입으로 한때 개경이 함락되기도 했다.
③ 여진족 정벌 위해 윤관이 별무반을 조직하였다.
④ 황룡사 9층탑은 몽고 3차 침입 때 소실되었다.

answer 12.④ 13.① 14.②

12 만적은 최충헌의 노비로 개경에서 신분해방과 권력쟁취를 목표로 난을 일으켜 당시 무신 집권 세력에 큰 충격을 주었다.

13 ② 이 · 병 · 호 · 병 · 예 · 공의 6부는 상서성의 하부 기구로서 실제적인 행정업무를 담당하였다.
③ 도병마사는 국방문제, 식목도감은 대내적인 법제와 격식문제를 다루던 회의기관이었다.
④ 중서문하성은 중추원과 더불어 양부(兩府)라 한다. 어사대는 관리의 비행 감찰을 맡아 보았다.

14 여진족의 침입으로 개경이 함락된 적은 없었으며, 1361년 홍건적의 침입으로 개경이 함락되자 공민왕은 복주(경북 안동)에서 70일을 머물렀다.

15 다음 보기의 ( ) 안에 들어갈 말을 순서대로 맞게 나열한 것은?

2007.9.9. 정보통신순경

> 최충헌은 최고 권력유지기관으로 (㉠)을, 군사기구로 (㉡)을 설치하였고, 최우는 자신의 집에 권력유지기관인 (㉢)을 설치하고, 문신들로 구성된 (㉣)을 설치하였다.

	㉠	㉡	㉢	㉣
①	서방	정방	도방	교정도감
③	도방	서방	교정도감	정방

	㉠	㉡	㉢	㉣
②	정방	도방	교정도감	서방
④	교정도감	도방	정방	서방

16 다음에서 설명하는 정치세력이 집권하고 있을 때의 상황으로 옳은 것은?

> ㉠ 고려후기의 집권세력으로 고관요직을 장악하고 거대한 농장을 소유하였다.
> ㉡ 원의 세력을 배경으로 한 친원파세력이 많았다.
> ㉢ 주로 음서의 혜택을 입어 신분을 세습시켜 나갔다.
> ㉣ 도평의사사를 독점하여 정권을 장악하였다.

① 천민계층의 신분해방운동이 활발하게 전개되었다.
② 관료체제가 정비되고 유교정치가 실시되었다.
③ 북진정책을 기본으로 하여 이민족과의 투쟁을 통하여 영토를 확장시켰다.
④ 토지겸병이 유행하여 국가재정의 파탄을 가져왔으며 민생에 끼치는 폐해가 심하였다.

---

answer 15.④ 16.④

15 ㉠ 교정도감 : 최충헌은 정적 감시·숙청, 관리감찰·조세 징수의 임무를 띤 교정도감을 설치하여 장관인 교정별감이 되어 권력을 장악하였다.
　　㉡ 도방 : 도방을 부활시켜 신변을 보호하고자 하였다.
　　㉢ 정방 : 자신의 집에 설치하여 인사권을 장악하고, 정권 유지를 위한 사병집단으로 삼별초를 설치하였다.
　　㉣ 서방 : 문신을 우대하면서 고사에 밝고 식견이 높은 문사를 고문으로 등용함으로써 정치에 활용하고자 하였다.

16 제시문은 고려 후기의 지배층인 권문세족이다. 권문세족의 출신성분은 상층에서 하층에 이르기까지 다양하나 대부분 원 간섭기 13세기 말엽 이후의 친원파세력으로 막대한 대농장 소유와 도평의사사(도당)의 권력독점을 통해 고려후기의 경제 및 정치권력을 독점하였다. 특히 이들의 대농장 점유는 토지 매입 및 개간 불법적인 토지겸병 등을 통해 이루어져 국가재정과 민생에 많은 폐해를 끼쳤다.
　　① 천민 계층의 대표적인 신분해방운동은 만적의 난(1198)으로 최씨 무신정권기에 발생하였다.
　　② 관료체제의 정비와 유교 정치는 고려 전기 성종 때 최승로의 '시무28조'에 의해 실시되었다.
　　③ 북진정책에 따라 고려 태조는 청천강에서 영흥만에 이르기까지 영토를 확장하였다.

17 고려시대의 지방조직에 대한 설명으로 옳지 않은 것은?

2006.2.7. 해양경찰

① 지방관이 파견된 주현이 속현의 수보다 더 많았다.
② 호장, 부호장 등의 향리가 말단 행정을 담당하였다.
③ 사심관 제도는 국초 민심 안정과 권력층의 회유 목적으로 시작되었다.
④ 예종 때부터 5도에 안찰사가 파견되었다.

18 다음은 고려시대에 일어난 역사적 사건을 시대순으로 나열한 것이다. ㈎시기에 발생한 역사적 사실에 대한 설명으로 옳은 것을 모두 고르면?

이자겸의 난 → ㈎ → 무신정변 → 몽고의 침입 → 위화도 회군

㉠ 풍수지리설을 배경으로 서경천도운동이 일어났다.
㉡ 최고 집정부인 교정도감이 설치되었다.
㉢ 금국정벌론과 칭제건원이 제기되었다.
㉣ 고구려계승이념에 대한 이견과 갈등이 일어났다.
㉤ 과거제도와 노비안검법이 시행되었다.

① ㉠㉡㉤   ② ㉠㉢㉣
③ ㉡㉢㉤   ④ ㉢㉣㉤

17.① **18.**②

17 고려시대에는 모든 군현에 지방관이 파견되지 않았다. 지방관이 파견된 현을 주현으로 하고, 그 밑에 수령이 파견되지 않은 몇 개의 속현을 예속시켜 주현의 수령으로 하여금 속현을 관장하게 하였다.

18 이자겸의 난과 무신 정변사이에 일어난 역사적 사건은 묘청의 서경천도 운동이다.
㉠ 묘청의 서경천도운동은 서경길지설을 바탕으로 일어났다.
㉡ 교정도감은 최충헌이 무신정변을 통해 권력을 잡은 후 인사 행정 및 기타 권력 유지를 위해 설치한 기관이다.
㉢ 묘청의 서경천도운동으로 당시 금(여진)의 침입에 대해 금국정벌론과 칭제건원을 주장하였다.
㉣ 묘청의 서경천도운동 당시 서경파는 고구려 계승이념에 따라 북진정책을 개경파의 김부식은 신라계승의식을 표방하였다.
㉤ 고려 전기 광종 때 실시된 정책들이다.

19 다음 글의 내용으로 옳은 것은?

> 이 기구는 초기에는 국방문제를 합의하기 위한 합좌 기구성격을 가지고 있었지만 말기에는 국정 전반을 총괄하는 정무기관이 되었으며 재추, 중서문하성의 재신과 중추원의 추밀와 같은 고관들이 참여하였다.

① 왕권을 강화시키는 결정적 역할을 하였다.
② 고려의 독자적인기구였다.
③ 무신정권하에서는 무신들의 최고 회의기구였다.
④ 고려 말 신진사대부의 세력 강화기구였다.

20 고려시대의 대외관계에 대한 설명으로 옳은 것은?

① 말갈족의 공격에 대해 서희는 외교담판으로 강동 6주를 회복하였다.
② 동북 9성은 몽고의 침입을 막기 위해 축조되었다.
③ 강감찬은 거란의 2차 침입에서 귀주대첩으로 대승하였다.
④ 윤관은 별무반을 이끌고 여진의 공격을 물리쳤다.

---

answer 19.② 20.④

19 제시문은 고려시대 도병마사에 관한 설명이다. 도병마사는 식목도감과 더불어 고려의 독자적 성격으로 만들어진 고관합좌기구였으며 고려 후기에는 도평의사사(도당)으로 개편되어 담당 업무가 더욱 확대되어 권문세족의 세력기반 유지에 기여하였다.
① 도병마사 이후 도평의사사의 기능 강화는 오히려 왕권을 약화시켰다.
③ 무신정권의 최고 회의기구는 중방이었고, 최씨 무신정권에서는 교정도감이 있었다.
④ 고려 말 신진사대부는 도평의사사를 혁파하고자 하였다.

20 ① 서희가 소손녕과의 외교담판에서 강동 6주를 확보한 것은 거란의 1차 침입 때였다.
② 동북 9성은 윤관이 여진족의 침입을 막기 위해 축조한 것이다.
③ 강감찬의 귀주대첩은 거란의 3차 침입시이고, 2차 침입 때는 양규가 활약하였다.

21 다음 제도의 공통적인 실시목적은?

• 노비안검법	• 과거제실시
• 백관의 공복제정	• 칭제건원

① 왕권 강화   ② 왕권과 신권의 조화

③ 지방호족 우대   ④ 권문세족 억압

22 최승로의 시무 28조에서 강조하고 있는 내용으로 옳은 것은?

㉠ 중앙집권화	㉡ 유불융합
㉢ 연등회, 팔관회개최	㉣ 유교정치이념
㉤ 북진정책추구	

① ㉠㉢   ② ㉠㉣

③ ㉡㉢   ④ ㉡㉣

answer   21.①   22.②

21 제시된 정책들은 모두 광종 때 호족을 숙청하고 왕권을 강화하기 위해 실시한 제도이다. 특히 노비안검법은 불법적으로 노비가 된 양인을 해방시킴으로서 호족의 군사 및 경제적 기반을 약화시키는데 기여하였을 뿐만 아니라 국가재정확충에도 도움이 되었다.

22 최승로는 고려 성종 때 '시무28조'를 통해 유교정치이념에 입각한 중앙집권화를 강조하였다. 특히 기존까지 정치 · 사상적 이념으로 강조되어 오던 불교를 배척하여 성종 때에는 일시적으로 연등회와 팔관회가 폐지되기도 하였다. 최승로의 건의로 지방에 대한 중앙집권화도 추구되었는바 12목의 설치에서 살펴볼 수 있다. 하지만 최승로는 5조 정적평을 통하여 역대 5명의 왕의 업적을 상소하였는바 광종과 같이 왕권의 전제화 추구만큼은 반대하였다.
㉤ 북진정책은 고려 태조의 '훈요10조'에서 강조된 내용이다.

23 다음 주장의 근거로 옳은 것은?

> 11세기 중엽에 경원 이씨 일파가 집권한 후 유학의 학풍은 자주적인 유교정신을 강조하기보다는 집권세력의 안전만을 도모하는 보수적인 성격을 띠게 되었다.

> ㉠ 이자겸의 대외정책　　　　　　㉡ 사학 12도
> ㉢ 성리학의 전래　　　　　　　　㉣ 삼국유사의 역사관

① ㉠㉡　　　　　　　　　　　② ㉠㉢
③ ㉡㉣　　　　　　　　　　　④ ㉢㉣

24 다음 중 공민왕의 개혁정치에 대한 설명으로 옳지 않은 것은?

① 성균관을 활성화하여 유학 교육을 강화하고 과거제도를 정비하여 많은 신진사대부를 배출하였다.
② 고려의 내정을 간섭하던 정동행성 이문소를 폐지했다.
③ 전민변정도감을 설치하여 부당하게 노비가 된 자들을 양민으로 해방시켰다.
④ 사림원을 설치하여 개혁정치의 핵심적 역할을 하였다.

---

answer　23.①　24.④

23 ㉠ 이자겸은 경원 이씨의 대표적인 인물로 당시 여진(금국)이 침략해 왔을 때 사대관계를 주장했다.
　　㉡ 고려 중기 최충헌의 문헌공도로 시작하여 성립된 12개의 사립학교이다. 당시 과거시험에서는 좌주·문생 제가 성행하여 사학 12도 출신의 학생들이 합격에 유리한 고지를 점령할 수 있었다. 이를 기반으로 그들은 보수적인 문벌귀족화를 더욱 심화시켰다.
　　㉢ 성리학은 고려 후기 안향에 의해서 전래되었다.
　　㉣ 삼국유사는 서문(序文)에서 자주적 역사의식을 밝히고 단군신화를 소개함으로써 민족의식을 높였다.

24 사림원은 충선왕 때의 개혁기구로 이에 기용된 세력은 주로 신진사대부 출신들이었다.

25 다음 중 고려 건국 초기의 시대적 설명으로 옳은 것은?

① 태조는 중앙집권화를 위해 호족세력을 통합하려 하였다.

② 혜종은 왕권강화를 위해 평양으로 수도를 옮기려고 하였다.

③ 신라 말 6두품 세력의 정치적 반란이 빈번하였다.

④ 고려의 개창을 정당화하기 위하여 신라 계승 의식을 표방하였다.

26 다음 최충헌의 시무 10조를 통해 추론할 수 있는 당시 사회상황으로 바른 것은?

> • 왕은 길일을 택하여 새로운 궁궐로 옮긴다.
> • 관리들의 공사전을 빼앗아 농민에게 토지를 돌려준다.
> • 승려의 왕궁 출입과 고리대업을 금한다.
> • 탐관오리를 징벌해야 한다.

① 만적의 난과 같은 천민들의 신분해방운동이 일어났다.

② 지배층의 농민에 대한 토지 수탈이 심하였다.

③ 선종이 호족과 결탁해서 무신정권에 대항하였다.

④ 집권세력이 도평의사사를 중심으로 대농장을 점유하였다.

---

answer 25.① 26.②

---

25 ①④ 고려 태조의 정책은 취민유도 조세감면의 민생안정과 호족통합정책으로 요약할 수 있다. 대표적인 호족통합 정책으로 기인제도, 사심관제도, 정략혼인, 사성정책 등이 있으며 고구려 계승 의식을 표방하며 국호를 고려라 하고 북진정책을 추구하기도 하였다.

② 외척 왕규와 혜종의 후견인인 박술희를 제거하고 서경(평양)의 왕식렴과 연계하여 서경천도를 주장한 사람은 3대 임금인 정종이다.

③ 6두품 세력은 고려 개국 공신 중 하나이고 이들은 이후 문벌귀족화 하였다.

26 제시문은 무신인 최충헌이 왕에게 올린 '봉사10조'에 관한 설명이다. 무신 정권이후 사회는 불교의 폐단과 탐관오리 및 무신들의 불법적인 토지겸병으로 인하여 농민들의 생활이 곤궁하였고, 이로 인한 민란이 빈번히 발생하였다. 이를 개혁하기 위한 내용이 최충헌의 '봉사10조'에 잘 나타나있다.

① 만적의 난은 지배층의 농민 수탈과는 관련이 없다.

③ 신라 말기의 상황에 관한 설명이다.

④ 권문 세족에 관한 설명으로 고려 말기의 상황이다.

27 고려시대 통치기관과 그 역할이 바르게 연결된 것은?

① 중추원 – 회계담당
② 한림원 – 역사편찬
③ 춘추관 – 외교문서작성
④ 식목도감 – 법제총괄

28 다음 중 고려시대의 음서제도에 관한 설명으로 적절하지 않은 것은?

① 과거시험을 보지 않아도 관직에 오를 수 있는 제도이다.
② 대상자는 공신, 종실 5품 이상 관인의 자손이었다.
③ 사위나 수양자도 음서의 대상에 포함되었다.
④ 음서 출신자들은 재상으로의 승진이 제한되었다.

29 다음 중 고려말 원 간섭기에 대한 설명으로 옳은 것은?

① 응방을 설치하여 해동청을 징발하였다.
② 원의 공녀 요구에 순마소를 설치하였다.
③ 고려의 세자는 자진해서 북경에 머무르다 왕위에 올랐다.
④ 충선왕은 학문연구를 위해 개경에 만권당을 설치하였다.

answer 27.④ 28.④ 29.①

27 ① 중추원은 군사 기밀과 왕명의 출납을 담당하던 기관이다.
② 한림원(翰林院)은 임금의 명을 받아 각종 문서를 제작하던 관청이다.
③ 춘추관(春秋館)은 시정(時政)의 기록, 즉 역사서를 편찬 및 보관하던 기관이다.

28 음서를 통해 벼슬을 한 사람에게 관직 승진이나 관품의 제한은 없었으며 대부분 5품 이상의 관직에 오르고, 재상이 되기도 하였다.

29 ② 순마소는 치안을 담당하던 기구였으며, 원의 공녀 요구에 결혼도감, 과부처녀추고별감 등이 설치되었다.
③ 고려의 세자는 인질의 성격을 지니고 있었다.
④ 개혁정치에 실패한 충선왕은 원의 수도 북경에 만권당이라는 학문 연구소를 설치하였다.

30 다음 세력과 관련된 설명으로 옳은 것은?

> 고려 후기 유학적 소양을 바탕으로 과거를 통하여 중앙에 진출하였다. 주로 중소지주나 지방 향리 출신으로 개혁정치를 추구하였다.

① 무신정변 이후 요직을 장악하고 대농장을 소유하였다.
② 신흥무인세력과 결탁하여 조선왕조를 개창하였다.
③ 가문을 통하여 특권을 유지하고 왕실 등과 중첩된 혼인관계를 유지하였다.
④ 골품제를 대신한 새로운 신분제도를 형성하였다.

31 다음 중 고려의 통치조직에 대한 설명으로 옳지 않은 것은?

① 지방조직을 5도 양계, 경기로 나누었다.
② 5도는 일반행정구역으로 안찰사가 파견되었다.
③ 지방관이 파견된 주현이, 지방관이 파견되지 않은 속현보다 많았다.
④ 천민들의 집단거주지인 향·소·부곡이 존재하였다

32 다음과 같은 고려의 정치체제의 특징은?

> • 서경권   • 간쟁   • 봉박

① 중앙집권화를 추진하고 호족세력을 통제하였다.
② 문벌귀족의 귀족정치가 강화되었다.
③ 왕권의 전제화를 방지하였다.
④ 유교적 정치이념을 확립하였다.

---

answer 30.② 31.③ 32.③

---

30 제시문은 고려 말에 등장한 신진사대부에 대한 설명이다.
　　① 권문세족　③④ 문벌귀족

31 고려시대에는 지방관이 파견된 주현보다 그렇지 않은 속현이 더 많았다.

32 중서문하성의 낭관과 어사대의 관원은 비록 지위는 낮았으나 왕이나 고위 관리들의 활동을 지원하거나 제약하여 정치 운영의 견제와 균형을 유지하였다.
　　㉠ 서경권 : 관리의 임명과 법령의 개정이나 폐지 등에 동의하는 권리
　　㉡ 간쟁 : 왕의 잘못을 말로 직언하는 것
　　㉢ 봉박 : 잘못된 왕명은 시행하지 않고 글로 써서 되돌려 보내는 것

33 다음 중 고려시대의 신분제도에 대한 설명을 바르게 묶은 것은?

> ㉠ 양인은 잡과 등의 과거 응시가 불가능하였다.
> ㉡ 백정은 농사짓는 농민을 말한다.
> ㉢ 노비는 모계 쪽의 영향만 받았다.
> ㉣ 상인, 공장은 양인이다.

① ㉠㉡   ② ㉢㉣
③ ㉠㉢   ④ ㉡㉣

34 다음 중 고려시대의 화폐유통이 실패한 이유로 옳은 것은?

① 화폐가 금속이어서 운송하기 힘들었다.
② 객주 등에서 한정적으로 사용하였다.
③ 국가와 귀족이 화폐 발행을 독점하였다.
④ 자급자족하는 경제구조이었다.

---

answer   33.④   34.④

33 ㉠ 과거는 원칙적으로 양인부터 응시가 가능하였으나 경제적인 여건으로 과거를 통해 관료가 되는 것은 귀족과 향리
　　　자제들이었다. 일반 백성들은 주로 잡과에 응시하였다.
　　　㉢ 노비의 경우 부모 중 어느 한쪽이 노비이면 그 소생도 노비가 되는 일천즉천이 적용되었으며 어머니의 소유주
　　　에게 귀속되는 천자수모법이 적용되었다.

34 고려시대에는 자급자족으로 경제가 이루어져서 농민들이 화폐의 필요성을 느끼지 못하였고, 화폐에 대한 인식이
　　　부족하였다. 또한 곡식이나 삼베가 유통의 매개가 되었다.

35 다음 중 고려후기에 신분상승을 할 수 있는 경우에 해당하는 것을 모두 고른 것은?

> ㉠ 공명첩을 발급 받는다.
> ㉡ 전쟁에 나아가 공을 세운다.
> ㉢ 몽골 귀족과 혼인한다.
> ㉣ 지방관을 매수하거나 족보를 변조 또는 양반가의 족보를 매입한다.

① ㉠㉡
② ㉠㉢
③ ㉡㉢
④ ㉡㉣

---

answer 35. ③

35 ㉠㉣ 조선 후기의 신분 상승에 대한 설명이다.
  ▶신분 계층 간의 이동
  ㉠ 원 왕실과 혼인한 자는 원으로부터 만호의 직책
  ㉡ 서리 · 향리는 문과시험을 통과하여 문반귀족으로 상승
  ㉢ 양민 · 천민 · 노비는 군공을 세워 무반귀족으로 상승
  ㉣ 향 · 소 · 부곡민은 군현으로 승격되면서 양인으로 상승

중세의 경제

① 경제정책

(1) 농업 중심의 산업 발전

① **중농정책** : 개간한 땅은 일정 기간 면제하여 줌으로써 개간을 장려하고, 농번기에 잡역의 동원을 금지하여 농사에 지장을 주지 않게 하였다.

    ㉠ 광종 : 황무지 개간 규정을 만들어 토지개간을 장려하였다.

    ㉡ 성종 : 무리를 거둬들여 이를 농기구로 만들어 보급하였다.

② **농민안정책** : 재해시에 세금을 감면해주고, 고리대의 이자를 제한하였으며, 의창제를 실시하였다.

③ **상업**

    ㉠ 개경에 시전을 설치하였고, 국영점포를 운영하였다.

    ㉡ 쇠·구리·은 등을 금속화폐로 주조하여 유통하기도 하였다.

④ **수공업**

    ㉠ 관청수공업 : 관청에 기술자를 소속시켜 왕실과 국가 수요품을 생산하였으며, 무기와 비단을 제작하였다.

    ㉡ 소(所) : 먹, 종이, 금, 은 등 수공업 제품을 생산하여 공물을 바쳤다.

    ㉢ 자급자족적인 농업경제로 상업과 수공업의 발달은 부진하였다.

(2) 국가재정의 운영

① **국가재정의 정비**

    ㉠ 문란한 수취체제를 정비하고 재정담당관청을 설치하였다.

    ㉡ 양안과 호적을 작성하여 국가재정을 안정적으로 운영하였다.

    ㉢ 왕실, 중앙 및 지방관리, 향리, 군인 등에게 수조권을 지급하였다.

② **국가재정의 관리**

    ㉠ 호부 : 호적과 양안의 작성 및 관리(인구와 토지관리)를 담당하였다.

    ㉡ 삼사 : 재정의 수입과 관련된 사무를 담당하였다.

③ 재정은 대부분 관리의 녹봉, 일반 비용, 왕실의 공적 경비, 각종 제사 및 연등회나 팔관회의 비용, 건물의 건축이나 수리비, 왕의 하사품, 군선이나 무기의 제조비에 지출하였다.

(3) 수취제도

① 조세 : 토지에서 거두는 세금을 말한다.

    ㉠ 대상 : 논과 밭으로 나누고 비옥도에 따라 3등급으로 구분하였다.

    ㉡ 조세율 : 민전은 생산량의 10분의 1, 공전은 수확량의 4분의1, 사전은 수확량의 2분의 1이었다.

    ㉢ 거둔 조세는 조창에서 조운을 통해 개경으로 운반하였다.

② 공물 : 토산물의 징수를 말하며, 조세보다 큰 부담을 주었다.

    ㉠ 중앙관청에서 필요한 공물의 종류와 액수를 나누어 주현에 부과하면 주현은 속현과 향·소·부곡에
이를 할당하여 운영하였다.

    ㉡ 매년 징수하는 상공(常貢)과 필요에 따라 수시로 징수하는 별공(別貢)이 있었다.

③ 역

    ㉠ 대상 : 국가에서 백성의 노동력을 무상으로 동원하는 것으로 정남(16~60세 남자)에게 의무가 있었다.

    ㉡ 종류 : 요역과 군역이 있는데 요역은 성곽, 관아, 도로 보수 등과 광물채취, 그 밖에 노동력을 동원하
는 것이다.

④ 기타 : 어염세(어민)과 상세(상인) 등이 있다.

(4) 전시과제도와 토지의 소유

① 토지제도의 원칙

    ㉠ 고려는 국가에 봉사하는 대가로 관료에게 전지와 시지를 차등 있게 나누어 주는 전시과와 개인 소유의
토지인 민전을 근간으로 운영되었다.

    ㉡ 토지소유권은 국유를 원칙으로 하나 사유지가 인정되었다. 수조권에 따라 공·사전을 구분하여 수조
권이 국가에 있으면 공전, 개인·사원에 속해 있으며 사전이라 하였으며 경작권은 농민과 외거노비에게
있었다.

② 전시과제도의 특징

    ㉠ 원칙 : 개간된 토지의 넓이를 헤아려 기름지고 메라는 것을 나누고, 문무 관리·군인·한인에게 관등의
높고 낮음에 따라 18등급에 나누어 모두 땅을 주었다. 또 등급에 따라 시지를 주었다.

    ㉡ 수조권 지급 : 전시과는 관직복무와 직역에 대한 반대급부로 지급된 것이며, 토지 그 자체를 준 것이
아니라 토지의 수조권만 지급한 것에 불과했다.

    ㉢ 세습 불가 : 관직 복무와 직역에 대하고 지급되었기 때문에 이 토지를 받은 자가 죽거나 관직에서 물
러날 때에는 토지를 국가에 반납하도록 하였다.

③ 토지제도의 정비과정

    ㉠ 역분전(태조) : 후삼국 통일과정에서 공을 세운 사람들에게 충성도와 인품에 따라 경기지방에 한하여
지급하였다.

    ㉡ 시정전시과(경종) : 공복제도와 역분전제도를 토대로 전시과제도를 만들었다. 관직이 높고 낮음과 함께
인품을 반영하여 역분전의 성격을 벗어나지 못하였고, 전국적 규모로 정비되었다.

ⓒ **개정전시과**(목종) : 관직만을 고려하여 지급하는 기준안을 마련하고, 지급량도 재조정하였으며, 문관이 우대되었고 군인전도 전시과에 규정하였다.

ⓔ **경정전시과**(문종) : 18과로 나누어 현직 관리에게만 지급하고, 지급액수가 전체적으로 이전보다 감소 되었으며 무신에 대한 차별대우가 시정되었다. 종전까지 지급되었던 한외과는 폐지되었다.

ⓜ **녹과전**(원종) : 무신정변으로 전시과체제가 완전히 붕괴되면서 관리에게 생계보장을 위해 지급하였다.

④ **수조권에 의한 토지의 종류**

ㄱ **사전**
- 과전 : 관직 복무 대가로 지급한 수조권으로 사망·퇴직시 반납하였다.
- 공음전 : 5품 이상의 고위관리에게 지급하였고, 세습이 가능하였다.
- 한인전 : 관직에 오르지 못한 6품 이하 하급 관료의 자제에게 지급하였다.
- 구분전 : 하급 관료, 군인의 유가족에게 지급하였다.
- 군인전 : 군역의 대가로 지급하는 것으로 군역이 세습 가능하였다.
- 사원전 : 사원의 운영을 위해 지급하였다.
- 별사전 : 승려 개인에게 지급한 토지였다.
- 외역전 : 향리에게 분급되는 토지로, 향리직이 계승되면 세습되었다.
- 공신전 : 전시과 규정에 따라 문무관리에게 차등 있게 분급되는 토지로 세습되었다.

ㄴ **공전**
- 공해전 : 중앙과 지방의 관청 운영을 위해 지급하였다.
- 내장전 : 왕실의 경비 충당을 위해 지급하였다.
- 학전 : 관학의 유지로 배당되는 토지였다.
- 둔전 : 변경지대나 군사상 요지에 둔 토지였다.

ㄷ **민전** : 조상으로부터 세습된 땅으로 매매, 상속 기증, 임대가 가능한 농민의 사유지이다.
- 소유권 보장 : 함부로 빼앗을 수 없는 토지였으며, 민전의 소유자는 국가에 일정한 세금을 내야 했다.
- 소유자 : 대부분의 경작지는 개인 소유자인 민전이었지만, 왕실이나 관청의 소유지도 있었다.

② 경제활동

(1) 귀족의 경제생활

① **경제기반** : 대대로 상속받은 토지와 노비, 관료가 되어 받은 과전과 녹봉 등이 기반이 되었다.

ㄱ **조세의 징수**(전시과)
- 과전 : 조세로 수확량의 10분의 1을 징수하였다.
- 소유지 : 공음전이나 공신전은 수확량의 2분의 1을 징수하였다.

ㄴ **녹봉** : 현직에 근무하는 관리들은 쌀이나 보리 등의 곡식이나 베, 비단 등을 지급받았다.

② 수입 : 노비에게 경작시키거나 소작을 주어 생산량의 2분의 1을 징수하고 외거노비에게 신공으로 매년 베나 곡식을 징수하였다.

③ 농장경영 : 권력이나 고리대를 이용하여 농민의 토지를 빼앗거나 헐값에 사들여 지대를 징수하였다.

④ 생활방식 : 과전과 소유지에서 나온 수입으로 화려하고 사치스러운 생활을 하였다.

(2) 농민의 경제생활

① 생계유지 : 민전을 경작하거나, 국유지나 공유지 또는 다른 사람의 토지를 경작하여, 품팔이를 하거나 가내 수공업에 종사하였다.

② 개간활동 : 황무지를 개간하면 일정 기간 소작료나 조세를 감면해 주었으며, 주인이 있을 경우 소작료를 감면해 주었고 주인이 없을 경우에는 토지 소유를 인정하였다.

③ 새로운 농업기술의 도입
   ㉠ 농기구 : 호미, 보습 등의 농기구가 개량되었다.
   ㉡ 변화된 농법
   – 소를 이용한 깊이갈이(심경법)가 일반화되었다.
   – 가축의 배설물을 거름으로 사용하는 시비법이 발달하였다.
   – 2년 3작의 윤작이 보급되었다.
   – 직파법 대신 모내기(이앙법)가 남부지방에서 유행하였다.

④ 농민의 몰락 : 농업생산력이 증가하였으나 권문세족의 토지 약탈과 과도한 수취체제로 농민이 몰락하였다.

(3) 수공업자의 활동

① 관청수공업 : 공장안에 등록된 수공업자와 농민 부역으로 운영되었다. 주로 무기, 가구, 세공품, 견직물, 마구류 등을 제조하였다.

② 소(所)수공업 : 금, 은, 철, 구리, 실, 각종 옷감, 종이, 먹, 차, 생강 등을 생산하여 공물로 납부하였다.

③ 사원수공업 : 베, 모시, 기와, 술, 소금 등을 생산하였다.

④ 민간수공업 : 농촌의 가내수공업이 중심이 되었으며(삼베, 모시, 명주 생산), 고려 후기에는 관청수공업에서 제조하던 물품(놋그릇, 도자기 등)을 생산하였다.

(4) 상업활동

① 도시의 상업활동
   ㉠ 관영상점의 설치 : 개경, 서경(평양), 동경(경주) 등 대도시에 서적점, 약점, 주점, 다점 등의 관영상점을 설치하였다.

ⓛ 비정기 시장 : 도시민의 일용품이 매매되었다.

　　ⓔ 경시서 설치 : 매점매석과 같은 상행위를 감독하고 물가를 조절하는 기능을 하였다.

② 지방의 상업활동

　　㉠ 지방시장 : 관아 근처에서 쌀이나 베를 교환할 수 있는 시장을 열었다.

　　ⓛ 행상활동 : 행상들은 지방시장을 하였다.

③ 사원의 상업활동 : 소유하고 있는 토지에서 생산한 곡물과 승려나 노비들이 만든 수공업품을 민간에 판매하였다.

④ 고려후기의 상업활동 : 도시와 지방의 상업이 전기보다 활발해졌다.

　　㉠ 도시 : 민간의 상품수요가 증가하였고, 시전의 규모가 확대되었다. 업종별로 전문화되었으며, 벽란도가 교통로와 산업의 중심지로 발달하였다.

　　ⓛ 지방 : 조운로를 따라 교역활동이 활발하였으며, 여관인 원이 발달하여 상업활동의 중심지가 되었다.

　　ⓔ 국가의 상업 개입 : 국가가 재정수입을 늘리기 위하여 소금의 전매제가 실시되었고, 관청, 관리 등은 농민에게 물품을 강매하거나, 조세를 대납하게 하였다. 이 과정에서 상인과 수공업자가 성장하여 부를 축적하거나, 일부는 관리로 성장하였다.

(5) 화폐주조와 고리대의 유행

① 화폐 주조

　　㉠ 배경 : 귀족의 경제발달과 대외무역의 활발 등으로 상업 활동이 활발해지면서 화폐 발행의 필요성이 제기되었다.

　　ⓛ 사용 : 자급자족인 경제활동을 하는 농민들과 국가가 화폐발행을 독점하는 것에 불만을 느낀 귀족들로 인해 화폐는 널리 유통되지 못하였다. 동전은 도시에서도 주로 다점이나 주점 등에서만 사용되었다.

　　ⓔ 화폐의 발행

　　　－ 성종 때 최초의 화폐인 건원중보(철전)를 만들었으나 유통엔 실패하였다.

　　　－ 숙종은 의천의 건의 따라 주전도감을 설치하고 삼한통보 · 해동통보 · 해동중보(동전), 활구(은병)를 만들었다.

　　　－ 공양왕 때는 저화(최초의 지폐)가 만들어졌다.

　　ⓒ 한계 : 자급자족적 경제구조로 유통이 부진하였고, 곡식이나 삼베가 유통의 매개가 되었다.

② 고리대의 성행

　　㉠ 왕실, 귀족, 사원의 재산 증식의 수단이 되었다.

　　ⓛ 농민은 토지를 상실하거나 노비가 되기도 하였다.

　　ⓔ 장생고라는 서민금융기관을 통해 사원과 귀족들은 폭리를 취하여 부를 확대하였다.

③ 보(寶) : 일정한 기금을 조성하여 그 이자를 공적인 사업의 경비로 충당하는 것을 말한다. 학보, 경보, 팔관보, 제위보 등이 있었으나 이자취득에만 급급하여 농민생활에 폐해를 가져왔다.

㉠ 학보(태조) : 학교재단	㉡ 광학보(정종) : 승려를 위한 장학재단
㉢ 경보(정종) : 불경 간행	㉣ 팔관포(문종) : 팔관회 경비
㉤ 제위보(광종) : 빈민구제	㉥ 금종보 : 현화사 범종주조 기금

(6) 무역활동

① 무역발달 : 공무역을 중심으로 발전하였으며, 벽란도가 국제무역항으로 번성하게 되었다.

② 송
  ㉠ 광종 때 수교를 한 후 문물의 교류가 활발하였다(962).
  ㉡ 고려는 문화적 · 경제적 목적으로 송은 정치적 · 군사적 목적으로 친선관계를 유지하였다.
  ㉢ 왕실과 귀족의 수요품인 서적, 비단, 자기, 약재, 문방구, 악기 등이 수입되었고, 종이나 인삼 등의 수공업품과 토산품은 수출하였다.

③ 거란과 여진 : 은과 농기구, 식량을 교역하였다.

④ 일본 : 11세기 후반부터 김해에서 내왕하면서 수은 · 유황 등을 가지고 와서 식량 · 인삼 · 서적 등과 바꾸어 갔다.

⑤ 아라비아(대식국) : 송을 거쳐 고려에 들어와 수은 · 향료 · 산호 등을 판매하였다. 이 시기에 고려의 이름이 서방에 알려졌다.

⑥ 원 간섭기의 무역 : 공무역이 행해지는 한편 사무역이 다시 활발해졌다. 상인들이 독자적으로 원과 교역하면서 금, 은, 소, 말 등이 지나치게 유출되어 사회적으로 물의가 일어날 정도였다.

기출예상문제

1 고려시대의 토지제도에 대한 다음 설명 중 가장 적절하지 않은 것은?

2012.10.20. 일반공채순경, 전의경 특채

① 과전으로 곡목을 수취할 수 있는 전지와 땔감을 얻을 수 있는 시지를 주었다.
② 5품 이상의 관료에게는 공음전을 지급하였고, 자손에게 세습할 수 있었다.
③ 지방의 각 관청에는 구분전을 지급하고, 사원에는 사원전을 지급하였다.
④ 관리에게 보수로 지급된 과전은 수조권만 가지는 토지였다.

2 다음 중 고려의 토지제도에 대한 설명으로 적절하지 않은 것은 모두 몇 개인가?

2011.8.27. 정보통신순경

⊙ 문종 30년의 경정전시과는 18과로 나누어 지급하고, 지급액수가 전체적으로 이전보다 감소되었으며, 한인·잡류에게도 지급되었다.
ⓒ 고려시대는 민전을 공전(公田)이라 하여 수확의 4분의 1을 조(租)로 거두어 들였다.
ⓒ 경종 원년의 시정전시과는 4색 공복을 기분으로 관품과 인품을 병용하여 토지와 시지를 지급하였다.
ⓔ 향리와 군인에게 주는 외역전과 군인전을 모두 세습하지 않는 것이 원칙이었다.
ⓜ 목종 원년의 개정전시과는 18과로 나누어 직·산관을 대상으로 지급하고, 한외과(限外科)가 없어졌다.

① 1개
② 2개
③ 3개
④ 4개

---

answer 1.③ 2.③

1 ③ 고려시대 관청의 경비를 마련하고자 공해전을, 사원의 경비를 마련하고자 사원전을 지급하였다. 구분전은 자손이 없는 하급관리 및 군인 유가족에게는 구분전을 지급하여 생활대책을 마련해주었다.

2 ⓒⓔⓜ은 틀린 설명이다.
  ⓒ 민전은 민이 소유할 수 있는 토지로, 민의 사유지이다. 민전은 수조권이 국가에 있을 때는 공전(公田), 개인에게 있을 때에는 사전(私田)이라고 하는데, 공전(公田)은 수확의 10분의 1을 조(租)로 거두어 들였다.
  ⓔ 고려시대 향리나 군인은 세습신분이었기에 이들에게 지급한 외역전과 군인전은 세습되었다. 외역전·군인전·공신전·공음전·내장전 등은 개인 세습이 가능한 영업전(營業田)이었다.
  ⓜ 문종 30년에 완비된 경정전시과에서는 종전까지 전시가 지급되던 산관을 탈락시켜 직관(현직관료)위주로 지급하였고, 토지제도가 완비됨에 따라 종전까지 예외적으로 지급되던 한외과가 폐지되었다.

3 다음 중 고려시대의 경제생활로 옳지 않은 것은?

① 재해시에는 농민들의 조세를 감면해주었다.
② 상공업은 관영 중심체제로 운영되었다.
③ 특수행정구역인 향·부곡은 수공업을 전담하였다.
④ 외역전(外役田)은 향리에게 지급한 토지이다.

4 다음 중 고려시대 토지제도에 대한 설명으로 옳지 않은 것은?

① 5품 이상의 관료에게는 공음전을 하사하였다.
② 사망할 경우 토지를 국가에 반납해야 한다.
③ 수조권 및 공납, 부역까지 징발할 수 있는 권리를 주었다.
④ 군인 및 하급관리의 유가족에게 구분전을 주었다.

5 고려 시대 토지 제도에 대한 설명 중 옳은 것은 모두 몇 개인가?

2015년 3차 일반공채순경·101경비단

> ㉠ 경정 전시과의 과등(科等, 등급)별 토지 지급 액수는 개정 전시과 보다 많았다.
> ㉡ 군인전은 군역의 대가로 주는 토지로, 하급 관료나 군인의 유가족에게 지급되었다.
> ㉢ 중앙과 지방의 각 관청에는 내장전이 지급되어 경비를 충당하게 하였다.
> ㉣ 한인전은 6품 이하 하급 관료의 자제로서 관직에 오르지 못한 사람에게 지급되었다.
> ㉤ 전시과 제도와 관련하여 목종 때에는 지급 대상을 현직 관료로 제한하였다.

① 없음   ② 1개
③ 2개   ④ 3개

---

answer　3.③　4.③　5.②

3　향과 부곡은 주로 농업을 위주로 하였고 소는 자기나 제지 등 주로 수공업을 위주로 하였다.

4　고려 시대 토지제도의 근간은 전시과(田柴科)체제이다. 이는 관리에게 토지를 지급할 때 토지에 대한 수조권만을 지급하고 사망할 경우에는 다시 국가에 반납해야 하는 체제이다. 수조권과 공납, 부역까지 징발할 수 있는 권리를 부여한 것은 신라시대의 녹읍이다.

5　㉠ 경정 전시과는 토지 지급 액수가 개정 전시과보다 적었으며 현직 관료에게만 지급하였다.
　　㉡ 하급 관료와 군인의 유가족에게는 지급된 토지는 구분전이다.
　　㉢ 내장전은 왕실의 경비 충당을 위한 토지이다. 각 관청의 경비를 충당하기 위해 지급된 토지는 공해전이다.
　　㉤ 목종 때에는 전·현직 관리 모두에게 전시과가 지급되었다.

CHAPTER 03 중세의 사회

① 고려의 신분제도

(1) 귀족

① 귀족의 특징
- ㉠ 범위 : 왕족을 비롯하여 5품 이상의 고위 관료들이 주류를 형성하였다.
- ㉡ 사회적 지위 : 음서나 공음전의 혜택을 받으며 고위 관직을 차지하여 문벌귀족을 형성하였다.
- ㉢ 문벌귀족 : 가문을 통해 특권을 유지하고, 왕실 등과 혼인관계를 맺었다.
- ㉣ 신진관료 : 지방향리 자제 중 과거를 통해 벼슬에 나아가 신진관료가 됨으로써 어렵게 귀족의 대열에 들수가 있었다.

② 귀족층의 변화
- ㉠ 무신정변을 계기로 종래의 문벌귀족들이 도태되면서 무신들이 권력을 장악하게 되었다.
- ㉡ 권문세족 : 고려 후기에 무신정권이 붕괴되면서 등장한 최고 권력층으로서 정계 요직을 장악하고 농장을 소유하였고 음서로 신분을 세습시켰다.

③ 신진사대부
- ㉠ 경제력을 토대로 과거를 통해 관계에 진출한 향리출신자들이다.
- ㉡ 사전의 폐단을 지적하고, 권문세족과 대립하였으며 구질서와 여러 가지 모순을 비판하고 전반적인 사회개혁과 문화혁신을 추구하였다.

(2) 중류

① 중류층의 특징
- ㉠ 성립 : 고려의 지배체제가 정비되는 과정에서 하부구조를 맡아 중간 역할을 담당하였다.
- ㉡ 유형 : 중앙관청의 서리, 궁중 실무관리인 남반, 지방행정의 실무를 담당하는 향리, 하급 장교 등이 해당된다.

② 향리 : 호족 출신의 향리는 호장, 부호장을 배출한 실질적 지방의 지배층으로 중앙의 하위품관과 통혼하거나 과거 응시자격에서 하위의 향리와 구별되었다. 하층향리는 상층향리와 같이 세습제였지만, 개인의 능력이나 노력에 따라서 신분 내 상위품계로의 이동이 가능하였다.

③ 말단 행정직 : 남반(궁중의 잡무), 군반(직업군인), 잡류(말단 서리), 하층 향리, 역리 등으로 직역을 세습하고 그에 상응하는 토지를 국가에서 분급 받았다.

(3) 양민

① 양민 : 일반 농민인 백정, 상인, 수공업자를 말한다.

② 백정

  ㉠ 국가에서 토지를 지급받지 못하고 자기 소유의 민전을 경작하거나 다른 사람의 토지를 빌려 경작하였다.

  ㉡ 과거 응시에 제약이 없고, 전지를 받는 군인으로의 선발이 가능했으며, 조세 · 공납 · 역의 의무를 가졌다.

③ 특수집단민 : 양민에 비해 더 많은 세금 부담을 지고 있었고, 다른 지역으로의 거주이전이 금지되었다.

  ㉠ 향 · 부곡 : 농업에 종사하였다.

  ㉡ 소 : 수공업과 광업에 종사하였다.

  ㉢ 역과 진의 주민 : 육로 교통과 수로 교통에 종사하였다.

(4) 천민

① 공노비 : 공공기관에 속하는 노비이다.

  ㉠ 입역노비 : 궁중 · 중앙관청 · 지방관아의 잡역에 종사하며 급료를 받는다.

  ㉡ 외거노비 : 지방에 거주하면서 농업에 종사하였으며, 수입 중 규정된 액수를 관청에 납부하였다.

② 사노비 : 개인이나 사원에 예속된 노비이다.

  ㉠ 솔거노비 : 귀족이나 사원에서 직접 부리는 노비로, 잡일을 담당하였다.

  ㉡ 외거노비 : 주인과 따로 살면서 농업에 종사하였고, 일정량을 신공으로 납부하였다. 소작 및 토지소유가 가능하였으며, 양민 백정과 비슷한 경제생활을 하였다.

③ 노비의 처지 : 매매 · 증여 · 상속의 대상이 되었으며, 부모 중 한 쪽이 노비이면 자식도 노비가 될 수밖에 없었다.

② 백성들의 생활모습

(1) 농민의 공동조직

① **공동조직** : 일상의례와 공동노동 등을 통해 공동체의식을 함양하였다.

② **향도**

   ⊙ **향도의 기원** : 불교의 신앙조직으로, 매향활동을 하는 무리에서 시작되었다.

   ⓒ **매향** : 불교 신앙 중 하나로, 향나무를 땅에 묻는 활동을 하였는데 이는 미륵을 만나 구원받고자 하는 염원에서 시작되었다.

   ⓒ **향도의 기능** : 불교행사에 참여하여 대규모 인력이 동원되는 불상, 석탑, 사원 건립 때 주도적인 역할을 하였고, 후기에는 노역·혼례·상장례·민속신앙·마을제사 등 공동체생활을 주도하는 농민조직으로 발전하였다.

(2) 사회시책과 사회제도

① **사회시책** : 농민생활의 안정을 통해 체제 유지를 도모하기 위함이다.

   ⊙ **농민보호**

    – 농번기에 잡역을 면제하여 농업에 전념할 수 있도록 배려하였고, 재해시에 조세와 부역을 감면해 주었다.

    – 법정 이자율을 정하여 고리대 때문에 농민이 몰락하는 것을 방지하였다.

   ⓒ **권농정책** : 황무지나 진전을 개간할 경우 일정 기간 면세해 주었다.

② **사회제도**

   ⊙ **의창** : 평시에 곡물을 비치하였다가 흉년에 빈민을 구제하는 고구려 진대법을 계승한 춘대추납제도였으나, 고리대를 하기도 하였다.

   ⓒ **상평창** : 물가조절기관으로 개경과 서경 및 각 12목에 설치하였다.

   ⓒ **의료기관**

    – 동·서대비원(진료 및 빈민구휼) : 개경의 동쪽과 서쪽 두 곳에 있었다고 하여 보통 동·서대비원이라고 불렸으며, 병자·굶주린 사람과 행려자를 치료하고 음식과 의복을 제공하였다.

    – 혜민국(의약) : 백성의 질병을 고치기 위하여 설치되었던 관서로 무료로 약을 배부하였다.

   ⓔ **구제도감, 구급도감** : 재해 발생시 백성을 구제하였다.

   ⓜ **제위보** : 기금을 마련한 뒤 이자로 빈민을 구제하였다.

(3) 법률과 풍속 및 가정생활

① 법률과 풍속

　㉠ 법률 : 중국의 당률을 참작한 71개조의 법률이 시행되었으나, 대부분은 관습법을 따랐다. 중요사건 이외에는 지방관이 사법권을 행사할 수 있었다.

　－ 형벌 : 반역죄와 불효죄는 중죄로 처벌되었다.

　－ 면제규정 : 귀양형의 경우에는 부모상을 당하면 유형지에 도착하기 전에 7일간의 휴가를 주기도 하고, 노부모를 봉양할 가족이 없는 경우 형벌 집행을 보류하기도 하였다.

　㉡ 장례와 제사 : 정부는 유교적 의례를 권장하였으나, 민간에서는 토착신앙과 융합된 불교의 전통의식과 도교의 풍습을 따랐다.

　㉢ 명절 : 정월 초하루, 삼짇날, 단오, 유두, 추석 등이 있었다.

② 혼인과 여성의 지위

　㉠ 혼인풍습 : 일부일처제가 일반적인 원칙이었으며, 왕실에서는 친족 간의 혼인 성행(고려 초)하였고, 원 간섭기 이후 조혼이 유행하게 되었다.

　㉡ 상속 : 부모의 유산은 자녀에게 골고루 분배되었고, 토지의 노비와 상속은 상속자와 피상속자가 참여하였다.

　㉢ 가족제도

　－ 호적에 태어난 차례대로 기재하여 남녀차별을 하지 않았다.

　－ 아들이 없을 경우 딸이 제사를 받들었다(윤회봉사).

　－ 사회가 처가 호적에 입적하여 처가에서 생활을 하는 경우도 있었으며, 음서의 혜택이 사위와 외손자에게까지 적용되었다.

　－ 상복제도는 친가와 외가가 차이가 크지 않았으며 공을 세운 사람의 부모는 물론 장인과 장모도 함께 상을 받았다.

　－ 여성의 재가는 허용하였을 뿐 아니라 그 소생 자식의 사회적 진출에 차별이 없었다.

③ 고려후기의 사회 변화

(1) 무신집권기 하층민의 봉기

① 무신정변의 영향

　㉠ 지배층의 변화 : 신분제도의 동요로 하층민에서 권력층이 형성된 자가 많았다.

　㉡ 사회의 동요 : 무신들 간의 대립과 지배체제의 붕괴로 백성들에 대한 통제력이 약화되고 무신들의 농장이 확대되어 수탈이 강화되었다.

② 백성의 저항

　　㉠ 형태 : 수탈에 대한 소극적 저항에서 대규모 봉기로 발전하였다.

　　㉡ 성격 : 왕조 질서를 부정하고, 지방관 탐학을 국가에 호소하는 내용이었다.

　　㉢ 천민의 신분해장운동 : 최씨 정권기에 만적의 난 등이 일어났다.

　　㉣ 대표적인 농민항쟁 : 공주 명학소의 망이·망소이의 봉기, 운문·초전의 김사미와 효심의 봉기 등이
　　　대표적이다.

농민과 천민의 저항운동

(2) 몽고의 침입과 백성의 생활

① 몽고의 침입에 대항

　　㉠ 최씨무신정권 : 강화(강화도)로 서울을 옮기고 장기항전 태세를 갖추었다.

　　㉡ 지방의 주현민 : 산성이나 섬으로 들어가 전쟁에 대비하였다.

② 몽고군의 격퇴 : 충주 다인철소, 처인 부곡의 승리가 대표적이다.

③ 백성의 피해 : 몽고군들의 살육으로 백성들은 막대한 희생을 당하였고, 식량부족으로 굶어 죽었으며,
　 원과 강화 후 일본 원정에 동원되었다.

(3) 원 간섭기의 사회변화

① **신흥귀족층의 등장** : 원 간섭기 이후 중류층(역관, 향리, 평민, 부곡민, 노비, 환관)이하에서 전공을 세우거나 몽고귀족과의 혼인을 통해서 출세한 친원세력이 권문세족으로 성장하였다.

② **몽고풍의 유행** : 원과의 교류 이후 지배층과 궁중을 중심으로 변발, 몽고식 복장, 몽고어 등이 널리 퍼지게 되었다.

③ **고려인의 몽고 이주민 증가** : 전쟁 포로 내지는 유이민으로 들어갔거나 몽고의 강요에 의해 어쩔 수 없이 끌려간 사람이 대부분이었으며, 이들에 의해 고려의 의복, 그릇, 음식 등의 풍습이 몽고에 전래되었다.

④ **원의 공녀 요구** : 결혼도감을 통해 공녀로 공출되었고, 이는 고려와 원 사이의 심각한 사회 문제로 대두되었다.

⑤ **왜구의 출몰**(14세기 중반)
  ㉠ 원의 간섭 하에서 국방력을 제대로 갖추기 어려웠던 고려는 초기에 효과적으로 왜구의 침입을 격퇴하지 못하였다.
  ㉡ 쓰시마섬을 근거로 한 왜구가 자주 경상도 해안에서 전라도 지역, 심지어 개경 부근까지 침입하여 식량과 사람을 약탈해갔다.
  ㉢ 왜구의 침입에 따른 사회불안은 국가적 문제로 인식되었고, 이들을 소탕하는 과정에서 신흥무인세력이 성장했다.

기출예상문제

1 다음 중 고려시대 사회제도에 대한 설명으로 가장 적절하지 않은 것은?

2012.2.25. 일반공채순경

① 의창 : 흉년에 빈민을 구제하는 기관이었다.
② 상평창 : 물가조절기관으로 개경과 서경, 12목에 설치되었다.
③ 제위보 : 기금을 마련한 뒤 이자로 빈민을 구제하는 기관이었다.
④ 대비원 : 구료기관으로 개경과 3경에 설치되었다.

2 고려시대 혼인과 여성의 사회 지위에 대하여 가장 옳게 설명한 것은?

2010.9.11. 정보통신순경

① 아들만이 조상에 대한 제사를 모셨다.
② 상복제도에서 친가와 외가의 차이가 크지 않았다.
③ 재가 여성의 자식은 과거 응시에 큰 제한을 받았다.
④ 아들이 없는 집안은 양자를 들이는 것이 보통이었다.

3 다음 중 고려시대 여성의 지위에 대한 설명으로 옳지 않은 것은

① 태어난 순서대로 차례로 호적에 기재하였다.
② 아들이 없을 경우 양자를 들이지 않고 딸이 제사를 모셨다.
③ 유산은 남녀차별 없이 자녀에게 고르게 분배되었다.
④ 재가녀의 소생은 사회적 진출에 많은 제약이 있었다.
⑤ 여성의 재가는 비교적 자유롭게 행해졌다.

answer 1.④ 2.② 3.④

1 대비원은 서울인 개경에 동·서 대비원을 설치하여 약과 의복을 무료로 지급하였다. 혜민국을 설치하여 무료로 약을 배부하기도 하였다.

2 ①③④는 17세기 이후 조선 후기에 나타나는 모습이다.

3 고려시대 여성의 지위는 비교적 높았다. 가정생활이나 경제적인 측면에서는 남성과 거의 동등한 지위를 가졌으며 사회 진출에는 제한이 있었다.
④ 여성의 재가는 자유로웠으며, 그 소생의 사회적 진출에도 제약이 없었다.

4 다음 중 고려시대 교육 기관에 대한 설명으로 옳지 않은 것은?

① 교육기관 설립을 통한 유학교육은 관리 양성이 목적이다.
② 고려 중기에는 최충의 문헌공도를 비롯한 사학 12도가 융성하였다.
③ 예종은 관학을 진흥시키기 위해 7재 양현고 등을 설치하였다.
④ 충렬왕은 국학을 성균관으로 개칭하였다.
⑤ 관학은 국자감과 향교를 구분할 수 있으며, 두 곳 다 유학부와 기술학부로 나뉘어 있었다.

5 다음 중 고려시대의 신분제도에 대한 설명으로 옳지 않은 것은?

① 향 · 부곡의 주민들은 과거 응시에 있어서 제한을 받았다.
② 대체로 무신보다 문신이 우대되었다.
③ 중인 계층에 향리도 포함된다.
④ 대다수의 일반 양민층은 백정이 차지했다.
⑤ 남반은 문신 및 무신처럼 귀족층에 해당된다.

6 다음 중 고려시대의 관학진흥책에 대한 설명으로 옳지 않은 것은?

① 양현고의 폐단을 없애기 위해 섬학전을 설치하였다.
② 국자감에 서적포를 설치하였다.
③ 9재 학당을 폐지하고 7재를 설치하였다.
④ 국학을 성균관으로 개칭하여 유교 교육의 진흥에 힘썼다.

---

answer　4.⑤　5.⑤　6.③

4　⑤ 향교의 학식이 이원화되어 있었는지는 알 수 없다.

5　① 향 · 부곡민들은 비록 신분은 양인이지만 그 역은 일반 양인보다 고되었으며 많은 부분에서 차별대우를 받았다(身良役賤).
　② 문신은 무신보다 동일 품계에서도 경제적 · 군사적으로 더 우대되었다.
　③ 고려의 대표적인 중인 계층으로는 향리, 서리, 남반 등이 있었다.
　④ 고려시대의 백정은 조선과 달리 일반 양민층을 말한다.
　⑤ 남반은 궁중에서 실무를 담당하는 세력으로 중인층에 해당된다.

6　9재 학당은 고려 시대 최충이 설립한 대표적인 사립학교로서 지방의 향학을 주도하기도 하였다. 이후 문헌공도로 하여 전국에 대표적인 사립학교 11개와 합쳐 사학 12도라 불리고, 고려 말기까지 계속 유지되었다. 국가는 관학진흥책으로 7재와 양현고를 설치하기도 하였다.

CHAPTER
04

중세의 문화

① 유학의 발달과 역사서의 편찬

(1) 유학의 발달

① **유교의 역할** : 유교는 정치와 관련된 '치국의 도'로서, 불교는 신앙생활과 관련된 '수신의 도'로서 서로 보완하는 기능을 수행하면서 함께 발전하였다.

② **고려 초기의 유학** : 유교주의적 정치와 교육의 기틀이 마련되었다.
　㉠ **태조 때** : 신라 6두품 계열의 유학자들이 활약하였다.
　㉡ **광종 때** : 유학에 능숙한 관료를 등용하는 과거제도를 실시하였다.
　㉢ **성종 때** : 최승로의 시무 28조를 통해 유교적 정치사상이 확립되고, 유학교육기관이 정비되었다.

③ **고려 중기** : 문벌귀족사회의 발달과 함께 유교사상이 점차 보수적 성격을 띠게 된다.
　㉠ **최충** : 9재학당(사학)을 세워 유학교육에 힘썼고, 고려의 훈고학적 유학에 철학적 경향을 가미하기도 하였다.
　㉡ **김부식** : 보수적이고 현실적인 성격의 유학을 대표하였다.
　㉢ **특징** : 시문을 중시하는 귀족 취향의 경향이 강하였고, 유교경전에 대한 전문적 이해가 깊어져 유교문화는 한층 성숙되었다.
　㉣ **위축** : 무신정변이 일어나 문벌귀족세력이 몰락함에 따라 고려의 유학은 한동안 크게 위축되었다.

(2) 교육기관

① **초기(성종)**
　㉠ **지방** : 지방관리와 서민의 자제를 교육시키는 향교를 설치하였다.
　㉡ **중앙** : 국립대학인 국자감(국학)이 설치되었다. 국자감은 국자학, 태학, 사문학을 연구하는 유학부와 율학, 서학, 산학을 연구하는 기술학부로 나뉘었다.

② **중기**
　㉠ **사학 12도** : 최충의 9재학당 등의 사학 12도가 융성하여 관학이 위축되었다.
　㉡ **관학진흥책**
　　– 도서출판을 담당하는 서적포를 설치하였다. (숙종)

– 전문강좌인 7재를 설치하였다.(예종)

– 장학재단인 양현고와 도서관 겸 학문연구소의 역할을 담당하는 청연각을 설치하였다.(예종)

– 개경에 경사 6학과 향교를 중심으로 지방교육을 강화시켰다.(인종)

③ **후기** : 교육재단인 섬학전을 설치하고, 국자감을 성균관을 개칭하였으며, 공민왕 때에는 성균관을 순수 유교교육기관으로 개편하였다.

(3) 역사서의 편찬

① 유학이 발달하고 유교적인 역사서술체계가 확립되어 많은 역사서가 편찬되었다.

② **초기** :「고려왕조실록」이 편찬되었으나 거란의 침입으로 불타버렸고, 「7대실록」이 편찬되었으나 오늘날 전해지지 않는다.

③ **중기** : 김부식의 「삼국사기」는 현존하는 우리나라 최고의 역사서로서, 고려 초에 쓰인 「구삼국사」를 기본으로 유교적 합리주의 사관에 기초하여 기전체로 서술되었다.

④ 후기

㉠ **무신정변 이후** : 민족적 자주의식을 바탕으로 전통문화를 올바르게 이해하려는 경향이 대두하였다. 이는 무신정변 이후의 사회적 혼란과 몽고 침략의 위기를 겪은 후에 나타난 변화이다.

– 해동고승전(각훈) : 삼국시대의 승려 30여명의 전기를 수록하였다.

– 동명왕편(이규보) : 고구려 건국의 영웅인 동명왕의 업적을 칭송한 영웅서사시로서, 고구려 계승의식을 반영하고 고구려의 전통을 노래하였다.

– 삼국유사(일연) : 단군의 건국 이야기를 수록하였고, 우리의 고유문화와 전통을 중시하였으며 불교사를 중심으로 서술되었다.

– 제왕운기(이승휴) : 우리나라 역사를 단군으로부터 서술하면서 우리 역사를 중국사와 대등하게 파악하는 자주성을 나타내었다.

㉡ 성리학적 유교사관의 대두

– 배경 : 신진사대부의 성장 및 성리학의 수용과 더불어 정통의식과 대의명분을 강조하는 성리학적 유교사관이 대두되기 시작하였다.

– 사략(이제현) : 개혁을 단행하여 왕권을 중심으로 국가질서를 회복하려는 의식이 반영되었다.

(4) 성리학의 전래

① **성리학** : 남송의 주희가 집대성한 성리학은 종래 자구의 해석에 힘쓰던 훈구학이나 사장 중심의 유학과는 달리 인간의 심성과 우주의 원리문제를 철학적으로 탐구하는 신유학이었다.

② **성리학의 전래과정** : 충렬왕 때 안향이 소개하고, 그 후 백이정이 원에서 성리학을 배워와 이제현 · 박충좌에게 전수하였으며, 이색으로 이어졌고, 그는 정몽주 · 권근 · 정도전에게 전래하였다.

③ 영향

   ⊙ 현실 사회의 모순을 시정하기 위한 개혁사상으로 신진사대부들은 성리학을 수용하게 된다.

   ⓛ 유교적인 생활관습을 시행하는 소학과 주자가례를 중시하여 일상생활에 관계되는 실천적 기능을 강조하게 되었다.

   ⓒ 권문세족과 불교의 폐단을 비판하였다(정도전의 「불씨잡변」).

   ⓔ 국가사회의 지도이념이 불교에서 성리학으로 바뀌게 되었다.

② 불교사상과 신앙

(1) 불교 정책

① 태조

   ⊙ 사원 건립 : 불교를 적극 지원하면서 개경에 여러 사원을 세웠다.

   ⓛ 불교에 대한 국가의 지침 제시 : 훈요 10조에서 불교를 숭상하고, 연등회와 팔관회 등 불교행사를 개최할 것을 당부하였다.

② 광종

   ⊙ 승과제도의 실시 : 합격한 자에게는 품계를 주고, 승려의 지위를 보장하였다.

   ⓛ 국사 · 왕사제도의 실시 : 왕실의 고문역할을 맡도록 하였다.

③ 사원 : 국가가 토지를 지급했으며, 승려에게 면역의 혜택을 부여하였다.

(2) 불교통합운동과 천태종

① 초기

   ⊙ 화엄종의 성행 : 화엄사상을 정비하고 보살의 실천행을 폈던 균여의 화엄종이 성행하였고, 선종에 대한 관심도 높았다. 또한 귀법사를 창건하여 분열된 종파를 수습하려 하였다.

   ⓛ 의통과 제관 : 의통은 중국 천태종의 13대 교조가 되었고, 제관은 천태종의 기본교리를 정리한 「천태사교의」라는 명저를 저술하였다.

② 중기

   ⊙ 불교의 번창 : 개경에서는 흥왕사나 현화사와 같은 왕실과 귀족들의 지원을 받는 큰 사원이 세워져 불교가 번성하였다. 그리고 이들의 지원을 받아 화엄종과 법상종이 나란히 융성하였다.

   ⓛ 화엄종의 법상종의 융성 : 보수적이고 귀족적이다.

   – 법상종의 발달 : 불교의식에 치중하는 법상종은 귀족들의 애호를 받아 발전하였다.

   – 화엄종의 융성 : 의천은 귀족들의 호화로운 불교의식의 폐단을 시정하기 위하여 불교혁신운동을 전개하였고, 흥왕사의 주지가 되어 이곳을 중심으로 화엄종의 교세를 진작시켰다.

③ 의천의 교단통합운동

　　㉠ 배경 : 11세기에 이미 종파적 분열상을 보인 고려 불교계에 문종의 왕자로서 승려가 된 의천은 송나라에서 유학을 하고 돌아와 교단통합운동을 펼쳤다

　　㉡ 교단통합운동
　　　– 토대 : 원효의 화쟁사상을 토대로 하여 불교사상을 통합하려 하였다.
　　　– 해동천태종 창시 : 흥왕사를 근거지로 삼아 화엄종을 중심으로 교종을 통합하려 하였으며, 선종을 통합하기 위하여 개경에 국청사를 창건하여 천태종을 창시하였다.

　　㉢ 사상적 바탕 : 이론의 연마와 실천을 아울러 강조하는 교관겸수(敎觀兼修)를 제창하였다.

　　㉣ 의천의 저술 활동
　　　–「원종문류」: 의천이 화엄종에 관한 긴요한 문헌을 모아 총서로 엮은 책이다.
　　　–「석원사림」: 의천이 불교의 역사적 사실 등을 집대성하여 지은 책이다.

　　㉤ 성과 : 천태종에 많은 승려가 모이는 등 새로운 교단 분위기를 형성하는 일정한 성과를 거두었다.

　　㉥ 한계 : 사회 · 경제적으로 문제가 되고 있던 불교의 폐단을 적극적으로 시정하는 대책이 뒤따르지 않아 의천이 죽은 뒤 교단이 다시 분열되고 귀족 중심의 불교가 지속되었다.

(3) 결사운동과 조계종

① 결사운동 : 무신집권 이후의 사회 변동기를 지나 불교계에서도 본연의 자세 확립을 주장하는 결사운동이 전개되었다.

② 지눌
　　㉠ 수선사결사운동의 제창 : 승려 본연의 자세로 돌아가 경과 선 수행, 노동에 고루 힘쓰자는 개혁운동이다.
　　㉡ 조계종의 성립(조계종 중심의 선 · 교 통합운동)
　　　– 돈오점수(頓悟漸修) · 정혜쌍수(定慧雙修)를 제창하여 참선(선종)과 지혜(교종)를 함께 수행하였다.
　　　– 독경, 선 수행, 노동을 강조하여 불교개혁운동을 펼쳤다.
　　　– 선종을 중심으로 교종을 포용하여 선 · 교 일치사상을 완성시켰다.

③ 혜심 : 수선사 2대 교주인 혜심은 유 · 불일치설과 심성의 도야를 강조하여 성리학 수용의 사상적 토대를 마련하였다.

④ 요세의 백련결사 제창
　　㉠ 천태교학의 법화사상을 이론적 기반으로 하였으며 정토신앙을 수용하고 자신의 행동을 진정으로 참회하는 법화신앙에 중점을 두어 수선사와 양립하며 고려 후기 불교계를 이끌었다.
　　㉡ 백련사는 정토관에 보다 충실하여 종래의 교종과는 달리 지방에 살고 있는 민중에게 호응을 얻었으며 수선사는 지식인층을 주된 대상으로 하였다.

⑤ 불교의 세속화 : 원 간섭기에 들어서자 혁신운동이 단절되고, 사원은 막대한 토지와 노비를 소유하며 상업에 관여하기에 이르렀다. 보우가 교단을 정비하려 노력했으나 실패로 돌아가고, 새로운 세력인 신진사대부는 불교계의 사회 · 경제적인 폐단을 크게 비판하였다.

(4) 대장경 간행

① 초조대장경 : 현종 때 거란의 퇴치를 염원하며 간행하였으나 몽고의 침입으로 소실되었다.

② 속장경(의천이 간행) : 교장도감을 설치하고, 송·요·일본의 불교서적을 모아 불서목록인 신편제종 교장총록을 작성하여 속장경을 간행하였지만 몽고의 침입으로 소실되고 말았다.

③ 팔만대장경(재조대장경) : 최우가 대장도감을 설치하여 부처의 힘으로 몽고의 침입을 극복하고자 간행하였다. 합천 해인사에 보관되어 있다.

(5) 도교와 풍수지리설

① 도교의 발달
  ㉠ 특징 : 불로장생과 현세구복을 추구하였다. 초제가 성행하고 도교사원을 건립하여 국가의 안녕과 왕실의 번영을 기원하였다.
  ㉡ 한계 : 불교적 요소와 도참사상이 수용되었지만 일관성이 결여되고 교단이 성립되지 못하여 민간신앙으로 전개되었다. 국가적으로 이름난 명산대천에 제사를 지내는 팔관회는 도교, 민간신앙, 불교가 어우러진 행사였다.

② 풍수지리설
  ㉠ 도참사상이 가미되어 크게 유행하였다. 개경과 서경이 명당이라는 설이 유포되어 서경천도와 북진정책 추진의 이론적 근거가 되었다.
  ㉡ 개경세력과 서경세력의 정치적 투쟁에 이용되어 묘청의 서경천도운동을 뒷받침하기도 하였다.
  ㉢ 북진정책의 퇴조와 함께 한양명당설이 대두하여 이곳을 남경으로 승격하고 궁궐을 지어 왕이 머물기도 하였다.

③ 과학기술의 발달

(1) 천문학과 의학

① 과학 : 국자감에서 잡학(율학, 서학, 산학 등)을 교육하였으며, 과거에서도 잡과를 실시하였다. 이는 천문학, 의학, 인쇄술, 상감기술, 화약무기 제조술 등의 과학기술의 발전을 가져왔다.

② 천문학 : 천문관측과 역법계산을 중심으로 발달하였다. 사천대(서운관)를 설치하여 첨성대에서 관측 업무를 수행하였고, 고려 초에는 당의 선명력을, 충선왕 때에는 원의 수시력 등 역법을 수용하였다.

③ 의학

    ㉠ 태의감에서 의학 박사를 두어 의학을 교육하고, 의원을 뽑는 의과를 시행하였다.

    ㉡ 고려 중기에 「향약구급방」과 같은 자주적 의서가 편찬되었다.

    ㉢ 고려 후기에 편찬된 「삼화자향약방」은 현재 남아있지 않지만, 「향약제생집성방」의 근간이 되는 책이다.

(2) 인쇄술의 발달

① 목판인쇄술 : 고려대장경의 판목은 고려의 목판인쇄술이 최고의 수준에 이르렀음을 입증해 주고 있다.

② 금속활자인쇄술 : 「상정고금예문(1234)」은 서양보다 200여 년이나 앞서 이루어진 것이나 오늘날 전해지지 않고 있으며, 직지심체요절(1377)은 현존하는 세계 최고(最古)의 금속 활자본이다.

③ 제지술의 발달 : 닥나무의 재배를 장려하고 종이 제조의 전담관서를 설치하여 우수한 종이를 제조하고 중국에 수출하기도 하였다.

(3) 농업기술의 발달

① 권농정책 : 농업생활의 안정과 국가재정의 확보를 위해 실시하였다. 광종은 토지개간을 장려하였고, 성종은 무기를 농기구로 만들어 보급하기도 하였다.

② 농업기술의 발달

    ㉠ **고려 초기** : 농경지 확대를 위해 토지의 개간 및 간척이 장려되고, 성종 때 농기구를 보급하였다.

    ㉡ **고려 중기** : 묵은 땅, 황무지, 산지 등의 개간이 주로 이루어졌으며 수리시설을 개선하여 저수지 수리 및 개축, 방조제를 축조하고, 시비법의 발달로 농사를 지을 수 있는 땅이 늘어났다.

    ㉢ **고려 후기** : 해안지방의 저습지를 간척(강화도)하고, 김제의 벽골제와 밀양의 수산제를 개축하고, 제언(저수지)를 확충시켰으며 해안의 방조제 등이 만들어져 수리시설과 농업기술이 점차 발전하였다.

③ 농업생산력 향상

    ㉠ 밭농사는 윤작법의 보급으로 2년 3작이, 우경에 의한 깊이갈이 발달로 휴경기간이 단축되고 생산력이 증대되었다.

    ㉡ 논농사의 경우 직파법이 실시하였으나 말기에 남부 일부지방에 이앙법이 보급되어 실시되기도 하였다.

    ㉢ 가축이나 사람의 배설물을 거름으로 이용하는 시비법과 콩과 작물을 심은 뒤에 갈아엎어 비료로 사용하는 녹비법의 발달은 생산력 증대를 가져왔다.

    ㉣ 이암은 원의 「농상집요」를 소개하였다.

    ㉤ 문익점은 원에서 몰래 목화를 들여왔으며, 정천익은 기후와 풍토가 다른 우리나라에서 목화 재배에 성공하고, 중국 승려 호원으로부터 씨아와 물레의 기술을 배워 의류혁명에 크게 기여하였다.

(4) 화약무기의 제조와 조선기술

① 최무선은 화통도감을 설치하여 화약과 화포를 제작하였고, 진포싸움에서 왜구를 격퇴하였다.

② 대형 범선이 제조되었고, 대형 조운선이 등장하였다.

④ 귀족문화의 발달

(1) 문학의 성장

① 전기

   ⊙ 한문학 : 광종 때부터 실시한 과거제로 한문학이 크게 발달하였고, 성종 이후 문치주의가 성행함에 따라 한문학은 관리들의 필수교양이 되었다. 이 시기의 한문학은 중국의 형식을 모방하는 것에서 벗어나 독자적 성격을 가지기 시작하였다.

   ⓒ 향가 : 균여의 보현십원가가 대표적이며, 향가는 점차 한시에 밀려 사라지게 되었다.

② 중기 : 귀족화되면서 당의 시나 송의 산문을 숭상하는 풍조가 퍼져 당시 귀족문화의 사대성과 보수성을 강화하는 결과를 가져왔다.

③ 무신집권기

   ⊙ 수필형식의 저술 : 낭만적이고 현실도피적인 경향을 보였다.

   ⓒ 새로운 문학 경향의 대두 : 이규보와 최자 등의 문신들에 의하여 형식보다는 내용에 치중하여 현실을 표현하였다.

④ 후기 : 신진사대부와 민중이 주축이 되었다.

   ⊙ 한시·한문학 : 수필문학, 패관문학, 한시가 발달하였다.

   ⓒ 사대부문학 : 향가 형식을 계승한 경기체가를 창작하여 유교정신과 자연의 아름다움을 담았다(한림별곡, 관동별곡, 죽계별곡). 또한 민간에 구전되는 이야기를 고쳐 한문으로 기록한 패관문학이 유행하였다(이규보의 「백운소설」, 이제현의 「역옹패설」).

   ⓒ 민중문학 : 자유분방한 서민의 감정을 표현한 장가(속요)가 유행하였다(청산별곡, 가시리, 쌍화점).

(2) 건축과 조각

① 건축 : 궁궐과 사원이 중심이 되었으며, 축대를 높이 쌓고 계단식 배치를 한 웅장하고 장엄한 형식이다.

   ⊙ 봉정사 극락전 : 주심포 양식으로 현존하는 최고의 목조건물이다.

   ⓒ 부석사 무량수전, 수덕사 대웅전 : 주심포 양식으로 주변 자연과 어우러진 외관과 잘 다듬은 부재의 배치가 만들어 내는 경건한 내부공간으로 유명하다.

   ⓒ 성불사 응진전 : 후기 건물로 조선시대 건축에 영향에 끼쳤으며 다포식 건물이다.

② 석탑 : 신라 양식을 일부 계승하였으나 독자적인 조형감각을 가미하여 다양한 형태로 제작되었다. 다각 다층탑이 많았고, 안정감은 부족하나 자연스러운 모습을 보였다(불일사 5층 석탑, 월정사 팔각 9층 석탑, 경천사 10층 석탑).

③ 승탑 : 선종의 유행과 관련이 있다(고달사지 승탑, 법천사 지광국사 현모탑).

④ 불상 : 균형을 이루지 못하여 조형미가 다소 부족한 것이 많았다(광주 춘궁리 철불, 관촉사 석조 미륵보살 입상, 안동 이천동 석불, 부석사 소조아미타여래 좌상).

(3) 청자와 공예

① 대부분 귀족들의 생활도구와 불교의식에 사용되는 불구 등을 중심으로 발전하였고, 특히 자기공예가 뛰어났다.

② 자기공예
  ㉠ 신라와 발해의 전통과 기술을 토대로 송의 자기기술을 받아들여 독특한 미를 완성시켰다.
  ㉡ 청자의 발달 : 초기에는 순수 청자였으나 12세기 중엽에는 상감청자가 발달하였다. 원 간섭기 이후에는 퇴조되어 점차 소박한 분청사기가 등장하게 되었다(고려 청자는 자기를 만들 수 있는 흙이 생산되고 연료가 풍부한 지역에서 구워졌는데, 전라도 강진과 부안이 유명하였다).

③ 금속공예 : 은입사 기술이 발달하였다(청동 은입사 포류수금문 정병, 청동 향로).

④ 나전칠기 : 경함, 화장품갑, 문방구 등이 현재까지 전해진다.

(4) 글씨 · 그림과 음악

① 서예
  ㉠ 전기 : 구양순체가 유행했는데 탄연의 글씨가 특히 뛰어났다.
  ㉡ 후기 : 송설체(조맹부)가 유행했는데, 이암이 뛰어났다.

② 회화 : 도화원에 소속된 전문 화원의 그림과 문인이나 승려의 문인화로 나뉘었다.
  ㉠ 전기 : 뛰어난 화가로는 예성강도를 그린 이령과 그의 아들 이광필이 있었다.
  ㉡ 후기 : 사군자 중심의 문인화를 유행하였고, 공민왕은 천산대렵도를 그렸는데, 이것은 당시의 그림에 원대 북화가 영향을 끼쳤음을 알려 준다.

③ 음악
  ㉠ 아악 : 송에서 수입된 대성악이 궁중음악으로 발전된 것으로, 오늘날까지도 격조 높은 전통 음악을 이루고 있다.
  ㉡ 향악(속악) : 우리의 고유 음악이 당악의 영향을 받아 발달한 것으로 당시 유행한 민중의 속요와 어울려 수많은 곡을 낳았다. 동동 · 대동강 · 한림별곡이 유명하다.

기출예상문제

1 고려 시대에 편찬된 역사서에 대한 설명으로 옳은 것은 모두 몇 개인가?

2016년 제2차 경찰공무원(순경)

> ㉠ 인종 때 김부식 등이 왕명을 받아 편찬한'삼국사기'는 고려 초에 편찬된 '구삼국사'를 기본으로 유교적 합리주의 사관에 기초하여 편년체로 서술되었다.
> ㉡ 충선왕 때에 일연이 쓴 '삼국유사'는 불교사를 중심으로 고대의 민간 설화나 전래 기록을 수록하는 등 우리의 고유문화와 전통을 중시하였다.
> ㉢ '동명왕편'은 신라 계승 의식을 반영하고 신라의 전통을 노래하였다.
> ㉣ '제왕운기'는 우리나라의 역사를 고구려에서부터 서술하여 우리 역사를 중국사와 대등하게 파악하는 자주성을 나타낸다.
> ㉤ 건국 초기 왕조실록을 편찬하였으나 몽고의 침입으로 소실되었다.

① 0개

② 1개

③ 2개

④ 3개

---

1 모두 잘못된 설명이다.
　㉠ '삼국사기'는 기전체로 서술되었다.
　㉡ '삼국유사'는 충렬왕 때 쓰였다.
　㉢ '동명왕편'은 고구려 계승 의식을 반영하고 고구려의 전통을 노래하였다.
　㉣ '제왕운기'는 우리나라의 역사를 고조선(단군)부터 서술하였다.
　㉤ 고려왕조실록은 거란의 침입으로 소실되었다.

2 다음과 같은 활동을 한 고려시대 승려에 대한 설명으로 가장 적절한 것은?

2013.3.9. 일반공채순경 · 101경비단

> 숙종의 후원을 받아 국청사를 중심으로 해동천태종을 창건하여 법상종과 선종의 여러 종파의 대립을 극복하려고 하였다.

① 남중국에 파견되어 천태학을 전했다.
② 풍수지리사상을 정립하여 궁궐과 사찰 건립의 입지 선정에 큰 영향을 미쳤다.
③ 정혜쌍수와 돈오점수를 내세워 교종과 선종의 갈등을 해소하려고 하였다.
④ 송, 요, 일본의 불교서적을 모아 「신편제종교장총록」을 간행하였다.

3 고려시대 과학기술에 대한 다음 설명 중 가장 적절하지 않은 것은?

2012.10.20. 일반공채순경, 전의경 특채

① 고려 초에는 당의 선명력을 사용하였으나, 충선왕 때에는 원의 수시력을 받아들였다.
② 토지측량 기구인 인지의와 규형을 제작하여 토지측량과 지도제작에 활용하였다.
③ 최무선은 중국인 이원에게서 염초 만드는 기술을 배워 화약 제조법을 터득하였다.
④ 태의감에 의학 박사를 두어 의학을 가르치고, 의원을 뽑는 의과를 시행하였다.

answer 2.④ 3.②

2 제시된 자료는 고려 중기의 승려인 대각국사 의천의 활동이다.
   ① 의천은 송나라에서 유학하고 돌아온 후 귀족들의 호화로운 불교의식의 폐단을 개선하고자 흥왕사의 주지가 되어 화엄종의 본찰로 삼았다.
   ② 풍수지리사상을 기반으로 서경길지설이 대두되어 북진정책의 이론적 근거가 되었고, 묘청의 서경천도운동으로 나타났다.
   ③ 지눌은 불즉시심, 정혜쌍수, 돈오점수를 주장하여 조계종을 개창하였다.
   ④ 송, 요, 일본으로부터 논·소·초를 수집하여 불서목록인 「신편제총교장총록」을 집대성, 교장도감을 설치하여 속장경을 간행하였다.

3 규형은 토지의 고저를 측량하는 기구이며, 인지의는 토지의 원근을 측량하는 기구로, 조선 세종 때 양전사업과 지도 제작에 이용되었다.

4 다음에서 설명하는 승려의 활동으로 가장 옳지 않은 것은?

2010.9.11. 정보통신순경

- 고려 제11대 왕 문종의 넷째 아들로 태어남
- 송나라에 유학을 가서 화엄학과 천태학을 익힘
- 출가하여 구족계를 받고 국사로 책봉된 후 입적함
- 개경에 국청사를 개창하고 해동천태종을 창시함

① 신라 승려 원효의 통합 불교 사상을 계승하고자 했다.
② 「원종문류」, 「석원사림」 등 불교서적을 저술하였다.
③ 정혜쌍수의 이론으로 선종과 교종의 교리적 통합을 추구하였다.
④ 송, 요, 일본 등지에서 불교 전적을 수집하여 대장경을 보완하였다.

5 고려 불교에 대한 설명으로 옳은 것은?

2008.7.26. 정보통신순경

① 왕건은 승려의 수를 제한하기 위하여 승과를 실시하였다.
② 요세는 백련사를 조직하여 선종을 전파하였다.
③ 혜심은 국청사를 중심으로 해동천태종을 창시하였다.
④ 지눌은 수선사를 중심으로 불교개혁운동을 주도하였다.

answer 4.③ 5.④

4 ③ 무신집권기 때 보조국사 지눌의 활동이다.

5 ① 고려 광종 때 승과제도를 시행하여 합격자에게 품계를 주어 승려의 권위를 높였다.
② 원묘국사 요세는 교종의 입장에서 백련결사를 제창하여 신앙결사운동을 전개하였다.
③ 대각국사 의천은 국청사를 중심으로 해동천태종을 창시하였다. 진각국사 혜심은 지눌의 사상을 이어 유·불사상의 일치설을 주장하였다.

6 다음 중 삼국사기와 삼국유사에 대한 설명으로 옳은 것은?

	삼국사기	삼국유사
①	불교 사상사 관계 자료와 함께 많은 민간 전승과 신화·설화를 수집하였다.	논찬을 따로 두어 주관적 서술을 제한·구별하고 삼국을 '우리'로 서술하는 등의 객관적이고 합리적인 입장을 표명하였다.
②	기전체 서술방식으로 본기, 열전, 지, 연표로 구성되어 다양한 역사체험을 포괄하고 있다.	고승전 체제를 바탕으로 기이편을 앞 부분에 넣고 효선편을 마지막에 붙여서 유사체로 편집하였다.
③	중국측 사료를 더 신뢰하여 민족 시조를 제시했으면서도 체계화에 대한 노력이 부족하였다.	고조선 등의 존재를 알면서도 이를 삭제하고 삼국시대만의 단대사만을 기록하였다.
④	기층민의 생활상에서 드러나는 반귀족적 사회의식도 반영되어 있다.	부족설화, 불교설화 같이 전통적 생활체험이담긴 공동체의 체험을 유교적 사관에 맞게 고치거나 누락시켰다.

---

answer 6.②

6 ㉠ **삼국사기(김부식)**: 대표적인 기전체 사서로 본기·열전·지·연표로 구성되어 있으며 삼국을 '우리'라고 서술하여 객관적·합리적 의식을 나타냈다. 하지만 고조선을 인식하면서도 상고사에 대한 서술을 배제한 점, 개서주의에 입각하여 우리 전통사를 유교사관으로 고치거나 탈락시킨 점은 한계점으로 지적되고 있다.
  ㉡ **삼국유사(일연)**: 고려 후기에 편찬된 사서로 구성은 서문·기이편·효선편으로 되어있다. 서문에서는 자주적 의식 표방, 기이편에서는 불교에 바탕을 둔 신이한 이야기, 효선편은 유교 사상을 바탕으로 하고 있다. 하지만 중국측 사료를 지나치게 신뢰한 것은 그 한계점으로 지적될 수 있다.

7 다음의 밑줄 친 '그'가 남긴 업적에 해당하는 것은?

> '그'는 선종의 부흥과 신앙결사운동의 새로운 움직임을 주도하였다. 송광사에 머무르고 있던 그는 당시 불교계의 타락을 비판하였다. 불교 수행의 중심을 이루는 두 요소인 참선과 지혜를 아울러 닦아야 한다고 하였다. 그리고 승려 본연의 자세로 돌아가 예불독경과 함께 참선 및 노동에 힘쓰자는 개혁운동을 전개하였다.

① 이론과 실천의 양면을 중시하는 교관겸수(敎觀兼修)를 제창하였다.
② 하나 속에 우주의 만물을 아우른다는 그의 화엄사상은 전제정치를 뒷받침하였다.
③ 선·교 일치의 완성된 철학체계를 이루게 되었다.
④ 일심사상을 토대로 정토종을 창시하였다.
⑤ 세속계를 지어 화랑도의 행동규범을 제시하였다.

8 다음 설명에 해당하는 것으로 옳은 것은?

> 의천이 교장도감을 설치하고 고려 송·요 일본 등에서 모아온 논, 소들을 모아 간행하였다.

① 해동고승전
② 초조대장경
③ 천태사교의
④ 속장경

7   제시문은 고려 후기 교선통합을 시도하며 조계종을 창시한 보조국사 지눌에 관련된 설명이다.
    ① 의천 ② 의상 ④ 원효 ⑤ 원광

8   ① 고려 후기의 승려 각훈이 우리나라 고승들의 전기를 엮어 편찬하였다.
    ② 고려 시대 거란의 침입을 막기 위해 제작된 대장경이다.
    ③ 고려 초의 승려 제관이 천태종의 교리와 사상을 정리하여 편찬하였다.

9 다음 저서들이 편찬된 시기의 시대적 상황으로 옳은 것은?

• 제왕운기   • 삼국유사
---

① 신진사대부의 정권 장악
② 원 간섭기로 몽고풍 유행
③ 묘청의 서경천도운동 실패
④ 여진, 거란에 대비하기 위한 천리장성 축조

10 다음 불상과 같은 시대에 제작된 유물이 아닌 것은?

• 광주 춘궁리 철불   • 연산 개태사지 삼존 석불입상
• 안동 이천동 석불   • 부석사 소조 아미타여래좌상
---

① 개성 불일사 5층 석탑
② 안동 봉정사 극락전
③ 여주 고달사지 원종대사 혜진탑
④ 경주 배리 석불입상

answer 9.② 10.④

9 제왕운기 충렬왕 6년(1280)는 이승휴 삼국유사(1282)는 일연이 편찬한 것으로 모두 무신정권 이후 원 간섭기에서 초래된 황폐해진 삶과 이민족의 침입에 대해 자주적 역사의식을 밝혔다는 점이 특징이다. 또한 두 저서 모두 단군을 시조로 여기며 단군신화를 언급한 점에서 민족의식의 반영을 살펴볼 수 있다.

10 ④ 경주 배리 석불입상은 은은한 미소를 띠고 있는 신라시대의 불상이다.

근세의 세계 단원에서는 근세의 세계를 정치, 경제, 사회, 문화로 나누어 근세의
각 분야별 변화를 파악할 수 있습니다.

근세의 세계

근세의 정치

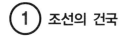 **조선의 건국**

(1) 고려 말기의 정치 상황

① **권문세족의 횡포** : 고위 관직을 독점하고 대농장을 소유하였다.

② **신진사대부의 개혁 요구** : 사원 경제의 폐단과 토지제도의 개혁을 주장하였다.

③ 이성계를 중심으로 하는 사대부세력이 위화도 회군으로 최영 등 정적을 제거하고 군사적 실권을 장악하였다.

(2) 신진사대부의 분화

고려 말 사회모순에 대한 개혁의 방향을 둘러싸고, 온건파와 혁명파로 분열되었다.

	온건개혁파(온건파, 다수)	급진개혁파(혁명파, 소수)
대표적 인물	정몽주, 이색, 길재 등	정도전, 권근, 조준 등
성격	고려사회의 개혁을 고려왕조의 유지라는 틀 내에서 추진	이성계의 역성혁명에 의한 새 왕조 개창을 주장
	전면적 토지개혁에 반대 입장으로 토지제도 모순을 수취를 완화하는 선에서 해결하려고 함	전면적 토지개혁을 통해 빈부격차를 완화시키고 국가재정과 국방력 안정을 도모함

(3) 조선의 개창(1392)

위화도 회군으로 정권을 장악하고 전제개혁을 단행(과전법 실시로 권문세족의 경제기반 붕괴)하게 되었다. 이성계와 급진개혁파는 온건개혁파를 제거하고 조선을 건국하였다.

② 국왕 중심의 통치체제 정비

(1) 태조(1392~1398)

① **국호 개정** : 국호를 '조선'이라 하여 고조선의 후계자임을 자처하였다.

② **한양천도**(풍수지리설의 영향) : 한양은 풍부한 농업생산력을 보유하였고, 교통과 군사의 중심지 역할을 하였다.

③ **정책의 기조** : 숭유억불정책, 중농억상정책, 사대교린정책이다.

④ **정도전의 활약**(재상중심의 정치) : 민본적 통치규범을 마련하고(조선경국전), 불교를 비판하고(불씨잡변) 성리학을 통치이념으로 확립하였다.

(2) 태종(1400~1418)

① **왕권의 확립** : 두 차례의 왕자의 난을 통해 공신세력을 견제하고 숙청하여 권력을 장악하였다.

② 도평의사사를 폐지한 후 의정부(행정), 삼군부(군사)로 분리한 후 의정부의 기능을 약화시키기 위하여 육조직계제를 실시하였다.

③ 국가재정의 안정을 위해 사원의 토지와 노비를 몰수하였고, 양전사업을 실시와 정확한 호구 조사를 통한 국가 재정 확보를 위해 호패법을 실시하였다.

④ 군사력 강화를 위해 사병제를 폐지하여 개국공신들의 개인병력을 없애고, 신문고를 설치하여 반왕 세력을 색출·제거를 하였으며, 후에 신문고는 백성의 억울함을 직소하는 기능을 하게 된다.

(3) 세종(1418~1450)

① 유교정치 구현을 위해 태종 때 실시되던 6조직계제를 폐지하고, 의정부서사제를 실시하여 왕권과 신권의 조화를 추구하였다.

② 집현전을 설치하여 학문과 정책·제도입안 등에 간여하며, 왕에게 자문을 해주는 역할을 하였다. 훈민정음 창제에 큰 기여를 하였으며, 집현전 관리를 우대하여 기능을 강화하려 하였다. (후에 성종 대의 홍문관, 정조 대의 규장각으로 계승되어진다.)

③ 유교 윤리를 사회 윤리화 및 보급하기 위해 국가행사를 유교식으로 실시하고, 사대부에게는 주자가례 시행을 장려하고, 백성들에게는 삼강행실도를 통해 유교 윤리를 실천하도록 장려하였다.

④ 민생안정을 위해 풍흉·비척에 따른 연분 9등법과 전분 6등법이 시행하고, 의창제 실시를 통해 빈민구제를, 금부삼복법 제정 및 태형을 폐지하였다.

⑤ 대외정책으로는 4군 6진의 영토개척과 사민정책을 실시하고(현재의 국경선 확보), 대마도를 정벌(이종무)하고 3포를 개항하였다.

⑥ 기타 시책
　㉠ 아라비아의 회회력을 참조하여 칠정산 외편을, 원의 수시력과 명의 대통력을 참조하여 칠정산 내편을 만들었다.
　㉡ 기존 활자를 개량하여 정교하며, 수려한 동활자인 갑인자를 만들었다.
　㉢ 농사직설, 의방유취, 용비어천가, 효행록, 삼강행실도 등을 편찬하였다.

조선 초기 왕권과 신권의 관계

① **6조 직계제** : 직능에 따라 행정이 분담된 6조를 왕이 직접 관장하는 체제로, 태종과 세조는 왕권을 강화하고 의정부의 권한을 약화시키기 위해 실시되었다.

② **의정부 서사제** : 6조에서 올라오는 모든 이들을 영의정, 좌의정, 우의정이 중심이 되어 의정부에서 심의한 다음 결론을 내려 왕에게 결재를 받는 형식으로 세종이 실시하였다.

(4) 세조(1455~1468)

① 수양대군이 계유정난을 일으켜 왕위를 차지하고 왕권을 강화하기 위한 정책들을 펴게 되었다.

② 6조직계제를 재실시하여 강력한 왕권을 행사하고, 집현전과 경연을 폐지하여 공신이나 언관들의 활동을 억제하였다.

③ 경국대전의 편찬에 착수하여 조선의 통치규범을 확립하고자 하였다.(성종 때 반포·시행)

④ 직전법을 실시하여 현직관료에게만 토지를 분급하였고, 수신전·휼양전의 지급을 중단하였다.

⑤ 원각사 10층 석탑을 세우고 간경도감을 설치하였다.

(5) 성종(1470~1494)

① 홍문관(집현전 계승)을 설치하여 학문 연구 및 국왕의 자문기구 역할을 담당하고, 경연을 활성화하여 홍문관 관원 및 정승 등 고위 관리가 참석하여 주요정책을 토론하였다.

② 경국대전을 완성하고 반포하여 조선왕조의 통치규범을 집대성하였다(유교적 법치국가 확립).

③ 관수관급제 실시로 전조를 국가가 대신 받아서 관리에게 나누어 주었고, 오가작통법을 제정하였고, 도첩제를 폐지하여 유교정책을 강화하였다.

④ 동문선, 동국여지승람, 악학궤범, 국조오례의, 동국통감 등을 편찬하였다.

③ 통치체제의 정비

(1) 중앙정치체제

① 양반관료체제의 확립
- ㉠ 경국대전을 기본법전으로 하여 문·무반이 정치와 행정을 담당하게 되었다.
- ㉡ 18품계로 나뉘며 당상관(관서의 책임자)과 당하관(실무 담당)으로 구분하였다. 관직은 경관직(중앙관)과 외관직(지방관)으로 편제하였다.

② 의정부와 6조
- ㉠ 의정부 : 재상의 합의를 거쳐 국정을 총괄하는 것으로 행정 최고 합의기구이다.
- ㉡ 6조 : 직능별로 행정을 분담하였으며, 행정을 실제 집행하는 기관이다.
  - 이조 : 문관의 인사(전랑이 담당), 공훈, 상벌을 담당하였다.
  - 호조 : 호구, 조세, 회계, 어염, 광산, 조운을 담당하였다.
  - 예조 : 외교, 교육, 문과 과거, 제사, 의식 등을 담당하였다.
  - 병조 : 국방, 통신(봉수), 무과 과거, 무관의 인사 등을 담당하였다.
  - 형조 : 형률, 노비에 대한 사항을 담당하였다.
  - 공조 : 토목, 건축, 수공업, 도량형, 파발에 대한 사항을 담당하였다.

③ 언론·감찰기관
- ㉠ **사간원**(간쟁)·**사헌부**(감찰) : 서경권을 행사(관리임명에 동의권 행사)하였다.
- ㉡ 홍문관 : 경연을 담당하면서 정책결정 및 행정을 맡으며, 학문적 후원을 하였다.
- ㉢ 3사의 언관 : 관직은 높지 않았으나, 학문과 덕망이 높은 사람이 임명되어 특별한 일이 없는 한 판서나 정승 등 고위 관직에 오를 수 있었다. 3사의 기능 강화는 권력의 독점과 부정을 방지하는 데 크게 기여하였다.

④ 사법기관
- ㉠ **의금부**(왕권 강화) : 왕명에 의한 직속 사법기관으로 왕족의 범죄, 반역죄 같은 중죄를 다스렸다.
- ㉡ **승정원**(왕권 강화) : 왕명의 출납을 맡은 왕의 비서기관으로 도승지 이하 6승지가 6조를 분담하였다.
- ㉢ 포도청 : 일반 평민의 중죄를 담당하였다.

⑤ 기타 기관
- ㉠ **춘추관** : 역사서의 편찬과 보관을 담당하였다.
- ㉡ **성균관** : 최고의 국립교육기관이었다.
- ㉢ **한성부** : 수도의 행정과 치안을 담당하고 일반 범죄를 취급하였다.

(2) 지방행정조직

① 중앙집권체제의 강화

  ㉠ 모든 군현에 수령을 파견하였고, 수시로 암행어사를 보냈다.

  ㉡ 향·소·부곡을 일반 군현으로 승격시킨 것은 백성에 대한 국가의 공적지배력이 강화되었음을 의미한다.

  ㉢ 수령의 임무(수령 7사)

  – 농사철에 알맞게 맞추어 씨를 뿌릴 것

  – 유생을 모아 유교경전의 뜻을 가르치고 제술을 시험하여 유학 및 문학에 정진하도록 할 것

  – 법을 잘 지키어 민에게 올바름을 보여 줄 것

  – 용모를 잘 관찰하여 간사스럽고 교활한 사람을 찾아내어 이를 없앨 것

  – 때에 맞추어 군사훈련을 실시하고 군기를 엄히 밝힐 것

  – 백성들을 편안하게 일하면서 살 수 있게 함으로써 스스로 사람들이 모여들게 할 것

  – 부역을 시키는 데에는 차별하지 말고 공평 균등하게 부과할 것

② 지방조직 : 전국을 8도로 나누고, 하부에 부·목·군·현을 설치하였다. 지방관의 임명에는 상피제가 적용되었다.

  ㉠ 관찰사(감사) : 8도의 지방장관으로서 행정, 군사, 감찰, 사법권을 행사하였다. 수령에 대한 행정을 감찰하는 역할을 담당하였다.

  ㉡ 특수지방제도

  – 유향소(향청) : 지방 양반 사족들이 구성한 향촌 자치적인 성격의 기구로, 좌수와 별감을 선출하였다. 폐지와 부활을 반복하였으며 향규를 제정하여 수령감시 및 보좌·풍속교정 등의 기능을 하였다.

  – 경재소 : 유향소와 정부 간 연락을 통해 유향소를 통제하고 중앙집권의 강화를 위해 해당 지방출신의 중앙고관을 책임자로 임명하였으나 사림들의 세력이 강화되면서 폐지되었다.

(3) 군역제도와 군사조직

① 군역제도

  ㉠ 양인개병제 : 양인의 신분이면 누구나 병역의 의무를 지는 제도이다.

  ㉡ 운영

  – 현직관료와 학생을 제외한 16세 이상 60세 이하의 양인 남자의 의무이다.

  – 종친·외척·공신이나 고급관료들의 자제들도 고급특수군에 편입되어 군역을 부담하였다.

  – 예외 : 양반·서리 등 현진관료와 학생, 장인(匠人)·상인·어민은 군역에서 제외되었다.

  ㉢ 보법 : 정군(현역군인)과 보인(정군의 비용부담)으로 나눈다.

  ㉣ 노비 : 권리가 없기 때문에 군역이 면제되고, 특수군(잡색군)으로 편제되었다.

② 군사조직

    ㉠ **중앙군**(5위) : 궁궐과 서울을 수비하며 정군을 중심으로 갑사(시험을 거친 직업군인)나 특수병으로 지휘 책임을 문관관료가 맡았다.

    ㉡ **지방군** : 병영(병마절도사)과 수영(수군절도사)으로 조직하였다.

    – 초기 : 영진군으로 국방상 요지인 영이나 진에 소속되어 복무하였다.

    – 세조 이후 : 진관체제(중요한 지역을 거진(巨鎭)으로 하고, 나머지 주변의 여러 진을 그에 속하도록 하면서, 대부분 목사(牧使)가 겸하는 첨절제사(僉節制使)가 거진을 단위로 하는 진관의 군사권을 쥐도록 하고, 말단의 여러 진은 군수(종4품) 이하가 직급에 따른 병마(兵馬) 직함을 부여)를 실시하였다.

    ㉢ **잡색군** : 서리, 잡학인, 신량역천인(신분은 양인이나 천한 일에 종사), 노비 등으로 조직된 일종의 예비군으로 유사시에 향토방위를 담당한다(농민은 제외).

(4) 관리등용제도

① 과거

    ㉠ 종류

    – 문과 : 문관을 선발하는 시험이며 예조에서 담당하였다. 우선, 소과에서 생원과, 진사과에서 각각 초시 선발을 거쳐 복시에서 각각 100명 씩 선발하였고, 합격자는 하급관리에 임용되거나 성균관에 입학 내지는 대과에 응시할 수 있었다. 대과는 생진과 합격생과 성균관 유생들이 응시하여 초시, 복시를 통해 전시는 왕이 직접 등위를 정하였다.

    – 무과 : 무관선발시험을 병조에서 담당하고 28명을 선발하였다. 무과는 소과 · 대과의 구별이나 장원도 없었고, 합격자를 선달이라 불렀다.

    – 잡과 : 해당 관청에서 역과, 율과, 의과, 음양과의 기술관을 선발하였다. 양반의 서자 및 중인계급의 자제가 응시하였으며, 4과(역과 · 의과 · 율과 · 음양)만 있었으며, 그 외는 취재만 있었다.

    ㉡ **응시자격** : 양인 이상이면 응시할 수 있으나 실제로는 양반이 주로 응시하였다. 문과의 경우 탐관오리의 아들, 재가한 여자의 아들과 손자, 서얼에게는 응시를 제한하고 무과와 잡과에는 제한이 없었다. 법제적으로 양인에게 응시자격이 주어졌으나, 실제로는 생원, 진사시험을 거쳐 성균관에 입학한 유생이 응시할 수 있었다.

    ㉢ **시험의 실시 시기** : 정기시험인 식년시(3년 단위), 부정기시험인 별시(증광시, 알성시) 등이 수시로 행하였다.

② **취재** : 재주가 부족하거나 나이가 많아 과거 응시가 어려운 사람을 대상으로 하급 실무직에 선발하였다.

③ **천거** : 기존 관리를 대상으로 하였다(조광조의 현량과).

④ **이과** : 훈민정음으로 서리, 향리, 아전을 선발하였다.

⑤ **음서** : 2품 이상의 관리와 자제는 과거를 거치지 않고 관직에 등용되는 것으로, 고려보다 대상이 대폭 축소되고 고관으로 승진이 제한되었다.

⑥ 인사관리제도의 정비

    ㉠ **상피제** : 권력의 집중과 부정을 방지하였다.

    ㉡ **서경제** : 사헌부와 사간원에서 관리 임명시에 심사하여 동의하는 절차로서 5품 이하 관리 임명시에 적용하는 것이다.

    ㉢ **근무성적평가** : 하급관리의 근무성적평가는 승진 및 좌천의 자료가 되었다.

조선의 품계표
조선시대(朝鮮時代) 관직표(官職表)

품계		의정부	의금부	사헌부	한성부	승정원	사간원	홍문관	성균관	춘추관	군기시
정	1품	영의정 좌의정 우의정						(영사)		(영사)	
종		좌찬성 우찬성	(판사)								
정	2품	좌참찬 우참찬	(지사)		판윤			(대제학)	(지사)	(지사)	
종			(통치사)	대사헌	좌우윤			(제학)	(동지사)	(동지사)	
정	3품					승지	대사관	부제학 직제학	대사성	(수찬관)	정
종				집의			사간	전한	사성	(편수관)	부정
정	4품	사인		장령				응교	사예	(편수관)	
종			경력		서윤			부응교		(기주관)	첨정
정	5품	검상		지평			헌납	교리	직강	(기주관)	별좌
종			도사		판관			부교리		(기사관)	판관
정	6품			감찰			정인	사찬	전적	(기사관)	별제
종								부수찬		(기사관)	주부
정	7품				참군	주서		박사	박사	(기사관)	
종										(기사관)	직장
정	8품	사목						저작	학정	(기사관)	
종										(기사관)	봉사
정	9품							정자	학목		부봉사
종									학유		참봉

④ 사림의 대두와 붕당정치

(1) 훈구와 사림

① 훈구세력
  - ㉠ **출신배경** : 조선 초기 건국을 주도했던 혁명파 사대부가 훈구세력으로 이어지게 된다. 계유정난을 통해 세조의 집권을 도운 공신세력이다.
  - ㉡ **경제기반** : 막대한 토지를 가진 대지주 출신들이 많았다.
  - ㉢ **정치적 역할** : 조선 초기 문물제도의 정비에 기여하였다.

② 사림세력
  - ㉠ **출신배경** : 여말 온건파 사대부의 후예로서 길재와 김종직에 의해 영남과 기호지방에서 성장한 세력을 말한다.
  - ㉡ **경제기반** : 대부분이 향촌의 중소지주이다.

③ 훈구파와 사림파

훈구파	사림파
• 15세기 민족문화 창조	• 16세기 사상계 주도
• 중앙집권 추구	• 향촌자치 주장
• 부국강병, 민생안정 추구	• 의리와 도덕 숭상
• 과학기술 중시	• 과학기술 천시
• 패도정치 인정, 왕도정치 추구	• 왕도정치 이상
• 사장 중시	• 경학 중시
• 자주성이 강함	• 중국 중심의 세계관

(2) 사림의 정치적 성장

사림의 계보

① 사림의 정계변동
  - ㉠ 성종 때 김종직과 그 문인들이 중앙정계에 진출하여 이조전랑(인사권 담당)과 3사의 언관직을 담당하여 훈구세력의 부정부패를 비판하였다.
  - ㉡ 성종은 사림을 등용하고 훈구세력을 견제하였다.

② 사화의 발생
  - ㉠ **원인** : 사림과 훈구세력간의 정치적 · 학문적 대립으로 발생하였다.

ⓛ **무오사화**(1498) : 김일손(사림파)이 편찬하던 「성종실록」에 김종직(김일손의 스승)이 조의제문이 실린 것을 계기로 훈구파는 세조의 왕위 찬탈 비판 및 왕위 정통성을 부정하는 것으로 조의제문을 해석하여 공격을 하였으며 이에 김일손, 권오복 등의 사림파들이 제거되었다.

ⓒ **갑자사화**(1504) : 연산군의 생모 윤씨가 폐비가 되어 사약을 받아 죽은 사건을 연산군이 알게 되자 사약 공론에 참여한 훈구파 및 사림파를 제거하였다.

ⓔ **조광조의 개혁정치**(왕도정치의 추구)
 – 현량과 실시 : 국왕이 덕행 있는 사람을 추천에 의거 직접 등용하는 제도로, 사림을 등용하여 급진적인 개혁을 추진하였다.
 – 위훈삭제 시행 : 훈구파를 견제하기 위해 공신들의 위훈을 삭제하였다.
 – 소격서 폐지 : 도교 또는 불교와 관련된 종교행사를 폐지하였다.
 – 성리학적 사회질서 강화를 위해 소학교육을 강조하고, 향촌자치를 위해 향약을 전국적으로 보급하였다.
 – 결과 : 훈구세력의 반발을 샀으며 결국 기묘사화(주초위왕 사건)로 조광조와 사림세력이 실각되고 말았다.

ⓜ **을사사화**(명종, 1545) : 중종이 다시 사림을 등용하였으나 명종 때 외척 다툼으로 을사사화가 일어나고 사림은 축출되었다.

③ **결과** : 사림은 정치적으로 위축되었으나 중소지주를 기반으로 서원과 향약을 통해 향촌에서 세력을 회복하게 되었다.

(3) 붕당의 출현(사림의 정계주도)

① **동인과 서인** : 척신정치(권력을 독점한 권세가들이 마음대로 하는 정치)의 잔재를 청산하기 위한 방법을 둘러싸고 대립행태가 나타났다.

 ㈀ **동인**
 – 신진사림 출신으로서 정치개혁에 적극적이다.
 – 수기(修己)를 강조하고 지배자의 도덕적 자기절제를 강조하였다.
 – 이황, 조식, 서경덕의 학문을 계승하였다.

 ㈁ **서인**
 – 기성사림 출신으로서 정치개혁에 소극적이다.
 – 치인(治人)에 중점을 두고 제도개혁을 통한 부국안민에 힘을 썼다.
 – 이이, 성혼의 문인들을 중심으로 구성되었다.

② **붕당의 성격과 전개**
 ㈀ **성격** : 학문과 이념에 따라 성립되었으며, 정파적 성격과 학파적 성격을 지녔다.
 ㈁ **전개** : 초기에는 강력한 왕권으로 형성이 불가능하였으나, 중기에 이르러 왕권이 약화되고 사림정치가 전개되면서 붕당이 형성되었다.

(4) 붕당정치의 전개

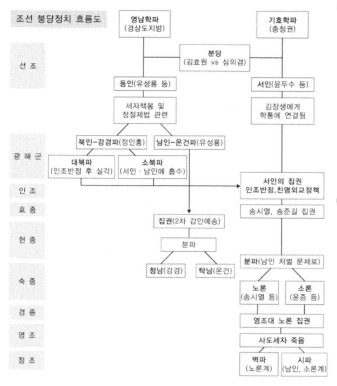

조선 붕당정치 흐름도

선조 / 광해군 / 인조 / 효종 / 현종 / 숙종 / 경종 / 영조 / 정조

영남학파 (경상도지방) → 기호학파 (충청권)

분당 (김효원 vs 심의겸)

동인(유성룡 등) / 서인(윤두수 등)

세자책봉 및 정철제법 관련 / 김장생에게 학통에 연결됨

북인-강경파(정인홍) / 남인-온건파(유성룡)

대북파 (인조반정 후 실각) / 소북파 (서인·남인에 흡수)

서인의 집권 인조반정,친명외교정책

송시열, 송준길 집권

집권(2차 갑인예송)

분파

청남(강경) / 탁남(온건)

분파(남인 처벌 문제로)

노론 (송시열 등) / 소론 (윤증 등)

영조대 노론 집권

사도세자 죽음

벽파 (노론계) / 시파 (남인, 소론계)

① 붕당의 분화
   ㉠ 동인의 분당은 정여립의 모반사건을 계기로 세자책봉문제(건저의 문제)를 둘러싸고 시작되었다.
   ㉡ 남인은 온건파로 초기에 정국을 주도하였다.
   ㉢ 북인은 급진파로 임진왜란이 끝난 뒤부터 광해군 때까지 정권을 장악하였다.

② 붕당정치의 전개
   ㉠ 서인과 남인의 공존관계 유지 : 서인이 집권하여 남인 일부와 연합하고, 상호비판 공존체제가 수립되었다.
   ㉡ 정치여론수렴 : 서원을 중심으로 여론을 수렴하여 중앙정치에 반영되었다.
   ㉢ 예송논쟁(현종) : 효종의 왕위계승 정통성에 대하여 서인과 남인의 정치적 대립이 격화되었다.

   - 기해예송 : 서인의 주장을 채택하여 서인정권이 지속되었다.
   - 갑인예송 : 남인의 주장을 채택하여 서인의 세력이 약화되고 남인정권이 운영되었다.
   ㉣ 공존의 붕괴 : 서인과 남인의 정치공존은 경신환국(서인이 남인을 역모 죄로 몰아 숙청하고 정권을 독점)으로 붕괴되었다.

(5) 붕당정치의 성격

① 원칙 : 여러 붕당이 협력 및 상호 견제를 통해 정치를 운영하는 것이다.

② 성격
   ㉠ 3사 언관과 이조 전랑의 정치적 비중이 강화되었다.
   ㉡ 재야에서 공론을 주도하는 지도자인 산림이 출현하고, 서원과 향교를 통한 수렴이 이루어졌다.
   ㉢ 합좌기구인 비변사를 통해 여론을 수렴하고 공론을 중시하였다.

③ 한계
   ㉠ 사림 자체가 분열되면서 치열한 정권다툼이 생겼다.
   ㉡ 백성들의 의견이 반영되지 않고, 국민의 복리보다는 당파의 이익을 우선시하였다.
   ㉢ 현실 문제를 경시하고, 의리와 명분에 치중하였다(학벌·문벌·지연과 연결).

⑤ 조선 초기의 대회관계

(1) 명과의 관계

① 외교정책의 원칙
  - ㉠ 사대외교 : 명과의 관계를 말하며 왕권의 안정과 국가의 안전보장을 목적으로 한다.
  - ㉡ 교린정책 : 중국 이외의 주변 민족에 대한 회유와 교류정책이다.

② 대명외교
  - ㉠ 조선 초기 : 태조는 정도전을 중심으로 요동정벌로 명과의 긴장관계가 유지되었으나, 태종은 요동정벌을 포기하고 친선관계를 유지하여 매년 사절을 교환하고 문화교류가 활발하게 진행되었다.
  - ㉡ 대명외교의 성격 : 겉으로는 사대정책을 유지했으나 실제로는 자주적 실리외교로써 선진문물을 수용하여 공무역의 형태로 무역하였다.

(2) 여진과의 관계

① 대여진정책(강온양면정책)
  - ㉠ 회유책 : 귀순을 장려하였고, 북평관을 세워 국경무역과 조공무역을 허락하였다.
  - ㉡ 강경책 : 본거지를 토벌하고 국경지방에 자치적 방어체제를 구축하여 진 · 보를 설치하였다.

② 북방개척

4군 6진 개척

  - ㉠ 4군 6진 : 세종 때 최윤덕, 김종서 등은 압록강에서 두만강에 이르는 4군 6진을 설치하였다.
  - ㉡ 사민정책 : 삼남지방과 주민을 강제로 이주시켜 북방개척과 국토의 균형 있는 발전을 꾀하였다.
  - ㉢ 토관제도 : 토착민을 하급관리로 등용하는 것이다.

(3) 일본 및 동남아시아와의 관계

① 대일관계
  - ㉠ 강경책 : 고려 말 ~ 조선 초에 왜구의 침략이 빈번하게 발생하자 수군을 강화하고 화약무기를 개발하는 등 왜구 격퇴에 노력하였다. 세종 때는 이종무를 시켜 쓰시마 섬을 토벌하기도 하였다. 강경대응에 왜구들은 평화적 무역관계를 요구하였고 조선은 일부 항구를 통한 제한된 무역을 허용하였다.
  - ㉡ 회유책 : 3포(부산포, 제포, 염포)를 통해 계해약조(1443)를 맺고 조공무역을 허용하였다.

② 동남아시아와의 교역 : 조공, 진상의 형식으로 물자교류를 하고, 특히 불경, 유교 경전, 범종, 부채 등을 류큐(오키나와)에 전해주어 류큐의 문화발전에 기여하였다.

⑥ 양 난의 극복과 대청관계

(1) 왜군의 침략

① 조선의 정세
- ㉠ 왜구약탈 : 3포왜란(임신약조) → 사량진왜변(정미약조) → 을묘왜변(교역중단)
- ㉡ 국방대책 : 3포왜란 이후 군사문제를 전담하는 비변사를 설치되었다.
- ㉢ 16세기 말 : 사회적 혼란이 가중되면서 국방력이 약화되어 방군수포현상이 나타났다(군적 수포제 실시).
- ㉣ 국론의 분열 : 붕당에 따라 일본 정세에 대한 인식의 차이가 노출되어 적극적인 대책이 강구되지 못하였다.

② 임진왜란(1592) : 왜군이 20만이 기습하고, 정발과 송상현이 분전한 부산진과 동래성의 함락과 신립의 패배로 국왕은 의주로 피난하였다. 왜군은 평양, 함경도까지 침입하였고, 명에 파병을 요청하였다.

(2) 수군과 의병의 승리

관군과 의병의 활동

① 수군의 승리
- ㉠ 이순신(전라좌수사)의 활약 : 판옥선과 거북선을 축조하고, 수군을 훈련시켰다.
- ㉡ 남해의 재해권 장악 : 옥포(거제도)에서 첫 승리를 거두고, 사천(삼천포, 거북선을 이용한 최초의 해전), 당포(충무), 당항포(고성), 한산도(학익진 전법) 등지에서 승리를 거두어 남해의 제해권을 장악하였고, 전라도 지방을 보존하였다.
- ㉢ 왜군의 수륙병진작전이 좌절되자 전세전환의 계기가 마련되었다.

② 의병의 항쟁
- ㉠ 의병의 봉기 : 농민이 주축이 되어 전직 관리, 사림, 승려가 주도한 자발적인 부대였다.
- ㉡ 전술 : 향토지리와 조건에 맞는 전술을 사용하였다. 매복, 기습작전으로 아군의 적은 희생으로 적에게 큰 타격을 주었다.
- ㉢ 의병장 : 곽재우(의령), 조헌(금산), 고경명(담양), 정문부(길주), 서산대사 휴정(평양, 개성 한성 등), 사명당 유정(전후 일본에서 포로 송환) 등이 활약하였다.
- ㉣ 전세 : 관군이 편입되어 대일항전이 조직화되고, 전력도 강화되었다.

(3) 전란의 극복과 영향

① 전란의 극복

　　㉠ 조·명연합군의 활약 : 평양성을 탈환하고 행주산성(권율) 등지에서 큰 승리를 거두었다.

　　㉡ 조선의 군사력 강화 : 훈련도감과 속오군을 조직하였고, 화포 개량과 조총을 제작하였다.

　　㉢ 휴전회담 : 왜군은 명에게 휴전을 제의하였으나, 왜군의 무리한 조건으로 3년 만에 결렬되었다.

　　㉣ 정유재란 : 왜군은 조선을 재침하였으나 이순신에게 명량·노량해전에서 패배하였다.

② 왜란의 영향

　　㉠ 국내적 영향

　　－ 인구와 농토가 격감되고, 농촌이 황폐화되어 민란이 발생하였다.

　　－ 국가재정 타개책으로 공명첩을 대량으로 발급하여 신분제가 동요되었고, 납속이 실시되었다.

　　－ 토지대장과 호적인 소실되어 조세, 요역의 징발이 곤란하였다.

　　－ 경복궁, 불국사, 서적, 실록 등의 문화재가 소실·약탈당하였다.

　　－ 일본을 통하여 조총, 담배, 고추, 호박 등이 전래되었다.

　　㉡ 국제적 영향

　　－ 일본은 문화재를 약탈하고, 성리학자와 도공을 납치하였다. 이는 일본문화가 발전하는 계기가 되었다.

　　－ 여진족은 급성장하였으나(후금 건국, 1616), 명은 쇠퇴하였다.

(4) 광해군의 중립외교

① 전후 복구

　　㉠ 호족 및 양안(토지대장)을 재작성하여 국가재정기반을 확보하고, 산업을 진흥하였다.

　　㉡ 군사력 강화를 위해 성곽과 무기를 수리하였다.

　　㉢ 소실된 사고를 5대 사고로 재정비하였고, 허준의 「동의보감」이 편찬되었다.

② 중립외교정책

　　㉠ 배경 : 임진왜란 이후 여진족이 후금을 건국 후 명에 전쟁을 선포하자 명은 조선에게 원군을 요청하였다.

　　㉡ 과정 : 조선은 명의 후금공격 요구를 거절할 수 없었고, 후금과 적대 관계를 맺을 수도 없었다. 이에 명을 지원하러 갔던 조선군 강홍립 장군은 광해군의 밀명으로 후금에 항복하여 마찰을 피하기도 하였다. 명의 원군 요청을 적절히 거절하면서 후금과 친선정책을 추구하였다.

　　㉢ 결과 : 대의명분을 강조한 서인과 남인의 반발을 야기하였고 이후 인조반정의 원인이 되기도 한다. 그러나 국내에 전쟁의 화가 미치지 않아 왜란 후 복구사업에 크게 기여하였다.

(5) 호란의 발발과 전개

정묘호란과 병자호란

① 정묘호란(1627)

    ㉠ **원인** : 명의 모문룡 군대의 가도 주둔과 이괄의 난 이후 이괄의 잔당이 후금에 건너가 조선 정벌을 요구한 것으로 발생하였다.

    ㉡ **과정** : 후금이 황해도 황주까지 공격하였으며, 이립·정봉수 등은 의병을 조직하여 용골산성과 의주지방에서 활약하였다.

    ㉢ **결과** : 강홍립의 중재로 정묘조약(형제관계, 명·후금 사이에 중립유지)이 이루어져 후금의군대는 철수하였다.

② 병자호란(1636)

    ㉠ **원인** : 후금이 중국을 장악한 후 국호를 청으로 고치고, 군신관계를 요구하자 조선은 거부하였다(척화주전론).

    ㉡ **과정** : 청의 요구에 국내에서 주전론과 주화론으로 나뉘어 논쟁이 벌어지고, 주전론을 따르게 되면서 청은 재침입하게 된다. 청 태종이 한양을 점령하였고, 인조는 남한산성에 피난하여 항전을 하였으나 삼전도에서 항복을 하게 된다.

    ㉢ **결과** : 청과 군신관계를 맺게 되고, 소현세자·봉림대군(효종)과 강경한 척화론자들이 인질로 잡혀가게 된다.

(6) 북벌운동의 전개

① **추진세력** : 서인세력(송시열, 송준길, 이완 등)은 군대를 양성하는 등의 계획을 세웠으나 실천하지 못하였다.

② **추진동기** : 서인의 정권유지를 위한 것이었다.

③ **효종의 북벌계획** : 이완을 훈련대장으로 임명하고, 군비를 확충하였지만 효종의 죽음으로 북벌계획은 중단되었다.

④ **나선정벌**
　　– 배경 : 러시아 세력의 시베리아 지방 남하가 청과 조선에 자극을 주자, 청은 강력하게 조선에 원병을 요청하였다(자주적 성격이 아니며, 북벌계획과 무관함).
　　– 제1차 나선정벌(1654) : 변급 외에 150명의 조총군이 러시아군을 격퇴하였다.
　　– 제2차 나선정벌(1658) : 신유 외에 200여명의 조총군이 러시아군을 격퇴하였다.

나선정벌

기출예상문제

1 다음은 조선의 어느 왕에 대한 기록이다. 이 왕의 재위기간에 있었던 일로 가장 적절하지 않은 것은?

2016년 제1차 경찰공무원(순경)

> 상왕(단종)이 어려서 무릇 조치하는 바는 모두 대신에게 맡겨 논의 시행하였다. 지금 내가 명을 받아 왕통을 계승하여 군국 서무를 아울러 모두 처리하며, 조종의 옛 제도를 모두 복구한다.

① 집현전을 혁파하고 경연제도를 폐지하였다.
② 통치 규범을 마련하려는 목적에서 조선경국전, 경제육전 등의 법전을 편찬하였다.
③ 강력한 왕권을 행사하기 위하여 통치 체제를 다시 6조 직계제로 고쳤다.
④ 간경도감을 설치하여 불교 경전을 한글로 번역하여 간행·보급하였고, 원각사지 10층 석탑을 건립하였다.

2 조선의 중앙 정치 조직에 대한 설명으로 적절하지 않은 것은?

2016년 제2차 경찰공무원(순경)

① 홍문관은 학술 연구, 정책 자문 등의 역할을 하였으며 장(長)은 정2품의 대제학이었다.
② 조선의 사헌부는 발해의 중정대, 고려의 어사대와 같은 역할을 하였다.
③ 의금부와 승정원은 왕권을 강화하는 데 기여하였다.
④ 교서관은 국왕의 교서를 작성하는 역할을 하였다.

---

answer 1.② 2.④

1 제시문과 관련된 왕은 세조이다.
② 태조 때의 일이다.

2 ④ 국왕의 교서를 작성하는 역할을 한 것은 예문관이다. 교서관은 경적의 인쇄와 제사 때 쓰이는 향과 축문 등을 관장하기 위하여 설치되었던 관서이다.

3 (가)~(라) 시기에 있었던 역사적 사실로 적절하지 않은 것은?

2016년 제2차 경찰공무원(순경)

① (가) – 명나라의 요청으로 강홍립을 도원수로 삼아 약 1만 3천 명의 원병을 파견하였다.
② (나) – 공로 평가에 불만을 품은 이괄이 난을 일으켰다.
③ (다) – 청과 국경을 확정하고 백두산에 정계비를 세웠다.
④ (라) – 안용복이 일본에 가서 울릉도와 우산도가 우리 영토임을 확인받았다.

4 조선 시대 관리 등용 제도에 대한 설명으로 옳은 것은 모두 몇 개인가?

2015년 3차 일반공채순경 · 101경비단

㉠ 소과에는 시·부 등의 문학을 시험하는 생원시와 경서를 시험하는 진사시가 있었다.
㉡ 기술관을 뽑는 잡과는 2년마다 치러지는데, 분야별로 정원이 있었다.
㉢ 소과 합격자는 성균관에 입학하거나 문과에 응시할 수 있었으며, 하급관리가 되기도 하였다.
㉣ 같은 관서 또는 서로 연관이 있는 관직에 친인척을 임명하지 않도록 하거나, 지방관을 연고가 있는 지역으로 보내지 못하도록 한 서경제도가 있었다.

① 1개　　　　　　　　　　　　② 2개
③ 3개　　　　　　　　　　　　④ 4개

answer　3.③　4.①

3

광해군 즉위　인조반정　정묘호란　경신환국　이인좌의 난
(1608)　　(1623)　　(1627)　　(1680)　　(1728)

③ 청과 국경을 확장하고 백두산에 정계비를 세운 것은 숙종 38년인 1712년이다.
① 광해군 11년(1619)
② 인조 2년(1624)
④ 숙종 22년(1696)

4　㉠ 소과에는 시·부 등의 문학을 시험하는 진사시와 경서를 시험하는 생원시가 있었다.
　　㉡ 기술관을 뽑는 잡과는 3년마다 치러졌으며 분야별로 정원이 있었다.
　　㉣ 상피제에 대한 설명이다. 서경제도는 관리의 임명이나 법령의 제정 등에 있어 공정성을 기하기 위해 대간의 서명을 거치는 제도를 말한다.

5 조선시대 통치체제에 대한 다음 내용 중 옳은 것은 모두 몇 개인가?

2012.10.20. 일반공채순경, 전의경 특채

> ⊙ 의금부는 왕명 혹은 세 의정(議政)의 결정으로 반역죄인을 심문할 수 있는 기관이었다.
> ⓒ 사헌부는 관원의 비행을 감찰하는 사법기관이고, 사간원은 정책을 비판하는 간쟁기관이었다.
> ⓒ 승문원은 국왕의 명령을 출납하는 비서기관이었다.
> ② 전국의 주민을 국가가 직접 지배하기 위하여 모든 군현에 수령을 파견하였다.
> ⑩ 향촌의 자치를 위하여 각 군현에 유향소를 설치하였다.

① 2개   ② 3개
③ 4개   ④ 5개

6 다음 보기에서 왕권의 강화를 위한 기관이나 정책이 아닌 것은?

2011.8.27. 정보통신순경

> ⊙ 상수리제도   ⓒ 화백회의
> ⓒ 노비안검법   ② 비변사
> ⑩ 6조 직계제   ⑪ 승정원

① ⊙ⓒ   ② ⊙②
③ ⓒ②   ④ ⑩⑪

---

answer 5.② 6.③

---

5 ⓒ②⑩은 옳은 내용이다.
　⊙ 의금부는 왕명에 의해 특별재판을 담당하는 기관이다. 지위하의 고하나 신분의 귀천을 불문하고 다스리게 되어 있어 그 치리(治理)의 대상과 범위에는 제한이 없었다.
　ⓒ 승문원은 국왕의 외교문서를 작성을 담당하였고, 승정원은 국왕의 비서기관이었다.

6 ⊙ 상수리제도 : 신라시대 중앙정부가 일종의 볼모를 이용해 지방세력을 통제하던 방식이다(왕권강화).
　ⓒ 화백회의 : 신라 씨족공동회의제에서 발전한 만장일치제 회의제도로서, 진골이상의 귀족과 중신들이 모여, 국왕 선거를 비롯한 국가의 중대사를 의논·결정하였다(왕권견제).
　ⓒ 노비안검법 : 고려 초기 광종 때 양인이었다가 노비가 된 사람을 조사하여 다시 양인이 될 수 있도록 조처한 법이다(왕권강화).
　② 비변사 : 조선 중·후기 의정부를 대신하여 국정 전반을 총괄한 실질적인 최고의 관청이다
　⑩ 6조 직계제 : 의정부의 세력을 약화시켜 왕권을 강화하려는 제도로 6조의 판서가 나라 일을 왕에게 직접 보고하도록 하였다(왕권강화).
　⑪ 승정원 : 조선시대 왕명의 출납을 관장하던 관청이다(왕권강화).

7 조선시대의 과거제도에 대한 설명으로 옳지 않은 것은?

2007.9.9. 정보통신순경

① 식년시는 원칙적으로 5년마다 정기적으로 실시하였다.
② 무과는 초시, 복시, 전시로 치러지며 장원을 뽑지 않았다.
③ 취재를 통해 하급 관리를 등용하기도 하였다.
④ 고려시대와 달리 음서보다 과거를 보다 중시하였다.

8 다음 보기의 (가), (나)에 들어갈 말로 가장 옳게 연결한 것은?

2012.8.25. 일반공채순경, 전 · 의경 특채, 101경비단

조선 전기에 실시되던 (가) 체제는 많은 외적의 침입에 효과가 없었다. 이에 16세기 후반에 이르러 (나)체제가 수립되었으나 임진왜란 중에 큰 효과를 거두지 못하자 (가)체제를 복구하였다.

㉠ 유사시에 필요한 방어처에 각 지역의 병력을 동원하여 중앙에서 파견되는 장수가 지휘하는 방어 체제
㉡ 좌군, 우군, 초군으로 구성되어 진에 주둔하여 국경 수비를 전담하는 체제
㉢ 위로는 양반부터 아래로는 노비에 이르기까지 편제되어, 평상시에는 생업에 종사하면서 향촌사회 를 지키다가 적이 침입해 오면 전투에 동원되는 체제
㉣ 지역단위의 방위체제로 각 도에 한 두 개의 병영을 두어 병사가 관할지역 군대를 장악하고, 병영 밑에 몇 개의 거진(巨鎭)을 설치하여 거진(巨鎭)의 수령이 그 지역 군대를 통제하는 체제

① (가) – ㉠, (나) – ㉡
② (가) – ㉠, (나) – ㉣
③ (가) – ㉢, (나) – ㉠
④ (가) – ㉣, (나) – ㉠

---

answer 7.① 8.④

7 고려시대에는 3년마다 실시하는 식년시가 원칙이었다. 조선시대에는 3년마다 실시하는 식년시와 증광시 · 알성시 등 수시로 진행되었다.

8 제시된 글은 조선시대의 지역방어체제 변화에 대한 설명으로 (가)는 조선 세조 때 확립된 진관체제, (나)는 조선 중기에 개편된 제승방략체제이다.
㉠ 제승방략체제에 대한 설명이다.
㉡ 고려시대의 변방인 양계에 배치된 주진군이다.
㉢ 조선시대에 조직된 예비군의 성격을 지닌 잡색군이다.
㉣ 진관체제에 대한 설명이다.

9 조선시대의 군사제도에 대하여 가장 옳지 않은 것은?

2010.9.11. 정보통신순경

① 현직 관료와 학생은 군역을 면제받았다.
② 노비는 정권의 비용을 부담하는 보인(봉족)으로 편성되었다.
③ 조선 초기에 중앙군의 주축인 5위는 문반 관료가 지휘 책임을 맡았다.
④ 종친 · 외척 · 공신 자제도 군역을 부담토록 하였다.

10 조선 초기 군사제도를 잘못 설명한 것은?

2008.7.26. 정보통신순경

① 왕족 · 공신 · 고급관료의 자제는 복무연한에 따라 품계와 녹봉을 받았다.
② 양인 장정은 정군이나 보인으로 군역을 져야 했다.
③ 잡색군은 정규군의 하나였다.
④ 진관체제는 지역단위 방위체제였다.

11 다음 중 조선시대 성리학의 변화에 대한 설명으로 가장 적절하지 않은 것은?

2012.2.25. 일반공채순경

① 정도전, 권근 등 관학파는 주례를 국가의 통치이념으로 중요하게 여겼다.
② 이황을 계승한 남인들은 인간과 사물의 본성에 관한 문제를 두고 호락논쟁을 벌였다.
③ 서경덕과 조식은 노장사상에 포용적이었다.
④ 소론 성리학자들은 양명학이나 노장사상 등을 수용하였다.

---

answer 9.② 10.③ 11.②

9 ② 노비는 천민이므로 군역의 의무가 없었으며, 특수군의 잡색군에 편제되기도 하였다.

10 잡색군은 예비군의 형태였다. 평상시에는 본업에 종사하면서 일정 기간 동안 훈련을 하고 유사시에는 향토방위를 담당하였으며 전직관료 · 서리 · 향리 · 교생 · 잡학인 · 신량역천인 · 노비로 구성되었다.

11 주리론 입장인 경상도 지방의 남인은 이황의 학설을 정통으로 잇고자 하였다. 18세기의 노론이 분파되어 주기론을 고집한 충청도 지방의 노론과 주리론을 포용하려는 서울 지방의 노론 사이에 논쟁이 벌어지기도 하였다.

12 조선시대 붕당의 형성과 대립에 대한 설명으로 가장 옳지 않은 것은?

2010.9.11. 정보통신순경

① 이황 학파와 조식 학파는 서인을 형성하였다.
② 북인은 임진왜란 이후 정권을 장악하였다.
③ 동인이 남인과 북인으로 나뉘어졌다.
④ 명분론을 강조하는 서인을 중심으로 인조반정이 일어났다.

13 중종은 중종반정으로 정권을 장악한 훈구세력을 견제할 목적으로 조광조 등 사림세력을 주요 관직에 임명하였다. 조광조의 개혁정치에 관한 다음 설명 중 옳은 것은 모두 몇 개인가?

2012.8.25. 일반공채순경, 전 · 의경 특채, 101경비단

⊙ 현량과 실시
ⓒ 경연 등 언론활동 약화
ⓒ 향약의 보급
ⓔ 소격서(도교기관) 폐지
⑩ 공납제도 폐단시정 노력

① 2개   ② 3개
③ 4개   ④ 5개

---

answer 12.① 13.③

12 이황 학파와 조식 학파는 영남학파(동인)을 형성하였다.

13 조광조가 실시한 개혁정치는 다음과 같다.
① 훈구파의 농장을 몰수하는 등 위훈삭제를 주도하였고, 경연을 강화하여 언론 활동을 활성화하였다.
② 왕도정치의 실현을 목적으로 현량과를 실시하여 사림을 등용하였으며, 불교, 도교와 관련된 종교행사와 소격서를 폐지하고 유교식 의례를 장려하였다.
③ 언문청을 설치하여 한글을 보급하고, 공납에서 방납제의 폐단을 시정하였다.
④ 소학 교육을 통한 유교적 가치관의 생활화와 향촌자치를 위한 향약의 전국적 시행을 추진하였다.

14 다음 반정(反正)을 도모한 정치세력의 대외인식을 반영한 것으로 가장 적절한 것은?

2013.3.9. 일반공채순경·101경비단

> 적신 이이첨과 정인홍(鄭仁弘) 등이 또 그의 악행을 종용하여 임해군(臨海君)과 영창대군을 해도(海島)에 안치하여 죽이고…… 대비를 서궁(西宮)에 유폐하고 대비의 존호를 삭제하는 등 그 화를 헤아릴 수 없었다. 선왕조의 구신들로서 이의를 두는 자는 모두 추방하여 당시 어진 선비가 죄에 걸리지 않으면 초야로 숨어버림으로써 사림들이 모두 불안해하였다. 또 토목 공사를 크게 일으켜 해마다 쉴 새가 없었고, 간신배가 조정에 가득 차고…… 임금이 윤리와 기강이 이미 무너져 종묘사직이 망해가는 것을 보고 개연히 난을 제거하고 반정(反正)할 뜻을 두었다.
>
> 〈조선왕조실록〉

① 명나라 신종에게 재조지은(再造之恩)을 갚기 위해 만동묘를 설치하였다.
② 광해군 집권당시에는 중립외교를 적극적으로 주장하였다.
③ 명의 원군요청에 적절히 대처하고 후금과 친선을 도모하였다.
④ 대의명분보다 실리를 중요시하는 외교정책을 제시하였다.

15 조선시대 다음 사건들을 시대 순으로 옳게 나열한 것은?

2010.9.11. 정보통신순경

㉠ 임진왜란	㉡ 정유재란
㉢ 병인양요	㉣ 정묘호란
㉤ 병자호란	

① ㉠ - ㉡ - ㉤ - ㉣ - ㉢
② ㉠ - ㉡ - ㉣ - ㉤ - ㉢
③ ㉡ - ㉠ - ㉢ - ㉣ - ㉤
④ ㉡ - ㉠ - ㉢ - ㉤ - ㉣

---

answer 14.① 15.②

---

14 ① 서인들의 주도로 병자호란 이후 청에 대한 적개심은 존명사상으로 표출되었는데, 명나라에 대한 의리의 상징물인 대통묘와 만동묘, 대보단 등이 설립하기도 하였다.
　②③④ 광해군의 개혁을 주도한 북인의 주장과 활동들이다.

15 ㉠ 임진왜란(1592년)　㉡ 정유재란(1597년)　㉢ 병인양요(1866년)　㉣ 정묘호란(1627년)　㉤ 병자호란(1636년)

16 다음 중 17세기 광해군 때의 국제정세에 대하여 옳게 나타낸 것은?

2008.7.26. 정보통신순경

① 당시 집권세력은 서인정권이었다.
② 청의 원병 요청으로 나선정벌에 나섰다.
③ 조선은 명과 후금 사이에서 중립외교를 하였다.
④ 청의 발달된 문화를 받아들이자는 북학운동이 일어났다.

17 다음은 17세기에 발생한 사건들이다. 시대순으로 옳게 나열한 것은?

2012.10.20. 일반공채순경, 전의경 특채

㉠ 병자호란	㉡ 인조반정
㉢ 정묘호란	㉣ 이괄의 난
㉤ 나선 정벌	

① ㉡-㉢-㉠-㉣-㉤
② ㉡-㉣-㉢-㉠-㉤
③ ㉡-㉠-㉢-㉤-㉣
④ ㉡-㉢-㉣-㉠-㉤

---

answer 16.③ 17.②

16 ① 광해군 집권기기에는 정인홍 등의 북인이 정권을 장악하였다.
② 효종 때 청의 요청으로 두 차례에 걸쳐 조총부대를 출동시켜 러시아 세력을 격퇴하였다.
③ 광해군은 대내적으로 전쟁의 뒷수습을 위한 정책을 실시하면서, 대외적으로는 명과 후금 사이에서 신중한 중립
외교정책을 대처하였다.
④ 효종 사후 북벌론이 쇠퇴하고, 청의 문물을 수용하고자 하는 북학운동이 일어났다.

17 ㉠ **병자호란**(1637) : 군신관계를 요구하며 청의 태종은 10만 명의 군대를 동원하여 다시 쳐들어왔다.
㉡ **인조반정**(1623) : 광해군의 중립외교와 폐모살제사건을 계기로 서인이 주도한 반정으로 인조가 즉위하였다.
㉢ **정묘호란**(1627) : 후금은 서인정권의 친명배금 정책과 이괄의 난 등을 구실로 황해도 황주까지 침입하였다.
㉣ **이괄의 난**(1624) : 이괄은 인조반정 이후 논공행상에 불만을 품고 평안도 북부에서 난을 일으켰으나 평정되었다.
㉤ **나선정벌**(1654 · 1658) : 효종 때 청의 요청으로 두 차례에 걸쳐 조총부대를 투입하여 러시아 세력을 격퇴하였다.

18 다음은 17세기에 발생한 두 차례의 호란에 관련된 사안이다. 당시 국내외 상황에 관한 설명으로 가장 적절하지 않은 것은?

2011.8.27. 정보통신순경

① 윤집 등 성리학자들은 주화론을, 최명길 등의 양명학자들은 척화주전론을 주장하였다.
② 이괄의 일파는 후금의 조선 침입을 종용하였다.
③ 정묘호란의 결과로 후금은 조선과 형제의 맹약을 맺고, 조공과 국경에서의 관무역을 조건으로 철군하였다.
④ 효종 재임시 '복수설치(復讐雪恥)'라는 정치적 의식이 대두되었다.

19 다음 자료에서 언급하는 조선중기의 정치세력에 대한 설명으로 옳은 것을 모두 고르면?

• 현량과를 실시하여 인물 중심으로 관리를 등용하였다.
• 불교나 도교와 관련된 종교행사를 폐지하고 공납의 폐단을 시정하고자 하였다.
• 소학교육을 장려하고 향약을 전국적으로 시행하여 성리학적인 윤리와 향촌자치를 강화하고자 하였다.

㉠ 조선 초기 문물제도의 정비에 기여하였다.
㉡ 3사에서 언론과 문한직을 담당하였다.
㉢ 도덕과 의리를 바탕으로 한 왕도정치를 추구하였다.
㉣ 관학파의 학풍을 계승하고 중앙집권체제를 강조하였다.

---

① ㉠㉡　　　　　　　　　　　　　　② ㉠㉣
③ ㉡㉢　　　　　　　　　　　　　　④ ㉢㉣

---

answer 18.①　19.③

18 청나라가 군신관계를 요구해 오자 조선 조정에서는 항전불사를 강조한 주전론자(김상헌, 오달재, 홍익한, 윤집 등), 현실과 국가이익을 강조한 주화론자(최명길, 김유, 홍서봉 등)의 양론으로 갈라졌다.

19 제시문은 조선 중종 때의 조광조가 시행한 정책이다. 그는 왕도주의 유교 정치 실현을 위해 유교 이외의 사상을 철저히 배격하고 당시 집권층이던 훈구세력을 견제하기 위해 사림의 중앙 진출을 유도하였다. 그 일환으로 시행된 것이 현량과와 지방에서의 서원 및 향약의 보급이다. 하지만 급진적 정책으로 인하여 훈구 세력뿐만 아니라 왕에게도 의심을 사게 되어 기묘사화(己卯士禍)를 일으키는 장본인이 되기도 하였다.
㉠㉣ 조선 전기의 지배세력인 훈구파에 관련된 설명이다.

20 다음 중 조선 전기의 정책에 대한 설명으로 옳은 것은?

① 중앙군은 5위 체제 지방군은 진관체제로 정비되었다.
② 향리는 유향소에 소속되어 수령을 보좌하였다.
③ 행정의 편리성을 위해 수령은 주로 자신의 출신지에 임명되었다.
④ 우수한 관리양성을 위해 향교에는 양반자제만이 입학이 허용되었다.

21 다음 자료를 통해서 조선의 중앙권력구조를 바르게 추론한 것을 모두 고르면?

> 6조는 각기 모든 직무를 먼저 의정부에 품의하고 의정부는 가부를 헤아린 뒤에 왕에게 아뢰어 (왕의) 전지를 받아 6조에 내려 보내어 시행한다. 다만 이조 · 병조의 제수, 병조의 군사업무, 형조의 사형수를 제외한 판결 등은 종래와 같이 각 조에서 직접 아뢰어 시행하고 곧바로 정부에 보고한다. 만약 타당하지 않으면 의정부가 맡아 심의 논박하고 다시 아뢰어 시행토록 한다.

> ㉠ 인사와 군사에 관한 일을 왕이 직접 처리하고자 하였다.
> ㉡ 의정부 기능의 강화로 6조 중심의 행정체제가 유명무실해졌다.
> ㉢ 세종은 왕권을 강화하기위해 6조 직계제를 부활하였다.
> ㉣ 의정부에서 정책을 심의하는 의정부서사제를 실시하였다.

① ㉠㉡
② ㉡㉢
③ ㉡㉣
④ ㉢㉣

---

20 ② 유향소는 고려 말기 지방의 토호세력을 그 구성원으로 임명하여 수령을 보좌하고 향리를 감찰하게 하기 위하여 설치되었다.
③ 조선시대에는 상피제(相避制)를 도입하여 관리를 자신의 출신지역으로 임명되는 것을 제한하였다.
④ 향교는 지방양민들의 교육을 위해 설립한 지방 관립학교이다.

21 제시문은 의정부서사제에 관련된 설명이다. 6조의 업무 보고에 있어 이조관리 인사담당, 병조군사담당, 형조 형법 집행은 왕이 직접 업무 보고를 받고 이를 제외한 나머지 호조 예조 공조의 업무 보고는 의정부를 거쳐 왕에게 전달되었다. 결과적으로 이전의 6조 직계제의 정부를 도태시켜 왕권을 강화시키기 위한 정책이었다면 의정부서사제는 6조의 업무보고를 왕과의 정부가 분담하여 왕권과 신권의 조화를 추구한 제도이다.

22 다음은 지방행정조직에 관한 내용이다. 이와 같은 목적으로 시행된 정책을 고르면?

> • 향·부곡·소도 일반 군현으로 승격시켰다.
> • 작은 군현을 통합하여 전국에 약 330여 개의 군현을 두었다.
> • 전국을 8도로 나누고 고을의 크기에 따라 지방관의 등급을 조정하였다.

> ㉠ 향약과 각종 계가 유행하였다.
> ㉡ 유향소와 서원에 관한 향규가 있었다.
> ㉢ 역창제, 조운제, 봉수제가 운영되고 있었다.
> ㉣ 신찬팔도지리지, 동국여지승람이 편찬되었다.

① ㉠㉡   ② ㉠㉢
③ ㉡㉢   ④ ㉡㉣
⑤ ㉢㉣

23 다음 중 조선시대의 과거제도에 대한 설명으로 옳지 않은 것은?

① 부정기 시험으로 나라에 경사가 있을 때 보는 알성시와 국왕이 문묘에 참배한 후 성균관에서 보는 증광시가 있었다.
② 재가한 여자의 자녀나 서얼은 문과 응시에 제한을 받았다.
③ 특별채용제도인 음서제는 고려 시대에 비하여 자격 기준이 축소되었으며 또한 문과에 합격하지 않으면 고관으로 승진하기가 힘들었다.
④ 정기시험인 식년시는 3년 마다 시행하는 것을 원칙으로 하였다.

---

answer   22.⑤   23.①

22 제시문은 조선 전기에 정비된 지방행정조직으로 지방에 대한 중앙에서의 통제권 강화를 위해 실시된 정책이다. 즉 중앙집권강화(왕권 강화)를 목적으로 시행된 정책이다.
㉠㉡ 모두 사림과 관련된 내용으로 사림들의 향촌지배를 강화하기 위해 실시된 정책이다.

23 증광시는 처음에 임금의 즉위를 축하(태종 1년)하는데서 유래되었지만 이후에는 국가의 경사가 있을 경우에도 실시한 시험이며 알성시는 임금이 공자에 대한 제례 즉 문묘제례를 지내면서 성균관에서 보는 특별시험이다.

24 조선시대 지방제도에 대한 설명으로 옳지 않은 것은?

① 상피제를 도입하여 지방 인사관리의 공정성을 기하였다.
② 8도로 나누고 부·목·군·현에 수령을 파견하였다.
③ 농민의 토지 이탈을 막기 위해 호패법을 실시하였다.
④ 지방의 덕망 있는 인사로 유향소를 설치하여 중앙 행정에 참여시켰다.

25 다음과 같은 제도가 공통적으로 추구한 것은?

• 역원제　　　　　　　　　　　　　　　　• 조운제　　　　　　　• 봉수제

① 향촌자치제 강화　　　　　　　　　　② 국방력 강화
③ 왕권과 신권의 조화　　　　　　　　　④ 중앙집권체제 강화

26 다음은 조선시대의 정치제도이다. 이들이 공통적으로 추구한 것은?

• 경연(經筵) : 국왕과 대신이 정기적으로 모여 학술과 정책을 토론한다. • 구언(求言) : 천재지변 등 나라에 어려운 일이 생길 때 백관과 민중의 의견을 묻는다. • 권당(捲堂) : 성균관 유생들이 시위하기 위하여 일제히 나가버린다. • 윤대(輪對) : 문무 관원이 임금의 질문에 윤번으로 응대한다.

① 언론과 학술정치 주도　　　　　　　② 중앙집권과 향촌자치의 조화
③ 전제 왕권의 강화와 유지　　　　　　④ 고급 행정관원의 정책결정 참여

---

answer 24.④　25.④　26.①

---

24 유향소는 지방의 한량관을 중심으로 구성되어 좌수와 별감을 선출하여 지방 향리를 감시하고 풍속 교정 및 자치
규약을 제정하였다. 지방자치실현을 위해 존재했던 기구이고 이를 중앙에서 감시하기 위해 경재소를 설치하였다.

25 제시된 제도들은 중앙집권체제의 강화와 관련이 있다.
　⊙ 물자수송과 통신을 위해 설치되어 국방과 중앙집권적 행정 운영이 가능하였다.
　⊙ 각도에서 걷은 세금을 수운을 이용하여 수도의 경창까지 수송하는 것을 의미한다.
　⊙ 급한 일이 발생하면 불과 연기를 이용하여 소식을 전하였다.

26 조선시대에는 언론과 학술정치가 발달하였다. 이를 뒷받침한 제도로는 상소, 구언, 신문고, 순문, 경연, 홍문관의
설치 등이 있다.

27 다음 중 태조 이성계가 한양으로 천도한 이유로 옳지 않은 것은?

① 한양이 백제의 옛 도읍지로써 전통과 역사가 오래되었기 때문이다.
② 고려부터 풍수상으로 명당지였고, 한반도의 중앙에 위치하기 때문이다.
③ 한강 유역을 끼고 있어서 교통상 편리했기 때문이다.
④ 한양 주변이 산으로 둘러싸여 있어서 천혜의 요새이기 때문이다.

28 다음 중 조선의 통치체제에 대한 설명으로 옳지 않은 것은?

① 향·소·부곡의 집단이 증가하였다.
② 삼사로 사헌부·사간원·홍문관의 기구를 설치하였다.
③ 군역으로 양인개병제를 실시하였고 노비는 특수군으로 편제되었다.
④ 과거시험은 정기적으로 실시하는 식년시와 수시로 실시하는 별시가 있었다.

29 다음 설명 중 옳지 않은 것은?

> (개) 막대한 토지를 소유한 대지주 층으로 조선 초기에 관학과의 학풍을 계승하여 문물제도 정비에 크게 기여하였다.
> (내) 15세기 중반 이후 중소 지주적인 배경을 가지고 영남일대에 큰 세력을 형성한 후 기호지방까지 확대하였다.

① (개)는 중앙집권과 부국강병에 기여하였다.
② (개)는 성리학이외의 학문에 포용적이었다.
③ (내)는 향촌질서의 안정을 목표로 내세우며 도덕과 의리를 바탕으로 하는 왕도정치를 강조하였다.
④ (개)와 (내)의 대립으로 예송논쟁이 일어났다.

---

answer 27.① 28.① 29.④

27 삼국시대 때의 지방색을 극소화하기 위해서 한양으로 천도하였다.

28 고려시대의 특수 집단인 향·소·부곡을 일반 군현으로 승격시켜서 백성에 대한 국가의 공적 지배력을 강화하였다.

29 예송논쟁은 서인과 남인들의 학문적 차이와 정치노선의 차이나 대립현상을 일정하게 반영되어 예론의 차이로 나타난 것으로 서인은 경국대전과 국조오례의를 따를 것을 주장하였고 남인은 고례인 의례의 왕조례를 따를 것을 주장하였다.

30 조선시대의 법률제도에 대한 설명으로 옳지 않은 것은?

① 장례원은 노비의 장부와 그 소송을 관장하였다.

② 조선시대 특별한 경우 명나라의 형법 체제인 당률을 계승한 대명률을 사용하였다.

③ 강상죄와 반역죄가 가장 큰 죄로 취급되었다.

④ 조선시대에는 중국의 법률을 그대로 적용하여 사용하였다.

⑤ 태 · 장 · 도 · 유 · 사의 5형을 기본적인 형벌로 하였다.

31 조선의 통치구조와 정치활동에 대한 설명이 바르게 짝지어진 것은?

① 태조 – 왕자의 난을 통하여 개국공신세력을 축출하고 왕위에 올랐다.

② 태종 – 의정부서사제로 정치체제를 바꿔 왕권을 강화하였다.

③ 성종 – 홍문관을 두었으며 경연제도를 통하여 정책을 토론 · 심의하였다.

④ 세종 – 경국대전의 편찬을 완성 · 반포하였으며 조선의 통치방향을 제시하였다.

answer 30.④ 31.③

30 조선시대에는 경국대전의 형법을 사용하였으며 적용이 되지 않을 경우 명나라의 대명률을 일반법으로 사용하였다.

31 ① 왕자의 난을 통하여 개국 공신을 축출하고 왕위에 오른자는 정종이다.
② 의정부서사제로 정치체제를 바꿔 왕권을 의정부로 넘겨준 자는 세종이다.
④ 경국대전의 편찬을 완성 · 반포하고 조선의 통치방향을 제시한 자는 성종이다.

32 조선 전기(15~16세기)의 향촌사회 조직과 운영에 대한 설명으로 옳지 않은 것은?

① 사창제는 사족 중심의 향촌질서를 유지하기 위해 실시한 자치적 구휼제도였다.
② 사족은 그들의 총회인 향회를 통해서 자신들의 결속을 다지고 지방민을 통제하였다.
③ 선현의 제사와 교육을 주된 목적으로 하는 서원은 향촌사림을 결집시키는 기능도 하였다.
④ 총액제에 의한 지방재정의 운영으로 향촌에서 사림의 지위는 강화되었다.

33 조선 전기 향촌사회에 대한 설명으로 옳지 않은 것은?

① 유향소는 향촌자치기구로 향촌사회의 풍속을 교정하였다.
② 두레는 공동 노동의 작업 공동체였다.
③ 족보는 사림 세력의 신분적 우월성을 고취시키는 역할을 하였다.
④ 주로 양반들이 거주하는 반촌과 평민과 천민으로 구성된 민촌이 생겼다.
⑤ 향회에 평민들을 참여시켜 조세의 합리적인 배분을 논의하였다.

---

answer 32.④ 33.⑤

---

32 총액제는 조선 후기의 고을 단위의 공동납세제도로 부세수취의 안정을 도모하고 향촌에 대한 국가지배력을 강화하면서 삼정에 대한 군·현단위의 조세납부책임을 강화함으로써 기존의 사회체제를 그대로 유지 강화하기 위하여 시행된 조치이다. 총액제 수취의 주도권에 대한 향청의 직임자리를 둘러싸고 구향과 신향들의 싸움인 향전이 본격화되어 향촌사회 내부의 사회세력간의 갈등이 심화되었으며 부세수취의 전제조건인 군적과 호적, 양안의 작성이 원활히 이루어지지 않아 운영의 한계와 문제점 등이 발생하여 총액제의 부담은 결국 토지로 전가되는 경향을 나타내게 되었다.

33 종래 양반의 이익을 대변해 왔던 향회가 수령의 조세 징수 자문기구로 전락한 것은 양반의 향촌 지배약화로 향촌 지배력의 변화가 생긴 조선 후기의 일이다.

근세의 경제

① 경제정책

(1) 농본주의 경제정책

① 경제정책의 방향 : 조선은 고려 말의 파탄된 국가재정을 확충시키고, 왕도정치사상에 입각한 민생안 정을 도모하기 위해 농본주의 경제정책을 세웠다.

② 중농정책 : 신진사대부는 농경지의 확대 및 농업생산력 증대로 농민생활을 안정시키려 하였다.
  ㉠ 토지개간을 장려하고 양전사업을 실시하였으며, 새로운 농업기술과 농기구를 개발하여 보급하였다.
  ㉡ 농민생활의 안정을 위해 농민의 조세부담을 경감시켰다.

③ 상공업정책 : 상공업자는 허가를 받고 영업해야 했다.
  ㉠ 국가통제 : 물화의 종류와 수량을 국가가 규제하였다.
  ㉡ 유교적 경제관 : 검약한 생활을 강조하고, 소비생활을 억제하였다.
  ㉢ 사·농·공·상간의 차별로 상공업자들은 대우받지 못하였고, 자급자족적 경제로 상공업활동을 부진 하였다.

④ 국가의 통제력 약화 : 16세기 이후 상공업의 발전으로, 국내 상공업과 자유로운 무역활동이 전개되었다.

(2) 과전법의 시행과 변화

① 과전법의 시행
  ㉠ 배경 : 국가의 재정기반과 신진사대부세력의 경제기반을 확보하기 위해 시행되었다.
  ㉡ 과전 : 경기지방에 한정되었고, 과전을 받은 사람이 죽거나 반역을 한 경우에는 국가에 반환하였고, 과전을 받은 사람이 죽거나 반역을 한 경우에는 국가에 반환하였고, 토지의 일부는 수신전(관리가 죽 은 후 재혼하지 않은 미망인에게 지급), 휼양전(사망한 관리의 어린 자식에게 지급), 공신전 형태로 세습이 가능하였다.

② 과전법의 3대 원칙
  ㉠ 전직과 재야세력에 대한 회유책
  – 품계 있고 직역이 없는 관리인 전직과 산관에게 지급하였다.
  – 한량에게는 군전을 지급하였다.
  – 세종 이후 군인은 조선시대의 급전대상에서 제외된다.

ⓛ 농민에게 유리한 조항
 - 민심 획득을 위한 방법이다. 혁명 때 농민병사로 참여한 결과이다.
 - 조세는 공·사전 모두 1/10이었고, 국가가 경작권을 보장하였으며 사전만 1/15이었다.
ⓒ 사대부에게 유리한 조항
 - 관리가 농민에게 직접 조를 거둬 직접수조권을 행사하였다.
 - 관리가 죽으면 과전을 반납하는 것이 원칙이었으나, 수신전·휼양전의 명목으로 세습되었다.
 - 불법적 농장 매매·겸병 등으로 후에 농장을 설립하였다.

③ 과전법의 변화 : 토지가 세습되자 신진관리에게 나누어 줄 토지가 부족하게 되었다.
 ⓗ 직전법(세조) : 현직 관리에게만 수조권을 지급하였고, 수신전과 휼양전을 폐지하였다.
 ⓛ 관수관급제(성종) : 현직관리에게만 수조권을 준 결과 실제 조세보다 더 많이 걷는 폐단이 생겼다. 이런 폐단을 시정하기 위하여 관청에서 수조권을 행사하고, 관리에게 지급하여 국가의 지배권이 강화되었다.
 ⓒ 직전법의 폐지(16세기 중엽) : 수조권 지급제도가 없어지고, 녹봉제가 실시되었다.

④ 지주제의 확산
 ⓗ 배경 : 직전법이 소멸되면서 고위층 양반들이나 지방 토호들은 토지소유를 늘리기 시작하였다.
 ⓛ 지주전호제 : 토지가 늘어나면서 대토지를 갖는 지주와 그 땅을 경작하는 전호가 생겨나게 되었다.
 ⓒ 병작반수제 : 지주전호제가 일반화되면서 농민은 생산량의 1/2을 지주에게 바쳤다.

(3) 수취체제의 확립

① 조세 : 토지 소유자가 부담하게 되어 이는데 지주들은 소작농에게 대신 납부하도록 강요하는 경우가 많았다.
 ⓗ 과전법 : 수확량의 10분의 1을 징수하고, 매년 풍흉에 따라 납부액을 조정하였다.
 ⓛ 전분 6등법·연분 9등법(세종) : 1결당 최고 20두에서 최하 4두를 징수하였다.

전분 6등법	- 토지의 비옥한 정도에 따라 6등급(상상, 상하, 중상, 중하, 하상, 하하)으로 나누고 그에 따라 1결의 면적을 달리하였다. - 모든 토지는 20년마다 측량하여 대장을 만들어 호조, 각도, 각 고을에 보관하였다.
연분 9등법	- 한 해의 풍흉에 따라 9등급(상상, 상중, 상하, 중상, 중중, 중하, 하상, 하중, 하하)으로 구분하였다. - 작황의 풍흉에 따라 1결당 최고 20두에서 최하 4두까지 차등을 두었다.

ⓒ 조운제도
 - 운송방법 : 군현에서 거둔 조세는 조창(수운창·해운창)을 거쳐 경창(용산·서강)으로 운송하였다. 전라도·충청도·황해도는 바닷길로, 강원도는 한강, 경상도는 낙동강과 남한강을 통해 경창으로 운송하였다.
 - 잉류지 : 제주도는 지리적 특성 때문에 조세를 자체 사용하였고, 국경과 접한 평안도와 함경도는 군사비와 사신 접대비로 자체 사용할 수 있도록 하였다.

② 공납
  ㉠ 징수 : 중앙관청에서 각 지역의 토산물을 조사하여 군현에 물품과 액수를 할당하여 징수한다.
  ㉡ 종류 : 지방토산물, 수공업제품, 광물, 수산물, 모피, 약재 등으로 다양하다.
  ㉢ 문제점 : 납부기준에 맞는 품질과 수량을 맞추기 어려우면 다른 곳에서 구입하여 납부해야 하므로 부담이 컸다.
③ 역 : 16세 이상의 정남에게 의무가 있다.
  ㉠ 군역 : 정군은 일정 기간 군사복무를 위하여 교대로 근무했으며, 보인은 정군이 복무하는 데에 드는 비용을 보조하였다. 양반, 서리, 향리는 군역이 면제되었다.
  ㉡ 요역 : 가호를 기준으로 정남의 수를 고려하여 뽑았으며, 각종 공사에 동원되었다. 토지 8결당 1인이 동원되었고, 1년에 6일 이내로 동원할 수 있는 날을 제한하였으나 임의로 징발하는 경우도 많았다.
④ 국가재정
  ㉠ 세입 : 조세, 공물, 역 이외에 염전, 광산, 산림, 어장, 상인, 수공업자의 세금으로 마련하였다.
  ㉡ 세출 : 군량미나 구휼미로 비축하고 왕실경비, 공공행사비, 관리의 녹봉, 군량미, 빈민구제비, 의료비 등으로 지출하였다.

② 양반과 평민의 경제활동

(1) 양반 지주의 생활

① 경제기반 : 과전, 녹봉, 자기 소유의 토지와 노비 등이다.
② 경작 : 농장은 노비의 경작과 주변 농민들의 병작반수의 소작으로 행해졌다.
③ 경영 : 양반이 직접하기도 하였지만 대개 친족이 거주하며 관리하였고, 때로는 노비만 파견하여 농장을 관리하기도 하였다.
④ 노비 : 재산의 한 형태로 구매, 소유 노비의 출산 및 혼인으로 확보되었으며, 외거노비는 주인의 땅을 경작 및 관리하고 신공을 징수하였다.

(2) 농민생활의 변화

① 농업생활
  ㉠ 농업보호책 : 조선 정부는 세력가의 농민에 대한 토지약탈을 규제하고, 농업을 권장하였다.
  ㉡ 농업 향상 : 정부는 개간을 장려하고, 수리시설을 확충하였다. 「농사직설」, 「금양잡록」 등의 농서를 간행 · 보급하였다.

② 농업기술의 발달

　　㉠ 밭농사 : 조 · 보리 · 콩의 2년 3작이 널리 행해졌다.

　　㉡ 논농사 : 남부지방에 모내기 보급과 벼와 보리의 이모작으로 생산량이 증가되었다.

　　㉢ 시비법 : 밑거름과 덧거름을 주어 휴경제도가 거의 사라졌다.

　　㉣ 농기구 : 쟁기, 낫, 호미 등의 농기구도 개량되었다.

　　㉤ 상품재배 : 목화 재배가 확대되어 의생활이 개선되었고, 약초와 과수 재배가 확대되었다.

　　㉥ 수리시설이 확충되었다.

③ 농민의 생활안정대책

　　㉠ 농민의 생활 : 지주제와 확대와 자연재해, 고리대, 세금부담 등으로 소작농이 증가하였으며, 수확의 반 이상을 지주에게 납부해야 했다.

　　㉡ 정부의 대책

　　－ 잡곡, 도토리, 나무껍질 등을 가공하여 먹을 수 있는 구황 방법을 제시하였다.

　　－ 호패법과 오가작통법으로 농민통제를 강화하였다.

　　－ 지방 양반들도 향약을 시행하여 농촌사회를 안정시키려 하였다.

(3) 수공업 생산 활동

① 관영수공업

　　㉠ 체제 : 전문직 기술자를 공장안에 등록하고, 관청에서 필요로 하는 물품을 만들어 공급하게 하였다.

　　㉡ 운영 : 관청에 속한 장인인 관장은 부역으로 동원되어 의류, 활자, 화약, 무기, 문방구, 그릇 등을 제작하여 공급하였다. 관장은 국역기간이 끝나면 자유로이 필수품을 제작하여 판매할 수 있었다. 초과 생산품은 세금을 내고 판매하였다.

　　㉢ 공장(工匠)의 구분 : 중앙의 각급 관청에 소속된 경공장과 지방관아에 소속된 외공장으로 나뉘어 있었는데, 경공장은 2,800여 명, 외공장은 3,500여 명이었다.

　　㉣ 관장(官匠) : 관장은 대개 양인이나 공노비였다. 이들은 자신의 책임량을 초과한 생산품에 대해서는 공장세를 납부하고서 판매할 수 있었고, 관청에 동원되는 기간 이외에는 자신의 물품을 제조할 수 있었다.

② 민영수공업 : 농기구 등 물품을 제작하거나, 양반의 사치품을 생산하는 일을 맡았다.

③ 가내수공업 : 자급자족의 형태로 생활필수품을 생산하였다.

(4) 상업활동

① 시전상인 : 정부에서 종로거리에서 상점가를 설치하였고, 시전으로부터 점포세와 상세를 징수하였다.

　　㉠ 왕실이나 관청에 공급하는 특정 상품의 독점판매권(금난전권)을 획득하였으며, 육의전(시전 중 명주, 종이, 어물, 모시, 삼베, 무명을 파는 점포)이 번성하였다.

ⓒ 경시서를 설치하여 불법적인 상행위를 통제하였고, 도량형을 검사하고 물가를 조절하였다.

ⓒ 난전 : 시전 상인의 경제로 발달하지 못하였다.

② 장시 : 서울 근교와 지방에서 농업생산력 발달에 힘입어 정기 시장으로 정착되었다.

ⓐ 보부상 : 5일마다 열리는 장시를 통하여 농산물, 수공업제품, 수산물, 약재 등을 비롯한 생활 필수품의 판매와 유통을 주도한 행상이다.

③ 화폐 : 저화(태종, 조선 최초의 지폐)와 조선통보(세종)를 발행하였으나 유통이 부진하였다. 농민에게는 쌀과 무명이 화폐역할을 하였다.

④ 대외무역 : 주변 국가와의 무역을 통제하였다.

ⓐ 대명 무역 : 공무역과 사무역을 허용하였다.

ⓒ 여진 무역 : 국경지역에 무역소를 통해 교역하였다.

ⓒ 일본 무역 : 동래에 설치한 왜관을 통해 무역하였다.

(5) 수취제도의 문란

① 공납의 폐단 발생

ⓐ 방납 : 중앙관청의 서리들이 공물을 대신 납부하고 수수료를 징수하는 방납이라는 폐단이 생겨났다. 방납이 증가할수록 농민의 부담은 증가되었고, 농민이 도망가면 이웃이나 친척에게 부과하였다. 이에 유망 농민이 급증하였다.

ⓒ 개선안 : 현물 대신 쌀로 걷는 수령이 등장하기도 하였다. 이이 · 유성룡은 공물을 쌀로 걷는 수미법을 주장하였다.

② 군역의 변질

ⓐ 군역의 요역화 : 농민생활이 어려워지고, 요역 동원으로 농사에 지장을 초래하게 되자 농민들이 요역동원을 기피하게 되었다. 이에 농민 대신 군인을 각종 토목 공사에 동원시키고 군역을 기피하게 하였다.

ⓒ 대립제 : 15세기 말 이후 보법의 실시로 군인의 이중부담이 문제가 되어, 보인들에게서 받은 조역가로 사람을 사서 군역을 대신시키는 현상이다.

ⓒ 군적수포제(대역수포제)

　- 대립제의 악화로 대립제를 양성화시켜 장정에게 군포를 받아 그 수입으로 군대를 양성하는 직업군인제이다.

　- 군대의 질이 떨어졌고, 모병제화가 되었으며 농민의 부담이 가중되는 결과를 낳았다.

ⓒ 폐단 : 군포 부담의 과중과 군역기피현상으로 도망하는 자가 늘어나면서 군적도 부실해지고, 각 군현에서는 정해진 액수를 맞추기 위해서 남아 있는 사람에게 그 부족한 군포를 부담시키자 남아있는 농민의 생활이 더욱 어려워졌다.

③ 환곡 : 농민생활의 안정을 위해 농민에게 곡물을 빌려 주고 1/10 정도의 이자를 거두는 제도로서 지방 수령과 향리들이 정한 이자보다 많이 징수하는 폐단이 낳았다.

④ 농촌의 파탄 : 유민과 도적이 증가하였으며 임꺽정과 같은 의적이 등장하기도 하였다.

기출예상문제

1 다음 사건들을 시간 순으로 옳게 나열한 것은?

2010.9.11. 정보통신순경

> ㉠ 직전제 실시   ㉡ 과전법 시행
> ㉢ 녹과전제 실시   ㉣ 전시과 제도 시행

① ㉠ - ㉡ - ㉢ - ㉣
② ㉣ - ㉡ - ㉢ - ㉠
③ ㉢ - ㉣ - ㉠ - ㉡
④ ㉣ - ㉢ - ㉡ - ㉠

2 다음에서 설명하는 밑줄 친 '이것'은?

2009.7.25. 정보통신순경

> 조선시대 16세 이상의 정남에게는 <u>이것</u>의 의무도 있었다. <u>이것</u>은 가호를 기준으로 정남의 수를 고려
> 하여 뽑아서 성, 왕릉, 저수지 등의 공사에 동원하였다. 성종 때에는 경작하는 토지 8결을 기준으로
> 한 사람씩 동원하고, 1년 중에 동원할 수 있는 날도 6일 이내로 제한하도록 규정을 바꾸었으나, 임
> 의로 징발하는 경우도 많았다.

① 공납
② 요역
③ 환곡
④ 군역

---

answer   1.④   2.②

---

1   ㉠ 직전법은 세조 때 시행되었고, ㉡ 과전법은 고려 말 공양왕 때 마련되었고, ㉢ 녹과전제는 고려 원종 때 시행되
었고, ㉣ 전시과는 고려 경종 때 시행되었다.

2   제시된 자료는 요역에 대한 설명이다. 요역은 성종 이후 토지의 8결마다 1인을 차출하며, 1년 중 6일 이내로 규정
되었으나 실제 임의대로 징발하였다.

3 다음 설명 중 옳지 않은 것은?

> 조선을 건국하면서 조세, 공납, 역의 수취제도를 재정립하여 국가의 재정기반을 확충하고 ㉠ 양반 지배층의 경제기반을 마련하였다. 농업에서는 유교적 민본주의를 바탕으로 ㉡ 농서의 편찬과 보급, 수리시설의 확충 등 안정된 농업조건을 만들기 위한 ㉢권농 정책이 추진되었다. ㉣ 상공업은 통제책을 마련하여 안정적으로 국가에서 필요로 하는 물품을 조달할 수 있도록 하였다. 이를 기반으로 점차 ㉤ 농업생산력이 증대되고 상공업 활동이 활발해지면서 지방에서 장시가 출현하였다.

① ㉠ - 과전법을 실시하였다.
② ㉡ - 「농가집성」, 「임원경제지」등이 편찬되었다.
③ ㉢ - 토지개간을 장려하고 농업기술을 개발하였다.
④ ㉣ - 시전을 설치하였으며 관영 수공업이 주를 이루었다.
⑤ ㉤ - 2년 3작이 일반화되고, 남부 일부지방에서 이모작이 실시되었다.

4 다음 ( ) 안에 들어갈 조선의 토지제도에 관한 설명으로 옳은 것은?

> 과전법 → 직전법 → 관수관급제 → (   )

① 전주에 의한 전객의 임의적 수취를 방지하기 위해 마련되었다.
② 관직의 등급에 따라 차등적으로 토지의 수조권을 지급하였다.
③ 현직 관료만을 대상으로 지급된 토지제도이다.
④ 병작반수에 입각하여 토지의 사적 경향이 확대되었다.

---

answer 3.② 4.④

3 「농가집성」은 17세기 중엽에 신속이 저술한 것으로 벼농사 중심의 농법을 소개하고 있으며 「임원경제지」는 19세기에 서유구가 편찬한 농촌 생활에 관한 백과사전으로 모두 조선 후기의 농서이다.

4 지주전호제는 토지의 사적 경향이 확대되고 있음을 알려주는 증거로서 병작반수에 입각한 토지제도였다. 조선시대에는 관리에게 토지의 수조권을 지급한 것은 관수관급제를 끝으로 녹봉만을 지급하였으며 이후의 토지제도는 지주전호제가 중심이 되었다.
① 관수관급제 ② 과전법 ③ 직전법

5 조선 전기 수공업에 대한 설명 중 옳지 않은 것은?

① 관장들은 매년 일정 기간 동안 책임량을 제조하여 납품하였다.

② 관장들은 공장안에 등록되어 중앙 및 지방의 관청에 소속되었다.

③ 관장은 주로 의류, 활자, 문방구, 무기 그릇 등을 생산하였다.

④ 관장은 관청에서 근무하는 대가로 국가로부터 녹봉을 지급받았다.

6 다음은 조선 시대의 조세 제도에 관한 자료이다. ⊙~ⓒ에 대한 설명으로 가장 적절한 것은?

2015년 3차 일반공채순경 · 101경비단

> ⊙ 처음 삼남 지방은 정해진 결수로 조세 대장에 기록하되 … 나머지 5도는 모두 하지하(下之下)로 정하여 징수하였다. 이후 경기 · 삼남 · 해서 · 관동 모두 1결에 4두를 징수하였다.
>
> ⓛ 소출이 10분이면 상상년(上上年)으로 정해 1결당 20두, … 2분이면 하하년(下下年)으로 4두씩 거두며 1분이면 면세하였다.
>
> ⓒ 농부의 둘째 손가락으로 열 번을 재어 상전척(上田尺)으로 삼고, … 1결에서 조(租)는 모두 30두씩 거두는 것을 정수로 하였다.

① ⊙ 제도 하에서는 토지의 비옥도와 풍흉의 정도에 따라 전분6등법, 연분9등법으로 나누고, 조세 액수를 1결당 최고 20두에서 최하 4두를 내도록 하였다.

② ⊙ 제도 하에서는 전세의 비율이 이전보다 다소 낮아졌으나, 대다수의 농민에게는 크게 도움이 되지 못했고, 오히려 부담이 더 늘어났다.

③ ⓛ 제도에서 조세는 수확량의 10분의 1을 내는데, 1결의 최대 생산량을 300두로 정하고, 매년 풍흉을 조사하여 그 수확량에 따라 납부액을 조정하였다.

④ ⓒ의 시행으로 감소된 재정은 지주에게 결작이라고 하여 토지 1결당 미곡 2두를 부담시켜 충당하였다.

---

answer 5.④ 6.②

5 관장제는 국역의 의무로 운영되었으며 근무기간 동안 식비 정도가 지급되었다.

6 ⊙ 영정법, ⓛ 연분9등법, ⓒ 과전법
① 영정법은 풍흉에 관계없이 토지 1결당 4두로 고정하여 전세를 정액화하였다.
③ 고려 말~조선 초까지 시행되었던 답험손실법에 대한 설명이다.
④ 균역법에 대한 설명이다.

CHAPTER 03 근세의 사회

① 양반관료 중심의 사회

(1) 양천제도와 반상제도

① 양인과 천민으로 구분되는 법제적 신분제도이다.
- ㉠ 양인 : 과거에 응시하고 벼슬길에 오를 수 있는 자유민으로서 조세와 국역의 의무를 지녔다.
- ㉡ 천민 : 자유민으로 개인이나 국가에 소속되어 천역을 담당하였다.

② 반상제도의 정착 : 양반과 중인이 신분층으로 정착되고, 양반과 상민간의 차별을 두었다.

③ 신분간의 이동
- ㉠ 양인이면 누구나 과거를 통해 관직에 진출할 수 있었고, 양반도 죄를 지으면 노비·중인이 되기도 하였다.
- ㉡ 조선은 고려에 비해 개방된 사회였지만 여전히 신분사회의 틀을 벗어나지는 못했다.

(2) 신분 구조

① 양반
- ㉠ 문반과 무반을 아우르는 명칭으로, 문·무반의 관료와 그 가족 및 가문을 말한다.
- ㉡ 양반 사대부의 신분화
  - 문무양반만으로 사족으로 인정하였다.
  - 중인층 배제 : 현직 향리층, 중앙관청의 서리, 기술관, 군교, 역리 등은 하급 지배 신분인 중인으로 격하시켰다.
  - 서얼 배제 : 양반의 첩에서 난 소생은 관직 진출에 제한을 받았다.
- ㉢ 양반의 지위
  - 정치적으로 관료층으로서 국가정책을 결정하며 과거, 음서, 천거 등을 통해 고위관직을 독점하였다.
  - 경제적으로 지주층으로서 토지와 노비를 많이 소유하였다.
  - 현직 또는 예비 관료로 활동하였으며, 유학자로서의 소양과 자질을 함양시키는 데 힘썼다.
  - 각종 국역이 면제되었으며, 법률과 제도로써 신분적 특권이 보장되었다.

② 중인
- ㉠ 의미 : 좁은 의미로는 기술관, 넓은 의미로는 양반과 상민의 중간계층을 의미한다. 조선 후기에 하나의 독립된 신분층을 형성하였다.

ⓒ 구성
- 중인 : 중앙과 지방관청의 서리와 향리 및 기술관을 직역을 세습하고, 같은 신분 안에서 혼인하였으며 관청 주변에 거주하였다.
- 서얼(중서) : 중인과 같은 신분적 처우를 받았고, 이들은 문과에 응시하는 것이 금지되었으며 무반직에 등용되었다.
ⓒ 역할 : 전문기술이나 행정실무를 담당하였다.
- 역관은 사신을 수행하며 무역에 관여하였다.
- 향리는 토착세력으로서 수령을 보좌하는 일을 하였다.

③ 상인
ⓐ 의미 : 평민, 양인으로도 불리는 상민은 백성의 대부분을 차지하는 농민, 수공업자, 상인을 말한다.
ⓑ 성격 : 과거응시자격은 있으나 과거 준비에는 많은 시간과 비용이 들었으므로 상민이 과거에 응시하는 것은 사실상 어려웠다. 군공을 세워야 신분 상승이 가능했다.
ⓒ 구분
- 농민 : 과중한 조세 · 공납 · 부역의 의무를 가졌다.
- 수공업자(공장) : 관영이나 민영수공업에 종사하였으며, 공장세를 납부하였다.
- 상인 : 시전상인과 보부상들로 국가의 통제 아래에서 상거래에 종사하였고, 상인세를 납부하였다.
- 신량역천 : 양인 중에서 천역을 담당하는 계층을 말한다.

④ 천민
ⓐ 노비의 처지
- 천민의 대부분을 차지하였고, 비자유민으로 교육을 받거나 벼슬에 나아가는 것이 금지되었다.
- 노비는 재산으로 취급되어 매매 · 상속 · 증여의 대상이 되었다.
- 부모 중 한 쪽이 노비면 그 자녀도 노비가 되었다.
ⓑ 노비의 구분
- 공노비 : 국가에 신공을 바치거나 관청에 노동력을 제공하였다.
- 사노비 : 주인과 함께 사는 솔거노비와 독립된 가옥에서 거주하며 주인에게 신공을 바치는 외거노비가 있다.
ⓒ 기타 : 백정, 무당, 창기, 광대 등도 천민으로 천대받았다.

② 사회정책과 사회시설

(1) 사회정책

① 목적 : 성리학적 명분론에 입각한 사회신분질서의 유지와 농민의 생활을 안정시켜 농본정책을 실시하는 데 그 목적이 있다.

② 배경 : 가혹한 수취체제와 관리 및 양반의 수탈로 농민이 몰락하면서 국가의 안정과 재정의 근간에 위험이 닥치게 되었다.

(2) 사회제도

① **사회시책 시행배경** : 농민의 몰락은 국가의 안정과 재정 근간을 위협하는 요소였으므로 농민의 생활을 안정시키기 위해 노력하였다.

② **사회시책**
  ㉠ 지주의 토지겸병을 억제하고, 농번기에 잡역의 동원을 금지시켰으며, 재해시에는 조세를 감경해 주기도 하였다.
  ㉡ 환곡제를 실시하여 춘궁기에 양식과 종자를 빌려 준 뒤에 추수기에 회수하였다.
  ㉢ 의창, 상평창 등을 실시하였다.

③ **사창제** : 양반 지주들이 향촌의 농민생활을 안정시켜 향촌질서를 유지한 것으로 향촌사회에서 자치적으로 실시되던 빈민구제책이다.

④ **의료시설** : 혜민국(약재 판매), 동·서대비원(수도권 안에 거주하는 서민환자 구제), 제생원(지방민의 구호 및 진료, 동·서활인서(유랑자의 수용·구휼) 등이 있었다.

(3) 법률제도

① **형법** : 대명률에 의거하여 당률의 5형 형벌에 글자로 문신을 새기는 자자와 능지처사와 같은 극형을 추가하였다.
  ㉠ **중죄** : 반역죄와 강상죄를 말하며, 연좌제가 적용되었다. 심한 경우에는 범죄가 발생한 고을은 호칭이 강등되고, 수령은 파면되기도 하였다.
  ㉡ **형벌** : 태·장·도·유·사의 5종이 기본으로 시행되었다.

② **민법** : 지방관이 관습법에 따라 처리하였다.

③ **상속** : 종법에 따라 처리하였으며, 제사와 노비의 상속을 중요시하였다. 물건 및 토지소유권의 관념이 고려시대에 비하여 발달하였다.

④ **사법기관**
  ㉠ **중앙**
    − 사헌부·의금부·형조 : 관리의 잘못이나 중대사건을 재판하였다.
    − 한성부 : 수도의 치안을 담당하였다.
    − 장례원 : 노비에 관련된 문제를 처리하였다.
  ㉡ **지방** : 관찰사와 수령이 사법권을 행사하였다.

⑤ **재심 청구** : 상부 관청에 소송을 제기하거나, 신문고·징으로 임금에게 직접 호소할 수도 있었으나, 일반적으로 시행되지는 않았다.

③ 향촌사회의 조직의 운영

(1) 향촌사회의 모습

① 향촌의 의미 : 중앙과 대칭되는 개념이다.
  ㉠ 향 : 행정구역상 군현의 단위로서, 중앙에서 지방관을 파견하였다.
  ㉡ 촌 : 촌락이나 마을을 의미하며 면·리가 설치되었으나, 지방관은 파견되지 않았다.

② 유향소와 경재소
  ㉠ 유향소 : 지방자치를 위한 것으로 수령을 보좌하고 향리를 감찰하며, 향촌사회의 풍속을 교정하기 위한 기구이다. 지방에서 양반세력의 거점의 역할을 하며 지방행정에 많은 영향을 끼쳤다.
  ㉡ 경재소 : 중앙정부가 현직 관료로 하여금 연고지의 유향소를 통제하게 하는 제도로서, 중앙과 지방의 연락업무를 맡거나 수령을 경제하는 역할을 하였다.
  ㉢ 유향소의 변화 : 경재소가 혁파되면서(1603) 유향소는 향소 또는 향청으로 명칭이 변경되고, 향소의 구성원은 향안을 작성하고 향규를 제정하였다.

③ 향약
  ㉠ 목적 : 중종 때 조광조에 의해 실시된 이후 전국적으로 확산되었고, 지방 사족 중심의 향촌사회 운영 질서 확립을 위해 설치되었다.
  ㉡ 성격 : 권선징악과 상부상조를 목적으로 한 향촌교화의 규약이다.
  ㉢ 향약의 4대 덕목
   – 덕업상권 : 좋은 일을 서로 권한다.
   – 과실상규 : 잘못한 일은 서로 규제한다.
   – 예속상교 : 올바른 예속으로 서로 교류한다.
   – 환난상휼 : 재난과 어려움을 서로 돕는다.

(2) 촌락의 구성과 운영

① 촌락 : 농민생활 및 향촌구성의 기본 단위로서 동과 리(里)로 편제되었다.
  ㉠ 면리제 : 자연촌 단위의 몇 개 리(里)를 면으로 묶었다.
  ㉡ 오가작통제 : 다섯 집을 하나의 통으로 묶고 통수가 관장하였다.

② 촌락의 신분 분화
  ㉠ 반촌 : 주로 양반들이 거주하였으며, 친족·처족·외족의 동족으로 구성되어 다양한 성씨가 거주하다가 18세기 이후에 동성 촌락으로 발전하였다.
  ㉡ 민촌 : 평민과 천민으로 구성되었고, 지주의 소작농으로 생활하였다. 18세기 이후 구성원의 다수가 신분상승을 이루었다.

③ 촌락공동체

    ㉠ **사족** : 동계 · 동약을 조직하여 촌락민을 신분적, 사회 · 경제적으로 지배하였다.

    ㉡ **일반 백성** : 두레 · 향도 등 농민조직을 형성하였다.

    – 두레 : 공동노동의 작업공동체였다.

    – 향도 : 불교와 민간신앙 등의 신앙적 기반과 동계조직과 같은 공동체조직의 성격을 모두 띠는 것이었다. 주로 상을 당하였을 때나 어려운 일이 생겼을 때 서로 돕는 활동 및 불상 · 석탑 건립과 같은 불사(佛事)에 주도적으로 참여하기도 하였으며, 상장례를 주관하여 결속을 강화하였다.

④ 촌락의 풍습

    ㉠ **석전(돌팔매놀이)** : 상무정신을 함양하는 것으로, 사상자가 속출하여 국법으로는 금지하였으나 민간에서 계속 전승되었다.

    ㉡ **향도계 · 동린계** : 양반들이 음사라 하여 금지하였다. 이 행사는 남녀노소를 불문하고 며칠 동안 술과 노래를 즐기는 일종의 마을 축제였는데, 점차 장례를 도와주는 기능으로 전환되었다.

④ 성리학적 사회 질서의 강화

(1) 예학의 족보의 보급

① **예학** : 성리학적 도덕윤리를 강조하고, 신분질서의 안정을 추구하였다.

    ㉠ **배경** : 성리학의 발달과 함께 왕실 위주의 국가질서론과 주자가례에 대한 학문적 연구로 인하여 예학이 발달하였다.

    ㉡ **내용** : 도덕윤리를 기준으로 하는 형식논리와 명분 중심의 가치를 강조하였다.

    ㉢ **기능** : 삼강오륜을 기본 덕목으로 강조하고, 가부장적 종법질서로 구현하여 성리학 중심의 사회질서 유지에 기여하였다.

    ㉣ **역할** : 사림은 예학을 통해 향촌사회에 대한 지배력을 강화하고, 정쟁의 구실로 이용하였다. 또한 양반 사대부의 신분적 우월성을 강조하였으며, 가족과 친족공동체의 유대를 통해서 문벌을 형성하였다.

    ㉤ **영향** : 상장제례의 의식과 유교주의적 가족제도 확립에 기여하였으나 지나친 형식주의와 사림간의 정쟁의 구실을 제공하는 등의 폐단을 낳았다.

② **보학** : 가족의 내력을 기록하고, 암기하는 것을 말한다.

    ㉠ **기능** : 종족의 종적인 내력과 횡적인 종족관계를 확인시켜 준다.

    ㉡ **역할** : 족보를 통해 종족 내부의 결속을 다짐하고 다른 종족이나 하급신분에 대한 우월의식을 고취시킬 수 있었다. 족보는 결혼 상대를 구하거나 붕당을 구별하는 데 있어 중요한 자료가 되며 양반문벌제도의 강화에 기여하였다.

(2) 서원과 향약

① 서원

　㉠ 기원
　　− 단순한 교육뿐만 아니라 사묘를 겸한 서원은 중종 때 주세붕이 세운 백운동 서원이 기원이다.
　　− 이황의 건의로 소수서원으로 사액이 되어 국가의 지원을 받았다.
　㉡ 목적 : 성리학을 연구하고 선현의 제사를 지내며, 교육을 하는 데 그 목적이 있다.
　㉢ 기능
　　− 유교를 보급하고 향촌 사림을 집결시켰다.
　　− 지방 유학자들의 위상을 높이고, 선현을 봉사하는 사묘의 기능이 있었다.
　㉣ 영향
　　− 서원의 확산은 성리학의 발전과 교육과 학문의 지방 확대를 가져왔다.
　　− 향교가 침체되었으며, 붕당의 근거지로 변질되어 학벌 · 지연 · 당파간의 분열이 일어났다.
　㉤ 서원 철폐 : 영조 때 300여개, 흥선대원군 때 47개를 제외한 600여개를 철폐하였다.

② 향약

　㉠ 배경 : 훈구파에 대항하여 향촌의 새로운 운동으로 중종 때 향약운동이 전개되었다.
　㉡ 보급
　　− 중종 때 조광조가 송의 여씨 향약을 도입하려 하였으나 기묘사화로 좌절되었다.
　　− 사림이 중앙정권을 잡은 16세기 후반부터 전국적으로 보급되었다.
　㉢ 내용 : 전통적 공동조직과 미풍양속을 계승하고, 삼강오륜을 중심으로 한 유교 윤리를 가미하여 향촌 교화 및 질서 유지에 더욱 알맞게 구성하였다.
　㉣ 특징
　　− 각자 한 지방을 중심으로 그 실정에 맞는 규약이 있었다.
　　− 조선적 향약은 상하간의 신분적 지배의 강화와 지주제의 유지를 목적으로 하였다.
　　− 선조 때 이황(예안향약), 이이(해주향약)의 노력으로 전국적으로 보급되었다.
　　− 신분에 관계없이 향민 전원을 대상으로 강제적으로 편성하였다.
　㉤ 역할
　　− 조선 사회의 풍속을 교화시키고, 향촌 사회의 질서 유지와 치안 등을 담당하여 향촌의 자치적 기능을 가능하게 하였다.
　　− 상부상조의 정신과 향촌의 예의를 함양하고 농민에 대한 유교적 교화 및 주자가례의 대중화를 이끌어 냈다.
　　− 지방 사림들의 농민지배가 강화되고 사림의 지위가 강해졌다.
　㉥ 문제점 : 향약은 토호와 향반 등 지방 유력자들의 주민 수탈로 위협의 수단이 되었고, 향약 간부들의 갈등을 가져와 풍속과 질서를 해치기도 하였다.

기출예상문제

1 다음 중 조선시대 향촌 사회의 모습에 대한 설명으로 옳은 것은 모두 몇 개인가?

2016년 제1차 경찰공무원(순경)

㉠ 유향소는 수령을 보좌하고 향리를 감찰하며 향촌 사회의 풍속을 바로잡기 위한 기구였다.

㉡ 경재소는 중앙 정부가 현직 관료로 하여금 연고지의 유향소를 통제하게 하는 제도로서, 중앙과 지방의 연락 업무를 맡았다.

㉢ 향촌 사회에서 지주로 농민을 지배하던 계층은 사족(士族)이었다.

㉣ 향약은 중종 때 조광조가 처음 시행한 이후 전국적으로 확산되었다.

---

① 1개   ② 2개
③ 3개   ④ 4개

---

answer 1.④

1 모두 옳은 설명이다.

2 다음 자료의 (가)에 대한 설명으로 옳은 것은?

2009.7.25. 정보통신순경

「미수기언」에 이르기를 "삼척에 매향안(埋香岸)이 있는데, '충선왕 2년(1310)에 향나무 2백 50그루를 묻었다.'고 하였다. …(중략)… 여기에서 (가) 라는 이름이 시작되었는데, 후에 이들이 상여를 메었다."고 하였다. …(중략)… 이들이 모일 때 승려와 속인이 마구 섞여 무리를 이루었다고 하니 (가) 의 시초는 불교로부터 이루어진 것이다.

－「성호사설」－

㉠ 이들은 수선사 결사 운동을 전개하였다.
㉡ 향촌의 풍속 교화를 위해 향안을 작성하였다.
㉢ 불상·석탑 건립과 같은 불사(佛事)에 주도적으로 참여하였다.
㉣ 향음주례를 주관하여 결속을 강화하였다.
㉤ 이 조직에서 상여를 메는 사람인 상두꾼이 유래하였다.

① ㉠㉢   ② ㉡㉣
③ ㉢㉣   ④ ㉢㉤

<u>**answer**</u> 2.④

2 제시된 자료의 (가)는 향도로 이들은 단순히 매향만을 하는 것이 아니라 대규모로 인력이 동원되는 불상, 석탑을 만들거나 절을 지을 때에 주도적인 역할을 담당하였고, 후기에 이르러 점차 신앙적인 향도에서 자신들의 이익을 위하여 조직되는 향도로 변모되어 마을 노역, 혼례와 상·장례, 민속 신앙과 관련된 마을 제사 등 공동체 생활을 주도하는 농민조직으로 발전하였다.
㉠ 고려 후기 지눌이 주도한 선종 계통의 승려이다.
㉡ 조선시대 사림의 활동이다.
㉣ 조선시대 사림의 활동이다.

3 다음 보기와 관련된 조선시대 조직으로 가장 적절한 것은?

2012.2.25. 일반공채순경

> 경남 사천에서 발견된 사천 매향비는 향나무를 묻고 세운 것으로, 내세의 행운과 국태민안(國泰民安)을 기원하는 내용을 담고 있다.

① 두레
② 향약
③ 향도
④ 동계

4 다음 중 조선시대의 사회제도에 대한 설명으로 옳지 않은 것은?

2006.2.7. 해양경찰

① 모든 군현에 수령이 파견되어 속현제도가 소멸되었다.
② 불교, 도교, 풍수지리사상은 국가발전에 저해가 되었다.
③ 향리가 가졌던 조세·공물 징수권이 수령에게 넘어갔다.
④ 양인은 법제상 모든 과거시험에 응시할 자격이 부여되었다.

---

answer 3.③ 4.②

3 ① 두레 : 삼한 이래로 형성된 전통적인 공동 노동조직이다.
② 향약 : 조선시대 양반 중심의 자치규약으로, 조선 중종 때 처음 시행되어 전국적으로 확산되었다.
③ 향도 : 불교 신앙의 하나로 위기가 닥쳤을 때를 대비하고, 미륵을 만나 구원받고자 하는 염원에서 향나무를 바닷가에 묻었다가, 이를 통하여 미륵을 만나 구원받고자 하는 염원에서 향나무를 땅에 묻었는데 이러한 활동을 매향이라고 한다. 매향활동을 하는 무리를 향도라 하였고, 시간이 흐를수록 신앙적인 향도에서 자신들의 이익을 위하여 조직되는 향도로 변모되어 마을 노역, 혼례나 상장례 등 공동체 생활을 주도하는 농민조직으로 발전되었다.
④ 동계는 조선시대 지방 사족들만이 참여하는 것으로 시작되어 임진왜란 이후 양반과 평민층이 함께 참여하는 상하 합계의 형태로 전환하였다.

4 조선시대에 불교는 국가의 지도이념으로서의 지위는 잃었지만, 신앙의 대상으로 민간 사회에서는 여전히 신봉되었다. 이는 국가와 개인의 안녕과 평화를 기원하는 종교 기능을 가지고 있었고, 민간신앙의 하나로 굳어져 있었기 때문이다.

5 다음 중 조선시대에 관한 설명으로 옳은 것은?

> ㉠ 일반 농민에게는 과거에 응시할 수 있는 자격이 주어지지 않았다.
> ㉡ 조선의 기본 신분제는 갑오개혁때까지 양천제였다.
> ㉢ 노비가 평민이 되는 신분상승의 경우가 있었다.
> ㉣ 서얼과 중인은 같은 신분적 대우를 받았다.

① ㉠㉡ ② ㉠㉢
③ ㉡㉢ ④ ㉢㉣

6 조선시대 노비에 대한 설명으로 가장 옳지 않은 것은?

① 모든 노비는 소유주의 재산으로 매매·양도·상속되었으며 자기의 재산을 축적할 수 없었다.
② 공노비는 독립된 가옥에 살면서 국가에 신공(身貢)을 바치거나, 일정기간 관청에 나가서 무보수로 노동을 제공했다.
③ 솔거노비는 주인이 원하는 모든 노동을 제공하는 대신 기본생계를 보장받았다.
④ 외거노비는 주인과 따로 거주하면서 주인 땅의 일부를 사경지로 받아 그 수확물을 차지하고 그 밖의 주인 땅에서 생산하는 수확물을 주인에게 바쳤다.

7 조선 초기 농민에 대한 설명으로 옳지 않은 것은?

① 법제적으로 과거에 응시할 수 있는 자격이 되었다.
② 16세 ~ 60세의 남자는 정남이라 하여 군역에 동원되었다.
③ 기본적 세제인 조용조(租庸調)의 납부 의무가 있었다.
④ 지방 군인 잡색군에 정규 군인으로 편제되었다.

---

answer 5.③ 6.① 7.④

5 ㉠ 농민은 양인 신분이기 때문에 과거 응시자격이 있으나 과거 준비에는 많은 시간과 비용이 들었으므로 사실상 과거에 응시하는 것은 어려웠다.
㉣ 서얼은 조선 중기 사림 집권이 후 중인보다 더 큰 차별대우를 받아 과거 응시에 많은 제한을 받았다.

6 조선 시대의 노비는 매매·양도·상속이 가능한 하나의 재산으로 파악되었고, 납공노비와 외거노비는 재산축적이 가능하였다.

7 잡색군은 조선 초기 일종의 예비군으로서 정규군과 보인 16 ~ 60세의 정남을 제외한 나머지 사람을 대상으로 하였다. 즉 노비, 천민이나 향리, 향도, 생도 등이 그 대상이 되었다.

근세의 문화

① 민족문화의 융성

(1) 발달배경

① 과학기술과 실용적 학문을 중시하여 민생안정과 부국강병을 추구하였다.

② 한글을 창제하여 민족문화의 기반을 넓힘과 동시에 발전할 수 있는 터전을 닦았다.

③ 성리학을 지도이념으로 내세웠으나 성리학 이외의 학문과 사상이라도 중앙집권체제의 강화나 민생안정과 부국강병에 도움이 되는 것은 어느 정도 받아들였다.

(2) 한글의 창제

① 배경 : 조선의 한자음의 혼란을 방지하고 피지배층을 도덕적으로 교화시켜 양반 중심의 사회를 운영하는 데 목적이 있다.

② 창제와 반포(1446) : 집현전 학자들과 더불어 정음청을 설치하고 한글을 창제한 후 세종대왕은 훈민정음을 반포하였다.

③ 보급
  ㉠ 용비어천가(왕실 조상의 덕을 찬양)·월인천강지곡(부처님의 덕을 기림)등을 지어 한글로 간행하였다.
  ㉡ 불경·농서·윤리서·병서 등을 한글로 번역하거나 편찬하였다.
  ㉢ 서리채용에 훈민정음을 시험으로 치르게 하였다.

④ 의의 : 백성들도 문자생활이 가능하게 되었으며, 문화민족으로서의 긍지와 자부심을 갖게 되었고 민족문화의 기반을 확대하는 데 큰 의의가 있었다.

(3) 역사서의 편찬

① 건국 초기 : 왕조의 정통성에 대한 명분을 밝히고 성리학적 통치규범을 고착시키기 위하여 국가적 차원에서 역사서의 편찬에 힘썼다. 정도전의 「고려국사」와 권근의 「동국사략」이 대표적이다.

② 15세기 중엽 : 사회의 안정과 국력 성장의 바탕 위에서 성리학적 대의명분보다는 민족적 자각을 일깨우고, 왕실과 국가위신을 높이며, 문화를 향상시키는 방향에서 시도되어 「고려사」, 「고려사절요」, 「동국통감」이 간행되었다.

③ 16세기 : 사림의 존화주의적, 왕도주의적 정치·문화의식을 반영하는 「동국사략」, 「기자실기」 등이 편찬되었다.

④ 조선왕조실록의 편찬
  ㉠ 국왕 사후에 춘추관에 실록청을 설치하여 연, 월, 일별로 중요한 사건을 상세히 기록한 대표적인 편년체 사서이다(태조~철종).
  ㉡ 사관의 사초를 기준으로 의정부 등록, 승정원일기, 비변사등록, 일성록(정조 이후), 시정기 등을 참조하여 집필하였다.
  ㉢ 완료된 실록의 정본은 춘추관에, 만일의 사태를 대비하여 충주·성주·전주 등 3곳에 필사본을 만들었으나 임진왜란 때 불타고 전주 사고본만이 현존하고 있다.

(4) 지리서의 편찬

① 목적 : 중앙집권과 국방강화를 위하여 지리지와 지도의 편찬에 힘썼다.

② 지도 : 혼일강리역대국지도(세계지도), 팔도도(전국지도), 동국지도(양성지 등이 완성, 과학기구 이용, 압록강 이북 포함, 북방에 대한 관심 표현), 조선방역지도(16세기 대표적 지도) 등이 있다.

③ 지리지 : 「신찬팔도지리지(세종)」, 「동국여지승람(성종, 군현의 연혁·지세·인물·풍속·산물·교통 등 수록)」, 「신증동국여지승람(중종)」, 「해동제국기(일본 견문기)」 등이 있다.

(5) 윤리·의례서와 법전의 편찬

① 윤리·의례서
  ㉠ 목적 : 유교적인 사회질서 확립을 위해 편찬하였다.
  ㉡ 윤리서 : 「삼강행실도」, 「이륜행실도」, 「동몽수지」 등이 있다.
  ㉢ 의례서 : 국가의 행사의례를 정비한 「국조오례의」가 있다.

② 법전의 편찬
  ㉠ 목적 : 유교적 통치규범을 성문화하기 위해 편찬하였다.
  ㉡ 초기의 법전 : 정도전의 「조선경국전」, 「경제문감」, 조준의 「경제육전」이 편찬되었다.
  ㉢ 경국대전
    – 6전체제로 구성 : 이·호·예·병·형·공전으로 구성된 기본법전이다.
    – 유교적 통치질서와 문물제도가 완성되었음을 의미한다.

－ 내용

- 궁중, 중앙, 지방 관리의 종류와 관리를 임명하는 것에 대한 내용

- 백성들의 수, 백성들이 나라에 바쳐야 할 세금, 관리들이 받는 봉급에 대한 내용

- 외교, 과거 시험과 여러 가지 의례에 대한 내용

- 군사 훈련과 나라를 지키는 것에 대한 내용

- 죄인에 대한 재판, 죄인이 받아야 할 형벌, 재산의 상속, 종(노비)에 대한 내용

- 도로, 다리, 산업 등에 대한 내용

② 성리학의 발달

(1) 성리학의 정착

① 15세기의 시대적 과제 : 대내외적인 모순을 극복하고 새로운 문물제도를 정비하여 부국강병을 추진하는 것이었다.

② 관학파(훈구파) : 정도전, 권근 등의 관학파는 성리학에만 국한하지 않고, 한·당 유학, 불교, 도교, 풍수지리사상, 민간신앙 등을 포용하여 시대적 과제를 해결하려고 하였으며, 특히 주례를 통치이념으로 중요하게 여겼다.

③ 사학파(사림파) : 길재와 그의 제자들은 형벌보다는 교화에 의한 통치를 강조하였으며, 공신과 외척의 비리와 횡포를 성리학적 명분론에 입각하여 비판하고, 당시의 사회 모순을 성리학적 이념과 제도의 실천으로 극복해 보려고 하였다.

(2) 성리학의 융성

① 이기론의 발달

　㉠ 주리론 : 기(氣)보다는 이(理)를 중심으로 이론을 전개하였다.

　－ 학자 : 이언적이 선구자이며 이황이 주리철학을 집대성하였다. 후에 조식·유성룡·정구 등에 계승되어 영남학파가 형성된다.

　－ 영향 : 현실적이고 개혁적인 성격이 강하였으며, 통치체제의 정비와 수취제도의 개혁을 제시하였다. 후에 중상적 실학사상과 개화사상에 영향을 주게 된다.

(3) 학파의 형성과 대립

① 배경 : 16세기 중반부터 성리학에 대한 이해가 심화되면서 학설과 지역에 따라 서원을 중심으로 학파가 형성되기 시작하였다.

② 정파의 형성 : 서경덕, 이황, 조식, 이이, 성혼학파가 형성되었고, 사림이 중앙 정계의 주도세력으로 등장하는 선조 때 정파가 형성되었다.

ㄱ **동인과 서인의 형성**

– 동인 : 서경덕, 이황, 조식학파가 동인을 형성하였으며, 정여립 모반사건으로 남인(이황학파), 북인(서경덕학파, 조식학파)으로 분파되었다.

– 서인 : 이이, 성혼학파가 서인을 형성하였다.

ㄴ **북인** : 광해군 때 집권한 북인은 임진왜란으로 인한 피해를 극복하기 위하여 대동법의 시행과 은광개발 등 사회경제정책을 추진하였으며, 중립 외교를 추진하는 등 성리학적 의리명분론에 크게 구애받지 않았으며, 이는 서인과 남인의 반발을 가져왔다.

ㄷ **서인과 남인**

– 인조반정으로 서인이 정국을 주도하자 서경덕 · 조식의 사상, 양명학, 노장사상은 배척을 당하고 주자 중심의 성리학만이 조선 사상계에서 확고한 우위를 차지하게 되는 계기를 마련하였다.

– 서인과 남인은 명에 대한 의리명분론을 강화하고, 반청정책을 추진하여 병자호란을 초래하기도 하였다.

– 서인 : 송시열 이후 척화론과 의리명분론이 대세를 이루었다.

(4) 예학의 발달

① 고려 말 : 신진사대부들은 성리학과 함께 도입된 주자가례를 유교 의례의 측면에서 보급시키려고 하였다.

② 15세기 : 조선 건국 후 정부에서 주자가례 시행을 권장과 보급에 힘썼다.

③ 16세기 중반 : 주자가례에 대한 학문적 연구의 본격화가 이루어짐에 따라 성리학자들의 예에 대한 관심이 증대되고, 주자가례 중심의 생활규범서가 출현하였다.

④ 17세기 : 양 난으로 인하여 흐트러진 유교적 질서의 회복이 강조되면서 예가 더욱 중시되었다.

⑤ 의의 : 종족 내부의 의례를 규제하고 유교주의적 가족제도를 확립하였다. 하지만 예에 관한 지나친 형식주의와 각 학파간의 입장 차이는 예송논쟁으로 표출되기도 하였다.

③ 불교와 민간신앙

(1) 불교의 정비

① 정비과정
  ㉠ 태조 : 도첩제를 실시하여 승려로의 출가를 제한하였다.
  ㉡ 태종 : 사원을 정리하고 사원의 토지와 노비를 몰수하여 전국에 242개의 사원만을 인정하였다.
  ㉢ 세종 : 교단을 정리하면서 선종과 교종 모두 36개의 절만 인정하였다.
  ㉣ 성종 : 도첩제를 폐지하고 출가를 금지하였다. 사림들의 적극적인 불교 비판으로 불교는 점차 왕실에
    서 멀어져 산 속으로 들어가게 되었다.
  ㉤ 중종 : 승과를 폐지하였다.

② 명백유지 : 불교를 보호하기 위하여 왕실의 안녕과 왕족의 명복을 비는 행사를 시행하게 되었다. 세
  조 때에는 한글로 불경을 간행하고 보급하기 위한 간경도감을 설치하고, 명종 때에는 불교회복정책
  으로 승과를 부활시켰다.

③ 한계 : 전반적으로 사원의 경제적 기반 축소와 우수한 인재들의 출가 기피는 불교의 사회적위상을
  크게 약화시키는 결과를 가져왔다.

(2) 도교와 민간신앙

① 도교
  ㉠ 소격서를 설치하고 참성단에서 일원성신에 대해 제사를 지내는 초제가 시행되었다.
  ㉡ 사림의 진출 이후에는 도교행사가 사라지게 되었다.

② 풍수지리설과 도참사상 : 한양천도에 반영되었고, 산송문제를 야기시키기도 하였다.

③ 기타 민간신앙
  ㉠ 무격신앙, 산신신앙, 삼신숭배, 촌락제가 성행하게 되었다.
  ㉡ 세시풍속 : 유교이념과 융합되어 조상숭배의식과 촌락의 안정을 기원하였다.

④ 과학기술의 발달

(1) 천문 · 역법과 과학

① 발달배경 : 부국강병과 민생안정을 위하여 국가적으로 과학기술을 지원하고, 우리나라의 전통적 문
  화를 계승하면서 서역 및 중국의 과학기술을 수용하였다.

② 각종 기구의 발명 제작

　　㉠ 천체관측기구 : 혼의, 간의

　　㉡ 시간측정기구 : 해시계(앙부일구), 물시계(자격루)

　　㉢ 강우량 측정기구 : 측우기(세계 최초)

　　㉣ 토지측량기구 : 인지의, 규형(토지 측량과 지도 제작에 활용)

③ 천문도의 제작

　　㉠ 천상열차분야지도 : 고구려의 천문도를 바탕으로 돌에 새겼다.

　　㉡ 세종 때 새로운 천문도를 제작하였다.

④ 역법

　　㉠ 칠정산 : 중국의 수시력과 아라비아의 회회력을 참고로 만든 역법서이다.

　　㉡ 서울을 기준으로 천체운동을 정확히 계산한 것이다.

⑤ 의학분야 : 「향약집성방(국산약재와 치료방법을 개발·정리)」과 「의방유취(의학백과사전)」가 편찬되어 민족의학이 발전하게 되었다.

(2) 활자인쇄술과 제지술

① 발달배경 : 각종 서적을 국가적으로 편찬하는 사업을 추진하게 되었다.

② 활자인쇄술의 발전

　　㉠ 태종 : 주자소를 설치하고 구리로 계미자를 주조하였다.

　　㉡ 세종 : 구리로 갑인자를 주조하고 식자판을 조립하는 방법을 창안하여 인쇄능률을 향상시켰다.

③ 제지술의 발달 : 조지서를 설치하여 다양한 종이를 대량으로 생산할 수 있게 되었고, 출판문화의 수준이 향상되었다.

(3) 농서의 편찬과 농업기술의 발달

① 농서의 편찬

　　㉠ 농사직설(세종) : 우리나라에서 편찬된 최초의 농서로서 씨앗의 저장법, 토질의 개량법, 모내기법 등 우리 실정에 맞는 독자적 농법을 정리하였다.

　　㉡ 금양잡록(성종) : 금양(시흥)지방을 중심으로 한 경기지방의 농사법을 정리하였다.

② 농업기술의 발달

　　㉠ 밭농사의 경우 조·보리·콩의 2년 3작이 보편화되었고, 논농사로는 남부지방 일부에서 모내기와 이모작이 실시되었다.

　　㉡ 봄철에 비가 적은 기후 조건 때문에 마른 땅에 종자를 뿌려 일정한 정도가 자란 다음에 물을 대주는 건사리(건경법)와 무논에 종자를 직접 뿌리는 물사리(수경법)가 시행되었다.

③ 목화 재배가 확대되어 백성들은 주로 무명옷을 입게 되었고, 무명은 화폐처럼 사용되었다.

④ 삼, 모시의 재배도 성행하였으며 누에고치도 전국적으로 확산되고 양잠에 관한 농서도 편찬되었다.

(4) 병서편찬과 무기제조

① 병서의 편찬
    ㉠ **총통등록** : 화약무기의 제작과 그 사용법을 정리하였다.
    ㉡ **병장도설** : 군사훈련지침서로 사용되었다.
    ㉢ **동국병감** : 고조선에서 고려 말까지의 전쟁사를 정리한 것이다.

② **무기제조** : 최해산은 화약무기의 제조를 담당하였고, 신기전이라는 바퀴가 달린 화차는 화살 100개를 잇따라 발사할 수 있었다.

③ **병선제조** : 태종 때에는 거북선과 비거도선을 제조하여 수군의 전투력을 향상시켰다.

④ 16세기 이후 기술 경시의 풍조로 과학기술은 침체되기 시작하였다.

⑤ 문학과 예술

(1) 다양한 문학

① 특징
    ㉠ 15세기 : 격식을 존중하고 질서와 조화를 내세우는 경향의 문학이 유행하였다.
    ㉡ 16세기 : 개인적인 감정과 심성을 표현하는 한시와 가사, 시조 등이 발달하였다.

② **악장과 한문학** : 조선 왕조 건설에 참여했던 관료 문인들은 조선의 탄생과 자신들의 업적을 찬양하고, 용비어천가 · 월인천강지곡 · 동문선 등을 통해 우리 민족의 자주의식을 표출하였다.

③ **시조문학** : 15세기에는 김종서 · 남이 · 길재 · 원천석의 작품이, 16세기에는 황진이 · 윤선도의 작품이 손꼽힌다.

④ **설화문학** : 관리들의 기이한 행적이나 서민들의 풍속, 감정, 역사의식을 담았다. 대표적인 작품으로는 필원잡기(서거정), 용재총화(성현), 금오신화(김시습), 패관잡기(어숙권)가 있으며, 이러한 설화문학은 불의를 폭로하고 풍자하는 내용이 많아서 당시 서민사회를 이해하려는 관리들의 자세와 노력을 엿볼 수 있다.

⑤ **가사문학** : 송순, 정철, 박인로에 의해 발달하였다. 정철은 관동별곡, 사미인곡, 속미인곡 같은 작품에서 관동지방의 아름다운 경치와 왕에 대한 충성심을 읊은 것으로 유명하다.

⑥ **여류문인의 활동** : 신사임당, 허난설헌, 황진이가 대표적이다.

(2) 왕실과 양반의 건축

① 15세기 : 궁궐·관아·성곽·성문·학교건축이 중심이 되었고, 건물은 건물주의 신분에 따라 제한을 두었다.

② 16세기 : 사림의 진출과 함께 서원의 건축이 활발해졌다. 서원 건축은 가람배치양식과 주택양식이 실용적으로 결합된 독특한 아름다움을 지녔으며, 옥산서원(경주)·도산서원(안동)이 대표적이다.

(3) 분청사기, 백자와 공예

① 특징 : 실용과 소박함을 중요하게 여겨 사치품보다는 생활필수품이나 문방구 등에서 특색이 나타났다.

② 도자기

　㉠ 분청사기 : 15세기에 유행하였으며, 청자에 백토의 분을 칠한 것으로 백색의 분과 완료로써 무늬를 만들어 장식하였다.

　㉡ 백자 : 16세기에 유행하였으며, 깨끗하고 담백하며 순백의 고상함을 풍겨서 선비들의 취향과 어울렸기 때문에 널리 사용되었다.

　㉢ 목공예 : 재료의 자연미를 그대로 살려 실용성과 예술성이 조화를 이루었다.

　㉣ 기타 : 쇠뿔을 쪼개어 무늬를 새긴 화각공예, 자개공예(나전칠기), 자수와 매듭공예 등이 유명하였다.

(4) 그림과 글씨

① 그림

　㉠ 15세기

　　－ 특징 : 그림은 도화서에 소속된 화원들의 그림과 문인이었던 선비들의 그림으로 나눌 수 있다. 이들은 중국 화풍을 선택적으로 수용하여 독자적 화풍을 형성하였고, 이는 일본 무로마치시대의 미술에 큰 영향을 주었다.

　　－ 화가 : 안견(몽유도원도), 강희안(고사관수도), 강희맹 등이 있다.

　㉡ 16세기

　　－ 특징 : 산수화와 사군자가 유행하였다.

　　－ 화가 : 이암, 이정, 황집중, 어몽룡, 신사임당이 유명하였다.

② 글씨 : 안평대군(송설체), 양사언(초서), 한호(석봉체)가 유명하였다.

(5) 음악과 무용

① 음악

　　㉠ 15세기

　　　－세종 때 박연은 악기 개량을 통해 아악을 정리하였다.

　　　－세종 스스로 여민락을 짓고, 정간보를 창안하여 소리의 장단과 높낮이를 표현할 수 있게되었다.

　　　－성종 때 성현은 악학궤범을 편찬하여 전통음악을 유지하고 발전시켰다.

② 무용

　　㉠ 궁중과 관청 : 행사에 따라 매우 다양하였는데, 처용무는 전통춤을 우아하게 변용시켰다.

　　㉡ 민간 : 농악무·무당춤·승무 등 전통춤을 계승하고 발전시켜 나갔으며, 산대놀이와 꼭두각시놀이도 유행하였다.

기출예상문제

1 다음 서사시가 간행되어 보급되던 시기에 만들어진 것은 모두 몇 개인가?

2012.10.20. 일반공채순경, 전의경 특채

> 불휘 기픈 남ᄀᆞᆫ ᄇᆞᄅᆞᆷ매 아니 뮐씨 곶 됴코 여름 하ᄂᆞ니
> 시미 기픈 므른 ᄀᆞ므래 아니 그츨씨 내히 이런 바ᄅᆞ래 가ᄂᆞ니
>
> -「용비어천가」-

> ㉠ 칠정산내외편   ㉡ 「향약구급방」
> ㉢ 「농사직설」   ㉣ 「상정고금예문」
> ㉤ 자격루   ㉥ 「의방유취」

① 2개   ② 3개
③ 4개   ④ 5개

---

answer 1.③

---

1 제시된 사료는 조선 세종 때 지어진 것이다. ㉠㉢㉤㉥은 조선 전기 세종 때 편찬, 제작되었다. ㉡㉣은 고려 후기에 간행되었다.
  ㉠ 세종 때 중국 원나라의 수시력과 아라비아의 회회력을 참고하여 우리 실정에 맞게 7개의 운동하는 천체의 위치를 계산하는 방법을 서술되었다.
  ㉡ 고려 고종 때 대장도감에서 간행되었고, 중국 약재 대신 한국산 약재로 충당하기 위해 저술되었다.
  ㉢ 세종 때 편찬된 우리나라에서 만들어진 최초의 농서이다. 농부의 실제 경험을 토대로 우리나라 풍토에 맞는 농사기술을 이론적으로 정리하였다.
  ㉣ 12세기 인종 때 지은 의례서이며, 세계 최초의 금속활자본이다.
  ㉤ 세종 때 시간측정을 위해 제작한 것이다.
  ㉥ 세종 때 중국의학을 바탕으로 분류별로 수록한 세계 최초의 의학 백과사전이다.

2 다음 중 조선의 문화 · 예술에 대한 설명으로 가장 적절한 것은?

2011.8.27. 정보통신순경

① 아악의 종류로는 가사, 시조, 가곡 외에 각 지방의 민요와 판소리 등이 있었다.
② 안견은 '몽유도원도'를 통해 우리나라 산천의 아름다움을 사실적으로 그렸다.
③ 궁궐, 관아, 성문, 학교 건축이 발달했던 고려시대와 대조적으로 사원 건축이 발달하였다.
④ 15세기에 고려자기의 비법을 계승한 분청사기가 유행하였으나, 16세기에는 백자가 유행하였다.

3 고려 · 조선시대의 문화와 관련된 설명으로 옳은 것은?

2009.7.25. 정보통신순경

① 국자감 내에 9재학당을 설치하여 귀족 자제들을 전문적으로 육성하였다.
② 의천은 백련사를 중심으로 정토신앙과 염불수행을 강조하며 불교 쇄신운동을 전개하였다.
③ 상감청자는 맑은 비색, 우아한 곡선과 함께 12세기 후반 고려청자의 세련된 미를 보여준다.
④ '몽유도원도'를 그린 안견은 우리나라의 풍경을 사실적으로 나타내는 진경산수화를 개척하였다.

4 조선왕조실록에 관한 설명 중 틀린 것은?

① 역대 제왕의 사적을 편년체로 엮은 것이다.
② 실록 편찬에는 개인문집 등 개인의 기록은 이용하지 않았다.
③ 사실의 서술과 함께 사관의 비판도 수록하였다.
④ 임진왜란 때 불타고 전주 사고본만이 현존하고 있다.

---

answer 2.④ 3.③ 4.②

2 ① 속악(=향악)에 해당하는 설명이다.
② 현실 세계와 환상적인 이상 세계를 능숙하게 처리하고, 대각선의 운동감을 활용하여 구현한 걸작이다. 문제의 지문은 정선의 진경산수화에 대한 설명이다.
③ 전체 지문이 틀렸다. 조선 전기에는 궁궐, 관아, 성문 등 궁궐 건축, 조선 중기에는 사립학교인 서원 건축이 발달하였다.

3 ① 고려시대 국자감은 국가에서 설치한 관학이고, 최충의 문헌공도 등 9재학당은 개인이 세운 사학이다.
② 무신집권기 보조국사 지눌은 수선사를 중심으로 명리에 집착하는 당시 불교계의 타락상을 비판하며 승려 본연의 자세로 돌아가 독경과 선수행, 노동에 고루 힘쓰자는 불교 쇄신운동을 전개하였다.
④ 조선 후기 정선은 '인왕제색도', '금강전도' 등을 그려 우리나라의 풍경을 사실적으로 나타내는 진경산수화를 개척하였다.

4 정조가 세자 시절 때 썼던 일기에 해당되는 「일성록」 등도 실록 편찬에 활용하였다.

5 다음 중 이황에 대한 설명으로 틀린 것은?

2006.2.7. 해양경찰

① 「성학십도」를 저술하였다. ② 학설이 일본에 전해져 동방의 주자로 불리었다.
③ 도덕적 원리와 실천을 중시하였다. ④ 이통기국의 기발이승설을 주장하였다.

6 다음은 16세기 조선 사회의 모습을 설명한 것이다. 옳은 것은?

- 예학과 보학이 발전하였다.
- 주기론과 주리론의 학문적 논쟁이 치열하였다.
- 향촌 규약과 농민 조직체가 향약으로 대치되었다.
- 삼강행실도, 효행록 등을 언해하여 보급하였다

① 사화에서 사림이 승리하여 정권을 장악했다.
② 성리학적 가족·윤리·사회질서가 정착되었다.
③ 성리학이외의 사상도 수용하였다.
④ 축적된 부를 통해 서민 문화가 발달하였다.

7 다음은 조선 전기 사림에 대한 설명이다. 옳지 않은 것은?

① 주로 영남과 기호 지방을 중심으로 성장하였다.
② 향촌자치보다는 중앙집권체제의 강화를 강조하였다.
③ 무오사화와 갑자사화로 인해 큰 피해를 입었다.
④ 사장보다는 경학을 중시하는 학문적 경향을 보인다.

answer 5.④ 6.② 7.②

5 율곡 이이는 주자설을 비판하면서 이통기국의 기발이승설을 주장하였다.

6 제시문은 16세기 사림이 집권을 하면서 향촌사회에서의 지배를 확립하고 예학과 보학의 보급을 통해 가부장적 가족질서를 정립하고자 하는 것이다. 안정된 사회 기반과 지배체제를 토대로 이후 사림들은 주기론과 주리론의 해석과 적용 문제를 놓고 학파 중심으로 나뉘어 대립하는 경향을 나타내기도 하는데 이를 통해 성리학적 지배질서를 확립하고자 하는 의도를 엿볼 수 있다.

7 사림은 온건파 신진사대부의 후학으로 조선 건국 당시 지방을 근거로 성장하였다. 이들은 영남과 기호지방을 중심으로 향촌에서 향약 및 서원 보급을 통해 향촌자치를 실현하여 향촌에 대한 지배권을 강화하고자 하였다. 학문적 경향으로는 사장보다 경학을 중시하였으며 조선 성종 이후 삼사를 비롯한 언관직의 중앙관직으로 진출하면서 훈구파와 대립하였다. 이는 4차례의 사화(士禍)로 표출되었다.

8 다음 중 조선시대 불교에 관한 설명으로 옳은 것은?

① 숭유억불정책으로 교세는 크게 위축되었으나 사회적 위신은 여전히 높았다.
② 세조는 간경도감을 설치하는 등 불교 진흥책을 실시하였으나 장기적인 영향을 미치지는 못했다.
③ 성종은 도첩제를 폐지하여 불교를 진흥시키고자 하였다.
④ 민간에서는 여전히 불교가 신봉되었으나 왕실에서는 근절되었다.

9 다음을 중심으로 활동한 세력에 대한 설명으로 옳지 않은 것은?

> 주세붕이 설립한 백운동서원이 시초가 되어서 원은 선현의 제사와 후학 양성을 위한 교육의 목적으로 향촌에 설립되었다. 16세기에 들어와서 원은 향약과 더불어 향촌사회에 급속히 보급되면서 향촌의 풍속교화를 담당하기도 하였지만 면세와 면역의 혜택으로 점차 그 성격이 변화되기도 하였다.

① 토관제도 실시로 그 지위를 보장받았다.
② 향촌사회를 주도하는 핵심적 역할을 하였다.
③ 서원은 이들의 근거지로 이용되었다.
④ 실리보다는 주로 명분을 추구하는 경향이 강했다.

---

answer 8.② 9.①

8   ① 지속적인 숭유억불정책으로 교세는 물론 사회적 위신도 축소되었다.
    ③ 성종은 출가허가제인 도첩제마저도 폐지하여 승려가 되는 것을 금하였다.
    ④ 민간에서는 물론 왕실과 궁중에서도 여전히 불교가 신봉되었다.

9   제시문은 서원과 향약을 중심으로 지방 향촌에서의 지위를 강화시키려 한 사림에 대한 것이다. 이들은 향촌을 근거지로 삼고 향촌자치 추구를 통한 향촌지배를 강화하기 위해서 원과 향약을 전국적으로 보급하였으며 예학과 보학으로 이를 보완하였다.
    ① 토관제도는 세종 때 김종서와 최윤덕으로 하여금 4군 6진을 개척한 이후 여진 토착민을 관리로 임명하는 제도로 여진족의 반발을 막기 위해 실시되었다.

10 조선시대 성리학에 대한 설명으로 가장 적절한 것은?

2015년 1차 일반공채순경 · 101경비단

① 서경덕은 기(氣)보다는 이(理)를 중심으로 세계를 이해하고 불교와 노장 사상에 대해서 개방적인 태도를 지녔다.

② 이황은 「성학집요」를 저술하여 군주 스스로가 성학을 따를 것을 제시하였다.

③ 이이는 「주자서절요」, 「동호문답」을 저술하여 16세기 조선 사회의 모순을 극복하는 방안으로 통치 체제의 정비와 수취 제도의 개혁 등 다양한 개혁 방안을 제시하였다.

④ 이언적은 기(氣)보다는 이(理)를 중심으로 자신의 이론을 전개 하여 후대에 큰 영향을 끼쳤다.

11 조선 초기에 간행된 다음 서적들에 대한 설명으로 옳지 않은 것은?

① 문종 때 고려사절요는 김종서가 편찬한 기전체의 역사서이다.

② 성종 때 제작된 동국여지승람은 백과사전식지리지이다.

③ 동국지도는 정확하고 과학적인 인문지리서이다.

④ 세종 때 간행된 삼강행실도는 유교 질서 확립을 목적으로 만들어졌다.

⑤ 성종 때 금양잡록은 강희맹이 경기지방의 농사법을 정리한 농서이다.

---

answer 10.④ 11.①

10 ④ 이언적은 기보다는 이를 중심으로 자신의 이론을 전개한 주리론의 선구자로 이황 등 후대에 큰 영향을 미쳤다.
　① 서경덕은 이보다는 기를 중심으로 세계를 이해하고, 불교와 노장사상에 대하여 개방적인 태도를 지녔다.
　② 「성학집요」는 이이의 저서이다. 이황은 「성학십도」를 저술했다.
　③ 「주자서절요」는 이황의 저술했으며 이이의 주요 저서는 「동호문답」, 「성학집요」, 「격몽요결」 등은 이이의 저서이다.

11 고려사절요는 연대별로 서술한 대표적인 편년체 역사서이다.

근대태동기 단원에서는 근대태동기의 정치, 경제, 사회, 문화로 나누어 근대태동기의
각 분야별 변화를 파악할 수 있습니다.

VI

근대태동기

CHAPTER 01 근대태동기의 정치

① 통치체제의 변화

(1) 정치구조의 변화

① 비변사의 기능 강화
  - ㉠ 중종 초(1510)에 여진족과 왜구에 대비하기 위해 설치한 임시기구였으나, 1555년 을묘왜변을 계기로 정식 관청이 되었고, 임진왜란을 계기로 문무고관의 합의기구로 확대되었다.
  - ㉡ 임진왜란 이후 군사뿐만 아니라 외교, 재정, 사회, 인사 등 거의 모든 정무를 총괄하였다.
  - ㉢ 조선 후기에 확대 강화되면서 의정부와 6조를 중심으로 하던 국가행정체계를 무너뜨렸으며 왕권도 약화시켰으며, 붕당간의 이해관계 조정기구로 그 성격이 바뀌었다.
  - ㉣ 영향 : 왕권이 약화되고, 의정부와 6조의 기능이 약화되었다.

② 정치운영의 변질
  - ㉠ 3사의 언론기능 : 공론을 반영하기보다 각 붕당의 이해관계를 대변하였다.
  - ㉡ 이조 · 병조의 전랑 : 상대 붕당을 견제하는 기능으로 변질되어 붕당간의 대립을 격화시켰다.

(2) 군사제도의 변화

① 중앙군(5군영)
  - ㉠ 설치 배경 : 대외관계와 국내정세 변화에 따라 설치되었으며 서인 정권의 군사적 기반이 되었다.
  - ㉡ 5군영
    - 훈련도감(수도) : 임진왜란 중 설치되었으며, 삼수병(포수 · 살수 · 사수)으로 편성되었다. 급료를 받는 직업적 상비군이었다(용병제).
    - 어영청(수도) : 이괄의 난을 계기로 편성되었고, 효종 때는 북벌운동의 중추기관이었다. 지방에서 교대로 번성하고 기 · 보병으로 구성되었다.
    - 총융청(경기 및 북한산성) : 이괄의 난을 계기로 편성되고, 북한산성 등 경기 일대의 방어를 위해 속오군을 편성되었다.
    - 수어청(광주 부근) : 정묘호란 후 남한산성을 개축하고 이를 중심으로 남방을 방어하기 위해 설치되었다.
    - 금위영(수도 · 왕실 수비) : 수도방위를 위해 설치되고, 기 · 보병 중심의 선발 군사들로 지방에서 교대로 번상케 하였다.

② 지방군(속오군)

　　㉠ 지방군제의 변천
　　　– 조선 초기 : 각 지역의 중요한 지역을 방어하는 진관체제였다.
　　　– 16세기 후반 : 유사시에 필요한 방어처에 각 지역의 병력을 동원하여 중앙에서 파견되는 장수가 지휘하게 하는 제승방략체제였다.
　　　– 17세기 이후 : 진관체제가 복구되고, 속오법에 따라 군대를 정비하였다.
　　㉡ 속오군 : 양천혼성군(양반, 농민, 노비)으로서, 농한기에 훈련하고 유사시에 동원되었다. 양반의 군역 기피로 사실상 상민과 노비로만 편성되었다.

(3) 수취제도의 개편

① 배경 : 경제구조의 변동과 신분제의 동요 등으로 다수의 농민은 생존조차 어려웠다. 이에 따른 농민들의 불만 해소와 사회 안정을 도모하기 위해서 수취제도를 개편하였다.

② 전세제도의 개편
　　㉠ 영정법 : 전세를 풍흉에 관계없이 1결당 미곡 4두로 고정시켰다.
　　㉡ 결과 : 전세율이 다소 낮아졌으나 농민의 대다수인 전호들에게는 도움이 되지 못하였고, 전세 외에 여러 가지 세가 추가로 징수되어 조세의 부담은 증가하였다.

③ 공납제도의 개편
　　㉠ 방납의 폐단 : 방납이 이루어지는 과정에서 농민들의 부담이 컸다.
　　㉡ 대동법 : 종전의 민호에 토산물을 부과·징수하던 공납을 토지의 결수에 따라 미·포·전을 납부하게 하는 제도이다.
　　㉢ 결과
　　　– 토지가 없거나 적은 농민의 부담이 일시적으로 감소하였다.
　　　– 후에 지주들의 부담이 농민에게 전가되면서 농민의 부담이 지속되었다.
　　　– 공인(어용상인)의 등장은 상품수요와 공급의 증가와 함께 상품화폐경제가 발달하게 하였다.
　　　– 후에 상납미의 증가로 발생한 지방 재정의 악화로 지방 수령과 아전들은 백성들을 수탈하게 된다.
　　　– 별공과 진상은 그대로 존속되고, 대동세가 농민에게 전가되는 경우도 있었다.
　　　– 조세의 금납화가 촉진되고, 상업도시의 발전을 가져오기도 하였다.

④ 군역제도의 개편
　　㉠ 군포징수의 폐단 : 징수기관이 통일적으로 이루어지지 않아 농민들이 이중, 삼중의 부담을 가졌다.
　　㉡ 균역법 : 12개월마다 내던 군포 2필을 1필로 반감하였다.
　　㉢ 결과 : 일시적으로 농민부담이 경감되었으나 폐단이 다시 발생하여 농민으로부터 반감을 사게 되고 전국적인 저항을 불러왔다.

⑤ 향촌지배방식의 변화
　　㉠ 조선 전기 : 사족의 향촌자치를 인정하였으나 후기에는 수령과 향리 중심의 지배체제로 바뀌어 농민수탈이 심해졌다.
　　㉡ 농민들의 향촌사회 이탈을 막고자 호패법과 오가작통제를 강화하였다.

② 정쟁의 격화와 탕평정치

(1) 붕당정치의 변질

① 원인 : 17세기 후반 사회 · 경제적 변화가 원인이 되었다.
- ㉠ 농업생산력의 향상과 상품화폐경제의 발달로 정치집단이 상업적 이익에 대한 관심이 높아져 독점하는 경향이 커졌다.
- ㉡ 정치적 쟁점이 예론(예송논쟁)에서 군영의 장악(군사력, 경제력 확보)을 변질되었다.
- ㉢ 지주제와 신분제가 동요하자 양반의 향촌지배력이 약화되고, 붕당정치의 기반이 붕괴되었다.

② 변질 양상
- ㉠ **숙종** : 붕당 사이의 견제와 균형을 유지하던 붕당정치형태가 무너지고 정국을 주도하는 붕당과 견제하는 붕당이 서로 교체됨으로써 특정 붕당이 정권을 독점하는 일당전제화 추세가 대두되었다.
- ㉡ **경신환국 이후의 서인** : 노장세력과 신진세력 간에 갈등이 생기면서 노론(대의명분 존중, 민생 안정)과 소론(실리 중시, 적극적 북방개척 주장)으로 나뉘게 되었다.

③ 정치운영의 변질
- ㉠ 국왕이 환국을 주도하여 왕실의 외척 및 종실 등 왕과 직결된 집단의 정치적 비중이 증대되었다.
- ㉡ 환국이 거듭되는 동안 자기 당의 이익을 직접 대변하는 역할을 하는 3사와 이조전랑의 정치적 비중이 감소되었다.
- ㉢ 고위 관원의 정치권력이 집중되면서 비변사의 기능이 강화되었다.

④ 결과
- ㉠ **왕위계승문제** : 상대방에 대한 보복으로 사사(賜死)가 빈번하였고, 외척의 정치적 비중이 높아져 갔으며, 정쟁의 초점이 왕위계승문제에 두어지는 등 붕당정치가 정상적으로 운영되지 못하였다.
- ㉡ **벌열가문의 정권 독점** : 정권은 몇몇 벌열가문에 의해 독점되었고, 지배층 사이에서는 종래 공론에 의한 붕당보다도 개인이나 가문의 이익을 우선하는 경향이 현저해졌다.
- ㉢ **양반층의 분화** : 양반층이 분화되면서 권력을 장악한 부류도 있었으나, 다수의 양반은 몰락하여 갔다. 중앙의 정쟁에서 패한 사람들은 정계에서 배제되어 지방 세력화하였으니, 그들은 연고지로 낙향하여 서원을 설립하여 세력의 근거지로 삼았다.
- ㉣ **서원의 남설(濫設)** : 특정 가문의 선조를 받드는 사우(祠宇)와 뒤섞여 도처에 세워졌다.

(2) 탕평론의 대두

① 붕당정치변질의 문제점
- ㉠ **정쟁과 사회분열** : 공론(公論)과 공리(公理)보다 집권욕에만 집착하여 균형관계가 깨져서 정쟁이 끊이지 않고, 사회가 분열되었다.
- ㉡ **왕권의 약화** : 정치집단간의 세력균형이 무너지고 왕권 자체도 불안하게 되었다. 이에 강력한 왕권을 토대로 국왕이 정치의 중심에 서서 세력의 균형을 유지하려는 탕평론(蕩平論)이 제기되었다.

② 숙종의 탕평론

　　㉠ **탕평론의 제시** : 공평한 인사관리를 통해 정치집단간의 세력균형을 추구하였다.

　　㉡ **한계** : 명목상의 탕평책에 불과하여 편당적인 인사관리로 빈번한 환국이 발생하였다.

③ 붕당정치 변질과정의 사건들

　　㉠ **경신환국** : 경신대출척이라고도 한다. 숙종(1680)때 서인이 남인인 허적의 서자 허견 등의 역모사건을 고발하여 남인이 축출되고 서인이 중용되었다. 경신환국 직후 서인 내에서 남인에 대한 처분을 놓고 강경론을 편 송시열 등이 노론으로, 온건한 처벌을 주장한 윤증 등 소장파가 소론으로 분열되었다.

　　㉡ **기사환국** : 숙종 15년(1689)에 희빈 장씨가 출산한 왕자(경종)를 세자로 책봉하는 과정에서 서인이 몰락하고 남인이 재집권하였는데, 이 때 남인이 서인에 대하여 극단적인 보복을 가하였다.

　　㉢ **갑술환국** : 숙종 20년(1694) 폐비 민씨가 복위하는 과정에서 이를 주도한 서인이 다시 집권하게 되었는데, 이 때 서인이 남인에게 보복을 가하였다.

　　㉣ **무고의 옥** : 숙종 27년 (1701) 희빈 장씨가 궁녀들과 무당을 시켜 인형 왕후를 모략으로 음해한 사실이 드러나 희빈 장씨와 궁인, 무녀들이 처형되고 장씨 일가가 화를 입었다.

(3) 영조의 탕평정치

① 탕평책의 추진

　　㉠ **완론탕평**(緩論蕩平) : 붕당간의 극단적인 대립을 없애고자 각기의 명절보다도 타협을 종용하는 것을 특징으로 하였다. 이에 당시 대립하던 노론·소론 중에 온건론자들이 이를 지지, 그 정국이 완론탕평이라 불렸으며, 그 참여자들은 탕평당이라 불리기까지 하였다.

　　㉡ **한계**

　　　－ 탕평의 교서를 발표하여 탕평책을 추진하였으나 편당적 조처로 정국이 불안정하였다.

　　　－ 이인좌의 난(1728) : 소론과 남인의 일부 강경파는 노론정권에 반대하고 영조의 정통을 부정하였다.

② **정국의 수습과 개혁정치** : 탕평파를 육성하고, 붕당의 근거지인 서원을 정리하였고, 이조전랑의 권한을 약화시키기 위해 이조전랑의 후임자 천거제도를 폐지하였다. 그 결과 정치권력은 국왕과 탕평파 대신에게 집중되었다.

③ 영조의 치적

　　㉠ 탕평교서를 발표하고 탕평비를 건립하였다.

　　㉡ 서원을 대폭정리하고 산림의 존재를 부정하였다.

　　㉢ 이조전랑의 후임자 천거관권 삼사 선발권을 폐지하여 당쟁을 미연에 방지하였다.

　　㉣ 군역 부담을 줄이기 위해 균역법을 시행하고, 세 군영(훈련도감, 금위영, 어영청이)이 도성을 방어하였다.

　　㉤ 신문고제도가 부활하고, 사형수에 대한 엄격한 삼심제와 악형을 폐지하였다.

ⓗ 서적 편찬
  - 「동국문헌비고」: 조선의 정치 · 경제 · 문화 등 각종 제도와 문물을 분류, 정리한 백과전서적인 책이다.
  - 「속오례의」: 국조오례의를 보완한 의례집이다.
  - 「속대전」: 교정, 조례를 모아 법전을 재정리한 법령집으로 제도와 권력구조를 개편하였다.
  - 「속병장도설」: 무예법을 재정리한 병서이다.
  - 「무원록」: 관리의 행정지침서이다.
  - 「수성윤음」: 영조가 도성수비에 대하여 내린 명령을 인쇄한 책이다.

④ 한계: 강력한 왕권으로 붕당 사이의 다툼을 일시적으로 억제하기는 하였으나 소론 강경파의 변란 (이인좌의 난, 나주괘서사건)획책으로 노론이 권력을 독점하게 되었다.

(4) 정조의 탕평정치

① 탕평책의 시행
  ㉠ 준론탕평: 사도세자의 죽음을 둘러싼 갈등을 겪은 정조는 강력한 탕평책을 추진하여 벽파를 물리치고 시파를 고루 기용하여 왕권의 강화를 꾀하였다. 또한 영조 때의 척신과 환관 등을 제거하고, 노론과 소론 일부, 남인을 중용하였다.
  ㉡ 한계: 특권 정치세력을 배제하고 급진계열을 중심으로 한 준론 탕평을 실시하였으나, 정조가 죽은 후 19세기 세도정치로 변질되어 정치적 혼란기를 맞이하게 된다.

② 왕권 강화
  ㉠ 규장각의 육성: 붕당의 비대화를 막고 국왕의 권력과 정책을 뒷받침하는 기구이다.
  ㉡ 초계문신제의 시행: 신진 인물과 중 · 하급 관리를 재교육한 후 등용하는 제도이다.
  ㉢ 장용영의 설치: 국왕의 친위부대를 설치하고 병권을 장악하여, 왕권을 뒷받침하는 군사적 기반이 되었다.
  ㉣ 수원 육성: 화성을 세워 정치적 · 군사적 기능을 부여함과 동시에 상공인을 유치하여 자신의 정치적 이상을 실현하는 상징적 도시로 육성하고자 하였다.
  ㉤ 수령의 권한 강화: 수령이 군현 단위의 향약을 직접 주관하게 하여 지방 사림의 영향력을 줄이고 국가의 백성에 대한 통치력을 강화하였다.
  ㉥ 서얼과 노비의 차별을 완화하였으며, 통공정책으로 금난전권을 폐지하였다.
  ㉦ 서적편찬
  - 「대전통편」: ≪경국대전≫과 ≪속대전≫ 및 그 뒤의 법령을 통합해 편찬한 통일 법전이다.
  - 「동문휘고」: 조선 후기의 대청(對淸) 및 대일(對日) 관계의 교섭 문서를 집대성한 책이다.
  - 「탁지지」: 호조의 모든 옛 사례를 정리하여 편찬한 책이다.
  - 「규장전운」: 왕의 명령으로 규장각에서 펴낸 책으로 한자의 운(韻)자에 대한 사전에 해당하는 책이다.
  - 「문헌비고」: 국초 이래 홍문관과 예문관의 문장을 모은 것이다.
  - 「추관지」: 형조의 소관 사무를 모아 정리 편찬한 책이다.

탕평론

> 탕평정치는 왕이 중심이 되어서 붕당정치에서 나타난 문제점을 극복하려는 것이었다. 그것은 붕당 사이의 대립을 조정하고, 사회 · 경제적 변화 사이에서 지배층에게 부분적인 양보를 요구하는 정책을 추진하는 등 개혁적인 측면이 있었다. 그러나 탕평정치는 근본적으로 왕권을 중심으로 권력의 집중과 정치세력의 균형을 꾀하면서 기존 사회체제를 재정비하여 안정시키려는 것이었다. 따라서 여러 정책들이 보수적인 성격을 띠고 있었고, 정치 운영에서 왕의 개인적인 역량에 크게 의존하는 것이어서 탕평정치가 구조적인 틀을 갖추어 안정적으로 유지되기는 어려웠다.

③ 정치질서의 변화

(1) 세도정치의 전개(19세기)

① 배경 : 정조의 탕평정치로 왕에게 권력이 집중되었던 것이 정조가 죽은 후 왕이 행하던 역할을 하지 못하게 되자 정치세력간의 균형이 다시 깨지고 몇몇 유력가문 출신의 인물들에게 집중되었다.

② 세도정치의 전개
- ㉠ 순조 : 정순왕후가 수렴청정을 하면서 노론 벽파가 정권을 주도하며 신유박해를 이용하여 정조가 양성한 인재를 대거 몰아냈다. 정순왕후가 죽자 순조의 장인인 김조순을 중심으로 안동 김씨의 세도정치가 시작되었다.
- ㉡ 헌종 : 외척인 풍양 조씨의 세도정치가 이어졌으며 안동 김씨와 어느 정도 세력균형이 유지되었다.
- ㉢ 철종 : 안동 김씨가 다시 권력을 장악하고, 흥선대원군이 정국을 주도하기 전까지 지속된다.

(2) 세도정치기의 권력구조

① 정치집단이 폐쇄 : 소수의 집단이 권력을 장악하고, 정치권력의 사회적 기반이 약화되자 왕실의 외척, 산림 또는 관료가문인 이들은 서로 연합하거나 대립하여 권력과 이권을 독점하였다.

② 권력구조의 변화
- ㉠ 정2품 이상만 정치권력을 발휘하고 중하급 관리는 행정실무만 담당하게 되었다.
- ㉡ 의정부와 6조의 기능은 약화되고 유력한 가문 출신의 인물들이 차지한 비변사의 권한은 강화되었다.

(3) 세도정치의 폐단

① 폐단

    ㉠ 과거제의 문란으로 시험장에서의 온갖 비리와 부정이 성행하였다.

    ㉡ 매관매직의 성행으로 관료들은 지위를 지키기 위해 고위관직을 독점하고 관직을 매매하는 세도가의 비위를 맞추기에 급급하였다.

    ㉢ 수령직의 매관매직으로 탐관오리의 수탈이 극심해지고 삼정(전정, 군정, 환곡)이 문란해졌다. 그 결과 농촌경제는 피폐해지고, 상품화폐경제는 둔화되었다.

② 한계

    ㉠ 사회변화에 소극적으로 대응하여 상업발달과 서울의 도시적 번영에 만족하였다.

    ㉡ 남인, 소론, 지방 사족, 상인, 부농 등의 다양한 정치세력의 참여를 배제하였다.

    ㉢ 고증학(경전의 사실 확인을 위해 실증을 앞세우는 학문)에 치우쳐 개혁의지를 상실하였고, 지방의 사정을 이해하지 못하였다.

    ㉣ 정치기강의 혼란으로 농촌경제가 파탄되자 피지배계층 저항은 전국 각지의 민란으로 나타났다.

④ 대외관계의 변화

(1) 청과의 관계

① 이중적 대청관계 : 병자호란 이후 명분상으로는 소중화론을 토대로 하여 청을 배척하였으나, 실제로는 사대관계를 인정하여 사신을 파견하기도 했다.

② 북벌정책

    ㉠ 17세기 중엽, 효종 때 추진하였다.

    ㉡ 청의 국력 신장으로 실현가능성이 부족하여 정권 유지의 수단이 되기도 하였다.

    ㉢ 양난 이후의 민심수습과 국방력 강화에 기여하였다.

③ 북학론의 대두

    ㉠ 청의 국력 신장과 문물 융성에 자극을 받았다.

    ㉡ 사신들은 천리경, 자명종, 화포, 만국지도, 천주실의 등의 신문물과 서적을 소개하였다.

    ㉢ 18세기 말 북학파 실학자들은 청의 문물 도입을 주장하였다.

① 백두산정계비 건립

　　㉠ 청나라는 자신들의 고향인 간도지방을 중요하게 생각하였다. 그러나 조선인도 그곳에 정착하여 사는 사람이 많았기 때문에 청과 국경분쟁이 일어났다.

　　㉡ 숙종 때(1712) 백두산 정계비를 세워 국경을 압록강에서 토문강(송화강 지류)으로 확정되었다.

　　㉢ 간도분쟁 : 19세기에 청나라는 토문강은 도문강(圖們江 : 두만강)이므로 그 이북은 청나라 영토라고 주장함으로써 토문강의 위치에 대한 해석 차이로 간도귀속문제가 발생하였다. 결국 조선의 외교권이 상실된 을사조약 후 청과 일본 사이의 간도협약(1909)으로 남만주의 철도 부설권을 얻는 대가로 일본은 간도를 청의 영토로 귀속되었다.

(2) 일본과의 관계

① 대일 외교관계

　　㉠ 기유약조(1609) : 임진왜란으로 조선과 일본의 외교 단절 이후 도쿠가와 막부의 요청으로 부산포에 왜관을 설치하고, 대일무역이 행해졌다.

　　㉡ 조선통신사 파견

　　　– 17세기 초 이후부터 200여 년간 12회에 걸쳐 파견하였다.

　　　– 일본이 막부 정권이 파견을 요청하였다.

　　　– 외교사절의 역할뿐만 아니라 조선의 선진학문과 기술을 일본에 전파하였다.

② 울릉도와 독도 : 숙종 때 안용복이 일본으로 건너가(숙종) 일본 막부에게 울릉도와 독도가 조선 영토임을 확인받고 돌아왔다. 그 후 조선 정부는 울릉도의 주민 이주를 장려하였고, 울릉도에 군을 설치하고 관리를 파견하여 독도까지 관할하였다.

기출예상문제

1 다음이 설명하는 조선시대의 기관으로 가장 적절한 것은?

2013.3.9. 일반공채순경 · 101경비단

> ㉠ 삼포왜란을 계기로 설치된 임시관청이며, 1555년 을묘왜변을 계기로 정식 관청이 되었다.
> ㉡ 정청(政廳)과 권부(權府)라는 이중성이 상존된 것이며, 이의 존치는 결국 중앙집권적 관료주의를 심화시킨 것이었다.
> ㉢ 임진왜란 이후 국정의 모든 사무를 담당하게 되면서 최고 정무기관의 역할을 담당하였다.
> ㉣ 조선 후기 확대 강화되면서 의정부와 6조를 중심으로 하던 국가행정체계를 무너뜨렸으며 왕권도 약화시켰다.

① 홍문관   ② 승정원
③ 춘추관   ④ 비변사

---

answer 1.④

---

1 제시된 자료는 조선시대 비변사의 변화를 설명한 내용이다.
　① 홍문관은 학술연구기관이다.
　② 승정원은 국왕의 비서기관이다.
　③ 춘추관은 역사 편찬을 담당한 기관이다.

2 다음 자료가 설명하는 기구는?

2010.9.11. 정보통신순경

> 굶주림에 시달린 이들은 인육을 먹기도 하고, 외방 곳곳에서는 도적들이 일어났다. 이때 주상께서 군사를 훈련시키라 명하시고, 나를 도제조(都提調)로 삼으셨다. "…한 사람당 하루에 2되씩 준다 하여 모집하면 응하는 이가 모여 들 것입니다." … 얼마 안되어 수천명을 얻어 조총 쏘는 법과 창칼 쓰는 기술을 가르치고, … 당번을 정하여 궁중을 숙직하게 하고, 국왕 행차가 있을 때 이들로써 호위하게 하니 민심이 점점 안정되었다.
>
> ―유성룡 「서애집」―

① 포도청   ② 훈련별대
③ 훈련도감   ④ 장용영

3 조선 후기 정치 상황에 대한 설명 중 옳은 것은?

2009.7.25. 정보통신순경

① 인조반정 이후 효종이 즉위하기까지에는 북학사상(北學思想)이 팽배하였다.
② 현종 대에는 두 번에 걸친 예송논쟁이 일어나 서인이 모두 승리하였다.
③ 숙종 대에는 당쟁이 치열해 지면서 환국이 일어났다.
④ 정조 대에는 신해통공을 실시하여 시전상인들의 이권을 강화하였다.

answer   2.③   3.③

2   제시된 자료는 훈련도감에 대한 설명이다.
　　① **포도청** : 조선시대 한성부와 경기도의 방범 · 치안을 관장하였다.
　　② **훈련별대** : 현종 때 군비 증강을 위해 창설하였다.
　　③ **훈련도감** : 임진왜란 중에 왜군의 조총에 대항하고자 기존의 활과 창으로 무장한 부대 외에 조총으로 무장한 부대를 만들어서 5,000여명 규모의 포수 · 살수 · 사수의 삼수병으로 편제되었다.
　　④ **장용영** : 정조 때 친위부대로 왕권강화를 위해 설치되어 한양과 화성에 각각 설치하였다.

3   숙종 때 경신환국, 기사환국, 갑술환국 등이 일어나면서 남인과 서인의 당쟁이 치열하게 전개되었다.
　　① 인조반정 이후 집권한 서인은 북벌론을 전개하였다. 효종 사후 북학운동이 일어났다.
　　② 현종 때 1차 예송(=기해예송, 1659)에는 서인의 주장이, 2차 예송(=갑인예송, 1674)에서는 남인의 주장이 받아 들여졌다.
　　④ 정조 때 신해통공을 실시되어 시전상인의 금난전권이 철폐되고, 난전의 자유로운 상업 활동이 어느 정도 보장되었다.

4 다음은 조선 후기 붕당정치와 관련하여 발생한 정치적 사건들이다. 이를 시대 순으로 가장 옳게 나열한 것은?

2012.8.25. 일반공채순경, 전·의경 특채, 101경비단

㉠ 기해예송	㉡ 무고의 옥
㉢ 경신환국	㉣ 신임사화
㉤ 갑술환국	

① ㉢ - ㉠ - ㉡ - ㉤ - ㉣

② ㉠ - ㉢ - ㉤ - ㉣ - ㉡

③ ㉠ - ㉢ - ㉤ - ㉡ - ㉣

④ ㉡ - ㉠ - ㉢ - ㉣ - ㉤

answer 4.③

4 ㉠ **기해예송**(현종, 1659): 효종이 상을 당하여 자의대비의 복제가 문제가 된 것으로 서인은 1년설을, 남인은 3년설을 주장하였으며 1년설이 채택되었다.
  ㉡ **무고의 옥**(숙종, 1701): 희빈 장씨가 궁녀들과 무당을 시켜 인형 왕후를 모략으로 음해한 사실이 드러나 희빈 장씨와 궁인, 무녀들이 처형되고 장씨 일가가 화를 입었다.
  ㉢ **경신환국**(숙종, 1680): 남인의 영수 허적은 어용 장물을 사용한 사건으로 숙종의 불신을 사게 되었다. 이때 서인은 허적의 서자 허견 등의 역모 사건을 따라 고발함에 남인이 대거 축출되고 서인이 중용된 사건이다.
  ㉣ **신임사화**(경종, 1721): 숙종 말년 경종 대신 영조를 서둘러 왕세자로 책봉하려던 노론 4대신(김창집·이이명·이건명·조태재 등)이 처형당한 사건이다.
  ㉤ **갑술환국**(숙종, 1694): 폐비 민씨가 복위되는 과정에서 이를 저지하던 남인이 실권하고, 이를 주도한 서인이 재집권한 사건이다.

5 다음 비문(碑文)을 세운 조선 후기 왕(王)의 활동에 대한 설명 중 가장 적절하지 않은 것은?

2013.3.9. 일반공채순경 · 101경비단

> 두루 하면서 무리 짓지 않는 것이 곧 군자의 공심이고
> 무리 짓고 두루 하지 않는 것은 바로 소인의 사심이다.
> (周而不比 乃君子之公心 比而不周 寔小人之私心)

① 전국적인 지리지와 지도의 편찬을 활발하게 추진하여 「여지도서」, 「동국여지도」 등이 간행 되었다.
② 당파의 옳고 그름을 명백히 가리는 적극적인 준론 탕평(峻論 蕩平)정책을 추진하였다.
③ 양역의 군포를 1필로 통일하는 균역법을 시행하였고, 「수성윤음」을 반포하여 수도방어체제 를 개편하였다.
④ 국가의 문물제도를 시의에 맞게 재정비하려는 목적으로 「속대전」, 「속오례의」, 「속병장도 설」 등 많은 편찬사업을 이룩하였다.

6 다음 조선 영조의 치적 중 가장 적절하지 않은 것은?

2012.10.20. 일반공채순경, 전의경 특채

① 군역 부담을 줄여주기 위하여 균역법을 시행하였다.
②「속대전」을 편찬하여 법전 체계를 정리하였다.
③ 친위 부대인 장용영을 설치하여 왕권을 뒷받침하는 군사적인 기반을 갖추었다.
④ 가혹한 형벌을 폐지하고 사형수에 대한 삼심제를 엄격하게 시행하였다.

---

answer 5.② 6.③

5   제시된 사료는 「예기」의 구절 일부로 탕평비에 인용되었다. 영조는 붕당 사이의 균형관계를 조성할 수 있는 힘은 왕권에 있다고 보고 탕평책을 추진하였다.
      ② 영조대의 탕평은 왕실·외척과 결탁한 특권세력의 존재를 용인하는 이른바 완론탕평을 실시하였다. 반면 정조 대의 탕평은 특권 정치 세력을 배척하고, 성리학적 질서의 기본 요소인 의리·공론·청요직 등을 활성화하여 실력 을 중시하는 준론 탕평을 실시하였다.

6   친위 부대인 장용영은 정조 때 설치하였다.

7 조선 정치사에 대한 설명 중 가장 적절하지 않은 것은?

2011.8.27. 정보통신순경

① 훈구파의 권력독점에 대항하여 유교적 도덕국가를 수립하려는 사림파의 도전이 16세기 사회를 낳았다.
② 2차 예송논쟁 이후 서인이 남인을 역모로 몰아 숙청하고 정권을 장악한 경신환국으로 붕당정치가 변질되기 시작하였다.
③ 19세기 세도정치는 일부 양반세도가문에 권력을 집중시켜 왕권의 약화를 초래함으로써 개방과 근대화에 능동적으로 대처할 수 없게 하였다.
④ 영조와 정조의 탕평정치 결과 모든 정파가 골고루 등용되어 공평한 권력배분이 이루어졌다.

8 다음 중 정조 때의 개혁정치가 아닌 것은?

2007.9.9. 정보통신순경

① 한양과 화성에 친위부대인 장용영을 설치하였다.
② 영조의 완론 탕평에 비해, 정조는 준론 탕평을 실시하였다.
③ 「동국문헌비고」, 「속대전」, 「대전통편」을 편찬하였다.
④ 신하들을 교육시키는 초계문신제를 실시하였다.

---

answer 7.④ 8.③

7 탕평정치는 근본적인 정치개혁으로 이어지지 못하고, 오히려 당론의 마련이 탕평이라는 이름으로 억제되면서 관료와 당색 내에 무사안일, 공리주의가 만연되어 갔고, 사림정치의 핵심이라 할 수 있는 시비와 의리가 퇴색되어 갔다.

8 영조는 「동국문헌비고」, 「속병장도설」, 「속오례의」, 「무원록」을 편찬하고, 정조는 「대전통편」, 「동문휘고」, 「규장전운」, 「탁지지」, 「추관지」 등을 편찬하였다.

9 다음 지문과 관련된 내용으로 가장 적절하지 않은 것은?

2012.10.20. 일반공채순경, 전의경 특채

> … 西爲鴨綠 東爲土門 故於分水嶺上 …
> 서쪽은 압록이 되고, 동쪽은 토문(土門)이 되므로, 분수령 위에 돌을 새겨 기록한다.

① 청 건국 후 조선과 청은 양국의 모호한 경계를 확정하기 위해 1712년 백두산 정계비를 세웠다.

② 우리의 외교권을 빼앗은 일제가 1909년 간도협약을 체결하여 남만주의 철도 부설권을 얻는 대가로 간도를 청의 영토로 인정하였다.

③ 19세기 이후 간도가 우리 민족의 생활 터전으로 바뀌면서 청과의 영유권 분쟁이 발생하였다.

④ 조선의 관리들은 토문(土門)의 해석을 두만강이라고 주장하였다.

10 조선 후기 중국, 일본과의 관계에 관한 다음 설명 중 가장 적절하지 않은 것은?

2012.8.25. 일반공채순경, 전·의경 특채, 101경비단

① 임진왜란 이후 조선은 일본과의 외교관계를 단절하여 서로 왕래가 전혀 없었다.

② 만주 지방에 관한 국경 분쟁으로 조선과 청은 정계비를 세워 국경을 확장하였다.

③ 조선은 19세기 말 울릉도에 군을 설치하여 관리를 파견하고 독도까지 관할하게 하였다.

④ 병자호란 이후 조선은 청에 대하여 표면상으로 사대관계를 맺었으나 청에 대한 적개심이 오랫동안 남아 있어서 북벌정책을 추진하기도 하였다.

---

answer 9.④ 10.①

9 제시된 사료는 백두산정계비의 내용이다. 조선은 백두산정계비의 토문강이 송화강 상류로 해석하여 간도가 우리 영토임을 주장하였다.

10 ① 임진왜란 이후 일본은 조선에 사신을 보내어 통교할 것을 요청하였고, 조선은 승려 유정을 일본에 파견하여 조선의 포로를 데려온 뒤 다시 국교를 맺었다.

② 조선은 숙종 때 백두산 정계비를 설치하여 백두산 일대의 경계를 명백히 하고자 하였다(1712).

③ 1884년 울릉도 개척령에 따라 육지 주민을 이주시키고, 1895년부터 도장을 1898년부터 도감을 중앙에서 파견하였다.

④ 청에 대한 수치를 씻고, 명에 대한 의리를 강조한 북벌론이 대두되었다.

11 다음에서 설명하는 직책으로 인하여 발생한 사실은?

무릇 내외의 관원을 선발하는 것은 3공에게 있지 않고 오로지 이조에 속하였다. 또한 이조의 권한이 무거워질 것을 염려하여 3사 관원의 선발은 판서에게 돌리지 않고 낭관에게 오로지 맡겼다. … (중략) … 3공과 6경의 벼슬이 비록 높고 크나 조금이라도 마음에 차지 않는 일이 있으면 전랑이 3사의 신하들로 하여금 논박하게 하였다. … (중략) … 이 때문에 전랑의 권한이 3공과 견줄만 하였다.

－택리지－

① 사림세력을 동인과 서인으로 분화시키는 계기를 제공하였다.
② 이로 인하여 서인과 남인간의 예송논쟁이 활발히 전개되었다.
③ 서인세력이 노론과 소론 세력으로 나뉘는 계기가 되었다.
④ 서인과 남인에게 인조반정의 원인을 제공해주기도 하였다.

12 다음과 같이 주장한 세력에 대한 설명으로 옳은 것은?

화의로 백성과 나라를 망치기가 … (중략) … 오늘날과 같이 심한 적이 없습니다. 중국(명)은 우리나라에 있어서 곧 부모요, 오랑캐(청)는 우리나라에 있어서 곧 부모의 원수입니다. 신하된 자로서 부모의 원수와 형제가 되어서 부모를 저버리겠습니까?

－인조실록－

① 광해군 때 권력을 장악하였다.
② 인조반정을 계기로 집권하였다.
③ 주로 향촌에서 영향력을 행사하였다.
④ 정여립의 모반사건을 계기로 남인과 북인으로 나뉘었다.

answer 11.① 12.②

---

11 제시문은 이조전랑직에 대한 것으로 이조전랑은 비록 품계는 낮지만 후임 관리를 추천할 수 있는 권리를 가지고 있고 이후 중요한 요직에 가기 위한 필수직으로 인식되었기 때문에 이 직책을 차지하고자 기존의 사림 세력이 동인과 서인으로 분파되는 계기가 되었다.
② 서인과 남인의 예송논쟁은 효종과 효종비의 복식문제 때문에 발생한 것이다.
③ 서인이 노론과 소론으로 나뉘어진 것은 남인세력의 처벌 문제 때문이다.
④ 서인과 남인의 인조반정의 계기가 된 것은 광해군의 폐모살제廢母殺弟)와 북인정권 때문이다.

12 제시문은 윤집의 상소문으로 대의명분을 강조하고 친명배금정책을 추진한 서인 정권의 입장이다.
① 북인에 대한 설명이다.
④ 정여립 모반사건으로 동인의 세력이 약화되었으며 정철의 건저의 사건으로 남인과 북인으로 나뉘게 되었다.

13 조선시대 수취제도의 개편에 대한 설명으로 옳은 것은?

① 균역법이 실시되면서 군포를 1년에 2필 납부하였다.
② 영정법의 시행으로 농민의 전세율이 증가하였다.
③ 대동법의 시행은 상품경제발전의 계기가 되었다.
④ 대동법은 양반지주의 지원으로 전국에서 동시에 실시되었다.

14 다음 시기의 설명으로 옳지 않은 것은?

> 붕당 간에 자율적 세력균형을 유지한 때는 17세기 초 서인과 남인이 공존관계를 유지하던 시대이며, 왕에 대한 타율적 세력 균형 유지는 붕당정치가 변질되어감에 따라 17세기 후반에 제기되었다. 즉, 경신환국 이후 상대세력의 존재를 인정하지 않는 일당전제화가 나타난 것이다.

① 육의전을 제외한 시전의 금난전권이 폐지되었다.
② 5군영은 서인의 군사적 기반이 되어 당파싸움에 이용되었다.
③ 의정부의 기능은 강화되고 비변사의 권한이 약화되었다.
④ 지방 사족들보다 수령의 권한이 컸다.

---

answer 13.③ 14.③

---

13 ① 균역법의 실시로 군포를 1년에 1필 납부하였다.
② 영정법의 시행으로 전세율이 낮아져 농민의 부담이 줄었으나 농민의 대다수가 자신의 토지가 없는 소작농이었기 때문에 큰 도움이 되지는 못했다.
④ 대동법은 양반지주의 반대로 전국적으로 시행되는데 100년 가까이 걸렸다.

14 비변사의 기능은 강화되고 의정부와 6조의 기능은 약화되었다.

15 다음에 대한 설명으로 옳은 것은?

> 화의로 백성과 나라를 망치기가 … (중략) … 오늘날과 같이 심한 적이 없습니다. 중국(명)은 우리나라에 있어서 곧 부모요, 오랑캐(청)는 우리나라에 있어서 곧 부모의 원수입니다. 신하된 자로서 부모의 원수와 형제가 되어서 부모를 저버리겠습니까? 하물며 임란의 일은 터럭만 한 것도 황제의 힘이어서 우리나라에 있어서는 먹고 숨 쉬는 것조차 잊기 어렵습니다. … (중략) … 차라리 나라가 없어질지라도 의리는 저버릴 수 없습니다. … (중략) … 어찌 차마 화의를 주장하는 것입니까.

① 북벌론으로 이어졌다.
② 광해군의 외교정책을 지지하였다.
③ 북학운동의 사상적 기반이 되었다.
④ 인조반정을 주도한 세력과는 상반되는 입장을 취한다.

16 다음 중 임진왜란 당시 의병장의 활동으로 옳은 것은?

① 고경명 – 장흥에서 거병하였으며 진주에서 전사하였다.
② 곽재우 – 의령에서 거병하였으며 금산성 전투에서 전사하였다.
③ 김천일 – 나주에서 거병하였으며 남원에서 전사하였다.
④ 조헌 – 옥천에서 거병하였으며 금산에서 전사하였다.

`answer` 15.① 16.④

15 제시문은 윤집의 상소문으로 호란 이후 청에게 당한 치욕을 씻자고 주장하는 척화론이다. 이는 후에 북벌론으로 이어졌다.
  ② 북인세력은 광해군의 외교정책을 지지하였다.
  ③ 북학운동은 청의 선진문물을 배워 부국강병을 꾀하자는 것으로 북벌론과는 상반적인 입장이다.
  ④ 서인세력은 인조반정을 주도한 중심세력으로, 효종 때도 집권하여 북벌론을 추진하였다.

16 ① 고경명은 장흥에서 거병하였으며 의주 행재소로 향하던 중 금산에서 왜군과 대결하다 전사하였다.
  ② 곽재우는 의령에서 거병하였으며 정암진 등지에서 대승을 거두었다. 홍의장군이라고 불리었으며 후에 벼슬을 사퇴하고 은둔생활을 하였다.
  ③ 김천일은 나주에서 거병하였으며 행재소로 향하던 중 경기 근처의 왜군을 물리쳤고 재차 진주 혈전 때 전사하였다.

17 다음은 조선 후기 수취제도의 개편에 관한 설명이다. 옳은 것은?

> (개) 집집마다 부과하던 공물을 토지 결수에 따라 쌀·삼베·무명·동전 등으로 납부한다.
>
> (내) 1년에 2필 납부하던 군포를 1필로 줄이고 부족분은 결작·선무군관포·잡세 등으로 보충한다.

① (개)-보부상들은 관청에서 공가를 미리 받아 필요한 물품을 사서 납부하였다.
② (개)가 실시되면서 조세의 전세화 경향이 나타났다.
③ (내)-양반과 상민의 군역 부담이 동등해졌다.
④ (개)와 (내)는 전국적으로 동시에 시행하였다.

18 조선 후기에 발생한 다음과 같은 사건의 공통점은?

> • 소청운동   • 항조운동
> • 벽서·괘서   • 봉기

① 현왕조를 부정하고 역성 혁명을 추진하였다.
② 민심이 혼란해지면서 예언사상이 대두되었다.
③ 납속과 공명을 통해 신분상승이 이루어지면서 신분제가 동요되었다.
④ 자신의 문제를 스스로 해결하고자 하는 의지를 보여준다.

---

answer 17.② 18.④

17 (개)는 대동법, (내)는 균역법이다.
① 공인에 대한 설명이며, 보부상은 장시를 돌면서 농산물, 수공품, 약재 등을 비롯한 생활필수품을 유통시킨 행상이다.
③ 양반은 역을 지지 않았으며 흥선대원군이 실시한 호포법이 시행되면서 군포가 징수되었다.
④ 대동법은 광해군(1608) 때 이원익, 한백겸 등의 주장으로 경기도에서 처음 시작되었으며 숙종(1708) 때 이르러 함경도와 평안도를 제외한 전국에서 실시되었다.

18 조선 후기 정치기강은 문란해지고 농민의식은 성장한 가운데 지배층의 수탈이 심해지면서 농민들은 적극적인 항거운동을 하였다. 이러한 항거운동은 벽서나 괘서를 통해 사건의 진상을 알리거나 봉기를 통한 요구 등으로 이루어졌다. 제시된 사건들은 특정 신분이나 목적에 국한되지 않고 자신의 문제를 해결하기 위한 노력을 보여주는 것이다.

19 다음 조선 후기 수취제도에 대한 설명 중 옳지 않은 것은?

> ㉠ 전세−풍흉에 관계없이 토지 1결당 미곡 4두를 징수하였다.
> ㉡ 공납−토지의 결수에 따라 쌀·삼베·무명·동전 등으로 납부하게 하였으며 대체로 토지 1결당 미곡 12두를 납부하였다.
> ㉢ 군역−1년에 군포 1필을 부담하였다.

① ㉠으로 인해 전체적 조세율이 줄었다.
② ㉠으로 인해 전호에게 큰 혜택을 주었다.
③ ㉢의 실시로 인해 평민은 부담이 줄고 지주는 부담이 증가했다.
④ 세금제도가 토지중심으로 이루어졌다.

20 다음 중 조선 후기 정조의 정책으로 옳지 않은 것은?

① 준론 탕평책을 실시하고 왕권을 강화하였다.
② 문신재교육을 위해서 시사를 결성하였다.
③ 수원 화성을 건설하였고 대유둔전 국영농장을 설치하였다.
④ 규장각을 설치하여 인재를 양성하였다.

19 ② 영정법의 실시로 조세율은 감소하였으나 여러 명목의 비용을 함께 징수하여 농민의 부담이 증가하였으며 지주 전호제하의 전호에게는 적용되지 않았다.
③ 농민의 군포를 1년에 2필에서 1필로 줄이고 부족분은 지주에게 결작을 부과하거나 선무군관세, 어장세, 선박세 등으로 보충하였다.

20 정조는 문신재교육을 위해서 신진 인물과 중·하급관리를 재교육한 후 등용하는 초계문신제를 시행하였다.

CHAPTER 02 근대태동기의 경제

 1 수취체제의 개편

(1) 농촌사회의 동요

① 농촌생활의 어려움
　㉠ 전쟁의 피해 : 임진왜란과 병자호란으로 농촌사회가 파괴되고, 경작지가 황폐화되었다.
　㉡ 기근과 질병이 만연하였고, 농민들의 조세부담이 심각하였다.

② 지배층의 태도 : 정치적 다툼에 몰두하여 민생문제를 등한시하였다.

③ 정부의 대응 : 수취체제의 개편으로 농촌사회의 안정과 재정기반의 확대를 추구하였다.

(2) 전세의 정액화

① 조세정책의 변화
　㉠ 배경 : 양 난 이후 농경지가 황폐화되고, 토지제도가 문란해졌다.
　㉡ 대책
　　- 농지개간을 권장하고 개간자에게 개간지의 소유권과 3년간의 면세의 혜택을 주었다.
　　- 전세를 확보하기 위해 토지조사사업을 실시하였다.

② 영정법의 실시(1635)
　㉠ 배경
　　- 농민의 전호화 현상 : 지주전호제가 강화되면서 다수의 농민들이 토지를 잃고 전호로 전락하였다.
　　- 농민의 불만 : 과중한 부세 등의 고통을 줄여주는 정책을 원하였다.
　　- 조세의 비효율성 : 세종 때 시행된 전분6등법과 연분9등급은 매우 번잡하여 제대로 운영되지 않았고, 등법을 속이는 경우가 비일비재하였다.
　㉡ 내용 : 풍흉에 관계없이 전세로 토지 1결당 미곡 4두를 징수하였다.
　㉢ 결과 : 전세율은 이전보다 감소하였으나 여러 명목의 비용을 함께 징수하여 전세를 납부할 때 수수료, 운송비, 자연소모에 따른 보조비용 등이 함께 부과되기 때문에 농민의 부담은 증가하였고, 또한 지주전호제하의 전호들에겐 적용되지 않았다.

(3) 공납의 전세화

① 배경 : 방납의 폐단을 시정하고, 농민의 토지이탈을 방지하기 위해서 실시되었다.

〈대동법 시행 시기〉

② 대동법의 실시

    ㉠ 목적 : 농민의 부담을 경감시키고, 국가재정을 보완하기 위함이다.

    ㉡ 과정 : 경기지방에서 처음 실시된 이후 전국적으로 확대되었다.

    ㉢ 내용 : 토지의 결수에 따라 쌀·삼베·무명·동전으로 납부하는 제도로 대체로 1결당 미곡 12두만을 납부하면 되었다.

    ㉣ 결과 : 과세 기준이 종전의 가호에서 토지 결수로 바뀌어 농민의 부담이 감소하였다.

③ 영향

    ㉠ 공인의 등장 : 관청에서 공가를 미리 받아 물품을 사서 납부하는 어용상인인 공인이 등장 하였다.

    ㉡ 농민부담의 경감 : 농민들은 대체로 토지 1결당 미곡 12두만을 납부하면 되었기 때문에 토지가 없거나 적은 농민에게 과중하게 부과되었던 공물 부담은 없어지거나 어느 정도 경감되었다.

    ㉢ 장시와 상공업의 발달 : 공인의 활동이 활발해지면서 각 지방에 장시가 발달하였고, 생산 활동이 활발해지면서 경제 질서가 자급자족의 경제에서 유통경제로 바뀌었고 도고상업이 발달하였다.

    ㉣ 상업도시의 성장 : 쌀의 집산지인 삼랑진, 강경, 원산 등이 성장하였다.

    ㉤ 상품·화폐경제의 성장 : 공인들이 시장에서 많은 물품을 구매하였으므로 상품수요가 증가하였고, 농민들도 대동세를 내기 위하여 토산물을 시장에 내다 팔아 쌀, 베, 돈을 마련하였다.

    ㉥ 봉건적 양반사회의 붕괴 : 대동법의 실시로 인한 상품화폐경제의 성장은 궁극적으로 농민층의 분해를 촉진시켰고, 나아가 종래의 신분질서와 경제를 와해시키는 등 양반사회를 무너뜨리는 작용을 하였다.

    ㉦ 현물징수의 존속 : 농민들은 진상이나 별공을 여전히 부담하였고, 지방관아에서는 필요에 따라 수시로 토산물을 징수하였다.

④ 의의

    ㉠ 조세의 금납화 : 종래의 현물징수가 미곡, 포목, 전화 등으로 대체됨으로써 조세의 금납화가 이루어졌다.

    ㉡ 공납의 전세화 : 토지 소유의 정도에 따라 차등을 두어 과세하였으므로 보다 합리적인 세제라 할 수 있다.

(4) 균역법의 시행

① 군역의 폐단

    ㉠ 수포군의 증가 : 모병제의 제도화로 1년에 2필의 군포를 내는 것으로 군역을 대신하는 수포군이 증가하여 군영의 경비가 충당되었다.

ⓒ **농민부담의 가중** : 군영, 지방 감영, 병영에서 독자적으로 군포를 징수하였다.

ⓒ **군역의 재원 감소** : 납속이나 공명첩으로 양반 수가 증가되고, 농민의 도망으로 군포의 부과량이 증가하였다.

② **균역법의 실시**

㉠ **내용** : 농민 1인당 1년에 군포 1필을 부담하게 하였다.

ⓒ **재정의 보충** : 지주에게 결작이라고 하여 1결당 미곡 2두를 징수하고, 일부 선무군관이란 칭호로 상류층에게 군포 1필을 징수하였으며 어장세, 선박세 등 잡세 수입으로 보충하였다.

③ **결과** : 농민의 부담은 일시적으로 경감하였지만, 농민에게 결작의 부담이 강요되었고, 군적의 문란으로 농민의 부담이 다시 가중되었다.

② 서민경제의 발전

(1) 양반 지주의 경영 변화

① **양반의 토지 경영**

㉠ **농토의 확대** : 토지 개간에 주력하고, 농민의 토지를 매입하였다.

ⓒ **지주전호제 경영** : 소작 농민에게 토지를 빌려 주고 소작료를 받는 형식이다.

② **지주전호제의 변화** : 상품화폐경제가 발달되면서 변화해 갔다.

㉠ 소작인의 소작권을 인정하고, 소작료 인하 및 소작료를 일정액으로 정하는 추세가 등장하게 되었다.

ⓒ 지주와 전호간의 관계 신분적 관계에서 경제적 관계로 변화하였다.

③ **양반의 경제활동**

㉠ 소작료와 미곡판매로 이득을 남겨 토지매입에 주력하였다.

ⓒ 물주로서 상인에게 자금을 내거나 고리대로 부를 축적하기도 하였다.

ⓒ 경제변동에 적응하지 못하고 몰락하는 양반이 등장하게 되었다.

(2) 농민경제의 변화

① **농촌의 실정** : 수취체제의 조정으로 18세기(영·정조시대)에는 농촌사회의 동요가 진정되는 듯하였으나, 궁극적으로는 양반 중심의 지배체제를 유지하는 데 목적이 있었기 때문에 농촌사회 안정에 한계가 있었다.

② **농민들의 대응책** : 황폐한 농토를 개간하고, 수리시설을 복구하였다. 농기구와 시비법을 개량하고, 새로운 영농방법을 시도하였다.

③ 모내기법(이앙법)의 확대

    ㉠ **벼와 보리의 이모작 가능** : 보리는 수취의 대상에서 제외되어 소작농에게 선호되었다.

    ㉡ **경영의 변화** : 잡초를 제거하는 일손의 감소로 경작지의 규모가 확대되었다.

    ㉢ **결과** : 광작(廣作)농업으로 농가의 소득이 증대되자, 농민의 일부는 부농으로 성장하여 농민의 계층을 분화시켰다.

④ **상품작물의 재배** : 장시가 증가하여 상품의 유통이 활발해졌다.

    ㉠ **내용** : 쌀, 면화, 채소, 담배, 약초 등을 재배하였다.

    ㉡ **결과** : 쌀의 상품화로 밭을 논으로 바꾸는 현상이 일어났다.

⑤ 소작권의 변화

    ㉠ **소작쟁의** : 유리한 경작조건으로 확보하고 소작권을 인정하였다.

    ㉡ **지대의 변화** : 타조법에서 도조법으로 변화하였고, 곡물이나 화폐로 지불하는 금납화현상이 나타나면서 소작농의 권리가 향상되었다.

타조법	도조법
일정 비율로 소작료를 내는 방식으로 대개 수확량의 2분의 1을 납부하였으며, 전세와 종자, 농기구가 소작인에게 부담이 되어 농민에게 불리한 조건이었다.	일정 액수를 내는 방식으로 대개 수확량의 3분의 1정도를 납부한다. 소작인에게 타조법보다 유리하였다.

    ㉢ 결과

      – 농민들은 소득이 향상되어 토지개간이나 매입을 통해 지주로 성장하였다.

      – 농민의 일부만 부농층이 되었고 대부분은 토지를 잃고 몰락하여 임노동자가 되었다.

⑥ 몰락 농민의 증가

    ㉠ **원인** : 부세의 부담, 고리채의 이용, 관혼상제의 비용부담 등으로 토지를 판매하기도 하였다.

    ㉡ **지주의 소작지 회수** : 품팔이를 통해 광작으로 인하여 소작지를 확보하는 것이 어려웠다. 소작지를 잃은 농민은 농촌을 떠나거나 농촌에 머물러 생계를 유지하였다.

    ㉢ **농민의 농촌이탈** : 도시에서 상공업에 종사하거나, 광산이나 포구의 임노동자로 전환되었다.

(3) 민영수공업의 발달

① 발달배경

    ㉠ **상품화폐경제의 발달** : 시장판매를 위한 수공업제품의 생산이 활발해졌다.

    ㉡ **도시인구의 증가** : 제품의 수요가 증가되었으며, 대동법의 실시로 관수품의 수요가 증가하였다.

② **민영수공업** : 관영수공업이 쇠퇴하고 민영수공업이 증가하였다.

    ㉠ 장인세의 납부로 자유로운 생산활동이 이루어졌다.

    ㉡ 민영수공업자의 작업장은 점(店)이라고 불렸으며 철점과 사기점이 도시를 중심으로 발달하였다.

③ **농촌수공업** : 전문적으로 수공업제품을 생산하는 농가가 등장하여, 옷감과 그릇을 생산하였다.

④ 수공업 형태의 변화

　　㉠ **선대제수공업** : 상인이나 공인으로부터 자금이나 원료를 미리 받고 제품을 생산하는 것이다(종이, 화폐, 철물 등).

　　㉡ **독립수공업** : 독자적으로 제품을 생산하고 판매하였다(18세기 후반).

(4) 민영 광산의 증가

① 광산개발의 변화

　　㉠ **조선 전기** : 정부가 독점하여 광물을 채굴하였다.

　　㉡ **17세기** : 허가받은 민간인에게 정부의 감독 아래 광물채굴을 허용하고 설점수세를 징수하였다.

　　㉢ **18세기 후반** : 국가의 감독을 받지 않고 민간인이 광물을 자유롭게 채굴하였다.

② 광산개발의 증가

　　㉠ **배경** : 민영수공업의 발달로 광물의 수요가 급증하고, 금·은·동 등의 채굴이 활발히 이루어지게 되었다.

　　㉡ **광산개발**

　　－ 금광 개발 : 18세기 말 상업자본의 유입으로 활발하게 진행되었다.

　　－ 은광 개발 : 청과의 무역으로 수요가 증가하여 개발이 활발하게 진행되었다.

　　－ 잠채 성행 : 막대한 이익 창출이 가능해지자 불법 채굴이 유행하였다. 18세기 중엽 이후 지방 수령의 광산착취가 심해지자, 관청의 결탁하여 잠채를 하는 경우도 있었다.

③ 조선 후기의 광업

　　㉠ **경영방식** : 덕대가 상인 물주로부터 자본을 조달받아 채굴업자, 채굴노동자, 제련노동자 등을 고용하여 분업 형태로 작업을 하였다.

　　㉡ **덕대** : 광산의 주인과 계약을 맺고 광물을 채굴하여 전문적으로 광산을 경영하였는데 이는 우리나라 특유의 광산경영방식이기도 하였다.

　　㉢ **특징** : 굴진·운반·분쇄·제련의 분업화를 기본으로 한 협업으로 진행하였으며, 자본주의의 맹아적 요소를 보여주는 것이다.

③ 상품화폐경제의 발달

(1) 사상의 대두

① 상품화폐경제의 발달

　　㉠ **배경**

　　－ 농업생산력이 증대되었다.

　　－ 수공업생산이 활발해졌다.

　　－ 부세 및 소작료의 금납화 현상으로 상품유통이 활성화되었다.

ⓛ **상업인구의 증가** : 농민의 계층분화로 도시 유입인구가 증가되었고, 상업활동은 더욱 활발해졌다.

ⓒ **주도** : 상업활동은 공인과 사상이 주도하였다.

② **공인의 활동**

　　ⓣ **공인의 등장** : 대동법의 실시로 등장한 어용상인이다.

　　ⓛ **공인의 역할** : 관청의 공가를 받아 수공업자에게 위탁생산한 물품을 납품하여 수공업 성장에 뒷받침하였다.

　　ⓒ **도고의 성장** : 서울의 시전과 지방장시를 중심으로 활동하였고, 특정 상품을 집중적 · 대량으로 취급하여 독점적 도매상인인 도고로 성장하였다.

　　ⓔ **조선후기의 상업활동 주도** : 사상들이 성장하기 이전에는 공인들의 활동이 활발하였다.

③ **사상의 성장**

　　ⓣ **초기의 사상**(17세기 초) : 농촌에서 도시로 유입된 인구의 일부가 상업으로 생계를 유지하여 시전에서 물건을 떼어다 파는 중도아(中都兒)가 되었다.

　　ⓛ **사상의 성장**(17세기 후반) : 시전상인과 공인이 상업 활동에서 활기를 띠자 난전이라는 불리는 사상들도 성장하였고, 시전과 대립하였다.

　　ⓒ **시전의 특권 철폐**(18세기 말) : 시전상인들은 금난전권을 얻어내어 사상들을 억압하려 하였으나 사상의 성장을 막을 수 없었던 정부는 육의전을 제외한 나머지 시전의 금난전권을 폐지하였다.

　　ⓔ **금난전권 폐지** : 금난전권은 시전상인들이 가졌던 전매특권으로 일반 상인이나 다른 시전이 같은 물품을 팔지 못하게 금지할 수 있는 권리이다. 처음에는 육의전에만 허용하였으나 조선후기에 난전이 본격적으로 전개되어 금난전권이 무의미해졌고, 마침내 정조 15년(1791)의 육의전을 제외한 시전상인의 금난전권을 철폐하였다.

④ **사상의 활동**(18세기 이후)

　　ⓣ **사상** : 칠패, 송파 등 도성 주변과 개성, 평양, 의주, 동래 등 지방도시에서 활동하였다. 각 지방의 장시와 연결되어 각지에 지점을 설치하여 상권을 확대하였고, 청 · 일본과의 대외무역에도 참여하였다.

　　ⓛ **대표적 사상**

　　　－ 개성의 송상 : 송방이라는 지점을 전국에 설치하고 주로 인삼을 재배 · 판매하고 청과의 무역과 일본과의 무역을 중계하면서 부를 축적하였다.

　　　－ 경강상인 : 한강을 거점으로 미곡, 소금, 어물 등의 운송과 판매를 장악하고 운송업에 종사하면서 부를 축적하였다.

　　　－ 의주의 만상 : 대중국 무역을 통해 부를 축적하였다.

　　　－ 동래의 내상 : 대일 무역을 통해 구리, 후추, 황 등을 수입하여 부를 축적하였다.

(2) 장시의 발달

① 장시의 증가 : 15세기 말 개설되기 시작한 장시는 18세기 중엽 전국에 1000여개 소가 개설되었다.

② 발달배경 : 농민들은 행상에게 물건을 파는 것보다 장시를 이용하면 좀 더 싸게 물건을 구입하고 비싸게 팔 수 있어 이를 이용하는 경향이 점차 증가하였다.

③ 장시의 기능

    ㉠ 지방민들의 교역 장소 : 인근의 농민·수공업자·상인들이 일정한 날짜에 일정한 장소에 모여 물건을 교환하였는데, 보통 5일마다 열렸다.

    ㉡ 지역적 시장권 형성 : 일부 장시는 상설 시장이 되기도 하였지만, 인근 장시와 연계하여 하나의 지역적 시장권을 형성하는 것이 보통이었다.

    ㉢ 지역적 유통망 형성 : 18세기 말 광주의 송파장, 은진의 강경장, 덕원의 원산장, 창원의 마산포장 등은 전국적 유통망을 연결하는 상업의 중심지로 발돋움하였다.

④ 보부상의 활동

    ㉠ 농촌의 장시를 하나의 유통망으로 연결시켰고, 생산자와 소비자를 이어주는 데 큰 역할을 하였다.

    ㉡ 자신들의 이익을 지키고 단결을 굳게 하기 위하여 보부상단 조합을 결성하였다.

(3) 포구에서의 상업활동

① 포구의 성장

    ㉠ 수로 운송 : 도로와 수레가 발달하지 못하여 육로보다 수로를 이용하였다.

    ㉡ 포구의 역할 변화 : 세곡과 소작료 운송기지에서 상업의 중심지로 성장하였다.

    ㉢ 포구상권의 형성 : 연해안이나 큰 강 유역에 형성되어 있는 포구들 중 인근 포구 및 장시와 연결되었다.

    ㉣ 선상, 객주, 여각 : 포구를 거점으로 상행위를 하는 상인이 등장했다.

② 유통권의 형성 : 활발한 선상활동으로 하나의 유통권을 형성하여 갔고, 포구가 칠성포, 강경포, 원산포에서는 장시가 열리기도 했다.

③ 상업활동

    ㉠ 선상 : 선박을 이용하여 포구에서 물품을 유통하였다.

    ㉡ 경강상인 : 대표적인 선상으로 운송업에 종사하였으며, 한강을 근거지로 소금, 어물과 같은 물품의 운송과 판매를 장악하여 부를 축적하였고, 선박의 건조 등 생산분야에까지 진출하였다.

    ㉢ 객주, 여각 : 선상의 상품매매를 중개하거나, 운송·보관·숙박·금융 등의 영업을 하였다.

⑷ 중계무역의 발달

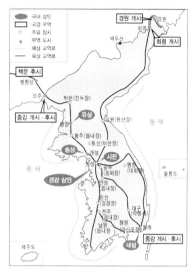

조선후기의 상업과 무역 활동

① 대청 무역 : 17세기 중엽부터 활기를 띠었다.
  ㉠ 형태 : 개시(공적무역), 후시(사적 무역)가 이루어졌다.
    – 공무역 : 중강개시, 회령개시, 경원개시
    – 사무역 : 중강후시, 책문후시, 회동관후시, 단련사후시
  ㉡ 교역품
    – 수입품 : 비단, 약재, 문방구 등
    – 수출품 : 은, 종이, 무명, 인삼 등
② 대일 무역 : 17세기 이후 국교가 정상화되었다.
  ㉠ 형태 : 왜관개시를 통한 공무역이 활발하게 이루어졌고, 조공무역이 이루어졌다.
  ㉡ 교역품 : 조선은 인삼, 쌀, 무명 등을 팔고 청에서 수입한 물품들을 넘겨주는 중계무역을 하고, 일본으로부터 은, 구리, 황, 후추 등을 수입하였다.

③ 상인들의 무역활동 : 활발한 활동을 보인 상인은 의주의 만상, 동래의 내상, 개성의 송상은 청과 일본을 중계하여 큰 이득을 남겼다.

④ 영향 : 수입품 중에는 사치품이 많았고, 수출품 중에는 은과 인삼의 비중이 커서 국가재정과 민생에 여러 가지 문제를 남겼다.

⑸ 화폐유통

① 화폐의 보급
  ㉠ 배경 : 상공업의 발달에 따라 동전(금속화폐)이 전국적으로 유통되었다.
  ㉡ 과정 : 인조 때 동전이 주조되어, 개성을 중심으로 유통되다가 효종 때 널리 유통되었다. 18세기 후반에는 세금과 소작료도 동전 대납이 가능해졌다.

② 동전 발행의 증가
  ㉠ 동광의 개발로 구리의 공급이 증가되고, 동전의 발행이 권장되었다.
  ㉡ 불법으로 사적인 주조로 이루어졌다.

③ 동전 부족(전황) : 지주, 대상인이 화폐를 고리대나 재산 축적에 이용하였다.
  ㉠ 원인 : 상인이나 지주 중에는 화폐를 재산으로 여겨, 늘어난 재산을 화폐로 바꾸어 간직하고 유통시키지 않았다. 이와 같이 화폐가 많이 주조되어도 유통되는 화폐는 계속 부족해지는 현상을 전황이라고 한다.
  ㉡ 실학자 이익은 전황의 폐단을 지적하며 폐전론을 주장하기도 하였다.

④ 신용화폐의 등장 : 상품화폐경제의 진전과 상업자본의 성장으로 대규모 상거래에 환·어음 등의 신용화폐를 이용하였다.

기출예상문제

1 다음과 같은 제도가 시행된 배경으로 가장 적절한 것은?

2013.3.9. 일반공채순경 · 101경비단

> 광해군 즉위년에 이원익 등의 주장에 따라 경기도에서 처음 시행하였다. 그 후 실시지역이 확대되어 숙종 34년에는 평안도와 함경도를 제외한 전국에서 실시되었다. 이를 관할하는 관청으로 선혜청을 두었다.

① 제 고장에서 나지 않는 물건을 공물로 내게 하거나, 서리가 상인과 결탁하여 공납물을 미리 국가에 바치고 그 값을 비싸게 책정하여 농민에게 받아냈다.

② 사족이 군역을 회피하는 풍조가 생기고, 요역을 담당할 장정들이 크게 줄어들자 군인을 요역에 동원하게 되었다.

③ 보인(保人)으로부터 조역가를 받아내서 이를 삯전으로 내고, 품을 사서 자신의 역을 대신 지게 하는 대립(代立)이 성립되었다.

④ 춘궁기에 빈민에게 식량을 빌려주고 원곡만을 회수하는 의창제를 대신하여 상평창제가 실시되면서 원곡의 10%를 이자로 받았다.

2 다음 중 조선 후기 조세제도에 대한 설명으로 가장 적절하지 않은 것은?

2012.2.25. 일반공채순경

① 대동법은 집집마다 부과하여 토산물을 징수하던 공물 납부 방식을 토지의 결수에 따라 쌀, 삼베나 무명, 동전 등으로 납부하게 하는 제도였다.

② 대동법은 경기도에 시험적으로 시행되고 이어서 점차 전국으로 확대되었다.

③ 인조 대에 풍년이나 흉년에 따라 전세를 조절하는 영정법을 시행하였다.

④ 균역법의 시행으로 감소된 재정은 지주에게 결작이라 하여 토지 1결당 미곡 2두를 부담시켰다.

`answer` 1.① 2.③

---

1 문제에서 제시된 자료는 대동법과 관련된 내용이다. ②③은 군역의 폐단을, ④는 환곡의 문제점을 지적한 것이다.

2 영정법은 풍흉에 관계없이 1결당 4두로 고정시켜 징수하는 것으로 인조(1635) 때에 시행되었다.

3 다음 보기는 조선 후기 공납제의 개편에 관한 내용이다. 밑줄 친 내용의 해석이 가장 적절하지 않은 것은?

2011.8.27. 정보통신순경

> 대동법이란 민호에게 토산물을 부과·징수하던 공납을 농토의 결수에 따라 ㉠ 미곡, 포목, 전화(錢貨)로 납부하게 하는 제도였다. 이 제도는 우선 경기도에 시험 삼아 실시된 이후 점차 확대되어 ㉡ 전국으로 실시되는데 100년이라는 기간이 소요되었다. 정부는 수납한 미곡, 포목, 전화를 ㉢ 공인(貢人)에게 지급하여 필요한 물품을 구입하려 썼다. 농민들은 1결당 미곡 12두를 내었으나 시일이 지나면서 왕실에 상납하는 ㉣ 진상이나 별공은 여전히 부담하였고, 상납미의 비율은 점차 증가하였다.

① ㉠ : 상품화폐경제의 발달
② ㉡ : 지주들의 반발 초래
③ ㉢ : 수공업과 상업의 쇠퇴
④ ㉣ : 농민들의 현물징수 잔존

4 다음 보기에서 설명하고 있는 '제도'에 대한 설명으로 틀린 것은?

2007.9.9. 정보통신순경

> 강원도는 땅이 험준하여 이 제도를 실시하여도 반발이 없었으나, 충청도와 전라도는 평야가 많아 이 제도를 시행하는데 반발이 심하였다.

① 국가의 수입은 일반적으로 증가하였다.
② 양반들은 대체로 환영하였다.
③ 공인이 처음으로 등장하였다.
④ 광해군 때 최초로 시행하였다.

answer 3.③ 4.②

3 대동법 실시 이후 공인이 시장에서 많은 물품을 구입하였으므로 상품 수요가 증가하였고, 농민들도 대동세를 내기 위하여 토산물을 시장에 내다 팔아 상품 수요가 증가하였다. 이로 인해 상품화폐경제가 한층 발전하였다.

4 대동법 실시로 민호(民戶)당 징수하던 공납이 토지 결수(結數)를 중심으로 징수하여 농민의 부담이 감소하고 대지주의 부담이 커지게 되었다. 이에 대지주 대부분인 양반들은 강하게 반대를 하였고, 전국적으로 시행되기까지 100년의 시간이 걸리게 된다.

5 조선 후기 균역법의 실시로 나타난 변화와 거리가 먼 것은?

2006.2.7. 해양경찰

① 궁방과 아문은 어세, 선세 및 염세를 균역청에 양도하였다.
② 지주들은 토지 1결당 미곡 2두씩 부담하였다.
③ 농민들의 군포 부담은 1년에 2필에서 1필로 줄어들었다.
④ 족징 및 인징 등 군역을 둘러싼 폐단이 완전히 사라졌다.

6 다음 사실이 나타났던 당시 농촌 사회의 모습으로 볼 수 없는 것은?

2009.7.25. 정보통신순경

> 농민들은 모내기법을 확대하여, 벼와 보리의 이모작으로 단위 면적당 생산량을 증가시켜 소득을 증대하였다.

① 농민 간의 빈부 격차가 심해졌다.
② 농민들은 경작지의 규모를 확대하였다.
③ 쌀의 수요가 늘면서 밭을 논으로 바꾸는 현상이 활발해졌다.
④ 소작농들은 보리농사를 선호하지 않았다.

---

answer 5.④ 6.④

---

5 균역법 시행으로 나타난 결작이 소작농민의 부담으로 전가되고, 정부의 장정 수 책정이 급격히 많아짐으로써 농민의 부담은 다시 가중되는 폐단을 초래하고, 군액 수가 늘어나자 다시 족징·인징 등의 폐단이 늘어났다.

6 조선 후기 들어 이모작이 널리 행해지면서 보리 재배가 확대되었고, 더구나 논에서의 보리농사는 대체로 소작료의 수취 대상이 되지 않았기 때문에 소작노들은 보리농사를 선호하였다. 이앙법으로 잡초를 제거하는 일손을 덜 수 있게 되자 농민들은 경작지의 규모를 확대시켰다.

7 객주에 대한 설명으로 맞는 항목만을 고른 것은?

2009.7.25. 정보통신순경

> ㉠ 경향 각지의 상품집산지에서 상품을 위탁받아 매매를 주선하였다.
> ㉡ 공납 물품의 대리 납품업자였다.
> ㉢ 숙박업을 운영하기도 하였다.
> ㉣ 고공으로 불리기도 하였다.
> ㉤ 창고업, 화물수송업, 금융업을 겸하는 중간상인이었다.

① ㉠㉢㉤   ② ㉠㉡㉣
③ ㉡㉢㉣   ④ ㉢㉣㉤

8 조선 후기 상업의 변화에 대한 설명으로 틀린 것은?

2006.2.7. 해양경찰

① 조세의 전세화와 지대의 금납화가 상업의 발달을 촉진하였다.
② 도고의 성장은 상인계층의 분화를 유발하였다.
③ 경강상인은 청·일의 대외무역에 관여하여 부를 축적하였다.
④ 상품화폐경제가 진전되어 만성적인 전황현상이 일어났다.

answer 7.① 8.③

7 객주는 지방의 큰 장시나 포구에서 활동하면서 상품의 매매를 중개하고, 부수적으로 운송, 보관, 금융 등의 영업과 숙박업도 하였다.
ㅤ ㉡ 대동법 시행 이후 관청에 물품을 납부하던 공인이 형성되었다.
ㅤ ㉣ 조선 후기 농촌 사회의 계층분화가 발생하여 광작(경영형 부농, 요호부민, 주호)과 임노동자(협호, 고공, 머슴)로 나뉘었다.

8 경강상인은 대표적인 선상으로 한강을 근거지로 하여 주로 서남 연해안을 오가며, 미곡·소금·어물 등을 거래하였다. 청나라와 일본과의 대외무역은 17세기 중엽부터 국경지대를 중심으로 발달하였는데 만상, 송상, 내상이 주로 담당하였다.

9 조선시대 지대가 타조법에서 도조법으로 변화된 후의 결과로 옳은 것은?

① 정액지대에서 정률지대로의 변화가 발생하였다.
② 소작농에 대한 지주의 간섭이 더욱 심해졌다.
③ 소작농에게 어느 정도 유리한 정책의 변화였다.
④ 풍흉의 정도에 따라 차등적으로 지대를 수취하였다.

10 다음 자료에 서술된 농업기술에 대한 설명으로 바르지 못한 것은?

- 부종은 양곡의 소출이 적고, 이법은 양곡의 소출이 배이며 공력은 반분인데 부종은 공력이 배가 든다.
- 이법은 제초에는 편하나, 만일 한번만 가뭄을 만나면 실수하니 농가에 위험한 일이다.
- 물이 있는 곳을 택하여 모종을 기르고 4월을 기다려 옮겨 심는데 그 유래가 오래되었다.

① 이 농법이 널리 보급되면 저수지가 많이 축조되어야 한다.
② 이 농법은 한때 여러 위험으로 국가가 법으로 금지시키기도 하였다.
③ 이 농법은 조선시대 초기에 처음으로 시작되어 이후 점차 보급되었다.
④ 이 농법을 실시함으로써 이전과 달리 노동력이 크게 절감되었다.

11 다음 중 조선 후기 농업에 대한 설명으로 옳지 않은 것은?

① 이앙법의 보급으로 잡초 제거에 필요한 노동력이 줄어들면서 광작이 가능해졌다.
② 보리는 세금을 걷을 수 있는 작물이었기 때문에 지주들은 보리농사를 장려하였다.
③ 담배, 인삼, 면화와 같은 상품 작물의 재배가 활발해졌다.
④ 도조법은 일정액을 납부하는 것으로 소작농에게 유리하였다.

---

answer 9.③ 10.③ 11.②

---

9 조선 후기의 지대가 타조법에서 도조법으로의 전환은 결과적으로 소작농에게 유리한 제도였다. 타조법이 수확량의 2분의 1을 매년 작황정도에 따라 비율제, 정률지대로 정하고 지주나 감독관이 소작농에 대한 관리를 엄격히 한 반면 도조법은 풍흉에 관계없이 토지의 평균 생산량을 기초로 하여 3분의 1의 정액지대만 납부하게 함으로써 지주나 감독관의 소작농에 대한 간섭도 이전보다 줄게 되었다.

10 자료에 제시된 농법은 조선 후기에 활발히 보급된 이앙법이다. 이앙법은 노동력을 절감할 수 있다는 점과 이전보다 생산력이 배 이상 증가했다는 점이다. 하지만 물이 필수적이고 그에 따라 저수 시설이 반드시 필요하였다. 가뭄 시에는 생산량이 거의 없기 때문에 위험 부담이 큰 농법이었고 이 때문에 국가는 법으로 금지시키기도 하였다.
③ 이앙법이 보급된 것은 고려 말기이며 남부 지방에 처음이지만 제한적으로 실시되었다.

11 보리농사는 소작료 수취 대상에서 제외되어 소작농이 선호하였다.

12 다음 중 조선 후기 경제에 대한 설명으로 옳지 않은 것은?

① 청과의 국경지대에서는 공 · 사무역이 함께 행해졌다.
② 선상의 활발한 활동으로 전국의 포구가 하나의 유통권을 형성하여 갔다.
③ 지방 장시의 활성화로 교통의 요충지에는 상업중심지가 형성되었다.
④ 전황으로 인해 물가가 상승하여 백성들의 생활이 힘들어졌다.

13 조선 후기의 경제 상황에 대한 설명으로 옳은 것은?

① 벼농사가 더욱 확대되어 각종 상품작물의 재배가 위축되었다.
② 경영형 부농이 나타난 반면 영세농의 이농현상이 촉진되었다.
③ 소작농의 지대(地代)가 도조법에서 타조법으로 바뀌었다.
④ 서민 지주가 크게 성장하여 양반 관료들의 토지 집적 현상이 완화되었다.

14 조선 후기의 경제상황에 대한 설명으로 옳지 않은 것은?

① 보부상은 농촌의 장시를 하나의 유통망으로 연계시켰다.
② 마산에서 열린 장시인 마산포장은 상업의 중심지로 성장하였다.
③ 객주, 여각에서 상품매매의 중개가 이루어졌으며, 개항 초기 상품위탁판매자로 대두하여 신흥자본계급으로 성장하였다.
④ 시전 상인들이 도성까지 진출하여 새로운 상업의 거점이 나타나기 시작하였다.

answer 12.④ 13.② 14.④

12 전황은 조선 후기에 화폐를 유통시키지 않고 축적하여 발생한 화폐 유통량 부족 현상으로 이때에는 물가가 하락하고 화폐 가치가 상승하게 되었다.

13 ① 이앙법의 실시로 벼농사가 확대되었으며 장시의 발달로 상품의 유통이 활발해지면서 상품작물의 재배가 성행하였다.
③ 지대는 정률제인 타조법에서 정액제인 도조법으로 바뀌어 소작인에게 유리해졌다.
④ 양반들의 토지집적현상이 강화되었다.

14 시전상인들은 금난전권을 바탕으로 나타난 관상도고로 독점적 상행위를 통해 상인 계층의 분화를 일으켰다.

15 조선 후기 상품 화폐 경제의 발달에 대한 설명으로 옳지 않은 것은?

① 경강상인은 한강을 이용하여 운수와 조선을 통해 미곡·소금 등을 조달하였다.

② 장시에는 보부상이 주로 생활필수품을 조달하였다.

③ 청으로부터 수입한 것은 은, 구리, 황, 후추 등이다.

④ 조선은 청과 일본 사이에서 중계무역을 실시하였다.

16 조선 후기의 경제상황에 대한 설명으로 옳지 않은 것은?

① 물주의 지원 아래 광산 전문경영인인 덕대가 광물을 채굴하며 광산을 운영하였다.

② 정부의 재정확보책으로 주조되었던 상평통보가 활발히 유통되었다.

③ 시전상인의 독점판매권은 더욱 강화되었다.

④ 장시가 전국적 유통망을 형성하는 상업의 중심지로 발달하였다.

17 조선 후기(17~19세기)의 상공업 발달에 대한 설명으로 옳지 않은 것은?

① 인구의 자연증가와 인구의 도시 유입으로 상품화폐경제의 진전이 보다 촉진되었다.

② 물산이 모이는 포구에서의 상거래는 장시에서의 상거래보다 규모가 컸다.

③ 선대제가 성행하면서 상인들이 수공업자들에게 예속되었다.

④ 의주의 중강과 봉황의 책문 등 국경을 중심으로 관무역과 사무역이 이루어졌다.

answer   15.③   16.③   17.③

15   ③ 청으로부터 수입한 교역품으로는 비단, 모자, 약재, 말, 문방구 등이었으며 일본으로부터 수입한 교역품은 은, 구리, 유황, 후추 등이다.

16   시전상인의 독점적 상행위는 상인 계층분화를 일으켰으며, 도시 빈민층의 반발을 초래하여 국가가 이를 방지하는 정책을 마련하였다.

17   조선 후기 대동법의 실시 이후 공납청부업자로서 출현한 관허어용상인인 공인은 선대제적 수공업장을 경영하거나 생산장을 가지고 기술자를 고용하여 공장제 수공업을 운영하였다. 이로 인하여 수공업자들은 대규모 상인의 자본에 의해 공인에게 예속되었다.

18 다음의 글이 보여주는 시기에 일어난 경제적 상황과 가장 관계가 없는 것은?

> 배에 물건을 싣고 오가면서 장사하는 장사꾼은 반드시 강과 바다가 이어지는 곳에서 이득을 얻는다. 전라도 나주의 영산포, 영광의 법성포, 흥덕의 사진포, 전주의 사탄 등은 비록 작은 강이나 모두 바닷물이 통하므로 장삿배가 모인다. 충청도 은진의 강경포는 육지와 바다 사이에 위치하여 바닷가 사람과 내륙사람이 모두 여기에서 서로의 물건을 교역한다.

① 전국적으로 장시는 1천여 개소였고, 보통 5일마다 열렸다.
② 시전상인의 금난전권이 더욱 강화됨에 따라 도고상업이 위축되었다.
③ 경강상인의 활동으로 한강 유역에는 나루터가 많이 늘어났다.
④ 덕대(德大)가 노동자를 고용하여 대규모 광산을 개발하였다.

18 18세기 조선에서는 육의전을 제외한 금난전권이 철폐되고, 상인층의 계층 분화 및 도고상업의 대두를 촉진시켰다.

CHAPTER 03 근대태동기의 사회

① 사회구조의 변동

(1) 신분제의 동요

① **조선의 신분제** : 법제적으로 양천제를 채택하였지만, 실제로는 양반, 중인, 상민, 노비의 네 계층으로 분화되어 있었다. 성리학은 이러한 신분제를 정당화하는 이론을 제공하였다.

② **양반층의 분화**
  ㉠ 붕당정치가 변질되면서 양반 상호간의 정치적 갈등은 양반층의 분화를 가져왔다.
  ㉡ 일당 전제화가 전개되면서 권력을 장악한 일부의 양반을 제외한 다수의 양반이 몰락하는 계기가 되었다.
  ㉢ 몰락 양반은 향촌사회에서나 겨우 위세를 유지하는 향반이 되거나 잔반이 되기도 하였다.

③ **신분별 구성비의 변화** : 양반의 수는 증가하였고, 상민과 노비의 수는 감소되었다. 이는 부를 축적한 농민들이 양반신분을 사거나 족보를 위조하여 양반으로 행세하는 경우가 많았기 때문이다.

(2) 중간계층의 신분상승운동

① **서얼**
  ㉠ 성리학적 명분론에 의해 사회활동이 제한되어 불만이 고조되었다.
  ㉡ 임진왜란 이후 차별이 완화되어 납속책이나 공명첩을 통해 관직에 진출하였다.
  ㉢ 신분상승운동이 활발하여 집단상소를 통해 동반이나 홍문관과 같은 청요직에의 진출을 허용해 줄 것을 요구하였고, 정조 때 규장각 검서관으로 진출하기도 하였다.

② **중인**
  ㉠ 기술직 등 행정실무를 담당했으며 고급 관료로의 진출을 제한되었다.
  ㉡ 축적한 재산과 실무경력을 바탕으로 신분상승을 추구하는 소청운동을 전개하였다. 비록 실패했지만 전문직으로서의 중요한 역할을 부각시켰다.
  ㉢ 중인 중에서도 역관들은 청과의 외교업무에 종사하면서 서학 등 외래문물의 수용을 주도하고, 성리학적 가치 체계에 도전하는 새로운 사회의 수립을 추구하였다.

(3) 노비의 해방

① 노비 신분의 변화
  ㉠ 군공과 납속 등을 통해 자신의 신분을 상승시키려는 움직임이 활발하였다.
  ㉡ 국가에서는 공노비 유지에 비용이 많이 들어 효율성이 떨어지자 공노비를 입역노비에서 신공을 바치는 납공노비로 전환시켰다.
  ㉢ 아버지가 노비, 어머니가 양민이면 자식은 양민으로 삼았다(종모법).

② 도망 노비의 증가
  ㉠ 신분의 속박으로부터 탈피하여 임노동자, 머슴, 행상 등으로 생계를 유지하였다.
  ㉡ 도망 노비의 신공은 남아 있는 노비에게 부과되어 노비의 부담은 오히려 증가하였다.
  ㉢ 노비의 도망이 빈번해지자 정부는 신공의 부담을 경감하기도 하고, 도망 노비를 색출하려 하였지만 성과를 거두지 못하였다.

③ 공노비 해방 : 노비의 도망과 합법적인 신분상승으로 공노비의 노비안이 유명무실한 것이 되자, 순조 때 중앙관서의 노비를 해방시켰다.

④ 노비제의 혁파 : 사노비에 대한 가혹한 수탈과 사회적 냉대로 도망이 일상적으로 일어났으며, 결국 갑오개혁(1894)때 노비제는 폐지되었다.

(4) 가족제도의 변화와 혼인

① 가족제도의 변화
  ㉠ 조선 중기
   – 혼인 후에 남자가 여자 집에서 생활하는 경우가 있었다.
   – 아들과 딸이 부모의 재산을 똑같이 상속받는 경우가 많았다.
   – 제사는 형제가 돌아가면서 지내거나 책임을 분담하였다.
  ㉡ 17세기 이후
   – 성리학적 의식과 예절이 발달하여 부계 중심의 가족제도가 확립되면서 혼인 후 곧바로 남자 집에서 생활하는 제도가 정착되었다.
   – 제사는 반드시 장자가 지내야 한다는 의식이 확산되었고, 재산 상속에서도 큰 아들이 우대를 받았다.
  ㉢ 조선 후기
   – 부계 중심의 가족제도가 더욱 강화되었다. 양자입양이 일반화되었다.
   – 부계 위주로 족보가 편찬되었고, 동성 마을을 형성되기도 하였다. 따라서 이때에는 종중의식이 확산되었다.

② 가족윤리 : 효와 정절을 강조하였고, 과부의 재가는 금지되었으며, 효자와 열녀를 표창하였다.

③ 혼인풍습 : 일부일처를 기본으로 하였으나, 남자의 축첩을 허용되었다. 서얼의 차별이 있었으며 혼사는 가장이 결정하였는데, 법적 혼인연령은 남자 15세, 여자 14세였다.

(5) 인구의 변동

① 목적 : 국가 운영에 필요한 인적 자원을 파악하기 위하여 제도를 정비하고 수시로 호구조사를 실시하였다.

② 호적대장 : 각 군현의 남성 인구 수를 근거로 해당 지역의 공물과 군역을 부과하기 위해 호적대장을 작성하였다.

② 향촌질서의 변화

(1) 양반의 향촌지배 약화

① 향촌사회의 변화
  - ㉠ 농촌사회가 분화되고 신분제가 붕괴되면서 양반계층의 구성이 복잡하게 바뀌었고, 사족 중심의 향촌 질서도 변화되었다.
  - ㉡ 평민과 천민 중에는 일부가 부농층으로 성장하거나, 양반 중에는 토지를 잃고 전호나 임노동자로 전락하면서 양반의 권위는 흔들리게 되었다.
  - ㉢ 부농층은 관권과 결탁하여 성장의 기반을 굳건히 하면서 향안에 참여하고 향회를 장악하고자 하였다.

(2) 향촌세력의 변화

① 양반층의 동향
  - ㉠ 양반의 권위와 지지를 지키기 위한 노력
    - 군현 단위의 농민지배 대신 거주지 중심으로 촌락 단위의 동약을 실시하거나 족적 결합을 강화하였다.
    - 전국에 많은 동족마을을 만들고 서원 · 사우가 문중을 중심으로 세워졌다.
    - 족보를 제작하고, 양반의 명단인 청금록과 향안을 작성하여 향약 및 향촌자치기구의 주도권을 장악하였다.

② 부농층의 대두
  - ㉠ 경제적 능력으로 납속이나 향직의 매매를 통해 신분상승을 이루고 향약을 담당하여 양반의 역할을 대체하였다.
  - ㉡ 정부의 부세운영제도에 참여하였으며 수령 및 향촌세력과의 결탁을 통해 지위를 확보해 나갔다.

③ 향전 : 기존의 양반층(구향)과 신향이 향촌사회의 지배권을 두고 벌인 다툼이다. 신향은 소외되었던 양반, 서얼, 부농층 등이 포함되었으며, 이들은 세력을 형성하여 수령과 타협적인 관계를 유지하였다.

③ 농민층의 변화

(1) 농민층의 분화

① 분화 배경 : 양 난 이후 기존 사회체제의 동요가 일어나면서 새로운 사회질서를 모색하기 위한 움직임이 일어났다.

② 조선 후기의 농민구성
- ㉠ 상층(중소지주층)은 자기가 소유한 토지를 다른 사람에게 빌려 주어, 소작제를 경영하여 몰락한 양반이나 중인층보다 윤택한 생활을 하는 계층이다.
- ㉡ 대다수의 농민은 작은 규모의 자영농이거나 다른 사람의 땅을 빌려 경작하고 소작료를 내던 소작농이었다.

③ 농민의 사회적 현실
- ㉠ 여러 가지 의무를 부과하였고, 호패법으로 이동을 억제시켰다. 토지에 묶인 농민들은 대대로 한 곳에 정착하여 자급자족적인 생활을 하였다.
- ㉡ 양난 이후 국가의 재정파탄과 기강 해이로 인한 수취의 증가는 농민의 생활을 어렵게 하였고, 사회혼란을 타개하기 위한 대동법과 균역법이 효과를 거두지 못하자 농민의 불만을 켜져 갔다.

④ 농민층의 분화 : 농업경영을 통하여 부농으로 성장하거나, 상공업으로 생활을 영위하기도 하고, 도시나 광산의 임노동자가 되기도 하였다.
- – 경영형 부농 : 농업의 합리적인 경영으로 재산을 모은 조선후기의 농민층을 말한다. 17~18세기 이래로 전개된 농업생산력의 증대, 유통경제의 발달, 봉건적 신분제도의 동요 속에서 새롭게 등장한 이들은 농업경영에 있어서 여러 가지 기술적인 문제를 개선하였다. 또한 경작지를 넓히고 상품작물을 재배하였으며, 임노동자를 고용하여 경제적 부를 더욱 축적시켜 나갔다.

(2) 지주와 임노동자

① 지주(대부분 양반으로 구성)
- ㉠ 대지주의 등장 : 상품화폐경제가 발달하고, 이윤추구의 경제적 욕구가 상승하자 광작을 하는 대지주가 등장하게 되었다.
- ㉡ 서민지주의 등장
- – 일부 서민들은 영농방법의 개선과 농지 확대 등을 통해 부를 축적하였다.
- – 신분상승을 위해 재력을 바탕으로 합법적으로 공명첩을 사거나 잔반의 족보를 매입·위조하였다.
- – 군역을 면제받고 자손들까지도 그 혜택을 누리기 위해 신분상승을 시도하였다. 이외에도 양반 지주층의 수탈을 피하고 각종 경제활동에서 편의를 제공받기 위해 신분상승을 꾀하였다.
- – 결과적으로 양반신분의 사회적 권위가 하락하고 양반중심의 신분체제가 흔들리게 되었다.

② 임노동자(토지에서 밀려난 다수의 농민)

　　⊙ **부역제의 해이** : 16세기 중엽 이래로 부역제가 해이해져서 17~18세기에는 국가에서 필요로 하는 노동력마저 동원이 어려워지면서 임노동자를 고용했다.

　　⊙ **품팔이 노동력** : 부농층이 1년 단위로 임노동자를 고용하였다.

③ 부농층의 대두와 임노동자의 출현은 조선 후기 농민의 분화를 뜻하는 것이었다.

④ 사회변혁의 움직임

(1) 사회불안의 심화

① 사회의 동요

　　⊙ 신분제가 동요되어 양반 중심의 지배체제에 위기가 닥쳤다.

　　⊙ 지배층과 농민층의 갈등이 심화되고, 지배층의 수탈이 심해지면서 농민경제의 파탄을 가져왔다.

　　⊙ 농민의식이 향상되어 곳곳에서 적극적인 항거운동이 발생하였다.

② 농민생활의 궁핍

　　⊙ 탐관오리의 탐학과 횡포가 심화되어 정치기강이 문란해졌다.

　　⊙ 수해와 콜레라 등 재난과 질병이 거듭되어 떠도는 백성이 속출하였다.

③ 민심의 불안

　　⊙ 비기와 도참설이 유행하고, 서양의 이양선이 출몰하자 민심은 극도로 흉흉해져 갔다.

　　⊙ 화적들은 지방의 토호나 부상들을 공격하고 수적들은 배를 타고 강이나 바다를 무대로 조운선과 상선을 약탈하는 등 도적이 창궐하였다.

(2) 예언사상의 대두

① 비기·도참을 이용하여 말세의 도래, 왕조의 교체 및 변란을 예고 등 근거가 없는 낭설이 횡행하였다.

② **무격신앙과 미륵신앙의 확장** : 현세의 어려움을 미륵신앙에서 해결하려는 움직임이 있었으며, 미륵불을 자처하며 서민을 현혹하는 무리가 등장하였다.

(3) 천주교의 전파

① **배경** :17세기에 중국을 방문한 우리나라 사신들에 의해 서학으로 소개되었다.

② **초기 활동** : 18세기 후반 남인계열의 실학자들이 천주교 서적을 읽고 신앙생활을 하게 되었으며, 이승훈이 베이징에서 영세를 받고 돌아온 이후 신앙 활동이 더욱 활발해졌다.

③ 천주교 신앙의 전개와 박해
  ㉠ **초기** : 기존의 신분질서를 부정하는 평등사상과 조상에 대한 제사 거부가 유교적 인륜을 부정하고 국왕에 대한 권위도전을 이유로 사교로 규정하였다.
  ㉡ **신해박해**(1791) : 정조 때 윤지충, 권상연 등이 위폐를 소각한 사건으로 죽음을 당하여 우리나라 교회사의 최초의 순교가 나타났지만, 집권세력인 시파는 천주교에 관대하여 큰 탄압은 없었다.
  ㉢ **신유박해**(1801) : 순조 때 노론 벽파는 천주교 신자가 많은 남인을 제거하기 위해 천주교 탄압을 강행하였다.
  ㉣ **기해박해**(1839) : 헌종 때 풍양 조씨가 신도와 프랑스 신부를 찾아 처형을 하였고, 천주교 탄압이 극에 달하였다.
  ㉤ **병인박해**(1866) : 프랑스로 하여금 러시아의 남하저지를 꾀한 것이 실패하자 대원군은 프랑스 신분을 학살하였다. 이는 후에 병인양요의 원인이 된다.
④ **교세 확장의 배경** : 세도정치로 인한 사회불안과 어려운 현실에 대한 불만, 신 앞에 모든 인간은 평등하다는 논리, 내세신앙 등의 교리에 일부 백성들이 공감을 가졌던 것이다.

(4) 동학의 발생

① **배경** : 삼정의 문란에 의한 경제파탄과 정치적 부패에 농민들은 새로운 사상을 갈망하였다.
② **창시** : 1860년 경주의 몰락양반 최제우가 창시하였다.
③ **성격**
  ㉠ 유 · 불 · 선을 바탕으로 주문과 부적 등 민간신앙의 요소들이 결합된 종합적인 성격을 가졌다.
  ㉡ 농민들이 직면한 과제를 해결하려 했으며, 기존의 성리학과 부패한 불교를 부정하고 천도교도 배격하였다.
④ **사상**
  ㉠ 시천주(侍天主)와 인내천 사상을 통해 노비제도와 신분차별을 없애고, 여성과 어린이의 인격존중을 주장하였다.
  ㉡ 보국안민을 통해 일본이나 서양세력을 경계하였다.
⑤ **정부의 탄압** : 혹세무민(세상을 어지럽히고 백성을 현혹한다)을 이유로 최제우를 처형하였다. 후에 2대 교주인 최시형은 교단을 재정비하고 동경대전과 용담유사를 편찬하였다.

(5) 농민의 항거

19세기 농민봉기

① 배경 : 사회불안이 고조되자 유교적 왕도정치가 점점 퇴색되었고, 탐관오리의 부정, 삼정의 문란, 극도에 달한 수령의 부정은 중앙권력과 연결되어 갈수록 심해져 갔다.

② 농민들은 유랑민, 화적민, 도적으로 전락하였고, 지배층의 압제에 대하여 적극적으로 대응하였다.

③ 소청, 벽서, 괘서 등의 형태에서 점차 농민봉기로 변하였다.

④ 홍경래의 난(1811)
  ㉠ 내용 : 몰락한 양반 홍경래의 지휘 아래 영세농민과 중소상인, 광산 노동자들이 합세하여 일으킨 봉기였으나 5개월 만에 평정되었다.
  ㉡ 결과 : 홍경래 난 이후에도 사회불안으로 농민봉기가 계속되었고, 관리들의 부정과 탐학은 시정되지 않았다.

⑤ 임술농민봉기(1862)
  ㉠ 경과 : 진주에서 시작되어 탐관오리와 토호의 탐학에 저항하였으며 한때 진주성을 점령하기도 하였다.
  ㉡ 결과 : 임술농민봉기를 계기로 함흥에서 제주까지 전국적으로 농민항거가 발생하였다.
  ㉢ 의의 : 농민의 사회의식이 성장하고, 양반 중심의 통치체제가 붕괴되었다.

기출예상문제

1 다음 보기의 시기와 관련된 사회 상황에 대한 설명으로 가장 적절하지 않은 것은?

2012.2.25. 일반공채순경

> 근래 아전의 풍속이 나날이 변하여 하찮은 아전이 길에서 양반을 만나도 절을 하지 않으려 한다. 아전의 아들, 손자로서 아전의 역을 맡지 않은 자가 고을 안의 양반을 대할 때 맞먹듯이 너, 나 하며 자(字)를 부르고 예의를 차리지 않는다.
>
> 「목민심서」

① 전란으로 재정적 타격을 받은 정부가 납속책을 실시하고 공명첩을 발급함으로써, 서얼은 이를 이용하여 관직에 나아갈 수 있게 되었다.

② 양반은 촌락 단위보다는 군현 단위의 동약을 실시하였다.

③ 부농층은 종래의 재지 사족(在地士族)이 담당하던 정부의 부세제도에 적극 참여하였다.

④ 아버지가 노비라도 어머니가 양인이면 자식을 양민으로 삼는 법이 실시되었다.

---

answer 1.②

1 제시된 자료는 조선 후기 신분제의 동요를 서술한 것이다. 조선 중기 사족들은 동계, 동약을 조직하여 촌락민에 대한 지배력을 신분적, 사회·경제적으로 강화하고자 하였다.

2 다음은 향촌사회의 변화와 수령에 관한 내용이다. 이를 통해 알 수 있는 것은?

> • 신향과 구향 간의 갈등이 점차 심화되었다.
> • 수령은 향리를 통해 더 많은 조세 수취를 하였다.

① 이전 시기보다 수령의 권한이 더욱 강화되었다.
② 수령과 향리는 중앙 관직으로 진출하고자 하였다.
③ 기존 재지 양반사족은 수령과 결탁하여 지위를 공고히 했다.
④ 대다수의 신향은 수령에 대항하며 농민 반란을 주도하였다.

3 다음은 조선시대 울산의 호적을 정리한 표이다. 옳지 않은 것은?

(단위 %)

구분	1729년	1765년	1804년	1867년
양반호	26.29	40.98	53.47	65.48
상민호	59.78	57.01	45.61	33.96
노비호	13.93	2.01	0.92	0.56

① 노비종모법이 시행되면서 양인이 증가하였다.
② 양인 간에 활발한 신분이동이 있었다.
③ 부농층이 향촌사회를 주도하였다.
④ 소청운동으로 중인들은 신분이 상승되었다.

---

answer 2.① 3.④

2 ① 조선 말기의 세도 정치하에서는 관직 매매가 성행하였고 그에 따라 수령직의 매도도 성행하였다. 따라서 수령
직에 오른 이들은 더 많은 이익을 챙기기 위해 향리와 향임으로 하여금 더 많은 조세 수취를 하였으며 부농층
으로 새로운 향촌지배세력이 된 신향세력은 이전의 재지사족 출신인 구향들을 몰아내고 수령과 결탁하여 그 지
위를 보장받았다. 결과적으로 이전시기보다 수령의 권한은 기형적으로 강화되었다.
② 수령과 향리는 지방에서의 세력 유지에 집중하였다.
③ 이전의 재지사족은 신향에게 밀려 몰락 양반이 되는자가 많았다.
④ 신향세력은 수령과 결탁하여 향회를 주도하고 그 지위를 보장받았다.

3 제시된 표를 통하여 조선 후기의 신분 변동을 유추할 수 있다. 납속과 공명첩을 통해 양반이 점차 증가하였으며
상민과 노비는 감소하였다. 이로 인하여 양반의 사회적 권위는 약화되고 신분체계가 흔들리게 되었다.
④ 서얼허통에 이어 중인층도 소청운동을 전개하였으나 실패하였다.

4 다음에서 알 수 있는 조선시대의 사회상은?

여자가 시집가는 것이 남자가 장가가는 것보다 일반화되었다.

① 부계와 모계가 함께 영향을 미쳤다.
② 양반들이 외가나 처가가 있는 곳으로 이주하였다.
③ 남자가 여자집에서 생활하였다.
④ 부계중심의 가족제도가 더욱 강화되었다.

5 다음 중 조선 후기 신분제에 대한 설명으로 적절하지 않은 것은?

① 신분과 경제력이 일치하였다.
② 양반 사회의 계층이 분화되었다.
③ 군역을 면하기 위해 서민들은 양반이 되고자 하였다.
④ 양반의 수는 증가하고 상민이나 노비의 수가 줄어들었다.

---

answer   4.④   5.①

4   고려 시대에는 남자가 결혼하고 부인의 집에서 일정기간동안 생활하는 남귀여가혼이 일반적이었으나 조선 중기 이후 17세기 이후 성리학적 의식이 발달하고 부계중심의 가족제도가 확립되면서 결혼 후 남편의 집에서 지내는 친영제가 정착되었다.

5   ① 양반 중에서도 계층 분화를 통해 잔반이 된 경우에는 경제적으로 평민과 유사하였으며 평민층에서도 경영형부농이나 서민지주 등이 등장하여 신분과 경제력은 일치하지 않았다.

CHAPTER
04

근대태동기의 문화

① 성리학의 변화

(1) 성리학의 교조화 경향

① 성리학의 절대화

　㉠ 서인 : 인조반정 이후 정국의 주도권을 잡은 서인은 의리명분론을 강화하여 주자 중심의 성리학을 절대화함으로써 자신들의 학문적 기반을 공고히 하려 하였다.

　㉡ 송시열 : 주자의 본뜻에 충실함으로써 당시 조선 사회의 모순을 해결하려 하였다.

② 성리학의 상대화

　㉠ 경향 : 주자 중심의 성리학을 상대화하고 6경과 제자백가 등에서 모순해결의 사상적 기반을 찾으려는 경향이 본격화되었다(17세기 후반).

　㉡ 학자

　　– 윤후는 유교경전에 대해 독자적인 해석을 펼쳤다.

　　– 박세당은 양명학과 노장사상의 영향을 받아 「사변록」을 통해 주자의 학설을 비판하였다.

　㉢ 결과 : 주자의 학문체계와는 다른 모습을 보였기 때문에 당시 권력을 장악하고 있던 서인(노론)의 공격을 받아 사문난적(斯文亂賊)으로 몰려 죽었다.

　㉣ 기타 : 정약용은 주자의 해석에 구애되지 않고 고주(古註)를 참작하여 공자·맹자의 본뜻을 찾으려고 노력하여 성리학과 다른 독자적인 철학체계를 수립하였다.

③ 성리학의 발달

　㉠ 이기론 중심 : 이황학파의 영남 남인과 이이 학파인 노론 사이에 성리학의 이기론을 둘러싼 논쟁이 치열하게 전개되었다.

　㉡ 심성론 중심 : 인간과 사물의 본성이 같은가 다른가 등의 문제를 둘러싸고 충청도 지역의 호론과 서울 지역의 낙론이 대립하였다.

　㉢ 주자 중심의 성리학을 절대시한 노론과는 달리, 소론은 성혼의 사상을 계승하고 양명학과 노장사상을 수용하는 등 성리학의 이해에 탄력성을 가지게 되었다.

(2) 양명학의 수용

① 성향 : 성리학의 교조화와 형식화를 비판하였고, 치양지설과 지행합일을 주장하였다.

② 수용 과정

　　㉠ 16세기에 주로 서경덕 학파와 종친들 사이에 확산이 되었으나, 이황이 전습론논변에서 양명학을 사문난적으로 비판한 것을 계기로 몇몇 학자들만 관심을 기울였다.

　　㉡ 왜란을 전후하여 최명길, 이요, 이수광 등에 의해 다시 주목을 받기도 하였다.

　　㉢ 17세기 후반 소론 계열의 학자(최명길, 장유)등이 성리학의 교조화와 형식화에 반대하면서 본격적으로 수용하였다.

③ 강화학파의 형성

　　㉠ 형성 : 18세기 초 강화도에 정제두가 옮겨 살면서 양명학 연구와 제자 양성을 통해 강화학파를 이루었다.

　　㉡ 성향 : 양반 신분제의 폐지를 주장하고 일반민을 도덕 실체의 주체로 상정하였다.

　　㉢ 한계 : 제자들이 정권에서 소외된 소론이었기 때문에 그의 학문은 집안 후손들과 인척을 중심으로 가학의 형태로 계승되었으며, 성리학의 테두리에서 크게 벗어나지 못하였다.

　　㉣ 영향 : 역사학 · 국어학 · 서학 · 문학 등에서 새로운 경지를 개척하게 되어 실학자들과 서로 영향을 주고 받았다. 또한 박은식, 정인보 등 한말 일제시기의 민족운동에 영향을 주었다.

② 실학의 발달

(1) 실학의 등장

① 실학의 개념 : 17~18세기의 사회 · 경제적 변동에 따른 사회 모순에 직면하여 그 해결책을 구상하는 과정에서 대두한 학문과 사회개혁론이다.

② 등장배경

　　㉠ 통치질서의 와해 : 조선 사회는 양난을 겪으면서 크게 모순을 드러냈으나, 위정자들은 근본적 대책을 모색하지 못하였다. 이에 진보적 지식인들은 국가체제를 개편하고 민생을 안정시킬 수 있는 개혁방안을 제시하게 되었던 것이다.

　　㉡ 성리학의 사회적 기능 상실 : 조선 후기에는 양반사회의 모순이 심각해졌음에도 불구하고 당시의 지배이념이었던 성리학은 현실 문제를 해결할 수 있는 기능을 수행하지 못하였다.

　　㉢ 현실 문제를 탐구하려는 움직임 : 성리학의 한계성을 자각하고 이를 비판하면서 현실생활과 직결되는 문제를 탐구하려는 움직임이 나타나게 되었다.

　　㉣ 경제적 변화와 발전 : 전쟁피해의 복구과정에서 피지배층은 끊임없는 노력으로 경제적 발전을 추구하였는데, 이를 촉진하고 대변하는 사상으로 나타났다.

     ⓤ **신분 변동** : 조선 후기 사회는 신분질서가 급속히 붕괴되어 정권에서 소외된 양반층의 생계 대책과 서민층의 생존문제에 주목하게 되었다.

     ⓥ **서학의 영향** : 17세기 이래 중국에서 간행된 각종 서학 서적들이 조선에 전래되어 당시 지식인들에게 과학적인 합리적인 사상을 전하였다.

     ⓧ **청의 고증학의 영향** : 고증학에는 실사구시(實事求是)를 내세워 학문 연구에서 실증적 방법을 강조하였다.

③ **실학의 태동** : 17세기에 성리학의 사회적 기능이 상실되자 현실문제와 직결된 문제를 탐구하면서 등장하게 되었다. 이수광 「지봉유설」, 한백겸의 「동국지리지」 등에 의하여 제기되었다.

④ **실학의 연구** : 실학은 농업 중심의 개혁론, 상공업 중심의 개혁론, 국학 연구 등을 중심으로 확산되었으며, 청에서 전해진 고증학과 서양과학의 영향을 받기도 하였다.

(2) 농업 중심의 개혁론(경세치용학파)

① **특징** : 농촌사회의 안정을 위하여 농민의 입장에서 토지제도의 개혁을 강조하여 자영농 육성을 주장하였다.

② **유형원**(농업 중심 개혁론의 선구자)

     ㉠ **균전론 주장** : 「반계수록」에서 관리, 선비, 농민 등에 따라 차등 있게 토지를 재분배하고 조세와 병역도 조정하자고 주장하였다.

     ㉡ **군사 · 교육제도 개편** : 자영농을 바탕으로 농병일치의 군사조직과 사농일치의 교육제도를 확립해야 한다고 하였다.

     ㉢ **신분제 비판** : 양반문벌제도, 과거제도, 노비제도의 모순을 비판하였다.

     ㉣ **유학적 한계성** : 사 · 농 · 공 · 상의 직업적 우열과 농민의 차별을 전제로 하면서 개인의 능력을 존중하는 사회를 지향하여 유교적 생각에는 크게 벗어나지 못하였다.

③ **이익**(실학의 학파 형성)

     ㉠ **이익학파의 형성** : 「성호사설」, 「곽우록」 등을 저술하고, 유형원의 실학사상을 계승 · 발전시켰으며, 안정복, 이중환, 이가환, 정약용 등의 제자를 길러 학파를 형성하였다.

     ㉡ **한전론 주장** : 한 가정의 생활을 유지하는 데 필요한 일정한 토지를 영업전으로 정하고, 영업전은 법으로 매매를 금지하고, 나머지 토지만 매매를 허용해야 한다고 주장하였다.

     ㉢ **6종의 폐단 지적** : 양반문벌제도, 노비제도, 과거제도, 사치와 미신, 승려, 게으름을 지적 하였다.

     ㉣ **폐전론과 사창제도 주장** : 당시 농민을 괴롭히고 있던 고리대와 화폐의 폐단에 대하여 비판적인 입장을 취하고 환곡제도 대신 사창제도의 실시를 주장하였다.

④ **정약용**(실학의 집대성)

     ㉠ **여전론의 주장** : 한 마을을 단위로 하여 토지를 공동 소유 · 경작하고 그 수확량을 노동량을 기준으로 분배하는 일종의 공동농장제도를 주장하였다.

ⓒ 정전론의 주장 : 국가가 장기적으로 토지를 사들여 가난한 농민에게 나누어 줌으로써 자영농민을 육성하고 아직 국가 사들이지 못한 지주의 토지는 병작농민에게 골고루 소작하게 하는 방안을 주장하였다.

ⓒ 민본적 왕도정치 주장 : 백성의 이익과 의사를 반영해야 한다는 주장이다.

ⓒ 군사제도 : 농민의 생활 안정을 토대로 향촌단위방어체제를 강화하고자 하였다.

ⓒ 저술 : 18세기 말 정조 때 벼슬하였으나, 신유박해 때에 연루되어 전라도 강진에 유배되어 18년 동안 귀양살이를 하였는데, 「여유당전서」에 500여권의 저술을 남겼다.

목민심서	목민관의 치민(治民)에 관한 도리를 논한 책이다.
경세유표	중앙정치제도의 폐해를 지적하고, 그 개혁의 의견을 기술한 책이다.
흠흠신서	형옥(刑獄)에 관한 법률 지침서로, 특히 형옥의 임무를 맡은 관리들이 유의할 사항을 예를 들어 설명하였다.
탕론	은의 탕왕이 하의 걸왕을 무찌른 고사를 들어 민(民)이 정치의 근본임을 밝힌 논설로서 역성혁명(易姓革命)을 내포하고 있으며, 존 로크(J. Locke)의 사회계약론에서 보여 주는 시민혁명사상이 깃들여 있다.
원목	통치자는 백성을 위해 존재한다는 이론으로서 통치자의 이상적인 상(像)을 제시하였다.
전론	독특한 부락 단위의 여전제를 주장, 농업협동방법과 집단방위체제를 제시하였다.
기예론	인간이 금수와 다른 것은 기술을 창안하고, 이를 실생활에 이용할 줄 아는 데 있다고 보고 기술의 혁신, 기술교육 등을 촉구하였다.
아언각비	당시 일반에 널리 사용되던 말 중 잘못된 것을 골라 문헌의 고증을 통해 올바른 뜻·어원·사용례에 대해 설명하였다.

(3) 상공업 중심의 개혁론(이용후생학파, 북학파)

① 특징 : 청나라 문물을 적극적으로 수용하여 부국강병과 이용후생에 힘쓰고자 주장하였다.

② 유수원(상공업 중심 개혁론의 선구자)

　ⓒ 부국책 : 「우서」에서 중국과 우리나라의 문물을 비교하면서 여러 개혁안을 제시하였다.

　ⓒ 상공업 진흥과 기술혁신을 강조하고, 사농공상의 직업적 평등과 전문화를 주장하였다.

　ⓒ 농업론 : 토지제도의 개혁보다 농업의 상업적 경영과 기술혁신을 통해 생산성을 높이고자 하였다.

　ⓒ 상공업진흥책 : 상인과 합자를 통한 경영 규모의 확대와 상인이 생산자를 고용하여 생산과 판매를 주관할 것을 제안하였다.

③ 홍대용(성리학적 세계관 부정)

　ⓒ 「임하경륜」, 「의산문답」 등을 저술하였다.

　ⓒ 균전제를 주장하였다.

　ⓒ 기술의 혁신과 문벌제도의 철폐를 주장하였다.

　ⓒ 성리학의 극복을 주장하고, 중국 중심의 세계관을 비판하였다(지전설 제기).

④ 박지원(북학사상의 발전)

 ㉠ **농업생산력 증대** : 「과농소초」, 「한민명전의」 등을 통해 영농방법의 혁신, 상업적 농업의 장려, 수리시설의 확충 등을 통하여 농업생산력을 높이는 데 관심을 기울였다.

 ㉡ **상공업의 진흥** : 청에 다녀와 「열하일기」를 저술하고 상공업의 진흥을 강조하면서 수레와 선박의 이용, 화폐유통의 필요성을 강조하였다.

 ㉢ 양반문벌제도의 비생산성을 비판하였다.

⑤ 박제가(박지원의 사상을 더욱 확충)

 ㉠ 「북학의」를 저술하여 청나라 문물의 적극적 수용을 주장하였다.

 ㉡ 청과의 통상 강화, 수레와 선박의 이용, 상공업의 발달을 주장하였다.

 ㉢ 절검보다 소비를 권장하여 생산의 자극을 유도하였다.

(4) 실학의 특징

① 실학사상 : 18세기를 전후하여 실증적 · 민족적 · 근대지향적 특성을 지닌 학문이었다. 이는 19세기 후반 개화사상으로 이어지게 되었다.

구분	중농학파	중상학파
학파	경세치용학파(남인 계열)	이용후생학파, 북학파(노론 계열)
목표	유교인 이상구가론	보다 적극적인 부국강병책 제시
계보	유형원→이익→정약용	유수원→홍대용→박지원→박제가
차이점	• 토지분배에 관심(자영농 육성) • 지주제 반대 • 화폐 사용에 부정적	• 생산력 증대에 관심 • 지주제 긍정 • 상공업 진흥 • 화폐 사용 강조
영향	애국계몽사상가, 국학자	개화사상가
공통점	• 부국강병, 민생안정 • 문벌제도 · 자유상공업 비판 • 농업 진흥(방법론이 다름)	

② 실학의 역사적 의미

 ㉠ **민족주의 성격** : 성리학은 중국 중심의 세계관으로서 우리 문화가 중국문화의 일부로 밖에 인식되지 않았으나, 실학자들은 우리 문화에 대한 독자적 인식을 강조하였다.

 ㉡ **근대지향적 성격** : 실학자들은 사회체제의 개혁, 생산력의 증대를 통해 근대사회를 지향하고 있었다.

 ㉢ **실증적 성격** : 문헌학적 고증의 정확성을 존중하고 과학적이고 객관적인 학문 태도를 중시하였다.

③ 한계 : 실학은 대체로 정치적 실권과 거리가 먼 몰락 지식층의 개혁론이었고, 이를 지지해 줄 광범
위한 사회적 토대가 미약하였다.
  ㉠ 실학자들의 학문과 사상은 당시의 정책에 반영되지 못하여 역사의 흐름을 바꾸어 놓지 못 하였다.
  ㉡ 유교적 한계를 벗어나지 못하였고, 성리학의 가치관을 극복하지 못하여 근대적 학문으로 발전되지 못
  하였다.

(5) 국학 연구의 확대

① 연구 배경 : 실학의 발달과 함께 민족의 전통과 현실에 대한 관심이 깊어지면서 우리의 역사, 지리,
국어 등을 연구하는 국학이 발달하게 되었다.

② 역사학 연구
  ㉠ 이익 : 실증적이며 비판적인 역사서술을 제시하고 중국 중심의 역사관에서 벗어나 우리 역사를 체계화
  하여 민족사의 주체적인 자각을 높이는 데 이바지하였다.
  ㉡ 안정복 : 「동사강목」을 저술하였고, 이익의 역사의식을 계승하여 우리 역사의 독자적 전통론을 세워
  체계화하였으며, 고증사학의 토대를 닦았다.
  ㉢ 한치윤 : 외국 자료를 인용하여 「해동역사」를 편찬하였는데, 이는 민족사 인식의 폭을 넓히는 데 이바
  지하였다.
  ㉣ 이긍익 : 조선시대의 정치와 문화를 정리하여 「연려실기술」을 저술하였다.
  ㉤ 이종휘와 유득공 : 이종휘의 「동사」와 유득공의 「발해고」는 각각 고구려사와 발해사 연구를 중심으로
  고대사의 연구 시야를 만주지방까지 확대하여 한반도 중심의 협소한 사관을 극복하고자 하였다.
  ㉥ 김정희 : 「금석과안록」을 지어 북한산비가 진흥왕 순수비임을 고증하였다.
  ㉦ 기타
  – 이진택 : 「규사」를 저술한 서얼의 역사서로 차별대우 철폐를 주장하였다.
  – 이진홍 : 「연조귀감」를 저술한 향리의 역사서로 향리가 양반과 혈통을 같이하며 같은 대우를 받아야
  한다고 주장하였다.
  – 최성환 : 「고문비략」를 저술하여 요역의 임금제나 세금의 금납화 등 행정적 실무의 합리적 개혁을 주
  장하였다.

③ 국토에 대한 연구

구분		특징
지리지	팔도지리지	최초의 인문지리지
	동국여지승람	인문지리지의 완성본
지도	혼일강리역도(이회)	현존 동양 최고의 세계지도
	동국지도(양성지)	최초의 실측지도

㉠ 전기 지리지·지도(중앙집권과 국방강화를 위해 편찬)

구분		특징
지리지	택리지(이중환)	인문지리지
	아방강역고(정약용)	우리나라의 역대 영역 고증
지도	대동여지도(김정호)	실측지도
	동국지도(정상기)	실측지도

㉡ 후기 지리지·지도(경제적으로 이용하기 위해 편찬)

④ 언어에 대한 연구 : 신경준의 「훈민정음운해」, 유희의 「언문지」, 우리의 방언과 해외 언어를 정리한 이의봉의 「고금석림」(역대의 우리말과 중국어를 비롯하여 흉노·토번·돌궐·거란·여진·청·일본·안남·섬라 등의 여러 언어의 어휘를 모은 해설집)이 편찬되었다.

⑤ 백과사전의 편찬

저서	저자	시기	내용
지봉유설	이수광	광해군	천문·지리·군사·관제 등 문화의 각 영역을 25부분을 나누어 기술하였다.
성호사설	이익	영조	천지·만물·경사·인사·시문의 5개 부분으로 정리하였다.
청장관전서	이덕무	정조	이덕무의 시문 전집으로 중국의 역사, 풍속, 제도 등을 소개하였다.
오주연문장전산고	이규경	헌종	우리나라와 중국 등 외국의 고금, 사물에 대해 고증한 책이다.
임원경제지	서유구	헌종	농업의 경제·경영에 대해 정리하였다.
동국문헌비고	홍문한	영조	왕명으로 우리나라의 지리·정치·경제·문화를 체계적으로 정리한 한국학 백과사전이다.

③ 과학기술의 발달

(1) 서양문물의 수용

① 수용과정
- ㉠ 중국을 왕래하던 사신들을 통한 전래 : 17세기경부터 중국을 왕래한 사신들이 전래하기 시작했다. 이 광정은 세계지도, 정두원은 화포·천리경·자명종을 전하였다.
- ㉡ 실학자들의 관심 : 천주교까지 수용한 사람들도 있었으나, 대부분의 학자들은 서양의 과학기술을 받아들이면서도 천주교는 배척하였다.
- ㉢ 서양인의 표류
  - 벨테브레 : 훈련도감에 소속되어 서양식 대포의 제조법·조종법을 가르쳐 주었다.
  - 하멜은 「하멜표류기」를 지어 조선의 사정을 서양에 전하였다.

② 한계 : 18세기까지는 어느 정도 이루어졌으나 19세기에 이르러서는 더 이상 진전되지 못한 채 정체되고 말았다.

(2) 천문학과 지도제작기술의 발달

① 천문학
- ㉠ 지전설
  - 이익·정약용 : 서양 천문학에 큰 관심을 가지고 연구하였다.
  - 김석문 : 지전설을 우리나라에서 처음으로 주장하여 우주관을 크게 전환시켰다.
  - 홍대용 : 과학 연구에 힘썼으며, 지전설과 지구가 우주의 중심이 아니라는 무한우주론을 주장하였다.
- ㉡ 의의 : 서양 과학의 영향을 받아 크게 발전하였고, 전통적 우주관에서 벗어나 근대적 우주관으로 접근해 갔으며, 이들의 지전설은 성리학적 세계관을 비판하는 근거가 되기도 하였다.

② 역법
- ㉠ 시헌력 제작 : 서양 선교사인 아담 샬이 중심이 되어 만든 것으로서, 청나라에서 사용되고 있었는데, 종전의 역법보다 한 걸음 더 발전할 것이다.
- ㉡ 시헌력의 채용 : 김육 등의 노력으로 조선에서는 약 60여 년간의 노력 끝에 시헌력을 채용하였다.

③ 수학
- ㉠ 「기하원본」의 도입 : 마테오리치가 유클리드 기하학을 한문으로 번역한 것이다.
- ㉡ 최석정·황윤석 : 전통 수학을 집대성하였다.
- ㉢ 홍대용 : 「주해수용」을 저술하여 우리나라, 중국, 서양 수학의 연구 성과를 정리하였다.

④ 지도 : 서양 선교사들이 만든 곤여만국전도와 같은 세계 지도가 중국을 통하여 전해짐으로써 지리학에서도 보다 과학적으로 정밀한 지식을 가지게 되었고, 지도 제작에서도 더 많은 정확한 지도가 만들어졌다. 이를 통하여 조선 사람들의 세계관이 확대될 수 있었다.

(3) 의학의 발달과 기술의 개발

① 의학의 발달 : 종래 한의학의 관념적인 단점을 극복하고, 실증적인 태도에서 의학 이론과 임상의 일치에 주력하였다.
- ㉠ 17세기 : 허준은 「동의보감」을 저술하여 의학 발전에 큰 공헌을 하였다. 이 책은 우리의 전통 한의학을 체계적으로 정리한 것으로서 우리나라 뿐만 아니라 중국과 일본에서도 간행되어 뛰어난 의학서로 인정되었다.
- ㉡ 18세기 : 정약용은 마진(홍역)에 대한 연구를 진전시키고 이 분야의 의서를 종합하여 「마과회통」을 편찬하였으며, 박제가와 함께 종두법을 연구하여 실험하기도 하였다.
- ㉢ 19세기 : 이제마는 「동의수세보원」을 저술하여 사상의학을 확립하였다. 이는 사람의 체질을 구분하여 치료하는 체질의학이론으로 오늘날까지 한의학계에서 통용되고 있다.

② 정약용의 기술 개발
- ㉠ 기술관 : 과학과 기술의 중요성을 확신하고 기술의 개발에 앞장섰던 사람은 정약용이었다. 그는 인간이 다른 동물보다 뛰어난 것은 기술 때문이라 보고, 기술의 발달이 인간 생활을 풍요롭게 한다고 믿었다.
- ㉡ 기술의 제작 · 설계
  - 거중기 제작 : 서양 선교사가 중국에서 펴낸 기기도설을 참고하여 거중기를 만들었는데, 이 거중기는 수원 화성을 만들 때 사용되어 공사기간을 단축하고 공사비를 줄이는 데 크게 공헌하였다.
  - 배다리 설계 : 정약용은 정조가 수원에서 행차할 때 한강을 안전하게 건너도록 배다리를 설계하였다.

(4) 농서의 편찬과 농업기술의 발달

① 농서의 편찬
- ㉠ 신속의 「농가집성」 : 벼농사 중심의 농법이 소개되고, 이앙법 보급에 기여하였다.
- ㉡ 박세당의 「색경」 : 곡물재배법, 채소, 과수, 원예, 축산, 양잠 등의 농업 기술을 소개하였다.
- ㉢ 홍만선은 「산림경제」, 서유구는 농촌생활 백과사전인 「임원경제지」를 편찬하였다.

② 농업기술의 발달
- ㉠ 이앙법, 견종법의 보급으로 노동력이 절감되고 생산량이 증대되었다.
- ㉡ 쟁기를 개선하여 소를 이용한 쟁기를 사용하기 시작하였다.
- ㉢ 시비법이 발전되어 여러 종류의 거름이 사용됨으로써 토지의 생산력이 증대되었다.
- ㉣ 수리시설의 개선으로 저수지를 축조하였다(당진의 합덕지, 연안의 남대지 등).
- ㉤ 황무지 개간(내륙 산간지방)과 간척사업(해안지방)으로 경지면적을 확대시켰다.

(5) 어업기술의 발달

① **어업과 김 양식** : 어업에서는 어살을 설치하는 어법이 실시되고, 어망의 재료도 면사로 바뀌는 등 어구가 개량되었으며, 17세기에는 전라도 지방에서 김 양식의 기술이 개발되었고, 18세기 후반에는 냉장선이 등장하여 어물의 유통이 더욱 활발해졌다.

② **자산어보** : 정약전이 신유박해에 연루되어 흑산도 유배 중에 흑산도 근해의 해산물 등을 직접 채집·조사하여 155종의 해물에 대한 명칭, 분포, 습성 등을 기록한 것으로서 어류학의 신기원을 이룩한 것이다.

4 문학과 예술의 새 경향

(1) 서민문화의 발달

① **서민문화의 대두와 배경** : 상공업의 발달과 농업생산력의 증대를 배경으로 서당교육이 보급되고, 서민의 경제적·신분적 지위가 향상됨에 따라 서민문화가 대두하였다.

② **참여층의 변화** : 중인층(역관·서리), 상공업 계층, 부농층의 문예활동이 활발해졌고, 상민이나 광대들의 활동도 활기를 띠었다.

구분	조선 초기	조선 후기
창작의 주제	양반 중심	중인, 상민의 활동 활발
내용 및 성격	• 성리학의 윤리관 강조 • 양반들의 교양·여가	• 인간 감정의 적나라한 묘사 • 부정과 비리에 대한 고발
문학의 주인공	영웅적인 존재	서민적인 인물
문학의 배경	비현실적인 세계	현실적인 인간세계

③ 조선시대의 문예활동

④ 서민문환의 발달

　㉠ **한글소설의 보급** : 영웅이 아닌 평범한 인물이 주인공인 경우가 많고, 대부분 현실적인 세계가 배경이 되는데 영향력이 매우 컸다.

　㉡ **판소리와 탈춤** : 서민문화를 확대하는 데 크게 기여하였다.

　㉢ **풍속화와 민화** : 저변이 확대되어 유행하였다.

　㉣ **음악과 무용** : 감정을 대담하게 표현하는 경향이 짙었다.

(2) 판소리와 탈놀이

① 판소리
- ㉠ 특징
  - 구체적인 이야기를 창과 사설로 엮어 가기 때문에 감정 표현이 직접적이고 솔직하였다.
  - 분위기에 따라 광대가 즉흥적으로 이야기를 빼거나 더할 수 있었고, 관중들이 추임새로써 함께 어울릴 수 있었다.
- ㉡ 판소리 작품 : 열두 마당이 있었으나, 지금은 춘향가, 심청가, 흥부가, 적벽가, 수궁가 등 다섯 마당만 전하고 있다.
- ㉢ 판소리 정리 : 신재효는 19세기 후반에 판소리 사설을 창작하고 정리하였다.
- ㉣ 의의 : 서민을 포함한 넓은 계층으로부터 호응을 받을 수 있었다. 이런 이유로 판소리는 서민문화의 중심이 되었다.

② 가면극
- ㉠ 탈놀이 : 향촌에서 마을 굿의 일부로서 공연되어 인기를 얻었다.
- ㉡ 산대놀이 : 산대(山臺)라는 무대에서 공연되던 가면극이 민중오락으로 정착되어 도시의 상인이나 중간층의 지원으로 성행하게 되었다.
- ㉢ 내용 : 지배층과 그들에게 의지하여 살아가는 승려들의 부패와 위선을 풍자하기도 하고, 양반의 허구를 폭로하고 욕보이기까지 하였다.

③ 의의 : 상품유통경제의 활성화와 함께 성장하여 당시 사회적 모순을 예리하게 드러내면서 시민 자신들의 존재를 자각하는 데 기여하였다.

(3) 한글소설과 사설시조

① 한글소설 : 홍길동전, 춘향전, 별주부전, 심청전, 장화홍련전 등이 유명하였다.
- ㉠ 홍길동전 : 서얼에 대한 차별이 철폐와 탐관오리의 응징을 통한 이상사회의 건설을 묘사하는 등 당시의 현실을 날카롭게 비판하였다.
- ㉡ 춘향전 : 신분차별의 비합리성을 통해 인간평등의식을 강조하였다.

② 사설시조 : 서민들의 감정이나 남녀 간의 애정표현을 솔직하게 나타내었고, 현실에 대한 비판을 거리낌 없이 표현하였다.

③ 한문학 : 실학의 유행과 함께 사회의 부조리한 현실을 예리하게 비판하였다.
- ㉠ 정약용 : 삼정의 문란을 폭로하는 시를 남겼다.
- ㉡ 박지원 : 「양반전」, 「허생전」, 「호질」, 「민옹전」 등의 한문소설을 써서 양반의 위선적 생활을 풍자하여 실용적 태도를 강조하고, 현실을 올바르게 표현할 수 있는 문체로 혁신할 것을 주장하였다.

④ 시사(詩社)의 조직 : 중인, 서민층의 문학창작활동이 활발해지면서 동인들이 모여 조직하였다.

(4) 진경산수화와 풍속화

① 진경산수화

    ㉠ 특징 : 중국 남종과 북종화법을 고루 수용하여 우리의 고유한 자연과 풍속에 맞춘 새로운 화법으로 창안한 것이다. 우리의 자연을 사실적으로 그려 회화의 토착화를 이룩하였다.

    ㉡ 유행배경 : 17세기부터 우리 문화에 대한 자부심이 높아졌고, 이런 의식은 우리의 고유정서와 자연을 표현하려는 예술운동으로 나타났다.

    ㉢ 정선 : 인왕제색도와 금강전도에서 바위산은 선으로 묘사하고 흙산은 묵으로 묘사하는 기법을 사용하여 산수화의 새로운 경지를 이룩하였다.

② 풍속화 : 사람들의 생활 정경과 일상적인 모습을 생동감 있게 표현하였다.

    ㉠ 김홍도 : 밭갈이, 추수, 씨름, 서당 등 서민의 생활 모습을 소탈하고, 익살스러운 필치로 묘사하였으며, 18세기 후반의 생활상과 활기찬 사회의 모습을 반영하였다.

    ㉡ 신윤복 : 양반 및 부녀자들의 생활과 유흥, 남녀의 애정을 감각적이고 해학적으로 표현하였다.

③ 민화의 유행 : 민중의 기복적 염원과 미의식을 표현하고 생활공간을 장식하기 위하여 민화가 유행하였다. 민화에는 한국적 정서가 짙게 반영되어 있다.

④ 서예 : 이광사(동국진체), 김정희(추사체)가 대표적이었다.

⑤ 기타 : 강세황(서양화 기법), 장승업(강렬한 필법과 채색법 발휘)은 뛰어난 기량을 발휘하였다.

(5) 건축의 변화

① 양반, 부농, 상공업 계층의 지원을 받아 많은 사원이 건립되었고, 정치적 필요에 의해 대규모 건축물들이 건립되기도 하였다.

② 사원건축

    ㉠ 17세기

    – 특징 : 규모가 큰 다층 건물로 내부는 하나로 통하는 구조를 가지고 있는데, 불교의 사회적 지위 향상과 양반지주층의 경제적 성장을 반영하였다.

    – 건축물 : 논산의 쌍계사, 부안의 개암사, 안성의 석남사 등이 있다.

③ 수원 화성

    ㉠ 서양식 축성법 가미 : 거중기를 사용하여 정조 때 새롭게 만든 화성은 이전의 성곽과는 달리 방어 뿐만 아니라 공격을 겸한 성곽으로서 우리나라의 전통적인 성곽 양식의 장점을 살린 바탕 위에 서양식 건축기술을 도입하여 축조된 특색 있는 건축물이다.

    ㉡ 종합적인 계획도시 : 주위의 경치와 조화를 이루며 평상시의 생활과 경제적 터전까지 조화시켜 건설되었다.

④ 19세기 건축 : 국왕의 권위를 과시할 목적으로 재건한 경복궁 근정전, 경회루가 화려하고 장중한 건물로 유명하다.

(6) 백자·생활공예와 음악

① **자기공예** : 백자가 민간에까지 널리 사용되었고, 다양한 문양의 도자기가 제작되었다(청화, 철화, 진사백자 등). 제기와 문방구 등 생활용품이 많았고, 서민들은 옹기를 많이 사용하였다.

② **목공예** : 장롱, 책상, 문갑, 소반, 의자, 필통 등 나무의 재질을 살리면서 기능을 갖춘 작품들이 만들어졌다.

③ **화각공예** : 쇠뿔을 쪼개어 무늬를 새기는 것으로 독특한 우리의 멋을 풍기는 작품들이 많았다.

④ **음악** : 전반적으로 감정을 솔직하게 표현하였다.
   ㉠ 음악의 향유층이 확대되어 다양한 음악이 출현하였다.
   ㉡ 양반층은 가곡·시조를 애창하였고, 서민들은 민요를 즐겨 불렀다.
   ㉢ 광대나 기생들은 판소리·산조·잡가를 창작하여 발전시켰다.

기출예상문제

1 조선시대의 국학 연구에 대한 설명으로 가장 적절하지 않은 것은?

2016년 제1차 경찰공무원(순경)

① 유득공은 「발해고」를 저술하여 발해사 연구를 심화하였다.
② 안정복은 「동사강목」을 저술하여 조선시대의 정치와 문화를 야사를 중심으로 정리하였다.
③ 김정희는 「금석과안록」을 지어 북한산비가 진흥왕 순수비임을 밝혔다.
④ 한치윤은 500여 종의 중국 및 일본의 자료를 참고하여 기전체 형식의 「해동역사」를 저술하였다.

2 조선 시대 미술에 대한 설명으로 가장 적절하지 않은 것은?

2016년 제2차 경찰공무원(순경)

① 18세기에 들어 중국의 화풍을 배격하고 우리의 고유한 자연과 풍속을 있는 그대로 묘사한 진경산수(眞景山水)의 화풍이 등장했으며, 정선은 진경산수화의 대가로 '금강전도', '인왕제색도' 등을 그렸다.
② 김홍도는 섬세하고 정교한 필치로 정조의 화성 행차와 관련된 병풍, 행렬도, 의궤 등 궁중 풍속을 많이 남겼다.
③ 신윤복은 주로 도시인의 풍류생활과 부녀자의 풍속, 남녀 사이의 애정 등을 감각적이고 해학적인 필치로 묘사하였다.
④ 김정희의 '묵란도', '세한도', 장승업의 '홍백매도', '군마도' 등은 19세기의 대표적인 작품들이다.

---

answer 1.② 2.①

1 ② 안정복의 「동사강목」은 고조선으로부터 고려 말까지를 다룬 역사책이다. 조선시대의 정치와 문화를 야사를 중심으로 정리한 것은 이긍익의 「연려실기술」이다.

2 ① 진경산수화는 중국의 북종화법, 남종화법을 수용하여 토착화한 것이다.

3 다음 이론을 계승한 학파로 옳은 것은?

2010.9.11. 정보통신순경

- 심즉리(心卽理) : 인간의 마음(心)이 곧 이(理)이다.
- 치양지(致良知) : 인간이 천리인 양지를 실현해 사물을 바로 잡을 수 있다.
- 지행합일(知行合一) : 앎은 행함을 통해서 성립한다.

---

① 기호학파

② 강화학파

③ 영남학파

④ 성호학파

4 다음 글을 쓴 사람에 관한 설명 중 가장 옳은 것은?

2012.8.25. 일반공채순경, 전·의경 특채, 101경비단

산과 강을 지세 기준으로 구역을 획정하여 경계로 삼고, 그 경계선 안에 포괄되어 있는 지역을 1여로 한다. 여(閭) 셋을 합쳐서 이(里)라 하고 이 다섯을 합쳐서 방(坊)이라 하고 방 다섯을 합쳐서 읍(邑)이라 한다. 1여에는 여장(閭長)을 두며 무릇 1여의 토지는 1여의 인민이 공동으로 경작하도록 하고, 내 땅 네 땅의 구별을 없이 하며 오직 여장의 명령에만 따른다.

---

① 18년간 유배생활을 하면서 「경세유표」를 썼다.
② 농촌사회의 현실을 스스로 체험하면서 「반계수록」을 썼다.
③ 노동하지 않은 양반유학자를 비판하면서 「열하일기」를 썼다.
④ 토지소유의 상한선을 정하여 겸병 방지를 주장하고 「곽우록」을 썼다.

---

answer 3.② 4.①

---

3 제시된 설명은 양명학을 공부한 정제두와 강화학파의 주장이다.
　①③ 조선 성리학은 주리론을 주장한 영남학파(퇴계 이황)와 주기론을 주장한 기호학파(율곡 이이)로 나눈다.
　④ 조선 후기 실학사상은 성호학파와 연암학파로 분류한다.

4 제시된 자료는 정약용의 「여유당전서」에 나오는 여전론이다.
　②는 반계 유형원이 ③은 연암 박지원이 ④는 성호 이익이 저술한 것들이다.

5 다음 중 정약용의 활동에 대한 설명으로 가장 옳지 않은 것은?

2010.9.11. 정보통신순경

① 「반계수록」을 써서 결부법 대신 경무법 사용을 주장하였다.
② 토지제도 개혁안으로 여전론을 제기하였다.
③ 화성 축조에 이용된 거중기를 설계하였다.
④ 「마과회통」에서 종두법을 소개하였다.

6 다음과 같이 활동한 실학자가 속한 학파의 주장이 아닌 것은?

2007.9.9. 정보통신순경

> 여전제와 경전제를 주장, 전라도 강진에 유배, 「경세유표」를 저술

① 상공업을 중시하고, 청과의 통상을 주장하였다.
② 서울 근교에 거주한 남인이 학파에 많이 가담하였다.
③ 이 학파에 속하는 자가 반계수록을 저술하였다.
④ 지주제의 모순을 해결하기 위하여 토지의 균등한 분배를 주장하였다.

7 조선 후기 실학자 중 생산과 소비와의 관계를 우물물에 비유하면서 생산을 자극하기 위해서는 절약보다 소비를 권장해야 한다고 주장한 인물은?

2006.2.7. 해양경찰

① 박제가   ② 유수원
③ 홍대용   ④ 박지원

---

answer 5.① 6.① 7.①

5 「반계수록」은 중농학파 실학자인 반계 유형원이 저술하였다.

6 제시된 자료는 중농학파 실학사상을 집대성한 정약용의 주장과 활동이다.
 　① 중상학파 실학사상(북학파)의 주장이다.
 　② 중농학파 실학자는 대체로 남인이, 중상학파 실학자는 노론계열의 서얼 출신들이 많았다.
 　③ 중농학파 실학자인 반계 유형원은 자신의 호를 딴 문집인 「반계수록」을 저술하였다.
 　④ 유형원, 이익, 정약용 등 중농학파 실학자들은 토지제도 개편을 통한 농민생활 안정에 관심이 많았다.

7 제시된 자료는 박제가의 주장이다. 초정 박제가는 상공업의 발달, 청나라와 통상 강화, 수레와 선박의 이용 등을 역설하였으며, 생산과 소비와의 관계를 우물물에 비유하면서 소비를 권장하여 한다고 주장하였다.

8 조선 실학자들의 토지개혁론에 대한 다음 설명 중 가장 적절하지 않은 것은?

2012.10.20. 일반공채순경, 전의경 특채

① 정약용은 「반계수록」에서 정전론을 주장하였다.
② 이익의 한전론은 영업전 이외의 토지 매매 허용을 주장하였다.
③ 정약용의 여전론은 토지 공동 소유·경작, 수확물 공동 배분을 주장하였다.
④ 유형원의 균전론은 신분에 따른 토지 차등 분배를 주장하였다.

9 다음 보기 중 조선 후기 실학자와 그들이 주장하는 바가 적절히 연결된 것은?

2011.8.27. 정보통신순경

> ㉠ 정약용 – 일종의 공동농장 제도인 여전제를 주장하였다.
> ㉡ 유형원 – 노비제도를 근절시켜 평등사회를 형성하자고 주장하였다.
> ㉢ 이익 – 영업전의 매매를 허가하는 한전론의 실시를 주장하였다.
> ㉣ 박제가 – 소비와 생산의 관계를 우물(井)물에 비유하여 절약보다 소비 촉진을 강조하였다.

① ㉠㉢   ② ㉡㉣
③ ㉡㉢   ④ ㉠㉣

10 조선 후기 대표적 실학자의 사상 및 저서를 연결한 것 중 틀린 것은?

2008.7.26. 정보통신순경

① 유형원 – 균전제 – 「반계수록」
② 이익 – 한전제 – 「흠흠신서」
③ 정약용 – 여전제 – 「아언각비」
④ 박지원 – 한전론 – 「과농소초」

---

answer 8.① 9.④ 10.②

8 반계 유형원은 「반계수록」에서 균전론을 주장하여 자영농을 육성하여 농병일치의 군사조직, 사농일치의 교육제도를
확립하고자 하였다.

9 ㉡ 반계 유형원은 노비 세습을 비판하였으나, 노비제도와 양반문벌의 존속을 인정하였다.
㉢ 성호 이익은 한전론을 주장하였는데, 일정한 토지를 영업전으로 규정하여 매매를 금지하여 농민의 경작권을 보
장하고, 그 밖의 토지는 매매할 수 있게 하여 점진적으로 토지 소유의 평등을 이루고자 하였다.

10 이익은 「성호사설」을 저술하였고, 정약용이 「흠흠신서」를 저술하였다.

11 다음 책의 저자들이 공통으로 주장하는 바는?

2009.7.25. 정보통신순경

– 「우서」	– 「열하일기」	– 「의산문답」

① 자영농 육성을 위해 토지제도를 개혁해야 한다.
② 청나라의 문물을 받아들여 부국강병을 이루어야 한다.
③ 선비들도 농사를 지어 사농일치의 기풍을 일으켜야 한다.
④ 양인과 천인이라는 신분질서를 타파해야 한다.

12 다음에서 설명하는 나라와 관련된 사서로 가장 적절하지 않은 것은?

2012.8.25. 일반공채순경, 전·의경 특채, 101경비단

> 상경과 동경의 절터에서는 고구려 양식을 계승한 것으로 여겨지는 불상도 발굴되었다. 이 불상은 흙을 구워 만든 것으로, 두 분의 부처가 나란히 앉아 있는 모습을 하고 있다. 또 벽돌이나 기와무늬는 고구려의 영향을 받아 소박하고 힘찬 모습을 띠고 있다.

① 발해고 ② 동사회강
③ 동사강목 ④ 해동역사

---

answer 11.② 12.②

11 「우서」는 농암 유수원이, 「열하일기」는 연암 박지원이, 「의산문답」은 담헌 홍대용이 저술하였다. 이들 세 명은 중상학파 실학자이다. 이들은 병자호란 이후 화이론적 명분론에서 벗어나 청의 문화와 서양문물의 영향을 많이 받았으므로 북학파라고 한다. 그리고 상공업의 진흥과 기술의 혁신 등 물질문화의 발달에 관심을 가져 이용후생학파라고도 한다.

12 제시된 글은 발해 문화의 특징으로 발해의 역사가 서술되어 있는 사서를 찾아내면 된다.
① 「발해고」는 1784년(정조 8) 유득공이 한국·중국·일본의 사서(史書) 24종을 참고하여 발해의 역사를 기록한 책이다.
② 「동사회강」은 조선 숙종 때 임상덕이 지은 고려 말까지의 한국통사로 발해역사는 서술되지 않았다.
③ 「동사강목」에서 안정복은 발해를 우리나라 역사에서 제외하여 통감 방식대로 외기에 넣었다.
④ 「해동역사」에서 한치윤은 속편 권9에서 발해의 강역과 군현(郡縣)에 대해서 기술하고 있다.

13 다음 중 조선 후기 심화된 국학 연구의 성과물에 대한 설명으로 가장 적절하지 않은 것은?

2012.2.25. 일반공채순경

① 이의봉의 「고금석림」에는 방언과 해외 언어가 정리되어 있다.
② 이종휘의 「동사」는 일본 연구를 통해 고대사의 시야를 해외로 확장하는데 기여하였다.
③ 안정복의 「동사강목」에는 고조선으로부터 고려 말까지의 역사가 서술되어 있다.
④ 정상기의 「동국지도」는 최초로 100리척을 사용하여 정확하고 과학적인 지도 제작에 공헌하였다.

14 다음 중 각 시대의 역사의식 및 역사서에 대한 설명으로 가장 적절한 것은?

2011.8.27. 정보통신순경

① 조선 건국 초기에는 고려 멸망의 부당성을 알리고 조선 건국을 비판하기 위하여 「고려국사」가 편찬되었다.
② 안정복은 「동사강목」을 통하여 한국사의 정통론을 세워 중국 중심의 역사인식을 탈피하고자 하였다.
③ 김부식이 지은 「삼국사기」는 유교 사관에 의한 편년체의 역사서로 자주성을 강조하고 있다.
④ 박상의 「동국사략」은 외국의 사서를 500여 종이나 인용한 기전체적 분류사로, 삼국사기나 고려사의 누락을 보충하는 등 정통사체에 대한 인식을 심화시켰다.

---

answer 13.② 14.②

13 ② 이종휘의 「동사」는 일본 연구가 아닌 고구려 전통을 강조하면서 만주 수복을 회구하였다.

14 ① 「고려사」, 「고려사절요」에 관한 설명이다.
③ 김부식이 쓴 「삼국사기」는 편년체가 아닌 기전체의 사서이고, 민족의 자주성을 강조하지 않았다.
④ 박상은 「동국사략」을 저술하여 이규보, 이색, 이숭인 등 「동국통감」에서 비판되었던 인물을 긍정적으로 재평가하였다.

15 다음 보기에서 역사서와 저자가 맞게 연결된 것은 몇 개인가?

2007.9.9. 정보통신순경

- 「동사강목」 – 안정복
- 「발해고」 – 이종휘
- 「해동역사」 – 한치윤
- 「동사찬요」 – 오운
- 「연려실기술」 – 이긍익

---

① 1개
② 2개
③ 3개
④ 4개

16 다음 제시한 예문은 18세기 중엽에 편찬된 지리지의 내용 중 일부이다. 이 책은 풍수지리를 바탕으로 우리의 국토를 노하고 선비들이 살 곳을 찾았으며, 자연과 인간 생활의 관계를 인과적으로 이해하기 위한 목적으로 만들어졌다. 이 책의 저자와 서명을 고르면?

2010.9.11. 정보통신순경

대저 살 곳을 잡는 데는 첫째 지리(地理)를 첫째로 들 수 있으며, 생리(生梨)가 다음이다. 그 다음은 인심(人心)이며, 또 다음은 아름다운 산수(山水)가 있어야 한다. 이 네 가지에 하나라도 모자라면 살기 좋은 땅이 아니다. 그런데 지리가 비록 좋아도 생리가 모자라면 오래 살 곳이 못되고, 생리가 비록 좋아도 지리가 나쁘면 또한 오래 살 곳이 못된다. 지리와 생리가 함께 좋아도 인심이 착하지 않으면 반드시 후회할 일이 있게 되고, 가까운 곳에 볼 만한 산수가 없으면 성품을 닦을 수 없다.

---

① 이중환 – 택리지
② 유형원 – 동국여지지
③ 신경준 – 여지고
④ 정약용 – 아방강역고

---

answer 15.④ 16.①

---

15 「발해고」는 유득공이 저술한 것으로, 나머지는 저자와 저사가 올바르게 연결되어 있다.
  (1) 「동사강목」 – 안정복 : 지금까지의 명분론에 입각한 역사의식을 극복하여 한국사의 정통성을 강조하여 실증적 역사연구를 집대성하였다.
  (2) 「동사찬요」 – 오운 : 임진왜란 때 경상도에서 의병에 참여했던 경험을 살려 역대 애국 명장의 활약을 크게 드러내고, 기자 이후 유교문화의 전통을 자랑함으로써 애국심을 고취하였다.
  (3) 「해동역사」 – 한치윤 : 540여종의 중국 및 일본 서적을 참고하여 저술, 민족사 인식의 폭을 확대하는데 기여하였다.
  (4) 「연려실기술」 – 이긍익 : 야사를 참고하여 객관적인 입장에서 서술하고 역대의 문화를 백과사전식으로 정리하였다.

16 ① 택리지는 조선 후기 대표적인 인문지리서로 이중환이 저술하였다.
  ② 동국여지지는 1656년(효종 7) 유형원(柳馨遠)이 편찬한 인천광역시 남구에 대한 내용이 포함된 전국 지리지이다.
  ③ 신경준은 1770년(영조 46년) 《문헌비고(文獻備考)》를 편찬할 때 〈여지고〉(輿地考)를 담당하였다.
  ④ 아방강역고는 1811년(순조 11)에 정약용(丁若鏞)이 편찬한 우리나라 강역에 관한 역사지리서이다.

17 다음 중 중상주의 실학자의 견해로 옳지 않은 것은?

① 토지 재분배를 통해 자영농을 적극 육성하고자 하였다.
② 양반문화를 신랄하게 비판하였다.
③ 농민을 교육시켜 능력이 있으면 관직을 주어야 한다고 하였다.
④ 몸소 실천하여 상행위가 천한 직업이 아님을 보였다.

18 다음은 조선 후기 경세치용학파에 속하는 학자들의 개혁론이다. 이들이 공통적으로 추구하는 것으로 가장 적합한 것은?

• 유형원 – 균전론	• 이익 – 한전론	• 정약용 – 여전론

① 토지제도의 개혁을 통한 자영농 육성
② 청과의 통상 강화와 신분 제도의 철폐
③ 사·농·공·상의 직업적 평등화와 전문화 강조
④ 상공업의 진흥과 기술혁신으로 물질문화 발달

19 다음 중 조선 후기 건축물에 대한 설명으로 옳지 않은 것은?

① 부농이나 상공업 계층의 지원 아래 많은 사원이 건축되었다.
② 수원 화성은 거중기를 이용하여 만들어졌다.
③ 정치적 필요에 따라 대규모 건축물이 세워지기도 하였다.
④ 당시의 과학과 기술이 집약된 해인사 장경판전이 건축되었다.

answer 17.① 18.① 19.④

17 중상주의 실학자는 이용후생학파 또는 북학파로 불리우며, 이들은 상공업 육성을 통한 부국강병을 추구하였다. 대표적인 학자로는 유수원, 홍대용, 박지원, 박제가 등이 있다. 유수원은 사농공상의 직업적 전문화와 신분평등, 교육기회 확대 등을 주장하였으며, 박지원은 '양반전'과 '허생전'을 통해 양반사회의 문화를 비판하기도 하였다.
① 토지재분배를 통한 자영농의 육성은 경세치용학파, 즉 중농학파들의 입장이다.

18 제시문의 학자들은 경세치용학파(= 중농학파)로 농촌 사회의 안정을 위하여 농민의 입장에서 토지의 개혁을 통한 자영농 육성을 주장하였다.
②③④ 이용후생학파인 중상학파(= 북학파)와 관련된 내용이다.

19 왕실의 후원으로 조선 세조 3년(1457)에 크게 다시 지어졌다.

20 다음 주장과 관련이 있는 것은?

대체로 보아서 다른 나라는 정말로 사치 때문에 망하였으나 우리나라는 검소함으로써 쇠약해졌습니다. 왜냐하면 무늬 있는 비단옷을 입지 않으니 나라 안에 비단 짜는 기계가 없고 그렇게 되니 여공이 없어졌습니다. 그리고 음악을 숭상하지 않으니 오음과 육률이 화합하지 못합니다.

① 외세를 척결하고 자주적인 국가의 건설을 주장하였다.
② 대의명분을 강조하였으며, 실리외교를 경시하였다.
③ 지주제를 폐지하고 자영농을 육성하고자 하였다.
④ 청과의 통상을 주장하고 소비를 권장하였다.

21 조선시대 그림에 대한 설명으로 옳지 않은 것은?

① 강희안의 고사관수도 – 수면을 바라보며 무념무상에 빠진 선비의 모습으로 내면세계가 잘 나타나 있다.
② 안견의 몽유도원도 – 이상세계를 그린 것으로 구도가 웅장하다.
③ 신윤복의 봄나들이 – 서민들의 생활상을 소탈하고 익살스럽게 묘사했다.
④ 정선의 인왕제색도 – 독자적인 화풍을 창안하였다.

22 다음을 통해 알 수 있는 것은?

• 민화	• 사설시조	• 판소리

① 양반문화와 서민문화가 융합되었다.
② 서민의 문화를 양반층에서 발전시켰다.
③ 서민문화가 발달하였다.
④ 성리학적 문학관에 부합되는 작품이 주를 이루었다.

---

answer 20.④ 21.③ 22.④

20 제시문은 북학파인 박제가의 저서 '북학의'로 청나라의 문물을 도입하여 민생안정과 부국강병을 꾀할 것을 주장하였으며 근검보다는 소비를 권장하여 생산을 자극해야 한다고 주장하였다.

21 신윤복은 주로 양반이나 부녀자들의 생활과 유흥 남녀의 애정을 감각적이고 해학적으로 표현하였으며 서민들의 생활상은 김홍도에 의해 묘사되었다.

22 성리학적 경제관으로 농사를 중요시 하였으며, 수공업과 상공업은 천시하여 발전이 늦었다.

23 조선 후기 문학과 예술의 새로운 경향으로 거리가 먼 것은?

① 설화 문학이 유행하여 「필원잡기」와 「용재총화」가 편찬되었다.
② 도시 상인층의 지원에 의해 산대놀이가 민중오락으로 정착되었다.
③ 우리의 고유한 자연을 그린 진경산수화가 유행하였다.
④ 중인층의 문예활동이 활발해지면서 시사(詩社)가 조직되었다.

24 다음에서 설명하는 내용과 관련이 깊은 사람은?

> 비유하건데 재물은 대체로 샘과 같은 것이다. 퍼내고 차고 버려두면 말라버린다. 그러므로 비단 옷을 입지 않아서 비단짜는 사람이 없게 되면 여공이 쇠퇴하고 쭈그러진 그릇을 싫어하지 않고 기교를 숭상하지 않아서 공장이 도야하는 일이 없게 되면 기예가 망하게 되며 농사가 황폐해져서 그 법을 잃게 되므로 사·농·공상의 시민이 모두 곤궁하여 서로 구제할 수 없게 된다.

① 정약용   ② 홍대용
③ 박제가   ④ 박지원

25 다음 중 저자와 저술된 책의 연결이 바르게 된 것끼리 묶인 것은?

> ㉠ 이익－곽우록   ㉡ 안정복－동사강목
> ㉢ 정약용－강계고   ㉣ 신경준－아방강역고

① ㉠㉡   ② ㉡㉢
③ ㉢㉣   ④ ㉡㉢㉣

---

answer   23.①   24.③   25.①

23 조선 초기에는 일정한 형식없이 보고 들은 이야기를 기록한 문학인 설화 문학(패관 문학)이 발달하여 서거정의 「필원잡기」와 성현의 「용재총화」, 강희맹의 「촌담해이」 등의 작품이 저술되었다.

24 서설은 「북학의」에 나타난 박제가의 소비관에 대한 내용으로 「북학의」는 항목별로 시대의 당면한 문제를 논하면서 청의 문물 도입이 부국강병임을 강조한 저서이다.

25 ㉢ 정약용의 「아방강역고」   ㉣ 신경준의 「강계고」

26 조선시대에 만들어진 지도와 지리서에 대한 설명으로 옳은 것은?

① 손실된 세종실록지리지의 내용은 팔도지리지를 통해 전해지고 있다.
② 조선 후기 역사서로는 강계고를 계승한 동국지리지 등이 있다.
③ 택리지와 아방강역고는 한국의 전통적 인문지리서이다.
④ 정상기의 백리척을 이용하여 만든 동국지도를 바탕으로 하여 청구도가 만들어졌다.

27 다음의 사건이 발생한 시기의 집권 세력에 대한 설명으로 옳지 않은 것은?

> 서토(西土)에 있는 자 어찌 억울하고 원통하지 않을 자 있겠는가. 막상 급한 일을 당해서는 …
> (중략) … 과거에는 반드시 서로(西路)의 힘에 의지하고 서토의 문을 빌었으니 400년 동안 서로
> 의 사람이 조정을 버린 일이 있는가. 지금 나이 어린 임금이 위에 있어서 권세 있는 간신배가
> 날로 치성하니 … (중략) … 흉년에 굶어 부황 든 무리가 길에 널려 늙은이와 어린이가 구렁에
> 빠져 산 사람이 거의 죽음에 다다르게 되었다.

① 왕실의 외척이 세도를 명분으로 정권을 잡았다.
② 호조와 선혜청의 요직을 차지하여 재정기반을 확보하였다.
③ 의정부와 병조를 권력의 핵심기구로 삼고 인사권을 장악하였다.
④ 과거 시험의 합격자를 남발하고 뇌물이나 연줄로 인사를 농단하였다.

28 조선시대 의궤(儀軌)에 관한 설명으로 옳지 않은 것은?

① 현재 남아 있는 의궤는 모두 18세기 이후에 만들어진 것이다.
② 국가나 왕실에서 거행한 주요 행사를 기록과 그림으로 남긴 책이다.
③ 강화도 외규장각에 보관되어 있던 의궤들은 병인양요 때에 프랑스군에 의해 약탈당하였다.
④ 「화성성역의궤」는 화성의 성곽을 축조한 공사에 관한 내용을 기록한 것이다.

answer 26.④ 27.③ 28.①

26 ① 세종실록지리지의 부족한 점을 보완하기 위하여 양성지가 만든 것이 팔도지리지이다.
② 동국지리지를 인용하여 만든 것이 신경준의 강계고이다.
③ 택리지와 아방강역고는 한국의 전통적 역사지리서이다.

27 제시문의 사건인 홍경래의 난은 19세기 초 몰락한 양반 홍경래의 지휘하에 영세농민, 중소농민, 광산노동자 등이
합세하여 일으킨 봉기이다. 19세기에는 임진왜란을 계기로 기능이 강화된 비변사가 권력의 핵심이 되어 인사권을
장악하였다.

28 현재 전해지고 있는 의궤 중 가장 오래된 것은 1601년에 편찬된 의인왕후산릉도감의궤와 의인왕후빈전혼전도감 의
궤이다.

29 조선 숙종대의 정국에 대한 옳은 설명으로만 묶인 것은?

> ㉠ 지금까지의 당파연립방식을 버리고 붕당을 자주 교체하는 방식이 대두하였다.
> ㉡ 강력한 왕권을 바탕으로 왕은 붕당 사이의 치열한 다툼을 억눌렀다.
> ㉢ 서인은 송시열을 영수로 하는 노론과 윤증을 중심으로 하는 소론으로 갈라졌다.
> ㉣ 이조전랑이 후임자를 천거하는 관행을 없앴다.

① ㉠㉡   ② ㉠㉢
③ ㉡㉢   ④ ㉡㉣

30 18세기 조선 사상계의 동향에 대한 설명으로 옳지 않은 것은?

① 북학사상은 인물성동론을 철학적 기초로 하였다.
② 낙론은 대의명분을 강조한 북벌론으로 발전되어 갔다.
③ 인물성이론은 대체로 충청도지역 노론학자들이 주장했다.
④ 송시열의 유지에 따라 만동묘를 세워 명나라 신종과 의종을 제사지냈다.

---

answer   29.②   30.②

29 ㉡ 영조의 탕평책에 관한 설명으로 이는 정국의 수습, 인재등용의 확대, 왕권 안정 등의 효과를 가져왔다.
    ㉣ 정조는 이조전랑이 후임자를 천거하는 관행을 폐지하고, 신진 인물 및 중·하급 관리들 가운데 능력 있는 자들을 규장각에서 재교육하고 정조가 직접 이들을 교육하여 시험 성적에 따라 승진시킴으로써 정조 자신의 친위부대를 양성하였다.

30 북벌의 대의명분을 강조한 것은 호론에 해당한다. 낙론은 화이론을 극복하고 북학사상의 내재적 요인으로 인간과 짐승이 본질적으로 같은 품성을 갖는다고 파악하였다. 또한 인간과 자연 사이에 도덕적 일체화를 요구하여 심성 위주의 사고에서 벗어나 새로운 물론을 성립시켰으며, 이로 인해 자연관의 변화, 경제지학, 상수학 등에 대한 관심을 증대시키고, 이를 기반으로 북학사상을 수용하였다. 성인과 범인의 마음이 동일하다는 것을 강조하고 당시 성장하는 일반민의 실체를 현실로 인정하며 이들을 교화와 개혁책으로 지배질서에 포섭하여 위기를 타개해 나가려하였다.

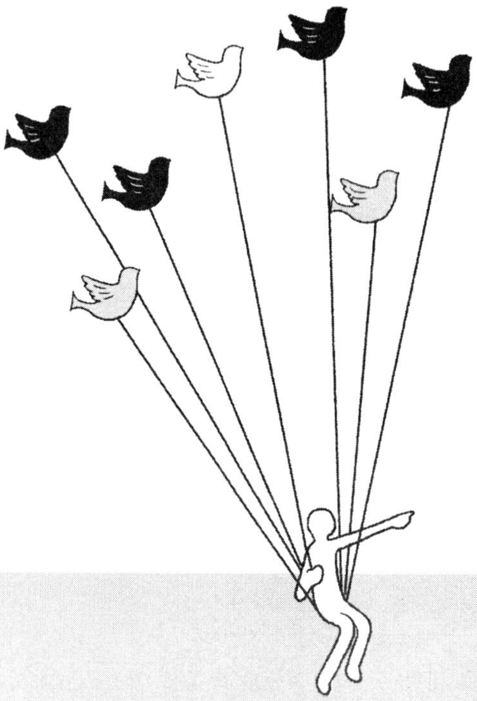

근대사회의 전개 단원에서는 근대사회에 있었던 외세의 접근과 개항에 대해 다루었습니다.

근대사회의 전개

01. 외세의 침략적 접근과 개항

외세의 침략적 접근과 개항

① 흥선대원군의 정치

(1) 19세기 후반의 정세

① 대내적 상황 : 세도정치의 폐단이 극에 달하여 무능한 양반지배체제에 저항하는 민중세력이 성장하고 있었다.

② 대외적 상황 : 일본과 서양 열강의 침략적 접근이 일어나고 있었다.

(2) 흥선대원군의 통치 체제 재정비 노력

① 국내외 정세
　㉠ 국내 : 세도 정치로 지배 질서가 붕괴와 부정부패의 심화로 농민 봉기가 각지에서 일어나고 있었다.
　㉡ 국외 : 이양선이 출현하여 해안 측량과 통상 요구를 주장하고, 영국과 프랑스가 베이징을 점령하였다.

② 왕권 강화 정책
　㉠ 세도정치 타파 : 과감한 인사정책으로 세도가문의 인물들을 몰아내고 인재를 고르게 등용하였다.
　㉡ 정치 기구 재정비 : 비변사를 폐지하여 의정부와 삼군의 기능을 회복하였다.
　㉢ 통치체제 정비 : 「대전회통」과 「육전조례」 등의 법전을 정비·간행하였다.
　㉣ 서원 정리 : 붕당의 온상인 서원을 철폐·정리하여 국가재정을 확충하고 양반과 유생들의 횡포를 막았다. 이에 만동묘 철폐와 47개소 이외의 서원은 철폐하였다.
　㉤ 경복궁 중건 : 왕권강화를 위해 중건을 하였으나, 원납전 징수와 당백전 남발로 유통경제의 혼란이 발생하게 되었다.

③ 민생 안정책
　㉠ 전정 개혁 : 양전 사업을 실시하여 토지겸병을 금지하고, 은결을 찾아내었다.
　㉡ 군정 개혁 : 호포법을 실시하여 양반과, 상민의 구별 없이 군포를 징수하자 농민들은 크게 환영하였으나 양반들은 반발하였다.
　㉢ 환곡제 개혁 : 환곡의 폐단을 시정하기 위해 사창제를 실시하였다.

④ 통상 수교 거부 정책
　㉠ 병인양요(1866)
　　- 배경 : 병인박해 때 살해된 프랑스 선교사를 구실로 강화도에 침입하였다.

- 경과 : 프랑스 군에 맞서 양헌수 부대가 정족산성에서, 한성근 부대가 문수산성에서 분전하여 프랑스 군을 철수시켰다.
- 결과 : 외교장각 문서 등 많은 문화재와 금·은 등을 약탈당하였다.
ⓑ **오페르트 도굴 사건**(1868) : 독일 상인 오페르트는 통상을 위해 흥선대원군 아버지인 남연군묘를 도굴 하려다 미수에 그쳤다.
ⓒ 신미양요(1871)
- 배경 : 대동강을 거슬러 올라온 미국 상선 제너럴셔먼호가 교역을 요구하다 거절당하고 약탈과 방화를 자행하자 이에 평양 군민과 관군은 배를 불살라 버린다(제너널 셔먼호 사건, 1866).
- 과정 : 미국의 침략에 맞서 광성보에서 어재연이 막아냈으나 막대한 피해를 입게 되었다.
- 결과 : 전국 각지에 척화비를 건립하고 통상수교 거부정책을 더욱 강력히 추진하였다.

(3) 개항과 불평등조약 체제

① 개항의 배경
ⓐ 흥선대원군이 하야(1873)하게 되고, 이후 민씨 정권이 들어서게 되면서 박규수, 오경석, 유홍기 등이 통상개화론을 주장하였다.
ⓑ 일본은 조선의 문호를 강제로 개방하기 위해 운요호 사건을 일으켰다(1875).

② 강화도 조약(1876)
ⓐ 최초의 근대적 조약이자 불평등조약이다.
ⓑ 조약의 주요내용

	주요 내용	일본의 의도
1관	자주의 나라이며, 일본국과 평등한 권리를 가진다.	청과 조선의 종속적 관계 부인하고 청의 간섭을 배제하고자 하였다.
4관	조선 정부는 제5관에서 제시하는 두 항구(뒤에 인천과 원산으로 결정)를 개방하고 일본인이 자유롭게 왕래하면서 통상할 수 있게 한다.	경제적 목적을 넘어 정치적, 군사적 거점 확보(부산 = 경제적 목적, 인천 = 정치적 목적, 원산 = 러시아의 남하를 견제하는 군사적 목적)하고자 하였다.
7관	조선국 연해의 섬과 암초는 극히 위험하므로 일본국의 항해자가 자유롭게 해안을 측량하도록 허가한다.	
9관	양국 국민은 각자 임의에 따라 무역을 하며, 양국의 관리는 조금도 이에 관여하거나 금지 또는 제한하지 못한다.	조선 관리의 통제를 받지 않고 일본 상인들의 자유로운 상행위 활동을 보장하고자 하였다.
10관	일본국 국민이 조선국이 지정한 각 항구에 머무르는 동안 죄를 범한 것이 조선국 국민에게 관계되는 사건일 때는 모두 일본국 관원이 심판한다.	조선에서 활동하는 모든 일본인에 대한 치외법권을 보장하고, 일본 상인들의 약탈적 무역활동을 하고자 하였다.

ⓒ 부속조약

　－ 조·일 통상 장정 : 양곡의 무제한 유출, 일본 상품의 무관세를 허용하였다.

　－ 조·일 수호 조교 부록 : 거류지 무역(10리 이내), 일본 화폐 유통을 허용하였다.

③ 조·미수호통상조약(1882)

　㉠ 배경 : 일본에 2차 수신사로 갔었던 김홍집이 「조선책략」이라는 책의 반입과, 청의 알선(러시아, 일본 견제를 위해)으로 미국과 수교가 이루어지게 되었다.

　㉡ 내용 : 치외법권, 최혜국 대우, 협정 관세 등을 인정하는 불평등조약이었다.

④ 각국과의 조약 체결 : 청의 알선으로 영국, 독일, 프랑스 등과 외교관계를 수립하고 러시아와는 직접 수교하였다.

② 개화운동과 근대적 개혁의 추진

(1) 개화 정책의 추진

① 개화운동의 두 흐름

구분	온건개화파	급진개화파
주요인물	김홍집, 김윤식	박영효, 홍영식, 김옥균 등
개혁방안	청의 양무운동을 바탕으로 한 동도서기론을 통해 점진적 개혁을 추구	일본의 메이지유신을 바탕으로 한 문명개화론을 통해 급진적 개혁 추구
활동	친청세력을 민씨 정권과 결탁하여 청과의 관계 중요시	정부의 청에 대한 사대 정책을 비판하고 후에 갑신정변 주도 세력

② 개항 이후 정부의 개화정책

　㉠ 수신사 파견 : 1차 수신사(1876)로 김기수, 2차 수신사(1880)로 김홍집이 일본을 다녀왔다. 일본의 발전상과 세계정세의 변화를 알고, 개화의 필요성을 더욱 느끼게 되었다. 이에 정부는 대외관계와 근대 문물의 수입 등 여러 가지의 과제를 해결하기 위하여 개화파 인물들을 정계에 기용하였고, 이들을 중심으로 개화정책을 추진해 나갔다.

　㉡ 제도의 개편

　－ 관제의 개편 : 개화정책을 전담하기 위한 기구로 통리기무아문을 설치하고 그 아래에 12사를 두어 외교, 군사, 산업 등의 업무를 분담하게 하였다(청의 관제 모방).

　－ 군제의 개혁 : 종래의 5군영을 무위영, 장어영의 2영으로 통합·개편했으며, 신식군대의 양성을 위하여 별도로 별기군을 창설하였고, 일본인 교관을 채용하여 근대적 군사훈련을 시키고, 사관생도를 양성하였다.

ⓒ 근대문물 수용을 위한 시찰단 파견
- 신사유람단(조사시찰단)의 파견(1881) : 일본의 정부기관, 각종 산업시설을 시찰하였다.
- 영선사 파견(1881) : 김윤식과 유학생들을 청국의 톈진에 유학시켜 무기제조법, 근대적 군사훈련법을 배우게 하였다.

(2) 정부의 개화정책 추진에 대한 반발

① 위정척사운동
  ㉠ 성격 : 성리학의 화이론에 기반을 둔 강력한 반침략, 반외세 운동이다.
  ㉡ 1860년대(통상반대운동)
  - 서양의 통상요구와 병인양요가 일어나면서 외세배척의 분위기가 팽배했으나, 통상개화론자들은 통상을 주장하였다. 이에 이항로, 기정진 등은 척화주전론을 내세우고, 흥선대원군의 통상수교거부정책을 뒷받침하였다.
  ㉢ 1870년대(개항반대운동)
  - 서양과 일본의 문호개방에 대한 요구가 강해지고, 운요호 사건으로 강화도 조약이 맺게되자 최익현, 유인석 등은 개항불가론을 주장하고 왜양일체론을 내세워 개항반대운동을 전개하였다.
  ㉣ 1880년대(개화반대운동)
  - 강화도조약 이후 급격한 개화정책이 추진되고, 김홍집이 가져온 「조선책략」의 유포에 반발하여 이만손, 홍재학 등은 영남만인소를 올렸다.
  ㉤ 1890년대(의병투쟁)
  - 을미사변과 단발령이 내려지자 유인석, 이소응 등은 무장봉기를 하였고, 이는 개항 이후 최초의 의병으로 항일의병운동으로 계승되게 된다.
  ㉥ 한계 : 성리학적 유일사상체제를 유지하려는 목적으로 전개되었으며 근대화추진에 큰 어려움을 주었다.

② 임오군란(1882)
  ㉠ 배경 : 개화파와 보수파의 대립과 민씨 정권의 신식군대인 별기군 우대와 구식군대 차별 대우에 의해 일어나게 되었다.
  ㉡ 경과 : 구식군인들은 대원군에게 도움을 청하고 일본공사관을 습격한 후, 민중과 합세하여 민씨 정권 고관을 살해하자 민씨는 피란을 떠나게 되고, 이때 대원군이 재집권하여 정국이 안정이 되는 듯하였지만, 청은 군대를 파견하여 대원군을 군란의 책임자로 청에 압송하는 등의 개입을 하였다.
  ㉢ 결과
  - 일본은 조선 정부의 사죄와 배상금 지불, 일본 공사관의 경비병 주둔 허용의 내용을 담고 있는 제물포조약을 체결하였다.
  - 청나라는 조선에 청군을 주둔시키고 재정 · 외교고문을 파견하여 조선의 내정을 간섭하고 청나라 상인의 통상특권을 허용하는 상민수륙무역장정을 체결하였다.
  - 민씨 일파가 재집권하게 되고, 정권 유지를 위해 친청정책이 강화되어 개화정책은 후퇴하였다.

③ 갑신정변(1884)

　　㉠ **배경** : 친청세력의 개화당 탄압, 조선 주둔 청군의 철수, 일본 공사의 지원 약속, 청의 내정간섭과 개화정책의 후퇴 등에 대한 반발로 급진개화파들은 갑신정변을 일으켰다.

　　㉡ **개혁 내용** : 청에 대한 사대관계 폐지, 인민평등권의 확립, 지조법의 개혁, 모든 재정의 호조 관할(재정의 일원화), 경찰제도의 실시, 내각중심정치의 실시 등이다.

　　㉢ **전개과정** : 3일 천하로 끝난 이 정변은 개혁주체의 세력기반이 미약하였고, 외세에 의존해서 권력을 잡으려 했으며, 청의 무력간섭의 심화로 인해 실패하였으며, 개화세력이 도태되고 말았다.

　　㉣ **결과** : 한성조약(보상금 지불과 공사관 신축비 부담)과 톈진조약(청 · 일 양국군의 철수와 조선 파병시 상대국에 미리 알릴 것)이 체결되었다.

　　㉤ **역사적 의의**

　　　– 정치적 : 중국에 대한 전통적인 외교관계를 청산하려 하였고, 전제군제를 입헌군주제로 바꾸려는 정치개혁을 최초로 시도하였다.

　　　– 사회적 : 문벌을 폐지하고 인민평등권을 확립하여 봉건적 신분제도를 타파하려 하였다.

　　　– 근대국가 수립을 목표로 하는 최초의 정치개혁운동이었고, 역사발전에 합치되는 민족운동의 방향을 제시하였다.

④ 조선을 둘러싼 열강의 대립

　　㉠ **열강의 세력 경쟁** : 갑신정변 이후 청의 내정간섭과 일본의 경제적 침략이 본격화되고, 러시아의 한반도 진출을 견제하기 위해 영국이 거문도를 불법적으로 점령하였다.

　　㉡ 부들러, 유길준은 조선의 중립화론을 대두시켰다(1885).

(3) 동학농민운동

① 등장 배경

　　㉠ 정치적 부패와 경제파탄으로 농민들 새로운 사상 필요하였다.

　　㉡ 천주교의 확산이 민족종교 탄생 가속화시켰고, 1860년 최제우가 동학을 창시하였다.

② 성격

　　㉠ 전통적 민족 신앙을 바탕으로 유교 · 불교 · 도교 · 천주교 교리를 결합하여 종합적인 성격을 가졌다.

　　㉡ 기존 성리학과 부패한 불교를 비판하고, 천주교를 배격하였다.

③ 확산 및 탄압

　　㉠ 삼남지방(경상도 · 전라도 · 경상도) 농촌사회에 널리 보급 및 전파하였다.

　　㉡ 정부는 세상을 어지럽히고 백성을 속이는 혹세무민죄로 최제우를 처형하였다.

④ 동학의 확대

　　㉠ 2대 교주 최시형 등의 노력으로 삼남지방 중심으로 교세 확대하였다.

　　㉡ 포접제 조직(각 지방에 접주(接主)가 각 지방에 설치된 포(包),장(帳), 접(接)의 교단 통솔)으로 교단 조직을 형성하였다.

⑤ 교조신원 운동

　ㄱ 의미 : 최제우의 명예회복 운동 및 동학 인정을 요구하였다.

　ㄴ 삼례집회(1차 신원운동, 1892.11) : 교조 최제우 죽음에 대한 신원과 동학에 인정 및 탐관오리 처벌 요구하였다.

　ㄷ 복합상소(2차 신원운동, 1893.2) : 교조의 신원과 외국인 철수를 요구하였다.

　ㄹ 보은집회(3차 신원운동, 1893.3) : 동학교도와 농민이 참가한 대규모 집회로 탐관오리 숙청 및 척왜양 창의(斥倭洋倡義, 일본과 서양을 물리치고 대의를 세운다)결의를 내세웠다.

⑥ 동학농민운동의 전개

　ㄱ 고부민란(1894.1.10) : 고부 군수 조병갑의 횡포에 전봉준이 사발통문을 돌려 농민을 모아 고부 관아 습격하였고, 정부는 조병갑 탄핵하고 안핵사 이용태를 파견하였다.

　ㄴ 1차 봉기(반봉건 투쟁, 1894.4) : 안핵사 이용태는 봉기 관련자를 역적으로 몰아 탄압하자, 전봉준, 김개남 등 재봉기(백산봉기, 보국안민 · 제폭구민)하였고, 황토현, 황룡촌 전투에서 승리하고 전주성을 점령(4.27)하였다. 정부는 전주성 함락 후 청군에 원군을 요청하자 청군 아산만 상륙(5.5)하자, 톈진 조약을 명분으로 일본군은 인천에 상륙(5.9)하였다. 동학농민군은 외국 군대 철수, 폐정개혁안을 조건으로 정부와 전주화약 체결(5.8)하였다.

　ㄷ 집강소 시기 : 전라도 각 고을에 동학농민군 자치기구 설치(폐정개혁안 실천)하였다.

폐정개혁안	
내용	의미
1. 동학도는 정부와의 원한을 씻고 서정에 협력한다.	왕조 자체는 인정
2. 탐관오리는 그 죄상을 조사하여 엄징한다.	봉건적 지배세력 타파
3. 횡포한 부호를 엄징한다.	봉건적 지배세력 타파
4. 불량한 유림과 양반의 무리를 징벌한다.	봉건적 지배세력 타파
5. 노비문서를 소각한다.	봉건적 신분제 폐지
6. 7종의 천인차별을 개선하고 백정이 쓰는 평량갓을 없앤다.	봉건적 신분제 폐지
7. 청상과부의 개과를 허용한다.	여성 지위의 개선(봉건적 폐습 개선)
8. 무명의 잡세는 일체 폐지한다.	조세 제도의 개혁
9. 관리 채용에는 지벌을 타파하고 인재를 등용한다.	능력별 인재 등용
10. 왜와 통하는 자는 엄징한다.	반외세 · 반침략적 성격
11. 공 · 사채는 물론이고 기왕의 것은 무효로 한다.	농민의 부채 탕감
12. 토지는 평균하여 분작한다.	토지 제도의 개혁

　ㄹ 2차 봉기(반외세 투쟁, 1894.9) : 일본이 경복궁을 점령(1894.7)하여 내정간섭 및 개혁 강요하자 동학 농민군은 재봉기하여 대일 항쟁을 전개하였지만, 공주 우금치 전투에서 전봉준의 동학농민군은 관군 (=정부군)과 일본군 등으로 구성된 진압군에 패배(1894.11)하였다. 패배 이후 진압군과 양반, 부호들 로 조직된 민보군의 무차별 공격으로 전봉준 등의 지도자들은 체포(1894.12)되었다.

ⓜ 동학농민운동 실패 이후
  - 농민군의 잔여 세력 가운데 일부는 이후 활빈당 등과 반(反)봉건적, 반(反)침략적 민족운동을 지속하기도 하였다.
  - 갑오개혁에 영향을 주었으며, 항일 의병 투쟁으로 계승되었다.

⑦ 동학농민운동의 의의 및 한계
  ㉠ 의의
    - 반봉건운동 : 반봉건 성격은 갑오개혁에 영향을 주었고, 성리학적 전통질서 붕괴가 촉진되었다.
    - 반침략운동 : 잔여세력이 의병운동에 계승되어 구국무장투쟁 강화되었다.
    - 민중 주체의 아래로부터의 개혁 운동이었다.
  ㉡ 한계 : 근대국가 건설을 위한 구체적 방안 제시가 없었으며, 농민층 이외의 지지기반이 없었다.

(4) 근대적 개혁의 추진

① 배경 : 일본은 내정개혁을 강요하였고, 군대를 동원하여 경복궁을 점령하였으며, 친일 내각과 군국기무처를 설치하였고, 갑오개혁을 추진하였다.

② 갑오 · 을미개혁의 전개과정 및 특징

구분	특징	내용	한계
제1차 갑오개혁 (1894.7.27 ~1894.12.17)	(1) 온건개화파가 주도한 김홍집내각이 군국기무처를 중심으로 자주적으로 추진되었다. (2) 갑신정병의 정강, 동학농민군의 개혁 요구가 많이 반영되었다.	정치 : 왕실과 정부 사무 분리, 6조를 8아문으로 바꾸고, 개국기원을 사용, 경무청 신설, 과거제를 폐지하였다. 경제 : 재정일원화, 은본위제, 도량형 통일, 조세 금납제를 실시하였다. 사회 : 신분제 철폐, 고문과 연좌법 폐지, 조혼 금지, 과부 재가를 허용하였다.	조세제도에 대한 근본적 개혁이 없었다.
제2차 갑오개혁 (1894.12.17 ~1895.7.7)	(1) 박영효, 김홍집 연립내각이 주도하였고, 군국기무처를 폐지하고, 홍범14조를 발표하였다. (2) 삼국간섭으로 일본세력이 약화되었다.	내각제도 실시, 지방관 권한 축소 (사법권, 군사권 배제), 지방제도 개편(8도→23부), 사법권 독립(재판소 설립), 한성사범학교 설립, 외국어학교관제 공포를 하였다.	일본의 견제로 군제개혁을 시도하였으나 성과가 없었다.
배일정책	(1) 삼국간섭 이후 일본 세력이 약화되자, 박영효는 실각되고, 온건개화파와 친러파의 연립내각이 성립(3차 김홍집 내각)되었다. (2) 일본의 내정 간섭을 배제하고 배일정책을 강화하지만 을미사변으로 중단된다.		

을미개혁 (1895.8 ~1896.2)	(1) 을미사변 이후 친일적 성격이 강화된 김홍집 내각(4차)이 급진적 개혁을 실시하였다. (2) 아관파천으로 개혁이 중단되었다.	'건양'연호 사용, 친위대·진위대 설치, 단발령 실시, 태양력 사용, 종두법 실시, 소학교 설치, 우편 사무 실시	을미사변과 단발령으로 인해 반일·반정부, 반개혁 감정이 고조되었으며, 을미의병의 계기가 되었다.

③ 주권수호운동의 전개

(1) 독립협회

① 배경 : 아관파천 이후 열강의 이권침략이 가속화되었다.

② 창립
  ㉠ 갑신정변의 주동자인 서재필이 자주독립국가를 수립하고자 독립협회를 창립하였다.
  ㉡ 서재필, 윤치호, 이상재 등의 진보적 지식인들과 도서서민층이 주요 구성원이었으며 광범위한 사회계층의 지지를 받았다.

③ 활동
  ㉠ 독립협회는 자주국권사상, 자유민권사상, 자강개혁사상을 바탕으로 활동하였다.
  ㉡ 청나라의 사신을 영접하던 장소인 모화관의 명칭을 고쳐서 독립정신을 고취하는 독립관으로 명명하고, 그 건물을 독립협회 회관으로 사용하고, 모화관 옆에 세운 영은문(迎恩門) 자리에 독립문을 건립하였다.
  ㉢ 외세의 내정 간섭과 이권요구를 맞아 구국운동상소문을 작성하고, 독립신문을 발간하였다.
  ㉣ 민중에 기반을 둔 사회단체로 발전하여 강연회와 토론회를 개최하였다.
  ㉤ 최초의 근대적 민중대회인 만민공동회를 개최(1898.3)하고 후에 관민공동회를 개최(1898.1)하여 헌의 6조를 결의함으로써 중추원을 개편한 의회를 만들려고 하였다.

④ 해산 : 서구식 입헌군주제의 실현을 추구하여 보수 세력의 반발을 샀으며 보수 세력은 황국협회를 이용하여 독립협회를 탄압하였고, 독립협회는 3년 만에 해산되었다.

⑤ 의의 및 한계
  ㉠ 의의 : 근대적 민족주의 사상과 자유민권의 민주주의 이념을 알렸으며, 후에 애국계몽운동에 영향을 주었다.
  ㉡ 한계 : 외세 배척이 러시아에만 치중되어 있었고, 미·영·일에 대해서는 비교적 우호적이었으며, 의병활동이나 동학농민운동에 대해서는 부정적인 태도를 가지고 있었다.

(2) 대한제국(1897)

① 배경 : 아관파천으로 국가의 권위가 떨어지고, 환궁운동이 전개되면서 고종이 환궁하게 되었다.

② 광무개혁

    ㉠ 국호를 대한제국, 연호를 '광무'라 부르며 왕의 명칭을 황제로 바꾸면서 대한국 국제(大韓國國制)를 공포하고 대한제국의 성립을 선포하였다.

    ㉡ 개혁의 원칙은 구제도를 바탕으로 새로운 제도를 참작하는 구본신참이었다.

    ㉢ 전제군주체제를 강화하고 교정소라는 특별입법기구를 설치하였다.

    ㉣ 양전사업 실시를 위해 양지아문을 설치하고, 근대적 토지소유권 제도라 할 수 있는 지계를 발급하였다.

    ㉤ 상공업진흥책으로 섬유 · 철도 · 광업 등의 분야에 공장과 회사를 설립하고, 근대 산업기술 습득을 위해 외국에 유학생을 파견하였다.

    ㉥ 간도와 연해주에 있는 교민 보호를 위해 북간도에 간도관리사(이범윤)을 파견하였다.

③ 의의 및 한계

    ㉠ 자주적 입장에서 근대적 개혁을 추진하였다.

    ㉡ 집권층의 보수성과 열강의 간섭으로 실패로 돌아갔다.

④ 대한제국의 식민지화 과정과 항일의병전쟁의 전개

(1) 대한제국의 식민지화 과정

① 한 · 일 의정서(1904.2)

    ㉠ 과정

      – 러 · 일 전쟁 발발에 앞서 대한제국은 중립화 선언을 하였다.

      – 일본은 대한제국의 독점적 지배권을 명문화하기 위해 전국 군사적 요지 점령 후 한 · 일의정서 강요하였다.

    ㉡ 내용

      – 일본 정부는 군사 전략상 필요한 지점을 임의로 사용하였고, 일본 동의 없이 제3국과 조약 체결이 불가하였다.

      – 대한제국 영토와 황제에 위험이 있을 때 필요한 조치 취하고 시정개선에 관한 충고를 받아들이게 하였다.

② 제1차 한일협약(1904.08)

    ㉠ 과정(고문정치) : 일본이 러 · 일 전쟁에서 승리가 확실시되자 재차 조선정부에 조약 강요하였다.

    ㉡ 내용 : 일본정부가 추천하는 일본인 1명을 재정고문으로 초빙하고, 외국인 1명을 외교고문으로 초빙하였고, 외국과의 조약 체결이나 그 외 중요 안건은 일본과 협의하여 시행하게 하였다.

> 제1조 대한 정부는 대일본 정부가 추천한 일본인 1명을 재정 고문으로 하여 대한 정부에 용빙하고, 재무에 관한 사항은 일체 그 의견을 물어 시행할 것
> 제2조 대한 정부는 대일본 정부가 추천한 외국인 1명을 외무 고문으로 하여 외부에 용빙하고, 외교에 관한 중요한 업무는 일체 그 의견을 물어 시행할 것
> 제3조 대한 정부는 외국과의 조약 체결, 기타 중요한 외교 안건, 즉 외국인에 대한 특권양여와 계약 등의 처리에 관하여는 미리 일본 정부와 협의할 것
> *제시된 자료는 1차 한일협약 조약의 내용이다. 고문 정치를 실시하여 조선의 내정을 마음대로 간섭하려는 의도를 알 수 있다.

ⓒ **영향** : 재정고문에 일본인 메가타와 외교고문에 미국인 스티븐스이 임명되었고, 메가타는 화폐정리사업을 시행하여 민족경제가 파탄에 이르게 되었고, 협약에 없는 각 부에 일본인 고문을 두어 조선 내정을 마음대로 간섭하였다.

국제적으로 일본의 한국지배를 묵인한 조약

가쓰라 · 태프트 밀약(1905.7)	일본은 조선에 대한 지배권을, 미국은 필리핀에 대한 지배권을 상호 인정하였다.
제2차 영 · 일동맹(1905.8)	일본은 영국으로부터 조선의 지배를 인정받았다.
포츠머스 강화조약(1905.9)	영국의 미국의 지원을 통해 일본은 러 · 일전쟁에서 승리하고 조선에 대한 지배권을 인정받았다.

③ **을사조약**(제2차 한일협약, 1905.11)

ⓐ **과정** (통감정치) : 고종의 거부에도 일제가 강제로 위협하여 조약 강요하였다.

ⓑ **내용** : 일제는 대한제국의 외교권을 완전히 피탈(사실상 주권 상실)하고, 통감부 설치(1906)하고 통감 정치 실시하여 모든 내정에 간섭을 하였다.

> 제1조, 일본국정부는 도쿄의 외무성을 통해 한국의 외국에 대한 관계 및 사무를 감리, 지휘하며, 일본국의 외교대표자 및 영사는 외국에 재류하는 한국의 신민 및 이익을 보호한다.
> 제2조, 일본국정부는 한국과 타국 사이에 현존하는 조약의 실행을 완수할 임무가 있으며, 한국정부는 일본국정부의 승인 없이는 국제적 성질을 가진 어떤 조약이나 약속도 하지 않는다.
> 제3조, 일본국정부는 그 대표자로 한국 황제폐하의 궐하에 1명의 통감을 두게 하며, 통감은 오로지 외교에 관한 사항을 관리하기 위하여 경성(서울)에 주재하고 한국 황제폐하를 친히 내알할 권리를 가진다.
> 제4조, 일본국과 한국 사이에 현존하는 조약 및 약속은 본 협약에 저촉되지 않는 한 모두 그 효력이 계속되는 것으로 한다.
> 제5조, 일본국정부는 한국 황실의 안녕과 존엄의 유지를 보증한다.
> *제시된 자료는 을사조약의 내용이다. 일본이 외교권 박탈을 위하여 강제로 체결한 조약으로 원명은 한 · 일협상조약이며, 제2차 한 · 일협약, 을사보호조약, 을사조약이라고도 한다.

④ **정미7조약**(한·일신협약, 1907)

   ⊙ **과정** : 초대 통감 이토 히로부미가 고종을 강제 퇴위시키고 순종을 즉위시킨 후 한·일신협약의 체결을 강요하였다.

   ⊙ **내용** (차관정치) : 고등관리의 임용은 통감의 동의 필요하고, 정책 결정과 행정실권 장악을 위해 고문 대신 일본인 차관 임명하고, 사법권·경찰권을 통감에 위임하였다.

> 제1조, 한국정부는 시정개선에 통감의 지도를 받을 것
> 제2조, 한국정부의 법령제정 및 중요 행정상 처분은 통감의 승인 거칠 것
> 제3조, 한국의 사법사무는 보통 행정사무와 이를 구분할 것
> 제4조, 한국 고등관리의 임면은 통감의 동의로써 이를 행할 것
> 제5조, 한국정부는 통감이 추천하는 일본인을 한국 관리에 임명할 것
> 제6조, 한국정부는 통감의 동의 없이 외국인을 한국 관리에 임명하지 말 것
> 제7조, 1904년 8월 22일 조인한 한일외국인 고문 용빙에 관한 협정서 제1항은 폐지할 것
> *제시된 자료는 정미7조약의 내용이다. 이 조약은 일본이 고종을 강제 퇴위시킨 직후에 강압적인 분위기로 체결되었기 때문에 국제조약으로 법적 유효성에 의문이 있다.

   ⊙ **군대해산**(1907.8) : 정미7조약의 부수조항에 포함된 것으로, 일본 활동 제약, 재정곤란을 이유로 해산시켰고, 해산된 군인들 지방 각지의 의병에 합류하자 의병의 무장 투쟁화가 되었다.

⑤ **기유각서**(1909) : 조선의 언론·집회·결사·출판의 자유 유린하고, 사법권 및 감옥사무 강탈하고, 한국재판소를 폐지하여 통감부에 사법청을 설치하였다.

⑥ **한·일병합조약**(국권 피탈, 경술국치, 1910.8) : 데라우치 통감은 경찰권을 박탈하고, 황성신문·대한매일신보 등을 강제 폐간하고, 이완용 내각과 합병조약을 체결하여 국권 강탈하였다.

(2) 항일의병전쟁의 전개

① **을사의병**(1905~1906)

   ⊙ **배경** : 을사조약 체결 이후 전국 각지에서 의병운동이 전개되었다.

   ⊙ **활동** : 국권회복을 위한 무장투쟁을 전개하였고, 평민출신의 의병장과(신돌석·홍범도) 민종식(충남 홍주), 최익현(전북 태인·순창, 전라도 의병 활발 계기) 등이 활약하였다.

② **을사조약 반대 투쟁**

   ⊙ **언론활동** : 황성신문에 장지연의 '시일야방성대곡'을 게재하였고, 대한매일신보에 고종의 '을사조약 부인 친서'를 게재하였다.

   ⊙ **자결순국** : 이한응, 민영환, 홍만식, 조병세 등이 자결로서 항거하였다.

   ⊙ 조약의 무효 주장 및 매국노를 규탄하는 상소운동을 조병세, 이상설, 안병찬 등이 전개하였다.

   ⊙ **의열투쟁** : 장인환·전명운은 스티븐슨을 저격(1908)하였고, 안중근의 하얼빈에서 이토 히로부미를 살해(1909)하였고, 나철·오기호 등은 5적 암살단 조직하여 조약에 찬성한 일진회 및 매국노 공격을 공격하였다.

   ⊙ **외교활동** : 고종은 헤이그특사(이상설·이준·이위종 등)파견하여 을사조약 무효와 일본의 만행을 알리려고 하였으나 고종 강제퇴위의 계기가 되었다.

③ 정미의병(1907)

　　㉠ 배경 : 고종의 강제 퇴위와 군대 해산으로 인해 의병 전쟁이 전국적으로 확산되었다.

　　㉡ 전개 : 해산 군인들이 의병에 가담하여 의병부대 전투력 강화되었다.

　　－ 서울진공작전(1908)

① 총대장 이인영 ＋ 군사장 허위 등 유생 의병장 주도로 13도 창의군 결성
② 경기도 양주에 집결하여 서울 진공작전
③ 일본의 우세한 화력 ＋ 평민 의병장 제외(신돌석, 홍범도 등)로 서울 진공작전 실패
*이인영은 부친상을 당하자 서울 진공 작전 지휘를 포기하고 고향으로 내려감

　　－ 일본의 남한대토벌작전(1909)

• 일본은 조선을 식민지로 만들기 위해 대대적인 의병 토벌→의병들은 만주, 연해주 등지로 이동하여 무장독립군 편성

(3) 애국계몽운동의 전개

① 초기 : 개화 · 자강계열 단체들이 설립되어 구국민족운동을 전개하였다.

　　㉠ 보안회(1904) : 일본의 황무지 개간권 철회를 요구하였다.

　　㉡ 헌정 연구회(1905) : 입헌정체 수립을 목적으로 설립되었다.

② 1905년 이후 : 국권회복을 위한 애국계몽운동을 전개하였다.

　　㉠ 대한자강회 : 교육과 산업을 진흥시켜 독립의 기초를 만들 것을 목적으로 국권회복을 위한 실력양성운동을 전개하였으나, 고종의 강제퇴위 반대 운동으로 해산되었다.

　　㉡ 대한협회 : 교육의 보급, 산업개발 및 민권신장 등을 강령으로 내걸고 실력양성운동을 전개하였다.

　　㉢ 신민회

　　－ 성격 : 비밀결사조직으로 국권회복과 공화정체의 국민국가 건설을 목표로 하였다.

　　－ 활동 : 국내적으로 문화적(대성학교, 오산학교 설립) · 경제적(태극서관, 자기회사) 실력양성운동을 펼쳤으며, 국외로는 독립군기지 건설에 의한 군사적인 실력양성운동에 힘쓰다가 105인 사건(1911)으로 해체되었다.

⑤ 개항 이후의 경제화 사회

(1) 열강의 경제 침탈

① 개항초기 : 부산, 인천, 원산(일본의 거류지 무역)에서 약탈무역이 행해졌으며, 쌀, 콩, 금 등이 반출되었다.

② 임오군란 이후 : 상민수륙무역장정(청), 수호조규속약(일본)으로 내륙진출이 행해지면서 청나라 일본 상인간의 경쟁이 치열해졌다.

③ 갑신정변 이후 : 일본 상인은 곡물 수매에 주력하여 미면교환체제가 성립되었고, 이에 방곡령을 선포하였다.

④ 청·일 전쟁 이후 : 일본 상인이 조선 시장을 독점적으로 지배하였다.

⑤ 아관파천 시기 : 열강의 이권 침탈 극심하였다(철도 부설권, 광산 채굴권, 삼림 채벌권).

⑥ 러·일 전쟁 이후 : 일본의 토지 침탈이 강화되고 철도 부지와 군용지를 확보하였다.

(2) 일본의 이권 침탈

① 철도 부설권 독점
  ㉠ 경인선(1899) : 미국 부설권을 받아 완공하였다.
  ㉡ 경부선·경의선(1904) : 프랑스 부설권을 일본이 받아 완공하였다.
  ㉢ 결과 : 일본은 침략 목적으로 대한 제국의 철도 운송을 독점하였다.

② 금융지배 : 일본 은행이 경제침략의 첨병 역할을 하였고, 재정 고문 메가타의 화폐 정리 사업은 국내 상공업자들에게 큰 타격을 주었다.

③ 차관 제공 : 청·일 전쟁 이후 내정 간섭과 이권 획득을 목적으로 차관을 도입하고, 러·일 전쟁 이후 화폐정리와 시설 개선을 명목으로 차관을 강요하였다.

④ 토지약탈 : 개항 직후 개항장 안의 일부 토지를 차용, 고리대업 등으로 농토를 차압하였고, 러·일 전쟁 이후 철도 부지와 군용지 확보를 구실로 황무지 개간권을 요구하였고, 동양척식주식회사(1908)을 설립하여 국유 미개간지와 역둔토를 계획적으로 약탈하였다.

(3) 경제적 구국 운동의 전개

① 방곡령(1889) : 일본 상인의 농촌 침투와 곡물 반출로 인해 함경도, 황해도 등지의 지방관의 직권으로 곡물 반출 금지를 하였으나, 조·일통상장정 규정에 의거한 일본 측 항의로 방곡령을 철회하고 배상금을 지불하였다.

② 경제 자주권 수호 운동
  ㉠ 시전 상인 : 황국중앙총상회(외국인 불법적 상업 활동 엄단 요구)를 설립하였다.
  ㉡ 독립협회 : 러시아, 프랑스 등의 이권 침탈 저지 투쟁을 전개하였다.
  ㉢ 농광회사(1904) : 황무지 개간 자체 개간을 추진하였다.
  ㉣ 보안회(1904) : 일본의 황무지 개간 요구를 반대하고, 철회시켰다.
  ㉤ 국채보상운동(1907) : 일제의 차관 제공에 의한 경제적 예속화 정책이 강화되자, 대구에서 서상돈의 주도하여 언론의 참여와 대중적 모금 운동(금연 운동, 부녀자들의 참여)을 통해 국채보상운동이 전개되었으나 일제의 탄압으로 중지되었다.

기출예상문제

1 다음 민요와 관련된 역사적 사실로 가장 적절한 것은?

2015년 1차 일반공채순경 · 101경비단

> 새야 새야 녹두새야 / 웃녘 새야 아랫녘 새야
> 전주 고부 녹두새야 / 함박 쪽박 열나무 딱딱 후여
>
> 새야 새야 녹두새야 / 녹두밭에 앉지마라
> 녹두꽃이 떨어지면 / 청포장수 울고 간다
>
> 새야 새야 팔왕(八王)새야 / 네 무엇하러 나왔느냐
> 솔잎 댓잎이 푸릇푸릇 / 하절인가 하였더니
>
> 백설이 펄펄 흩날리니 / 저 강 건너 청송 녹죽이 날 속인다

① 교세가 확장되면서 대중 집회를 열고, 억울하게 처형된 교조 최시형의 원을 풀고자 하는 교조 신원 운동을 벌였다.
② 고부 군수 조병갑에 대한 불만과 단발령 실시에 항거하여 1894년 전라도 고부에서 시작되었다.
③ 황토현 전투와 장성 황룡촌, 우금치 등에서 관군을 물리치고 북상하여 전주성을 점령하였다.
④ 폐정 개혁 12조를 실현할 목적으로 전라도 53개 군에 민정기관을 설치하였다.

---

answer 1.④

1 제시된 자료는 동학농민운동의 지도자였던 전봉준을 기리는 민요이다.
　④ 동학 농민군은 전주에서 폐단이 많은 정치를 개혁하기로 합의하고, 폐정 개혁 12조를 실현시키고자 전라도 53개 군에 민정기관인 집강소를 설치하였다.
　① 교조 신원 운동은 동학의 1대 교주인 최제우의 원을 풀고자 하는 운동이었다.
　② 단발령은 1895년 을미개혁 때 실시되었다.
　③ 동학 농민군은 우금치 전투에서 무기의 열세를 극복하지 못하고 관군과 일본군에게 패배하였다.

2 다음 중 흥선대원군이 실시한 정책으로 가장 적절하지 않은 것은?

2012.2.25. 일반공채순경

① 의정부와 삼군부를 통합하고, 비변사의 기능을 확대하였다.
② 폐단이 심했던 환곡제를 개혁하여 사창제를 실시하였다.
③ 종래에 상민(常民)에게만 징수해 온 군포를 양반에게까지 확대·징수하였다.
④ 법치질서를 정비하기 위해 「대전회통(大典會通)」을 간행하였다.

3 다음의 노래가 유행하던 당시의 역사적 사실에 관한 설명 중 가장 적절하지 않은 것은?

2012.8.25. 일반공채순경, 전·의경 특채, 101경비단

> 에-에헤이야 얼널널 거리고 방에 흥애로다
> 을축년 4월 초3일에 경복궁 새 대궐 짓는데 헛방아 찧는 소리다
> 조선의 여덟 도 좋다는 나무는 경복궁 짓노라 다 들어간다
> 도편수란 놈의 거동 보소 먹통 메고 갈팡질팡한다
> 남문 밖에 떡장수들아 한 개를 베어도 큼직큼직 베어라
> 남문 밖에 막걸리 장수야 한 잔을 걸러도 큰 애기 솜씨로 걸러라
> 에- 나 떠난다고 네가 통곡말고 나 다녀올 동안 네가 수절을 하여라
> 에- 인생을 살면 몇 백년 사나 생전 시절에 맘대로 노세
> 남문 열고 바라 둥당 치니 계명 산천에 달이 살짝 밝았네
> 경복궁 역사가 언제나 끝나 그리던 가족을 만나 볼까

① 신미양요   ② 서원정리
③ 삼정개혁   ④ 비변사의 기능 강화

---

answer 2.① 3.④

2 ① 흥선대원군은 비변사의 기능을 축소하고 1865년 삼군부를 부활하고 의정부의 기능을 강화하였다.

3 제시된 자료는 흥선대원군 집권기(1863~1873)때 불려진 '경복궁 타령'이다. 흥선대원군은 1865년 비변사의 기능을 축소하여 의정부 기능을 강화하였다.

4 다음 보기의 밑줄 친 '이 전쟁'에 대해 서술한 것 중 가장 적절한 것은?

2011.8.27. 정보통신순경

> 침략을 통하여 약탈한 문화재를 본국에 돌려주어야 한다는 움직임이 유네스코를 중심으로 일어나고 있다. 프랑스가 한국에서 <u>이 전쟁</u>을 통하여 약탈해 간 외규장각 고문서가, 영구임대 형식으로 2011년에 한국에 반환된 것도 이러한 움직임의 일환이다.

① 이 전쟁의 결과로 인하여 9명의 프랑스 신부를 처형하는 병인박해(1866)가 일어나게 되었다.
② 이 전쟁 직후 전국 각지에 척화비(斥和碑)를 건립하여 쇄국정책의 의지를 표명하였다.
③ 제너럴셔먼호 소각 사건을 구실로, 프랑스의 극동 함대 사령관 로즈(Rose)제독이 7척의 군함을 이끌고 강화도에 침입하였다.
④ 한성근, 양헌수 부대가 문주산성, 정족산성에서 프랑스군을 격퇴하였다.

5 다음은 대한제국과 일본이 체결한 각 조약의 내용을 일부 발췌한 것이다. 이를 시기 순으로 바르게 나열한 것은?

2016년 제1차 경찰공무원(순경)

> ㉠ 한국 황제 밑에 1명의 통감을 두되 통감은 오로지 외교에 관한 사항을 관리하기 위해 경성에 주재하고 친히 한국 황제폐하를 만날 수 있는 권리를 가진다.
> ㉡ 대한제국 정부는 대일본제국 정부가 추천하는 일본인 1명을 재정 고문으로 삼아 재무에 관한 사항은 모두 그의 의견을 따른다.
> ㉢ 한국 고등 관리의 임면은 통감의 동의로써 이를 행할 것.
> ㉣ 한일 양국 간에 오래도록 변하지 않는 친교를 유지하고 동양 평화를 확립하기 위하여, 대한제국 정부는 대일본제국 정부를 확신하여 시정 개선에 관한 충고를 받아들인다.

① ㉡ - ㉣ - ㉠ - ㉢
② ㉡ - ㉣ - ㉢ - ㉠
③ ㉣ - ㉠ - ㉢ - ㉡
④ ㉣ - ㉡ - ㉠ - ㉢

---

answer 4.④ 5.④

4 제시된 내용은 1866년 9월 병인양요 때 프랑스에게 약탈된 외규장각 도서에 관한 것이다.
① 병인박해의 결과로 병인양요가 일어나게 되었다.
② 병인양요, 오페르트도굴사건, 신미양요 직후 대원군은 척화비를 세우고, 통상수교거부정책을 더욱 강화하였다.
③ 제너럴셔먼호 소각 사건을 구실로 미국의 로저스 제독이 강화에 침입한 신미양요가 일어나게 되었다.

5 ㉣ 한일의정서(1904년 2월) → ㉡ 1차 한일협약(1904년 8월) → ㉠ 2차 한일협약(1905년 11월) → ㉢ 한일신협약(1907년)

6 다음의 밑줄 친 조약에 관한 설명 중 옳은 것은 모두 몇 개인가?

2012.8.25. 일반공채순경, 전·의경 특채, 101경비단

조약의 서문
 (제1관) 조선국은 자주의 나라이며, 일본과의 평등한 권리를 갖는다.
 (제2관) 15개월 후에 양국은 서로 사신을 파견한다.
 (제3관) 이 조약 이후 양국 공문서는 일본어를 쓰되 향후 10년간은 조선어와 한문을 사용한다.(이
     하 중략)

㉠ 이 조약은 조선이 일본과 불평등하게 맺은 강화도조약(조·일 수호조규)이다.
㉡ 부산·인천·울산 3항구를 개항하여 무역을 허용하였다.
㉢ 영사재판권을 허용하였다.
㉣ 조선의 해안의 자유로운 측량권을 부여하였다.
㉤ 일본공사권의 호위를 명목으로 일본군의 서울 주둔을 허용하였다.

---

① 2개   ② 3개
③ 4개   ④ 5개

---

answer 6.②

---

6 제시된 자료는 1876년 2월 일본과 체결된 강화도 조약의 일부이다.
   ㉡ 강화도조약 체결 이후 부산 외에 원산, 인천을 개항하였다.
   ㉤ 제물포 조약(1882)과 관련된 내용이다.

7 다음 보기의 사건을 주도했던 세력에 대한 설명으로 가장 적절한 것은?

2012.2.25. 일반공채순경

> 청나라에 대한 종속관계를 청산하고 인민 평등권의 내용과 능력에 따른 인재의 등용을 표방하였으며 행정 조직의 개편과 조세제도의 개혁을 모색하였다. 우리나라에서 처음으로 근대국가를 건설하려 하였던 사건으로 큰 의미가 있다. 또한 양반 지주층 일부가 중심이 되어 위로부터의 근대화를 꾀하였다는 점에서 의의가 있다고 하겠다. 그러나 이 사건은 외세의 조선침략을 촉진하는 결과를 가져왔으며, 농민들의 바람인 토지문제의 해결에 적극적이지 않았다는 한계가 있다.

① 영은문(迎恩門)과 모화관(慕華館)을 없앴다.
② 구본신참(舊本新參)의 원칙 아래 개혁정책을 수행하였다.
③ 일제가 날조한 105인 사건으로 인해 와해되었다.
④ 일본에서 차관을 도입하여 국자 재정을 보충하자고 하였다.

8 조·미수호통상조약에 관한 설명으로 옳지 않은 것은?

2008.7.26. 정보통신순경

① 조선에 대한 종래의 정치적 영향력을 회복하려는 청국의 외교전략의 일환으로 체결되었다.
② 일본은 청을 견제하기 위해 조약체결을 적극적으로 지지하였다.
③ 치외법권과 조차지 설정에 관한 사항이 포함되었다.
④ 최혜국조관이 규정되었다.

---

answer 7.④ 8.②

7 제시된 자료는 급진개화파가 주도한 갑신정변(1884)에 대한 역사적 평가이다.
　① 독립협회는 청의 사신을 영접하던 모화관을 수리하여 독립관이라, 옛 영은문을 헐고 그 자리에 독립문을 세워 자주독립의식을 고취하였다.
　② 대한제국에서는 갑오·을미개혁의 급진성을 비판하고 점진적인 개량을 추구하여 예전의 제도를 본체로 하고, 새로운 제도를 참작한다는 구본신참을 표방하였다.
　③ 신민회는 안명근의 테라우치 암살 미수를 계기로 일제가 날조한 105인 사건(1911)으로 해산되었다.

8 조·미수호통상조약(1882)은 청나라가 러시아와 일본 세력을 견제하고 조선에 대한 종주권을 인정받기 위해 미국과 조선을 알선하여 체결하게 되었다.

9 다음 보기에서 설명하고 있는 사상에 대한 설명으로 맞는 것은?

2007.9.9. 정보통신순경

> 1860년 서학(천주교)에 대항하여 이 종교가 창시되었는데, 핵심내용은 "인내천(人乃天), 즉 사람이 곧 하늘이다."라는 것이었다. 평등사상을 제시하며 착취와 불평등의 대상이었던 농민들에게 정신적 지주가 되었고, 지배층에게는 유교적 질서를 뒤흔드는 불온사상으로 여겨졌다.

① 불우한 경기도 남인이 주로 신봉하였다.
② 중국을 다녀온 사신에 의해 학문으로 전래되었다.
③ 유, 불, 선교 사상을 기반으로 하였다.
④ 이 종교에 반대하여 서학이 창시되었다.

10 동학 농민군의 진압을 위해 일본군이 청나라와 동일하게 파병할 수 있는 계기가 된 조약은?

2006.2.7. 해양경찰

① 을사조약   ② 강화도조약
③ 텐진조약   ④ 포츠머스조약

---

answer   9.③   10.③

---

9   제시된 내용은 1860년 최제우가 창시한 동학사상에 대한 설명이다.
  ① 정약용으로 대표되는 중농학파 실학자들은 불우한 경기도 남인이 주류를 이루었다.
  ② 천주교는 중국을 다녀온 사신에 의해 종교가 아닌 학문으로 받아들여졌다.
  ④ 천주교는 전래와 성리학에 반발하여 동학이 창시되었다.

10   ① **을사조약** : 1905년 을사년에 러·일 전쟁에서 승리한 일본이 대한 제국의 외교권을 박탈하기 위해 강제로 체결한 조약이다.
  ② **강화도조약** : 1876년 2월 강화부에서 조선과 일본 사이에 체결된 최초의 근대적 조약이다.
  ③ **텐진조약** : 1884년 갑신정변 후 일본과 청이 맺은 조약으로 청은 조선의 정치적 주도권을 장악하고, 일본은 경제적 영향력을 가지게 되었다. 조약의 내용에 조선에서 "청·일 양국 군대는 동시 철수하고, 동시에 파병한다."는 1894년 청·일 전쟁의 구실이 되었다. 1894년 동학 농민 운동이 발생하자 조선 정부는 청에게 원군을 요청하고, 이에 일본 군대는 텐진조약에 의거해 군대를 조선에 파병할 명분을 얻었다.
  ④ **포츠머스조약** : 러일전쟁을 종결시키기 위해 1905년 일본과 러시아가 맺은 강화조약이다.

11 다음은 동학농민운동 당시 주요 사건이다. 시대순으로 나열할 때 다섯 번째로 일어난 것을 찾으면?

2007.9.9. 정보통신순경

㉠ 전국에 집강소 설치	㉡ 고부 민란 발생
㉢ 황토현에서 관군 격파	㉣ 삼례집회 개최
㉤ 청일전쟁이 발발	㉥ 공주 우금치 전투 패배
㉦ 보은집회 개최	

① ㉠
② ㉢
③ ㉥
④ ㉦

12 동학농민운동에 관한 다음 설명 중 가장 적절하지 않은 것은?

2012.8.25. 일반공채순경, 전·의경 특채, 101경비단

① 전주성을 점령한 농민군은 토지개혁 등 자신들의 요구를 담은 폐정개혁안을 제출하여 관군과 전주화약을 맺었다.
② 농민군은 삼남(三南)지역에 자치적 개혁기구인 집강소를 설치하여 해당 지역의 치안을 유지하고, 잘못된 행정을 개혁해 나갔다.
③ 양반, 부호들로 조직된 민보군은 관군과 일본군 등으로 구성된 진압군과 연계하여 동학 농민군을 공격하기도 하였다.
④ 동학 농민군의 잔여 세력 가운데 일부는 이후 활빈당 등과 반(反)봉건적, 반(反)침략적 민족운동을 지속하기도 하였다.

---

answer 11.① 12.②

---

11 ㉠ 전국에 집강소 설치 : 전주화약(1894.5.8) 이후 농민군이 전라도 각 고을(邑·州)의 관아에 설치한 민정기관이다
  ㉡ 고부 민란 발생(1894.1.10) : 고부 군수 조병갑의 탐학에 격분한 고부의 동학접주 전봉준이 주도하여 농민들과 함께 일으킨 농민 봉기이다.
  ㉢ 황토현에서 관군 격파 : 황토현에서 승리 후 전라도 일대의 여러 지역을 점령하였다(1894.4.1)
  ㉣ 삼례집회 개최 : 동학교도들은 전라도 삼례에서 집회를 갖고 교조신원운동을 벌여 동학을 공인받으려 하였다 (1892.12)
  ㉤ 청일전쟁이 발발(1894.6) : 1894년 6월~1895년 4월 사이에 청(淸)나라와 일본이 조선의 지배권을 놓고 다툰 전쟁이다.
  ㉥ 공주 우금치 전투 패배(1894.11.12) : 농민군은 일본군에게 패하고, 농민군은 태인에서 최후의 결사전을 전개하였으나 전세를 뒤집지는 못하였다.
  ㉦ 보은집회 개최(1893.3) : 최초의 정치 집회인 보은집회는 동학교도와 농민 20,000여 명이 모였다.

12 집강소는 동학농민군이 나주를 제외한 전라도 52곳에 설치한 일종의 민정기관이었다.

13 갑신정변 때의 14개조 개혁요강, 동학농민운동 당시의 폐정개혁안 12개조, 갑오개혁의 내용에 공통적으로 포함되는 것은?

2008.7.26. 정보통신순경

① 신분타파
② 조세의 금납제
③ 우편제도의 실시
④ 과부의 재가허용

14 다음 보기와 같은 개혁이 추진될 당시의 정황으로 가장 적절한 것은?

2011.8.27. 정보통신순경

㉠ 단발령 실시	㉡ 태양력 사용
㉢ 우편사무 시작	㉣ 소학교 설립
㉤ '건양' 연호 사용	㉥ 종두법 실시

① 청은 군대를 상주시키고 조선의 내정에 간섭하였다.
② 개화당 요인들이 우정국 개국 축하연 때에 정변을 일으켰다.
③ 일제는 명성황후를 시해한 후 친일내각을 수립하였다.
④ 통감부가 설치되어 조선의 모든 내정에 간섭하였다.

---

answer 13.① 14.③

13 갑신정변, 동학농민운동, 갑오개혁에서 내세운 공통적인 주장은 신분제 폐지, 인재등용, 세제의 개혁 등이다.

14 제시된 내용은 1895년 11월 17일에 추진된 을미개혁(=제3차 갑오·을미개혁)안들이다. 을미개혁은 삼국간섭 이후 친러내각이 성립되자 일본은 조선 침략에 방해가 되는 명성황후를 시해하는 만행을 저지르고, 제4차 김홍집 내각이 성립되어 진행한 것이다.
① 임오군란(1882)
② 갑신정변(1884)
④ 제2차 한일협약(1895)

15 다음은 어느 신문의 창간사이다. 이 신문이 창간될 당시 상황에 대한 설명으로 가장 적절한 것은?

2013.3.9. 일반공채순경 · 101경비단

> 우리는 첫째, 편벽되지 아니한 고로 무슨 당에도 상관이 없고, 상하귀천을 달리 대접하지 아니하고, 모두 조선 사람으로만 알고, 조선만을 위하여 공평히 인민에게 말할 터인데, 우리가 서울 백성만 위한 것이 아니라 조선 인민을 위하여 무슨 일이든지 대언하여 주려 함.
>
> 우리는 첫째, 편벽되지 아니한 고로 무슨 당에도 상관이 없고, 상하귀천을 달리 대접하지 아니하고, 모두 조선 사람으로만 알고, 조선만을 위하여 공평히 인민에게 말할 터인데, 우리가 서울 백성만 위한 것이 아니라 인민을 위하여 무슨 일이든지 대언하여 주려 함.
>
> 우리는 바른대로만 신문을 할 터인 고로, 정부 관원이라도 잘못하는 이 있으면 우리가 말할 터이요, 탐관오리들을 알면 세상에 그 사람의 행적을 펴일 터이요, 사사로운 백성이라도 무법한 일을 하는 사람을 찾아 신문에 설명할 터임.
>
> 또 한쪽에 영문으로 기록하기는 외국 인민이 조선 사정을 자세히 모른즉, 혹 편벽된 말만 듣고 조선을 잘못 생각할까 보아 실상 사정을 알게 하고자 하여 영문으로 조금 기록함.

① 운요호 사건을 구실로 강압적인 문호 개방을 강요하여 강화도 조약 체결

② 고종은 헤이그에서 열리던 만국평화회의에 이상설, 이준, 이위종을 특사로 파견

③ 별기군에 비해 차별받던 구식군인들이 민겸호 집과 일본공사관을 습격하고 흥선대원군이 재집권

④ 고종이 러시아 공사관으로 거처를 옮김에 따라 김홍집 내각이 무너지고 이범진 · 이완용 내각이 새로 출범

---

answer 15.④

15 제시된 자료는 1896년 4월부터 발행되기 시작한 「독립신문」의 창간사이다.
  ① 강화도 조약(1876.2) : 일본은 사건을 구실 삼아 강화도조약을 체결하였는데, 최초의 근대적 조약이었으나 불평등한 조약이었다.
  ② 헤이그 특사 파견(1907) : 제2차 만국평화회의가 열리고 있던 네덜란드 헤이그에 이상설, 이준, 이위종을 특사로 파견하여 을사조약이 무효임을 국제사회에 알리고자 하였다(만국기자협회에서 '한국을 위한 호소(A Plea for Korea)'란 제목으로 연설).
  ③ 임오군란(1882) : 개화정책이 추진되는 가운데 구식군대는 신식군대인 별기군과의 차별대우에 불만이 폭발하여 하층민과 연합하여 일본 공사관을 습격하고 민씨 세력을 처단하려 하였고, 대원군을 옹립하였다.
  ④ 아관파천(1896) : 고종이 러시아로 거처를 옮긴 것으로, 이에 김홍집의 친일 내각이 무너지고 박정양 · 이완용을 중심으로 한 친러정권이 성립되었다.

16 다음 중 독립협회의 활동 및 광무개혁 내용에 관한 설명으로 가장 적절한 것은?

2012.2.25. 일반공채순경

① 독립협회는 1898년에 대구, 평양 등지에 지회를 설립하고, 서울에서는 만민공동회를 열어 개혁운동을 대중적으로 확산시켰다.
② 독립협회는 양전지계사업을 시행하여 농민의 토지소유권을 근대법적으로 인정하고 지주제를 점차 개혁하고자 하였다.
③ 광무정권은 대한국 국제(大韓國國制)를 공포하여 통치권을 국왕에게 집중시키되 중추원을 개편하여 의회적 기능을 갖도록 하였다.
④ 독립협회는 궁극적으로 군주제를 폐지하고 대외적으로 자주성을 갖는 공화제를 실시하고자 하였다.

17 대한제국에 대한 설명으로 가장 옳지 않은 것은?

2010.9.11. 정보통신순경

① 양지아문을 설치하고 양전 사업을 실시하였다.
② 궁내부 내장원에서 관리하던 수입을 탁지아문에서 관장하게 하여 국가재정을 건전하게 운영하였다.
③ 대한국 국제는 황제에게 육해군의 통수권, 입법권, 행정권 등 모든 권한을 집중시켰다.
④ 블라디보스토크와 간도 지방에 해삼위통상사무관과 북변간도관리를 설치하였다.

---

answer　16.①　17.②

16　② 대한제국에서 광무개혁을 실시하면서 1898년 양지아문을 설치하고 양전사업을 시행하였다. 근대적 토지 소유권 제도라고 할 수 있는 지계를 1901년부터 발급하다 러·일 전쟁이 발발되면서 중단된다.
　　③ 대한제국은 의회제를 채택하여 중추원을 설립하였지만 이는 어디까지나 자문 기관에 불과하였다.
　　④ 독립협회에서는 황제와 의정부가 권력을 남용하는 것을 견제하고 개혁을 추진할 수 있는 정치적으로는 입헌 군주제를 주장하였다.

17　탁지부에서 궁내부 내장원으로 이관하게 하였다.

18 독립협회에 관한 설명으로 맞지 않는 것은?

2008.7.26. 정보통신순경

① 군주제를 폐지하고 공화제를 실시할 것을 주장하였다.
② 자주독립, 자강혁신, 자유민권의 정치사상이 바탕이 되었다.
③ 아관파천 때 고종의 환궁을 적극 요구하였다.
④ 서양의 자유주의 사상에 영향을 받은 지식인을 중심으로 조직되었다.

19 다음 중 독립협회가 주장한 내용과 거리가 먼 것은?

2006.2.7. 해양경찰

① 국민주권론을 토대로 국민참정권을 주장하였다.
② 군주제를 폐지하고 공화제를 실시할 것을 주장하였다.
③ 중추원을 개편하여 의회를 설립할 것을 주장하였다.
④ 개인의 생명과 재산의 자유권을 주장하였다.

20 다음 사건 중 시간적 선후가 바른 것은?

2006.2.7. 해양경찰

① 강화도조약 – 갑신정변 – 임오군란 – 갑오개혁 – 아관파천
② 강화도조약 – 임오군란 – 갑신정변 – 갑오개혁 – 아관파천
③ 임오군란 – 강화도조약 – 갑오개혁 – 갑신정변 – 아관파천
④ 임오군란 – 갑신정변 – 강화도조약 – 갑오개혁 – 아관파천

answer　18.①　19.②　20.②

18 독립협회는 전제군주정에서 공화정으로 넘어가는 과도 형태로서의 입헌군주정을 주장하였다. 공화정은 신민회, 광복회에서 주장하였고, 대한민국 임시정부에서 최초로 채택되었다.

19 독립협회는 황제와 의정부가 권력을 남용하는 것을 견제하고 개혁을 추진할 수 있는 입헌군주제를 주장하였다.

20 ㉠ **강화도조약** : 1876년 2월 강화도에서 조선과 일본이 체결한 조약이다.
　　㉡ **임오군란** : 1882년 6월 9일 구식군대가 일으킨 군변이다.
　　㉢ **갑신정변** : 1884년 12월 4일 김옥균을 비롯한 급진개화파가 개화사상을 바탕으로 조선의 자주독립과 근대화를 목표로 일으킨 정변이다.
　　㉣ **갑오개혁** : 1894년 7월 초부터 1896년 2월 초까지 약 19개월간 3차에 걸쳐 추진된 일련의 개혁운동이다.
　　㉤ **아관파천** : 1896년 2월 11일에 친러세력과 러시아공사가 공모하여 비밀리에 고종을 러시아공사관으로 옮긴 사건이다.

21 대한제국이 성립한 후 추진한 광무개혁에 관한 설명으로 잘못된 것은?

2006.2.7. 해양경찰

① 지계를 발급하여 토지의 소유권제도를 새로이 정비하려 하였다.
② 전제 황권을 견제하기 위한 제도적 장치로 중추원을 설치하였다.
③ 청과의 불평등한 통상장정을 대등하게 수정함으로써 자주적인 외교가 추진되었다.
④ 서울의 친위대를 증강하고 시위대를 창설하였다.

22 일본이 상대국에게 필리핀에서의 독점권을 승인하고 한국에서의 독점적 지배권을 인정받은 조약으로 가장 옳은 것은?

2012.8.25. 일반공채순경, 전·의경 특채, 101경비단

① 텐진조약
② 영·일 동맹
③ 가쓰라·태프트 밀약
④ 포츠머스 조약

---

answer 21.② 22.③

21 의회제를 채택하고 중추원을 설립한 것은 사실이지만, 자문기관에 불과하였다.

22 ① 텐진조약 : 1884년 갑신정변 후 일본과 청이 맺은 조약. 갑신정변으로 청은 조선의 정치적 주도권을 장악하고, 일본은 경제적 영향력을 행사하였다.
② 영·일 동맹 : 1902년 영국과 일본이 러시아를 막기 위해 체결한 군사 동맹으로, 영국은 아시아 지역에서 일본과 손잡음으로써 사실상 일본의 조선 침략을 인정하였다.
③ 가쓰라·태프트 밀약 : 1905년 10월 러·일전쟁 종전 직후에 일본 총리대신 가쓰라와 미국 루스벨트 대통령 특사 태프트 육군장관이 한국문제를 중심으로 하여 맺은 비밀협약으로 미국의 필리핀 지배를 일본이 인정함을 전제로 하고 있다.
④ 포츠머스 조약 : 1905년 러일전쟁을 종결시키기 위해 일본과 러시아가 맺은 강화조약으로 한국에 대한 일본의 지도·보호·감리권의 승인하였다.

23 일본이 미국에 대하여 필리핀에 특수권익을 인정하고 한국에 독점적 지배권을 묵인 받은 조약은?

2008.7.26. 정보통신순경

① 가쓰라 · 태프트밀약
② 제1차 영 · 일동맹
③ 포츠머스조약
④ 강화도조약

24 다음은 항일 의병에 대한 설명이다. 밑줄 친 ㉠, ㉡에 들어갈 내용으로 옳은 것은?

2012.10.20. 일반공채순경, 전의경 특채

> 항일 의병 투쟁은 을사조약과 일본의 침략에 항거하는 을사의병으로 다시 불타올랐다. 이어서 ㉠ 와 ㉡ 을 계기로 정미의병이 거세게 일어나 항일 의병 전쟁이 전국적으로 전개되었다. 그러나 일본군의 무자비한 진압 작전과 남한 대토벌 작전 등으로 의병 투쟁의 기세가 꺾였으며, 많은 의병들이 만주와 연해주로 이동하여 훗날 독립군으로 전환하였다.

① ㉠ 고종 황제의 강제퇴위   ㉡ 단발령
② ㉠ 명성 황후의 시해   ㉡ 단발령
③ ㉠ 명성 황후의 시해   ㉡ 군대 해산
④ ㉠ 고종 황제의 강제퇴위   ㉡ 군대 해산

---

answer 23.① 24.④

23 ① **가쓰라 · 태프트밀약** : 1905년 10월 러 · 일전쟁 종전 직후에 일본 총리대신 가쓰라와 미국 루스벨트 대통령 특사 태프트 육군장관이 한국문제를 중심으로 하여 맺은 비밀협약으로 미국의 필리핀 지배를 일본이 인정함을 전제로 하고 있다.
　② **제1차 영 · 일동맹** : 1902년 영국과 일본이 러시아를 막기 위해 체결한 군사 동맹으로, 영국은 아시아 지역에서 일본과 손잡음으로써 사실상 일본의 조선 침략을 인정하였다.
　③ **포츠머스조약** : 1905년 러일전쟁을 종결시키기 위해 일본과 러시아가 맺은 강화조약으로 한국에 대한 일본의 지도 · 보호 · 감리권의 승인하였다.
　④ **강화도조약** : 1876년(고종 13) 2월 강화부에서 조선과 일본 사이에 체결된 조약으로 불평등조약이다.

24 제시된 자료는 1907년 정미의병이 계기에 관한 설명이다.
　한말 항일의병활동은 고종의 강제퇴위와 군대 해산을 계기로 의병전쟁으로 발전되었다.

25 다음 의병장 중 서울진공작전을 주도한 이는?

2008.7.26. 정보통신순경

① 허위
② 민종식
③ 신돌석
④ 유인석

26 다음과 같은 운동이 일어나게 된 배경으로 가장 옳은 것은?

2012.10.20. 일반공채순경, 전의경 특채

> 국채 1,300만 원은 우리 대한의 존망에 관계가 있는 것이다. 갚아 버리면 나라가 존재하고 갚지 못하면 나라가 망하는 것은 대세가 반드시 그렇게 이르는 것이다. 현재 국고에서는 이 국채를 갚아 버리기 어려운즉 장차 삼천리 강토는 우리나라와 백성의 것이 아닌 것으로 될 위험이 있다. 토지를 한 번 잃어버리면 다시 회복하기 어려운 것이다.
>
> -대한 매일 신보, 1907년 2월 22일-

① 일제는 화폐 정리와 시설 개선 등의 명목을 내세워 우리 정부로 하여금 일본으로부터 거액의 차관을 들여오게 하였다.
② 러시아가 일본의 선례에 따라 석탄고의 설치를 위해 절영도의 조차를 요구하였다.
③ 일제는 우리 정부가 소유하고 있던 막대한 면적의 황무지에 대한 개간권을 일본인에게 넘겨주도록 강요하였다.
④ "조선국은 일본국의 항해자가 자유로이 해안을 측량하도록 허가한다"는 조약을 맺었다.

answer 25.① 26.①

25 허위, 이인영 등이 중심이 되어 10,000여 명의 의병 연합부대인 13도 창의군이 경기도 양주에 집결하여 연합전선을 형성하였다. 허위가 주도하는 선발대가 동대문 밖 12Km 지점까지 진격하였으나 우세한 화력을 가진 일본군에게 제압당하였다.
② 민종식 : 1895년 을미사변 등 나라가 어지러워지자 벼슬을 버리고 정산을 중심으로 구국운동을 전개하였다.
③ 신돌석 : 대한제국 말기의 평민출신 항일 의병장으로, 을미사변과 을사조약 이후 경상도 강원도 일대에서 일본군과 전투에서 승리를 거두었다.
④ 유인석 : 1876년 병자수호조약을 체결할 때 반대하는 상소를 올렸으며, 1894년 갑오개혁 후 김홍집의 친일내각이 성립되자 의병을 일으켰으나, 관군에게 패전하고 만주로 망명하여 활동하였으며, 국권피탈 뒤에도 독립운동을 계속하였다.

26 제시된 자료는 1907년 대구 기성회가 주도한 국채보상운동 궐기문이다.
② 독립협회는 러시아의 절영도 조차 요구(저탄소 설치 목적), 한러은행 설치, 프랑스의 광산 채굴권 요구 등을 좌절시켰다.
③ 일본은 일본인 이주를 위해 전 국토의 1/4에 해당하는 국가 또는 황실이 소유한 막대한 황무지 개간권을 요구하자 보안회는 일제의 탄압에도 거족적인 반대운동을 전개하였다.
④ 강화도조약 체결의 내용이다.

27 신민회에 관한 다음 설명 중 옳은 것은 모두 몇 개인가?

2012.8.25. 일반공채순경, 전·의경 특채, 101경비단

ㄱ 「만세보」라는 기관지를 발간하였다.
ㄴ 데라우치 총독 암살미수수산거에 연루되었다.
ㄷ 안창호, 양기탁, 신채호, 이동녕 등 인사들이 비밀결사로 조직하였다.
ㄹ 고종의 퇴위반대운동을 전국적으로 전개하였다.
ㅁ 평양에 대성학교, 정주에 오산학교를 건립하였다.
ㅂ 해외에 삼원보와 같은 독립운동 기지를 건설하였다.

---

① 1개   ② 2개
③ 3개   ④ 4개

28 신민회에 대한 설명으로 가장 옳지 않은 것은?

2010.9.11. 정보통신순경

① 일제의 탄압을 피해 비밀결사 조직의 형태를 유지하였다.
② 신교육과 신사상 보급 등 교육운동에서 활발한 활동을 하였다.
③ 이동휘는 의병운동에 고무되어 무장투쟁론을 주장하였다.
④ 원산 노동자의 총파업과 단천의 농민운동 그리고 광주학생운동을 지원하였다.

---

answer   27.④   28.④

27 ㄱ 「만세보」는 천도교의 기관지이며, 「대한매일신보」에서 신민회의 입장을 반영하였다.
ㄹ 대한자강회는 일진회를 비판하고, 고종황제의 양위에 격렬한 반대운동을 주도하였다.

28 신민회는 1907년에 결성되어 1911년에 해산되었다. 1929년 함경남도 원산 노동자 총파업, 1930년 함경남도 단천·정평 삼림조합 설립반대운동, 1929년 11월 광주학생운동이 발생되었다.

29 다음 중 개화기 이후의 신문에 대한 설명으로 옳지 않은 것은?

① 황성신문－주된 독자층은 유림이었으며, 최초의 국한문혼용지이다.
② 한성순보－시민을 계몽하기 위해 쓰여졌으며, 주로 외국 것을 번역해서 소개했다.
③ 독립신문－정부의 지원없이 독립협회 회원에 의해 만들어진 순수한 민간지이다.
④ 제국신문－부녀자를 대상으로 간행된 한글신문이다.

30 다음은 어떤 시기에 실시된 정책과 기본 정신이다. 이 시기에 있었던 것으로 옳은 것은?

• 광무개혁실시	• 대한국국제반포	• 구본신참(舊本新參)

① 입헌군주제 실시
② 독립협회 창설
③ 반봉건, 반외세적 성격
④ 실업학교, 기술학교건립

---

answer 29.② 30.④

29 한성순보(1883)는 우리나라 최초의 신문으로 한문으로 간행된 관찬신문이다. 개화 세력이 중심이 되어 서양의 문물 소개 및 정부의 정책 등을 기사화했으며 주된 독자층은 한문을 읽을 수 있는 양반층이나 관리층을 대상으로 하였다.

30 ① 갑신정변과 독립협회에서 주장하던 근대적 정치제도이다.
② 1896년에 일어난 일이다.
③ 동학농민운동의 성격에 해당한다.

31 다음과 관련된 단체에 대한 설명으로 옳지 않은 것은?

> 무릇 우리나라의 독립은 오직 자강의 여하에 있을 따름이다. 우리 대한이 종전에 자강의 방법을
> 강구하지 않아 인민이 스스로 우매함에 묶여있고, 국력이 쇠퇴하여 마침내 오늘의 위기에 다다
> 라 결국 외국인의 보호를 당하게 되었으니, 이는 모두 자강의 도에 뜻을 다하지 않았던 까닭이
> 다 … (중략) … 자강의 방법을 생각해보면 다름이 아니라 교육을 진작함과 식산흥업에 있다. 무
> 릇 교육이 일어나지 못하면 백성의 지혜가 열리지 못하고 산업이 늘지 못하면 국부가 증가하지
> 못한다.
>
> — 대한자강회월보 —

① 교육 및 산업의 진흥을 위한 애국계몽운동을 전개했다.
② 학교의 설립 등 실력양성운동을 전개했다.
③ 입헌정체를 주장했다.
④ 고종의 강제퇴위를 반대하는 운동을 주도하였다는 이유로 해산되었다.

32 갑신정변의 14개조 혁신 정강의 내용이 아닌 것으로만 묶인 것은?

> ㉠ 지조법을 개정한다.   ㉡ 탐관오리 및 횡포한 부호를 엄징한다.
> ㉢ 재정기관을 호조로 일원화한다.   ㉣ 혜상공국을 폐지한다.
> ㉤ 과부의 재가를 허용한다.   ㉥ 정부와 원한을 씻고 서정에 협력한다.

① ㉠㉡㉣
② ㉠㉤㉥
③ ㉡㉤㉥
④ ㉢㉣㉥

---

answer   31.③   32.③

31 제시된 글은 윤효정, 장지연이 헌정연구회를 발전시켜 조직한 대한자강회의 취지서이다. 이들은 윤치호를 초대 회
장으로 내세우고 교육과 식산흥업을 주장한 대표적인 애국계몽운동단체이다. 즉 교육진작과 산업 부흥의 실력양성
을 통해 독립할 것을 주장하였다. 하지만 일제가 고종을 강제퇴위 시킨 것에 대한 반대운동을 전개하다가 해산되
었다.
③ 입헌정체의 주장은 급진개화파의 갑신정변과 갑오개혁, 독립협회의 주장에서 살펴볼 수 있다.

32 ㉡㉤㉥ 동학농민운동 폐정개혁안 12개조에 해당된다.

33 다음의 사건들이 일어난 당시의 상황의 설명으로 틀린 것은?

> ㉠ 청 · 일전쟁   ㉡ 거문도점령
> ㉢ 아관파천   ㉣ 삼국간섭
> ㉤ 용암포사건   ㉥ 영 · 일동맹

① 이시기에 한반도 중립국화론이 대두하기도 하였다.
② 조선에 대한 러시아의 우월권을 인정하였다.
③ 최혜국 조관을 이용하여 열강들의 이권침탈이 극심했다.
④ 청은 자신이 조선의 종주국임을 확고히 하고자 하였다.

34 다음 중 갑신정변 이후 일어난 일들이 아닌 것은?

① 부들러와 유길준이 한반도의 영세중립국방안을 제시하였다.
② 러시아와 수호통상조약을 체결하였다.
③ 일본에게 배상금을 지불하는 한성조약을 체결하였다.
④ 영국이 러시아의 남하를 견제하기 위해 거문도를 불법 점령하였다.

---

answer   33.②   34.②

33   ㉠ 청 · 일전쟁(1894~1895) : 일본과 청이 한반도에 대한 주도권을 놓고 벌인 전쟁으로 일본이 승리한 이후 시모노세키조약을 통해 조선에서 일본이 우위를 점유했다.
    ㉡ 거문도 점령(1885) : 영국이 러시아의 남하를 견제하기 위해 불법적으로 거문도를 점령한 사건이다.
    ㉢ 아관파천(1896) : 일본의 위협이 강해지자 고종의 러시아 영사관으로 피신한 사건이다.
    ㉣ 삼국간섭(1895) : 청 · 일전쟁의 승리로 일본이 요동반도를 차지하자 일본의 대륙침략에 위협을 느낀 러 · 프 · 독 삼국이 간섭하여 요동을 다시 청에게 반환한 사건이다.
    ㉤ 용암포사건(1903) : 러시아가 한반도로 남하하기 위해 용암포 및 두만강 일대를 점령한 사건이다.
    ㉥ 영 · 일동맹(1902) : 러시아의 남하에 대비하기 위해 영국과 일본이 동맹관계를 체결하였다.
    ② 영국과 일본은 러시아의 남하에 대해 공동으로 대응하고 청에 대한 영국의 우월권과 조선에 대한 일본의 우월권을 영 · 일동맹으로 인정하였다.

34   갑신정변(1884.12.4)은 우정국 개국 축하연을 계기로 김옥균, 박영효 등이 일으켰다.
    ① 한반도 중립화방안(1885) : 독일 영사 부들러와 유길준이 제시하였다.
    ② 조 · 러 수호통상조약(1884.5) : 조선의 필요에 의해 체결되었으며, 베베르공사가 취임하였다.
    ③ 한성조약(1884) : 갑신정변이 끝나고 난 이후 일본에 배상금 지불하였다.
    ④ 영국의 거문도 점령사건(1885) : 러시아의 남하를 견제하기 위해 영국이 거문도를 점령한 사건이다.

35 다음의 단체가 추구하였던 정치체제는?

1. 외국인에게 의존하지 말고 관민이 동심합력하여 전제 황권을 공고히 할 것
2. 광산·철도·석탄·삼림 및 차관·차병(借兵)과 모든 정부와 외국 사이의 조약에는 각부 대신과 중추원 의장이 합동으로 서명 날인하여 시행할 것
3. 어떤 세금을 막론하고 전국 재정은 모두 탁지부에서 관장하여 다른 부서나 사회사(私會社)에서는 간섭할 수 없으며 예산·결산을 인민에게 공표할 것
4. 어떤 중죄인이라도 자신을 변명할 기회를 주고 난 다음 재판을 통해 판결할 것
5. 황제는 칙임관을 임명할 때의 정부에 자문하여 거기서 과반수를 얻은자를 임명할 것
6. 장정(章程)을 반드시 지킬 것

① 사회주의 체제
② 입헌군주정
③ 입헌공화정
④ 전제군주정

36 다음은 강화도조약의 주요 내용들이다. 이 조약에 대한 설명으로 옳지 않은 것은?

- 조선은 자주의 나라이며 일본국과 평등한 권리를 가진다.
- 일본국 정부는 향후 15개월 후 수시로 사신을 서울에 파견한다.
- 조선국은 부산 외에 두 곳을 개항하고 일본인의 통상을 허가한다.
- 조선국은 일본국의 항해자가 자유롭게 해안을 측량하도록 허가한다.

① 일본에 치외법권과 해안 측량권을 인정해 주었다.
② 일본의 강압에 의해 부산·원산·인천을 차례로 개항하였다.
③ 조선은 국내 산업을 보호할 조치를 취하였다.
④ 일본은 조선에 대한 청의 종주권을 부인하였다.

answer 35.② 36.③

35 제시문은 관민공동회의 '헌의6조'이다. 독립협회가 추구한 정치체제는 입헌군주정으로이는 '헌의6조' 가운데 2조에서 잘 반영되어있는데 특히 중추원관제는 독립협회가 추구한 의회식관제이다. 실제로 의회설립운동을 추구하기도 했지만 이후 대한제국의 탄압으로 성공하지 못했다. 입헌공화정은 민주공화주의이며 이를 추구한 개항 이후의 단체는 신민회와 같은 애국계몽운동단체였다.

36 조선이 국내산업 보호를 위해 취한 조치는 강화도 조약에 없다.

37 한일합병조약 이전에 일제 및 열강의 이권침탈에 대항해 전개한 경제적 구국운동과 관련 없는 것은?

① 원산노동자총파업 전개
② 독립협회의 이권수호운동 전개
③ 보안회의 일제의 황무지개간권 요구 철회 활동
④ 국채보상운동의 전개

38 다음 중 밑줄 친 '나'와 관련이 있는 것은?

> 진실로 백성을 해치는 자가 있으면 비록 공자가 다시 살아난다하더라도 나는 용서하지 않겠다.
> 하물며 서원은 우리나라 선현을 제사하는 곳인데 오늘날 도둑의 소굴이 되어 있지 않은가?

① 총융청을 설치하고 비변사 기능을 강화하였다.
② 과거제의 모순을 지적하고 인재선발을 위해 현량과를 실시하였다.
③ 반계수록을 저술하였으며 토지 국유화를 통한 민생안정을 주장하였다.
④ 민생안정을 위하여 사창제와 호포제를 실시하였다.

---

answer 37.① 38.④

37 한일합병조약은 1910년에 조인되었다.
　① **원산노동자총파업**(1929) : 계급해방운동의 성격과 반일운동의 성격이 강함
　② **독립협회의 이권수호운동**(1896~1898)
　③ **보안회**(1904) : 일제의 황무지개간권 요구 반대운동을 전개하여 성공
　④ **국채보상운동**(1907) : 일제로부터 빌려온 국채 1,300만원을 시민 스스로 갚아보자는 운동

38 제시문은 흥선대원군이 서원을 철폐하면서 내린 철폐령의 전문이다.
　① 인조 ② 조광조 ③ 유형원

39 다음과 같은 사건의 원인이 된 것은?

두 나라 상인들이 쌍방에서 이미 개항한 항구에 가서 무역을 할 때 만일 법을 절대로 준수한다면 땅을 세내고 방을 세내며 집을 지을 수 있게 승인하며 모든 토산품과 규정에 금지되지 않은 물건을 다 사고 팔 수 있도록 승인한다.

－고종실록 1882년 10월 17일－

① 강화도조약 체결　　　　　② 임오군란
③ 갑신정변　　　　　　　　　④ 동학농민운동

40 다음 사건들을 시대순으로 바르게 나열한 것은?

㉠ 일본은 군략상 필요한 지점을 언제든지 수용한다.
㉡ 일본이 대한제국의 외교권을 장악하고 서울에 통감부를 설치한다.
㉢ 대한제국의 고급관리 임명은 통감의 동의를 받아야 한다.
㉣ 대한제국 정부에 일본이 추천하는 재정 · 외교고문을 둔다.

① ㉠－㉡－㉢－㉣　　　　　② ㉠－㉢－㉡－㉣
③ ㉠－㉣－㉡－㉢　　　　　④ ㉢－㉠－㉡－㉣

---

answer　39.②　40.③

39 제시문은 임오군란의 결과로 청과 맺은 조청상민수륙무역장정의 일부이다.

40 ㉠ 한 · 일의정서(1904.2)
㉣ 제1차 한 · 일협약(1904.8)
㉡ 제2차 한 · 일협약(을사조약 1905.11)
㉢ 한 · 일 신협약(정미7조약, 1907.7)

41 다음의 조약이 체결될 당시 우리의 저항으로 옳은 것은?

> • 일본 정부는 한국이 외국과의 사이에 맺어진 모든 조약의 시행을 맡아보고 한국은 일본정부를 통하지 않고는 어떠한 국제적 조약이나 약속을 맺을 수 없다.
> • 일본 정부는 대표자로 통감을 서울에 두되 통감은 오직 외교를 관리하고 또 한국의 각 항구를 비롯하여 일본이 필요로 하는 지역에 이사관을 두어 사무일체를 지휘·관리하게 한다.

① 평민 의병장 신돌석이 일월산을 거점으로 활약하였다.
② 의병들이 연합전선을 형성하여 서울진공작전을 시도하였다.
③ 유인석은 격고팔도열읍이라는 격문을 통해 지구전에 대비하고자 하였다.
④ 강제 해산된 군인들이 의병 활동에 참여하였다.

42 다음과 관련된 설명으로 옳은 것은?

> • 탐관오리는 그 죄상을 조사하여 엄징한다.
> • 7종의 천인차별을 개선하고 백정이 쓰는 평량갓은 없앤다.
> • 무명의 잡세는 일체 폐지한다.
> • 왜와 통하는 자는 엄징한다.

① 구식군대의 차별대우로 인하여 발생하였다.
② 근대 국가 건설을 위한 최초의 정치개혁운동이었다.
③ 반봉건적·반침략적 민족운동이었다.
④ 민중의 적극적인 정치 참여가 이루어졌다.

---

answer 41.① 42.③

41 제시문은 외교권을 박탈하고 통감정치를 결정한 을사조약(1905)이다.
②④ 정미조약(1907) ③ 을미사변(1895)

42 제시문은 동학농민운동의 폐정개혁안 중 일부이다. 동학농민운동은 외세의 배격과 개혁정치를 요구한 아래로부터의 반봉건적·반침략적 민족운동이다.
① 임오군란 ② 갑신정변

43 다음과 관련된 설명으로 옳은 것은?

> 지금 우리들의 정신을 새로이하고 충의를 떨칠 때이니 국채 1,300만원은 우리 대한제국의 존망에 직결된 것이라 이것을 갚으면 나라가 존재하고 갚지 못하면 나라가 망할 것은 필연적인 사실이나 지금 국고는 도저히 상환할 능력이 없으며 만일 나라에서 갚는다면 그때는 이미 3,000리 강토가 내 나라, 내 민족의 소유가 못 될 것이다.

① 국가에서 주도하였다.
② 상민 지식층에서 시작해 전국적으로 확대되었다.
③ 신간회의 주도로 시행되었다.
④ 대한매일신보는 부정적 입장을 취하였다.

44 다음 중 위정척사운동의 순서로 적절한 것은?

> ㉠ 항일의병운동　　　　　㉡ 척화주전론
> ㉢ 영남만인소　　　　　　㉣ 왜양일체론

① ㉠-㉢-㉡-㉣
② ㉠-㉣-㉢-㉡
③ ㉡-㉠-㉢-㉣
④ ㉡-㉣-㉢-㉠

43 제시문은 1907년에서 1908년에 전개된 국채보상운동의 취지문이다. 일본에서 제공한 차관을 갚아 경제적인 예속을 피하고자 서상돈의 발의로 김광제 등이 국채보상기성회를 조직하여 전국적으로 확대되었다. 전 국민의 호응으로 많은 돈을 모았으나 일제의 방해로 실패하였다.
　④ 대한매일신보에 국채보상국민대회취지문이 발표되었으며, 이를 비롯한 황성신문, 제국신문 등이 국채보상운동에 적극 참여하였다.

44 ㉠ 1890년대 중반　㉡ 1860년대　㉢ 1880년대　㉣ 1870년대

45 다음에 관한 설명으로 옳은 것은?

> • 흥선대원군은 곧 배환(陪還)하도록 할 것
> • 지조법을 개혁할 것
> • 내시부를 혁파할 것
> • 탐관오리를 처벌할 것
> • 환상미를 영구히 면제할 것

① 최초의 근대적 정치개혁운동이었다.
② 김옥균, 박영효 등 급진개화파는 청의 도움을 약속받았다.
③ 전제군주제를 반대하고 공화정을 수립하고자 하였다.
④ 군사력을 기반으로 무력을 통한 개혁을 추진하였다.

46 다음 중 동학농민운동에 관한 설명으로 옳은 것을 모두 고르면?

> ㉠ 1894년 전라북도 전주에서 시작되었다.
> ㉡ 정부는 동학농민군을 무력 진압하기 위해 일본에 파병을 요청하였다.
> ㉢ 일본은 텐진조약에 의해 군사를 파병하였다.
> ㉣ 전통적 지배체제를 부정하는 반봉건적 성격을 지닌다.
> ㉤ 동학농민운동의 주장은 후에 갑오개혁 때 일부 반영되었다.

① ㉠㉡㉢　　　　　　　　　　② ㉡㉢㉤
③ ㉡㉣㉤　　　　　　　　　　④ ㉢㉣㉤

---

answer 45.① 46.④

---

45 제시문은 1884년 급진개화파가 중심이 되어 일으킨 갑신정변의 14개조 개혁요강 중 일부이다.
　② 급진개화파는 당시 집권 세력인 친청파를 몰아내기 위해서 일본의 도움을 요청하였다.
　③ 청에 잡혀간 대원군의 배환을 요구하는 점에서 군주제를 폐지하고 공화정을 추진한 것이 아님을 알 수 있으며, 개화파는 칭제건원을 거론하기도 하였다.
　④ 군사력이 부족했던 개화파는 일본에 의지하였으나 일본이 약속을 어기면서 청에 의해 정권이 쉽게 무너졌다.

46 ㉠ 1894년 전라도 고부 군수 조병갑의 횡포와 착취에 항거하기 위해 봉기하였다.
　㉡㉢ 정부는 처음 청나라에 파병을 요청하였으며 청의 군대가 파병되자 일본에서는 텐진조약을 들어 일본군도 파병하게 된다. 이로 인해 청·일 전쟁이 발발하게 되었다.

47 다음 시기에 대두된 것은?

> 영국이 러시아의 남하를 견제하기 위해 불법적으로 거문도를 점령하였다.

① 고종이 러시아 공사관으로 거처를 옮겼다.
② 청의 파병에 따라 일본도 파병하였다.
③ 열강들의 조선 침략이 격화되면서 한반도중립화론이 대두되었다.
④ 일본은 청으로부터 할양 받은 요동반도를 반환하였다.

48 다음 글과 관련된 역사적 사건은?

> 지구 위에 더 할 수 없이 큰 나라가 있으니 러시아라고 한다. 그 땅의 넓음이 3대 주에 걸쳐 있고,
> 육군 정병이 100만명이며 해군의 큰 함정이 200여척이다. … (중략) … 조선 땅덩어리는 실로 아
> 시아의 요충을 차지하고 있어서 형세가 반드시 다투게 마련이며 조선이 위태로우면 아시아의 형
> 세도 위태로워질 것이다. 따라서 러시아가 강토를 공략하려할 진대 반드시 조선에서 시작할 것
> 이다. … (중략) … 그렇다면 오늘날 조선의 책략은 러시아를 막는 일보다 더 시급한 것이 없을 것
> 이다. 러시아를 막는 방책은 어떠한가? 그것은 '친중국(親中國), 결일본(結日本), 연미국(聯美國)'
> 하여 자강을 도모함이다.

① 병인양요   ② 거문도 점령
③ 영남 만인소   ④ 운요호 사건

---

answer 47.③   48.③

---

47 영국이 러시아의 남하를 막기 위해 1885년부터 1887년까지 거문도를 점령하는 등 조선에 대한 열강들의 침략이 격
　　화되자 조선 중립론이 대두되었다. 독일인 부들러의 경우 스위스를 유길준은 벨지움과 불가리아를 모델로 하는 중
　　립화안을 제안하였다.

48 제시문은 수신사로 파견된 김홍집이 가지고 온 황쭌셴의 조선책략이다. 조선책략은 러시아의 남하를 막기 위해 일본,
　　중국, 미국 등과 연합하여야 한다는 내용으로 유표되면서 개화 운동뿐만 아니라 영남만인소, 만언척사소 등과 같은
　　위정척사운동을 유발하였다.

49 다음과 관련된 설명으로 옳은 것은?

> 나라의 독립은 오직 자강을 할 수 있느냐 못하느냐에 달려 있는 것이다. 우리 대한이 종전에 자강의 방도를 강구치 아니하여 인민이 스스로 우매함에 갇히고 국력이 스스로 쇠퇴하게 되었고, 나아가서 금일의 험난한 지경에 이르렀고 외국인의 보호까지 받게 되었다. 이것은 모두 자강의 방도에 뜻을 두지 않았기 때문이다. … (중략) … 자강의 방도를 강구하려 할 것 같으면 다른 곳에 있지 않고 교육을 진작하고 산업을 일으키는데 있으며 무릇 교육이 일어나지 않으면 민지(民智)가 열리지 않고 산업이 일어나지 않으면 국부가 증가하지 못하는 것이다. 그러한 즉 민지를 열고 국력을 기르는 길은 교육과 산업의 발달에 달려있다고 아니 할 수 있겠는가! 교육과 산업의 발달이 곧 자강의 방도임을 알 수 있는 것이다.

① 일제의 황무지 개간권 요구를 철회시켰다.
② 독립협회의 정신을 이어받았다.
③ 유생층의 주도로 위정척사운동이 나타났다.
④ 고종의 강제 퇴위에 정미의병이 일어났다.

---

answer 49.②

---

49 제시문은 대한자강회의 취지서이다. 1906년 독립협회의 맥락을 이어 헌정연구회를 모체로 장지연, 윤효정 등이 중심이 되어 창립한 단체로 국권회복을 위한 실력양성운동을 전개하였다.

50 다음의 단체에 대한 설명으로 옳은 것은?

> • 1907년 안창호 · 양기탁 등이 주도하여 국권 회복을 목표로 조직되었다.
> • 서간도에 신한민촌을 건설하고 경학사를 조직하였다.

① 1920년대 무장투쟁을 주도하였다.
② 해외 독립운동기지 건설을 주도하였다.
③ 광주 항일학생운동을 지원하였다.
④ 소수결사로 일제와 매국노에 대한 암살과 파괴활동을 수행하였다.

---

answer 50.②

---

50 제시문은 비밀결사조직으로 국권 회복과 공화정체의 국민 국가건설을 목표로 한 신민회에 대한 설명이다. 국내적으로는 문화 · 경제적 실력양성운동을 전개하였으며, 국외에 독립군기지건설을 주도하여 군사적 실력양성운동을 추진하다가 105인 사건으로 해체되었다.

민족독립운동의 전개 단원에서는 일제의 침략과 그에 대한 민족의 독립운동, 일제강점기의
사회 · 경제 · 종교 · 문예활동에 대해 다루었습니다.

민족독립운동의 전개

01. 일제의 침략과 민족의 수난

CHAPTER 01 일제의 침략과 민족의 수난

① 민족의 수난

(1) 무단통치(헌병경찰통치, 1910~1919)

① 의미 : 헌병과 경찰을 동원하여 우리 민족을 무력적으로 탄압하는 공포 정치임

② 내용

　㉠ 총독부 체제 : 일제 식민통치의 중추기구로 조선총독부 설치(1910)하였고, 총독은 한국에서 입법·사법·행정·군통수권 장악(무관 출신만 임명)하였다.

　㉡ 중추원 : 총독부의 자문기구로 조선인 회유를 목적으로 형식적인 기구인 중추원을 만들었다.

　㉢ 헌병 경찰제도 : 헌병경찰은 태형령(지시불이행 및 잘못할 경우 매로 때림)·즉결처분권(즉시 법절차 없이 처벌)행사하였고, 교사 및 관리까지도 제복착용과 대검 휴대를 하였다.

　㉣ 기본권 박탈 : 구한말 제정한 보안법, 출판법, 신문지법, 사립학교령 등 4대 악법 존속하였고, 언론, 출판, 집회, 결사의 자유 허용하지 않았다.

　㉤ 토지조사사업 시행(1912~1918)

목적	• 근대적 토지 소유제도 확립 및 정리를 명분으로 시작하였다. • 실제로는 토지의 약탈 및 안정적인 토지세 확보를 위해 실시하였다.
과정	• 기한부 신고제와 복잡한 절차를 통해 토지 소유권을 인정하고, 미신고 토지, 국유지, 공동 소유 토지, 마을·문중의 토지 등을 약탈하였다.
결과	• 소작농의 관습적인 경작권·개간권 등을 부정하고 기한부 계약제로 전환되자, 지주 권한이 강화되고, 농민의 권리는 약화되었다. 이는 소작쟁의 발생의 배경이 되었다. • 탈취한 토지를 동양척식주식회사 등 토지회사나 일본인에게 헐값에 불하였다. • 몰락한 농민들 만주, 연해주 등 국외로 이주하였다.

　㉥ 회사령(1910) : 회사 설립을 허가제로 하여 한국인 회사 설립과 민족자본의 성장을 억제하였다.

　㉦ 광업령(1915) : 광업권을 허가제로 하여 일본인이 광산을 독점하였다.

　㉧ 전매사업실시 : 소금, 담배, 아편, 인삼 등을 독점하였다.

　㉨ 각종 시설 설치 : 대륙 침략 위해 철도(경원선, 호남선)·통신·항만 시설 설치하였다.

(2) 문화통치(보통경찰통치, 민족분열통치 1919~1931)

① 의미 : 3·1운동 이후 조선을 문화민족으로 대우한다는 기만적 회유정책을 통해 민족의 분열 및 이간 유도하여 친일파를 양성하였다. 이에 일제의 지도하에 자치권을 얻자는 자치론을 주장하는 타협적민족주의자들 등장(이광수, 최린 등)하였다.

② 내용
- ㉠ **총독 임용체제 변경** : 총독에 문관도 임명 가능하였으나 실제로 문관 임명 사례는 없었다.
- ㉡ **보통 경찰제도** : 교사 및 관리의 제복 착용과 대검휴대 폐지하였고, 보통경찰로 바뀌나 경찰의 인원·장비·유지비는 3배 이상 증가하였다.
- ㉢ **언론 및 교육 정책** : 조선일보와 동아일보 창간을 허용하였으나, 검열 강화를 통해 정간·폐지 반복하여 정상적 발행이 못되었고, 조선학제를 일본학제와 동등하게 하여 교육열 무마시키고자 하였다.
- ㉣ **치안유지법 제정**(1925) : 사회주의 세력 탄압을 위한 조치로 제정하였으나, 실제로는 민족해방·독립운동을 억압하기 위한 수단으로 이용하였다.
- ㉤ **회사령 폐지**(1920) : 일본 자본의 조선 침입을 쉽게 하기 위해 기존의 허가제를 폐지하고 신고제로 전환하였다.
- ㉥ **지방정책** : 도평회의·부면협의회를 설치하여 지방자치를 일부지역만 허용하였다.
- ㉦ **산미증식계획**(1920~1934)

배경	• 일본의 산업자본주의 발달에 따른 식량 부족을 해결(쌀 수요 증가→쌀값 폭등)하려고 하였다.
과정	• 산미증식을 위해 종자 개선, 비료, 수리시설 개선을 시도하였고, 모든 비용을 농민에게 전가하고, 산미증산량보다 목표한 수탈량이 더 많음에도 불구하고 계획대로 수탈하였다.
결과	• 각종 비용 부담으로 농민층 몰락하고 도시 빈민, 화전민, 국외 이주민 증가하게 되었다. 농민들은 소작쟁의를 전개하였다. • 국내에서 쌀 부족으로 만주에서 잡곡을 수입하였고, 쌀 상품화 현상으로 쌀 중심의 단작화 현상이 심화되었다.

- ㉧ **각종 시설 설치** : 함경선 설치로 한반도에 철도선 X축 완성하여 수탈 라인을 완성하였다.

(3) 민족말살통치(1931~1945)

① 의미 : 병참기지화 정책과 강력한 무력 탄압을 통해 조선인을 일본인으로 동화시키려고 함

② 내용
- ㉠ **병참기지화 정책** : 만주사변(1931), 중·일전쟁(1937), 태평양전쟁(1941)이 배경이 되어 북부 지역에 많은 군수 관련 중공업 공장을 설치하였다.
- ㉡ **남면북양 정책** : 방직 제품 원료를 저렴하게 확보하기 위해 남쪽에 면제품, 북쪽에 양을 키웠다.

ⓒ **국가총동원령**(1937) : 학도병·징병·징용 등으로 노동력 착취하고, 여성 노동자를 정신대로, 일부는 전쟁터로 위안부로 끌고 갔으며, 군량미 공출, 식량미 배급제도, 가축증식계획, 금속제 물품을 강제 공출하였다.

ⓔ **황국신민화정책**
- 내선일체(일본과 조선은 한 몸), 일선동조론(일본인과 조선인 조상이 같음)주장하였다.
- 신사참배, 황국신민 서사 암송 강요, 궁성요배(일왕 궁성을 향해 절)강요하였다.
- 우리말 사용 금지, 우리역사 교육 금지, 학술·언론단체 해산(조선일보, 동아일보 폐간)하였다.
- 일본식 성과 이름의 사용 강요(창씨개명)하였다.

ⓜ **농촌진흥운동**(1932~1940) : 주로 생활 개선 사업을 하였으나, 고율 소작료, 수리 조합비, 비료 비용 부담에 의한 농민 반발 줄이고 농촌 통제 강화를 위한 미봉책에 불과하였다. (국가총동원령 이전의 사업으로 실제로 1935년까지 시행)

② 3·1운동과 대한민국 임시정부

(1) 대한민국 임시정부의 수립과 활동

① **3.1운동 이후 정부 수립 운동**
　ⓐ 한성정부(서울, 1919.4.23)
　ⓑ 대한국민의회(연해주, 1919.3.17) : 한반도 접경지역에 위치 무장투쟁에 중점을 두었으며, 국내 진공작전을 고려하였다.
　ⓒ 대한민국임시정부(상하이, 1919.4.13) : 외교독립론 주장을 주장하였다.

② **통합 임시정부 수립**
　ⓐ 한성정부의 법통성을 계승하고, 대한국민의회를 흡수하고, 상하이에 위치한 대한민국 임시정부 수립하였다.

③ **정부의 체제**
　ⓐ 3권 분립에 입각한 최초의 민주공화정제 정부 : 국무원(행정), 임시의정원(입법), 법원(사법)으로 구성되었다.
　ⓑ 다양한 노선(무장투쟁론·외교독립론·실력양성론 등)과 민족주의·사회주의 이념 결합되었다.

④ **정부의 활동**
　ⓐ 연통제 조직 및 교통국을 설치하였다(임시정부 ~ 국내외를 연결하는 비밀조직).

연통제(행정조직)	교통국(정보조직)
• 정부 명령을 기획 및 집행의 역할 담당 • 각 도·군·면 단위별로 설치	• 정보의 수집 및 분석 연락의 업무 담당 • 각 군에 교통국, 각 면에 교통소 설치

ⓛ 애국공채 발행, 국민의연금을 통해 군자금을 마련하였다.

ⓒ **이륭양행**(만주)과 **백산상회**(부산) : 각종 정보 전달 경로 및 임시정부의 자금줄 역할을 하였다.

ⓓ **독립신문 발행** : 임시정부 기관지를 발행하였다.(독립협회 독립신문과는 다른 신문이다.)

ⓜ **사료편찬소 설립** : 독립운동 관련 역사 및 자랑스러운 역사와 관련된 자료를 정리하였다.

ⓗ **외교 활동** : 미주 지역 외교를 위해 구미위원부 설치하고, 김규식 등이 파리강화회의에 참석하고, 워싱턴회의 등 각종 국제회의 참여하였으나 성과는 미비하였다.

⑤ **정부의 위기** : 연통제·지부국들이 거의 다 발각되고, 이승만의 국제연맹청원사건으로 임시정부가 흔들리게 된다.

(2) 대한민국 임시정부 재정비

① 국민대표회의(1923)의 소집과 결렬

ⓐ **배경** : 임시정부의 침체와 사상적 대립이 격화되었다.

ⓑ **전개** : 국내, 연해주, 만주, 미주 등의 독립운동 단체 대표 상하이에 소집되었으며, 임시정부 활동 및 독립운동 방법 놓고 토의하였다. 개조파·창조파·현상유지파 분열되었으나 성과는 미비하였다.

개조파	• 임시정부 조직만 개조 주장(실력양성 + 외교활동 강조, 안창호 등)
창조파	• 완전 해체 후 새로운 정부 구성 주장(무장투쟁 강조, 신해호 등)
현상유지파	• 임시정부 유지 주장(김구·이동녕 등)

ⓒ **결과** : 임시정부 활동 침체되었고, 김구 등에 의해 명백만 유지하였다.

(3) 대한민국 임시정부 활기

① 한인애국단의 활동(1926)

ⓐ **배경** : 임시정부 침체를 극복하기 위해 김구를 중심으로 조직되었다.

ⓑ **활동**

– **이봉창 의거(1932)** : 도쿄에서 일본 천황의 마차에 폭탄 던졌으나 폭탄은 불발하였다. 하지만 상하이사변 계기가 되었으며 중·일 감정이 악화되었다.

– **윤봉길 의거(1932)** : 상하이 홍커우 공원 승전기념식에 폭탄 투척하여 성공을 거두었으며, 장제스(장개석) 중국국민당은 중국 영토 내 무장독립투쟁 승인하고 임시정부를 지원하는 계기가 되었다.

② 충칭시기의 임시정부(1940)

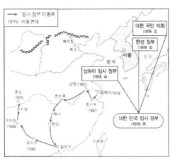

**대한민국 임시 정부의
수립과 이동**

㉠ 배경 : 중국정부의 주선으로 중국 충칭에 임시정부가 자리 잡았다.

㉡ 활동

- 집행력 강화를 위해 김구가 단일 지도자(주석제)로 임시정부 이끌었다.

- 한국광복군 창설을 하였고, 조소앙의 삼균주의(정치, 경제, 교육 균등)에 바탕을 둔 대한민국 건국 강령 발표(1941)하였다.

③ 한국광복군의 창설(1940)

㉠ 배경 : 중국 정부의 지원으로 충칭에서 창설(1940)되어 총사령관 지청천, 참모장 이범석을 임명하였다.

㉡ 활동

- 대일 선전포고(1941) : 태평양전쟁 발발에 대일선전포고 후 연합군 일원으로 참전하였다.

- 조선 의용대의 일부 병력이 편입(1942) : 김원봉의 조선의용대 가세로 전투력이 증강하였다.

- 연합작전의 전개(1943) : 연합군 일원으로 미얀마·인도전선에 광복군을 파견하였으며, 직접 전투 외에 정보 수집, 포로 심문, 대적 방송 등에 종사하였다.

- 국내진공작전계획(OSS,1945) : 미국의 도움으로 국내 정진군 구성을 하였으나 일본 패망으로 무산되었다.

(4) 3·1운동의 전개

① 배경

㉠ 국내 : 무단통치에 의한 분노(극소수 친일파를 제외한 모든 계층 피해)와 고종황제 죽음이 계기(일제의 독살이라는 소문 확산)가 되었다.

㉡ 국외 (국내 민족지도자에 자극) : 미국 윌슨은 민족 자결주의 제창하였고, 소련 레닌은 약소국 지원을 주장하였고, 파리강화회의에 신한청년당에서 김규식을 파견하여 조선의 독립을 주장하였고, 일본 도쿄 유학생을 중심으로 2·8독립선언서 발표가 자극이 되었다.

② 전개

㉠ 서울 태화관에서 종교계 인사들 중심의 민족대표자들이 독립선언서 낭독하였으나, 스스로 체포되어 운동을 주도 하지는 못하였다.

㉡ 학생들이 탑골공원에서 독립선언서 낭독하면서 군중 시위를 주도하였다.

㉢ 학생·시민의 만세시위 전개하여 주요 도시에서 전국·도시로, 그리고 농촌·해외로 확산되었다.

㉣ 일본은 군대까지 동원하여 무력 탄압하였다(제암리 학살 사건, 유관순의 순국 등).

③ 의의 및 영향

　　㉠ 민족의 저력을 보여주었으며, 대한민국 임시정부 수립의 계기가 되었다.

　　㉡ 일제 식민통치 방식이 무단통치에서 기만적 문화통치로 전환되었고, 아시아의 반제국주의 민족해방운동에 영향을 주었다(중국 5 · 4운동, 인도 비폭력 투쟁 등).

④ 한계 : 일제의 강력한 탄압과 민족지도자들의 지도력 부족 및 국제정세 불리로 실패하였다.

③ 무장독립전쟁의 전개

(1) 3 · 1운동 이전의 민족운동(1910년대)

① 국내 항일비밀결사의 활동

　　㉠ 대한광복회(1915) : 군대식 조직을 갖추고 독립전쟁을 통한 국권회복을 최종목표로 군자금 마련을 위해 각지의 부호에게 의연금을 납부케하고, 친일파를 색출하여 처단하였다.

　　㉡ 송죽회(1913) : 평양 숭의여학교 교사와 학생이 결성한 비밀결사단체였다.

　　㉢ 조국권회복단(1915) : 상해 임시정부에서 군자금을 모집하고, 파리강화회의에 보낼 독립청원서를 작성하였다.

② 국외 독립운동기지 건설

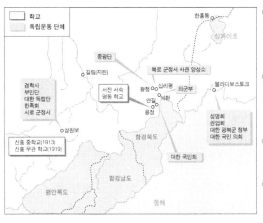

　　㉠ 북간도 : 용정촌, 명동촌을 중심으로, 독립운동단체(중광단, 북로군정서)과 학교(서전서숙, 명동학교)있었다.

　　㉡ 남만주 : 삼원보를 중심으로, 독립운동단체(경학사 → 부민단 → 한족회)와 학교(신흥학교 → 신흥무관학교)가 있었다.

　　㉢ 연해주 : 신한촌(블라디보스트크)를 중심으로, 독립운동단체(성명회, 권업회, 대한국민의회)가 있었다.

　　㉣ 기타 : 밀산부의 한흥동(이상설), 상하이의 신한청년당(김규식), 미주의 대한인국민회(이승만)가 있었다.

(2) 1920년대 독립전쟁

① 무장독립투쟁

㉠ **봉오동 전투**(1920.6)
- 배경 : 일본군은 독립군의 국내진입작전 및 활발한 활동에 위기감을 느꼈다.
- 전개과정 : 독립군의 국내진입작전 활발해지자 일본은 정규군을 투입하였지만, 패배하자 대대적인 섬멸작전을 추진하자 독립군(홍범도의 대한독립군, 안무의 국민회군, 최진동의 군무도독부군 등)은 연합부대를 결성하고 일본군의 추격에 대비한 매복작전을 통해 일본군 수백 명을 살상하였다.

㉡ **청산리 전투**(1920.10)
- 배경 : 독립군의 국내진압작전과 봉오동전투에서의 참패를 계기로 일본은 훈춘사건(1920)을 조작하여 일본군을 만주에 투입하였다.
- 전개과정 : 일본군 공격을 피해 독립군은 근거지를 떠나 화룡현 이도구와 삼도구에 집결하여 김좌진이 인솔하는 북로군정서를 포함한 여러 독립군 부대(홍범도의 대한 독립군, 안무의 국민회군 등)는 청산리 일대에서 일본군과 6일간 10차례 전투(백운평 전투→완루구 전투→천수평 전투→어랑촌 전투→천보산 전투→고동하 전투)를 통해 일본군 1,200여 명을 사살하는 대승을 거두었다.

㉢ **간도 참변**(경신참변, 1920)
- 배경 : 봉오동 전투와 청산리 대첩 대패 이후 간도지방 한인촌을 일본군의 무차별 습격 및 보복 살해하였다.
- 결과 : 일본군의 초토화 작전으로 독립군의 기반인 한인촌이 폐허가 되었다.

㉣ **자유시참변**(흑하사변, 1921)
- 배경 : 일본은 청산리 등에서 독립군이 승리하자 만주의 조선인 독립군 운동기지 파괴공작이 시작(간도 참변)되었다.
- 전개과정 : 독립군의 주력부대가 밀산부에 집결하여 서일을 총재로 대한독립군을 조직 후 소련 영내로 이동하였으나, 적색군(소련군)의 한국 독립운동 지원에 속아 자유시로 이동하여 적색군을 도와 백군(러시아군)과의 내전에 참여하게 된다. 적색군은 승리 후 독립군의 무장을 강제해제하고, 이에 저항하는 독립군을 공격하여 많은 사상자가 발생하였다.

② 독립군 재정비와 통합운동

㉠ **3부의 성립** : 만주 지역의 독립단체들의 활발한 통합운동으로 3개의 군정부가 성립되었다. (1923~1925)

㉡ **참의부** : 임시정부의 직할 부대를 표방하였다.

㉢ **정의부** : 봉천 일대를 중심으로 활동하였다.

㉣ **신민부** : 자유시참변을 겪고 돌아온 독립군을 중심으로 결성하였다.

㉤ **3부의 성격** : 민주적 민정기관과 군정기관을 갖추고 무장독립군을 편성한 3개 자치정부로서 독립전쟁을 전개하였다.

③ **미쓰야 협정**(1925) : 일제가 독립군 탄압을 위해 만주군벌과 맺은 협정으로 독립군에 대한 현상금을 걸었다.

(3) 1930년대 독립전쟁

① 한·중 연합작전 (1930년대 전반)

㉠ **배경** : 일본이 만주 침략 이후 본격적인 군사 진출을 하면서, 만주 대부분의 독립운동 단체는 중국 관내로 이주하였고, 민족주의적 독립운동단체의 일부는 1930년대 중반까지 중국 공산당의 지도 아래 한·중 연합작전 전개하였다.

㉡ **조선혁명군**(총사령관 양세봉) : 남만주 일대에서 중국 의용군과 연합하여 영릉가 전투, 흥경성 전투 등에서 일본군을 격파하였다.

㉢ **한국독립군**(총사령관 지청천) : 북만주 일대에서 중국 호로군과 연합하여 쌍성보 전투, 대전자령 전투, 사도하자 전투 등에서 일본군을 격파하였다.

㉣ **중·일 전쟁**(1937) **이후** : 독립군의 대부분은 임시정부의 요청으로 중국 본토로 이동하여 한국광복군 창설에 참여하거나, 일부는 만주에 잔류하여 중국항일군과 같이 항일연군을 편성하여 항전을 계속하였다.

② 만주지역 항일유격대 및 중국 관내의 무장투쟁(1930년대 후반)

　　㉠ **조선의용대**(1938) : 김원봉을 중심으로 조선민족혁명당이 중·일 전쟁(1937)직후 중국 국민당 정부의 협조를 얻어 편성하여 중국 국민당의 정부군과 합세하여 양쯔강 중류 일대에서 일본군의 진격을 막았다. 중국 각 지역에서 항일 투쟁을 전개하여 충칭에 남은 조선의용대의 일부와 그 지도부는 임시정부의 한국광복군에 합류하였다(1942).

　　㉡ **조국광복회**(1936) : 항일연군의 보천보 전투 및 국내진공작전 지원

　　㉢ **민족혁명당**(1935) : 중국 난징에서 의열단과 한국독립당 등 5개 단체가 결합한 것으로 민족주의 진영과 사회주의 진영의 통일전선 정당으로 결성되었다.

(4) 의열투쟁의 전개

① 의열단

　　㉠ **배경** : 김원봉·윤세주 등이 중심이 되어 1919년 만주 길림에서 비밀결사를 조직하였다.

　　㉡ **목적** : 동포들 애국심 고취와 민중봉기를 유발하여 민중의 직접 혁명을 통한 일제 타도 추구하였다.

　　㉢ **활동**

　　　– 무정부주의의 영향으로 본부를 일정한 곳에 두지 않고 옮겼다.

　　　– 김익상(1921)은 조선총독부에 폭탄 던졌고, 김상옥(1923)은 종로 경찰서에 폭탄을 던지고, 일본 경찰과 교전하여 여러 명 사살하였고, 나석주(1926)는 동양척식주식회사와 조선식산은행에 폭탄을 던지고 일본인을 사살하였다.

　　　– 신채호의 '조선혁명선언'을 활동지침으로 삼아 활발한 투쟁 벌였다.

　　㉣ **활동의 변화**

　　　– 개별적인 폭력투쟁의 한계를 인지하고 1920년대 후반부터 조직적인 무장투쟁을 준비하였고, 중국국민당 정부의 지원으로 조선혁명 간부학교를 세웠다.

　　　– 중국지역 내 민족유일당 성립운동을 전개하여 민족혁명당(1935) 결성을 주도하였다.

④ 사회 경제적 민족운동

(1) 6·10만세운동

① **배경** : 일제의 수탈정책과 식민지 교육정책에 대한 반발과 순종의 인산일(장례식)이 계기가 되었다.

② **전개** : 사회주의 세력이 기획하고 민족주의 세력들이 지원(격문 전단지 인쇄는 천도교 등)한 운동으로 사회주의계의 기획은 일제의 사전감시와 탄압으로 사전에 발각되었지만, 이후 학생들 주도로 순종의 장례 행렬을 따라가며 만세시위운동 전개하였고, 서울에서 시작하여 전국으로 확산되면서 전국의 많은 학생들과 사회주의계열 단체들이 참여하였지만 일제의 탄압으로 실패하였다.

③ **의의** : 민족주의계·사회주의계의 대립과 갈등 극복 계기를 마련하여 신간회 결성에 기초 마련의 계기가 되었고, 민족유일당운동으로 발전하였다.

(2) 광주학생항일운동(1929.11.03.)

① 배경 : 일제의 민족차별과 식민지 차별교육(민족 차별 교육)과 한국인 학생과 일본인 학생간의 충돌이 계기가 되었다.

② 전개 : 전라도 광주에서 일본인 남학생의 조선인 여학생을 희롱하자, 한국 남학생이 일본 남학생 구타하였고, 일제의 일방적 일본학생 편들기에 광주의 모든 학생들이 운동에 참여(식민지 탄압정치, 제국주의 타도 등 주장)하여 항일운동 전개하였고, 신간회는 진상 조사단 파견 및 지원하여, 조직적이고 전국적 규모로 항일투쟁 확대되었다.

③ 의의 : 3 · 1운동 이후 최대의 항일민족운동으로 전국적 규모로 발전하여 국외로 확산(만주 · 일본)되었으며, 신간회 해체(1931)의 계기가 되었다.

(3) 신간회

① 창립(1927) : 비타협적 민족주의계와 사회주의계 인사가 조직하여 이상재 · 홍명희 · 조병욱 · 안재홍 등의 지식인 계층이 주도한 합법단체이다.

② 활동
  ㉠ 소작쟁의, 동맹휴학, 노동쟁의 등의 대중운동을 지원을 지원하고, 광주 학생 항일 운동에 진상 조사단을 파견(1929)하였다.
  ㉡ 지방 순회 강연 실시(민족의식 고취)하고, 동양척식주식회사 폐지, 한국인 본위의 교육제도 실시 등을 정책으로 삼으면서 청년 · 여성 · 형평운동 등과 연계하여 활동하였다.
  ㉢ 해체(1931) : 일제의 철저한 탄압과 내부의 이념 대립(민족주의 계열에서 타협적 노선 등장)에 코민테른(국제공산당 지도단체)의 민족주의자와 분리투쟁 중용 지시로 해산되게 되었다.

(4) 사회운동의 활성화

① 청년운동 : 조선청년연합회(1920), 조선청년총동맹(1924) 등은 지식향상을 위해 강연회, 토론회 등의 개최 및 학교, 야학 등을 설치하고, 심신의 단련 도모 및 사회교화와 생활개선에 힘썼다.

② 소년운동 : 천도교소년회(1921.5.1.)는 방정환, 조철호 등의 주도로 어린이를 어른과 동등한 인격체로 대우하려는 운동을 전개하였다.

③ 형평운동
  ㉠ 배경 : 갑오개혁 때 신분제 폐지되었지만, 사회적 불평등이 계속 지속되었다.
  ㉡ 과정 : 초기에는 백정의 지위향상운동으로 시작하여 민족운동 · 계급운동으로 발전하였다. 이학찬이 경남 진주에서 조선형평사를 조직(1923.4)하여 1925년 본부를 서울로 옮긴 후 1927년에 전국 조직으로 발전하였다.
  ㉢ 활동 : 백정에 대한 사회적 차별과 백정 자녀의 교육문제 등의 인권운동 전개하고, 여러 사회운동단체들과 협력하면서 각종 파업이나 소작쟁의에 참가하여 '백정도 똑같은 인간이다'라는 구호 사용하였다.

④ 농민운동(소작쟁의)
  ㉠ 원인 : 일제의 토지조사사업과 산미증식계획이 계기가 되었다.
  ㉡ 활동
   − 1920년대는 소작권 이전 및 고율 소작료 반대 투쟁 등 생존권 투쟁이었지만, 1930년대는 일제의 식민 지배를 부정하는 항일민족운동으로 변모하였다. ('토지를 농민에게로'라는 구호)
   − 황해도 흑교농장 소작쟁의(1919, 최초의 소작쟁의), 암태도 소작쟁의(1923~1924) 등이 대표적인 농민운동이다.
   − 일제의 대륙 침략 이후 농민운동을 탄압하자 비합법적, 혁명적 조합이 주도를 하였다.
⑤ 노동운동
  ㉠ 원인 : 일제의 식민지 공업화정책으로 일본 기업 진출과 노동자 수가 증가하자, 사회주의운동의 대두로 노동자 각성과 단결이 강화되었다.
  ㉡ 내용
   − 1920년대는 노동자의 생존권 투쟁(임금 인상 및 근로조건 개선 등)에서 1930년대는 반제국주의 항일민족운동 전개(일본 제국주의 타도)하였다.
   − 원산 노동자 총파업(1928~1929), 서울 고무여공들의 파업(1922) 등이 대표적이며, 일제 대륙 침략 이후 노동운동 탄압으로 비합법적, 혁명적 조합이 주도하였다.
⑥ 교육활동
  ㉠ 민립대학설립운동(1920년대 초) : 조선교육회는 조선총독부에 고등교육기관 설립을 촉구하였고, 이상재, 조만식, 이승훈 등이 중심이 되어 민립대학기성회 조직하여 1천만원 기금조성운동 전개하였지만, 일제는 민립대학설립운동에 대항하여 경성제국대학(1924)설립 등의 방해로 실패하였다.
  ㉡ 문맹퇴치운동 : 일제의 우민화정책으로 지식인층의 문맹문제가 심각하자, 1920년대 전국 각지에서 야학이 설립되고, 조선일보, 동아일보가 적극적으로 지원하였다. 조선일보는 '아는 것이 힘, 배워야 한다.'라는 표어로 전국각지에서 문자보급운동을 전개하였고, 동아일보는 브나브로 운동(1931~1934)을 전개하여 우리글을 가르치고 근검절약, 미신타파 등의 생활개선에 노력하였다.
⑦ 여성운동
  ㉠ 근우회 (신간회의 자매단체)
   − 창립(1927) : 신간회가 조직되자, 여성운동계에도 통합론 일어나게 되면서 여성계 민족유일당(근우회)이 조직되었다.
   − 활동 : 신간회와 연계하여 활동하면서, 여성 문제 토론회와 강연회를 개최(여성 노동자 권익, 여성의 단결, 남녀평등 등 전개)하였고, 광주학생운동 및 각종 항일학생운동 지도와 지원을 하였다.
   − 해체(1931) : 신간회 해체를 전후하여 내부의 이념대립(사회주의계열 · 민족주의계열 사상 차이 심화)으로 해산하였다.

(5) 민족문화 수호운동

① 식민사관의 날조
  ㉠ 목적 : 일제강점기 한국인에 대한 통치를 용이하게 하기 위해서 일제에 의해 정책적 · 조직적으로 조작된 역사관으로서, 일제의 한국 식민 지배를 정당화하기 위한 목적이었다.

ⓛ 내용
 – 타율성론 : 일제는 타율성론을 통하여 한국사의 발전 과정이 자주적 역량에 의해서가 아니라 외세에 영향 하에 이루어졌다고 주장하였다. 또한, 한국사의 발전은 일제식민지배를 통해서 가능하다고 보았다(임나일본부설, 반도성격론, 만선사관).
 – 정체성론 : 한국의 역사는 오랫동안 발전하지 못하였으므로 일본의 도움이 필요하다는 주장이다.
 – 당파성론 : 우리 민족성은 분열성이 강하여 항상 내분하여 싸웠다고 주장하였다(당쟁론).
 – 조선사편수회(1925) : 일제시대 조선 총독부가 조선 민족사를 편찬하기 위해 설립한 단 체로 민족사를 왜곡하고 식민지 지배의 정당성을 부여하기 위한 역사서 편찬을 주요 업무로 하였으며, 「조선사」, 「조선사료총간」, 「조선사료전집」 등을 간행하였다.

② 민족사학의 전개
 ㉠ 민족주의 사학
  – 박은식 : 19세기 이후 일본의 침략과정을 통해 민족의 수난을 밝힌 「한국통사」와 우리의 항일투쟁을 다룬 「한국독립운동지혈사」를 저술하였고, 민족정신을 '혼'으로 파악하여 혼이 담겨 있는 민족사를 강조하였다.("국가는 멸할 수 있어도 역사는 멸할 수 없다."고 하면서 역사를 국혼(國魂)과 국백(國魄)의 기록이라고 주장하였다.)
  – 신채호 : 「조선상고사」("인류사회의 아(我)와 비아(非我)의 투쟁"이라고 주장), 「조선사연구초」 등을 저술하여 민족주의 역사학의 기반을 확립하였고, 낭가사상을 강조하였다.
  – 정인보 : 고대사 연구에 치중하였고 '오천년간 조선의 얼'을 신문에 연재하여 일제 식민사관에 대항하였고 '얼사상'을 강조하였다.
  – 문일평 : 민족문화의 근본으로 세종을 대표자로 하는 '조선심' 또는 '조선사상'을 강조하였다.
 ㉡ 사회경제사학
  – 백남운 : 유물사관에 바탕을 두고 한국사가 세계사의 보편법칙에 따라 발전하였음을 강조하여 식민사관의 정체성론을 비판하였다.
 ㉢ 실증사학 : 청구학회를 중심으로 한 일본 어용학자들의 왜곡된 한국학 연구에 반발하여 이윤재, 이병도, 손진태, 조윤제 등이 진단학회를 조직하고 한국학 연구에 힘썼다.
 ㉣ 신민족주의사학 : 문헌고증을 토대로 사회경제사학의 세계사적 발전 법칙을 수용하여 민족주의사학을 계승, 발전 시켰으며 손진태, 안재홍, 홍이섭 등이 중심인물이다.

③ 국어연구와 한글 보급 : 국문연구소(대한제국) → 조선어연구회(1921) → 조선어학회(1931) → 한글학회(현재)순으로 발전해왔다.
 ㉠ 조선어연구회(1921) : 한글의 연구와 강연회 등을 통해 한글을 보급하였고, 한글 기념일 '가갸날'을 정하여 한글 대중화에 기여하였다.
 ㉡ 조선어학회(1931) : 조선어연구회가 조선어학회로 개편하여, 1932년 한글맞춤법 통일안의 제정, 한글날 제정, 표준어 제정하였고, 1929년부터 〈우리말 큰사전〉 편찬을 추진(일제 탄압으로 중지)하였다.

(6) 일제강점기의 종교활동

① 천도교
- ⊙ 제2의 3 · 1운동을 계획하여 자주독립선언문을 발표하였다.
- ⊙ 「개벽」, 「어린이」, 「학생」 등의 잡지를 간행하여 민중의 자각과 근대문물의 보급에 기여하였다.

② 개신교
- ⊙ 민중계몽과 각종 문화사업을 활발히 전개하였다.
- ⊙ 일제의 신사참배를 거부하여 탄압을 받기도 하였다.

③ 천주교
- ⊙ 고아원, 양로원 등의 사회사업과 민중계몽에 이바지하였다.
- ⊙ 만주에서 항일운동에 나서기도 하였다.

④ 대종교 : 무장항일단체인 중광단을 조직하였고, 3 · 1운동 직후에는 북로군정서로 개편하여 청산리대첩에 참여하였다.

⑤ 불교
- ⊙ 한용운을 비롯한 승려들이 한국 불교를 일본 불교에 예속시키려는 일제의 불교통합정책에 저항하였다.
- ⊙ 교육기관을 설립하여 민족교육운동에 이바지하였다.

⑥ 원불교
- ⊙ 개간사업과 저축운동을 통해 민족의 역량과 자주정신을 배양하였다.
- ⊙ 허례허식 폐지, 남녀평등, 미신타파, 금주 · 단연 등의 생활개선 및 새생활운동에 앞장섰다.

(7) 일제 강점기의 문예활동

① 문학활동
- ⊙ 근대문학
  - 이광수, 최남선 : 근대 문학의 개척에 공헌하였다.
  - 한용운, 김소월, 염상섭 : 민족정서와 민족의식을 담은 작품을 통해서 근대 문화 발전에 이바지 하였다.
- ⊙ 1920년대 : 신경향파 문학이 대두하여 문학의 사회적 기능이 강조되었다.
- ⊙ 1930년대 : 순수문학 잡지가 간행되었고, 정지용 · 김영랑은 시문학 동인으로 활약하면서 순수문학과 서정시의 발전에 이바지하였다.
- ⊙ 일제 말기 : 이육사, 윤동주 등은 항일의식과 민족정서를 담은 작품을 창작하였다. 그러나 이광수, 최남선 등의 일부 문인들은 일제의 침략전쟁을 찬양하는 활동에 참여하기도 하였다.

② 예술
- ⊙ 음악 : 안익태, 윤극영 등이 많은 활동을 하였다. 특히 안익태는 애국가, 한국환상곡을 작곡하여 유명하였다.
- ⊙ 미술 : 안중식은 한국화, 이중섭은 서양화를 발전시켰다.
- ⊙ 연극 : 토월회, 극예술연구회 등의 활동으로 근대 연극이 발전하였다.
- ⊙ 영화 : 나운규가 아리랑을 발표하여 한국 영화 발전에 기여하였다.

기출예상문제

1 일제강점기의 일본의 통치제도에 대한 설명으로 가장 적절한 것은?

2013.3.9. 일반공채순경 · 101경비단

① 3 · 1운동은 일본의 통치 방법을 바꾸는 결정적인 계기가 되었다.
② 1910년 일본은 우리 민족을 회유하기 위하여 문화통치를 펼쳤다.
③ 1920년대 실시된 회사령은 우리 민족의 기업 설립을 방해하였다.
④ 1930년대 이후 전쟁이 시작되면서 보통경찰제가 헌병경찰제로 바뀌었다.

2 다음 중 3 · 1운동의 대내외적 배경에 대한 설명으로 가장 적절하지 않은 것은?

2012.2.25. 일반공채순경

① 1910년대 일제의 경제적 약탈과 사회적 · 정치적 억압으로 인해 일제에 대한 분노와 저항은 전 민족적으로 고조되었다.
② 1917년 러시아 혁명 직후 레닌은 자국 내 100여 개 이상의 소수민족에 대해 민족자결의 원칙을 선언하였다.
③ 1918년 미국 대통령 윌슨은 제1차 세계대전 후 지구상의 모든 식민지 처리에 민족자결주의를 적용하자고 주창하였다.
④ 1919년 신한청년당에서는 독립청원서를 작성하여 김규식을 파리강화회의에 대표로 파견하였다.

---

answer 1.① 2.③

---

1 ② 1910년대는 헌병경찰제(=무단통치)를 펼쳤으며, 3 · 1운동 이후 1920년대에 보통경찰제로(=문화정치)로 전환되었다.
   ③ 1910년에 회사령을 공포하여 한국인의 회사 설립을 억제하고, 한국 민족 자본의 성장을 억압하였으며, 1920년대에는 회사령을 신고제로 전환하여 일본 기업의 진출을 용이하게 하였지만, 한국인의 회사가 설립될 수 있었다.
   ④ 1931년 만주사변과, 1937년 중 · 일전쟁을 도발하여 대륙침략을 감행하면서 한반도를 병참기지로 삼고 민족말살정책을 추진하였다.

2 1918년 미국 대통령 윌슨이 '세계 평화와 민주주의'를 선언하고, 제1차 세계대전의 전후 처리를 위해서 열린 파리강화회의에서 '민족자결'의 원칙을 제시하였다. 민족자결주의는 비록 패전국의 신민지에만 적용되었지만, 민족 지도자들은 이를 기회로 활용하였다.

3 다음 선언을 지침으로 삼았던 애국 단체에 대한 설명으로 가장 적절하지 않은 것은?

2016년 제1차 경찰공무원(순경)

> 강도 일본이 우리의 국호를 없이하며, 우리의 정권을 빼앗으며, 우리 생존적 필요조건을 다 박탈하였다. …… 이상의 사실에 의하여 우리는 일본 강도 정치, 곧 다른 민족의 통치가 우리 조선 민족 생존의 적임을 선언하는 동시에, 우리는 혁명 수단으로 우리 생존의 적인 강도 일본을 살상하는 것이 곧 우리의 정당한 수단임을 선언하노라.

① 3·1 운동 이후 만주 길림에서 김원봉, 윤세주 등이 조직한 단체이다.
② 혁명 투사·독립 운동 지도자를 양성하기 위한 조선 혁명 간부 학교를 설립·운영하였다.
③ 위 단체의 단원 나석주는 조선총독부에 폭탄을 투척하였다.
④ 단원들이 황포 군관 학교에 입학하여 군사 교육을 받았다.

4 다음 자료는 어떤 단체의 활동이다. 밑줄 친 ㉠에 들어 갈 단체로 옳은 것은?

2012.10.20. 일반공채순경, 전의경 특채

> ㉠ 은(는) 경주에서 대구로 향하던 일제의 수송 차량을 습격하여 거액의 현금을 빼앗은 뒤 이 자금으로 무기를 구입하였고, 각 지방 부호들의 재산 상태를 조사한 후 그 재산에 비례하여 독립 운동 자금을 납부하도록 배당하였다. 이 과정에서 ㉠ 은(는) 독립 운동에 비협조적이거나 자금 제공을 거부하는 자, 또는 일제에 밀고하는 친일파를 처단하여 광복의 의지를 온 세상에 밝혔다. 그 대표적인 사건이 전 관찰사 장승원과 도고 면장 박용하 사살 사건이었다.

① 조선 국권 회복단   ② 의열단
③ 국민군단   ④ 대한광복회

---

answer 3.③ 4.④

3   제시문과 관련된 단체는 의열단이다.
   ③ 나석주는 동양척식주식회사에 폭탄을 투척하였다. 조선총독부에 폭탄을 투척한 것은 김익상이다.

4   제시된 자료는 대한광복회의 활동에 대한 서술이다.
   ① 조선 국권 회복단은 조선국권회복단은 1915년 1월 15일 독립군을 지원하기 위하여 결성한 항일 비밀결사단체로 의병계통의 박상진과 천도교 계통의 홍주일 및 은행원·변호사·선비 등 당시 각계의 계몽적 인물들이 주축이 되어 경상북도 지방의 유림들을 포섭하여 경상북도 달성군에서 조직하였다.
   ② 의열단은 김원봉의 주도로 일제 강점기인 1919년 만주에서 결성된 무정부주의 성격의 항일 무장 독립운동단체이다.
   ③ 국민군단은 1914년 6월 하와이 오하후섬 가할루지방의 아후이마누 농장에서 박용만(朴容萬)의 주도하에 창설된 항일군사단체이다.

5 다음 중 1919년 9월에 통합된 대한민국 임시정부에 대한 설명으로 가장 적절한 것은?

2013.8.31. 일반공채 · 전의경특채 · 101경비단

① 초대 대통령은 이승만, 국무총리에 이동휘가 임명되었다.

② 3 · 1운동 이전에 설립되어 국내외의 3 · 1운동을 주도하였다.

③ 일본의 중 · 일전쟁을 일으키자 군사조직인 조선혁명군을 조직하여 무력으로 대항하였다.

④ 1925년 이승만을 해임시킨 뒤 두 번째로 헌법을 개정하여 주석제를 채택하였다.

6 대한민국 임시정부에 관한 다음 설명 중 가장 적절하지 않은 것은?

2012.8.25. 일반공채순경, 전 · 의경 특채, 101경비단

① 외교를 위해 미국, 이탈리아, 독일에 각각 위원부를 두었다.

② 교통국을 두고 연통제를 실시하였다.

③ 기관지로 독립신문을 간행하였다.

④ 우리 역사상 최초의 공화제 정부였다.

7 다음 중 임시정부의 국무원 중심의 집단지도체제 시기에 일어난 일은?

2007.9.9. 정보통신순경

① 순종의 승하를 계기로 6 · 10만세운동이 일어났다.

② 홍커우 공원에서 윤봉길의사의 의거가 있었다.

③ 일제가 독립운동가를 탄압할 목적으로 치안유지법을 제정하였다.

④ 조선의용군이 한국광복군에 합류하였다.

---

answer   5.①   6.①   7.②

5 ② 3 · 1운동을 계기로 대한민국 임시정부가 수립되었다.
　　③ 일본의 중 · 일전쟁을 일으키자 군사조직인 한국광복군을 조직하여 무력으로 대항하였다.
　　④ 1925년 이승만을 해임시킨 뒤 두 번째로 헌법을 개정하여 국무령제(내각책임지도제)를 채택하였다.

6 대한민국 임시정부는 3 · 1운동 이후 일본 통치에 조직적으로 항거하기 위하여 설립되었다. 대한민국 임시정부는 미국에 구미위원회(이승만, 워싱턴), 한국 통신부(서재필, 필라델피아), 파리 위원부(김규식)을 두었다. 그러나 독일이나 이탈리아 지역에서는 위원회를 두지 않았을 뿐 아니라 특별한 외교활동도 없었다.

7 임시정부의 국무원 중심의 집단지도체제는 1927년 이후부터 1940년까지 지속되었다. ①의 6 · 10만세운동은 1926년이며, ②의 윤봉길의사의 의거는 1932년 4월이며, ③의 치안유지법은 1925년, ④의 조선의용군의 한국광복군의 합류는 1942년이다.

8 다음 독립운동과 관련된 설명으로 가장 적절하지 않은 것은?

2011.8.27. 정보통신순경

　　㉠ 3 · 1 운동　　　　　　㉡ 6 · 10 운동　　　　　㉢ 광주학생항일운동

---

① ㉠은 비폭력적 시위에서 무력적인 저항운동으로 확대되어갔다.
② ㉡은 일제의 수탈정책과 식민지 교육에 대한 반발로 발생하였다.
③ ㉢은 3 · 1운동 이후 최대의 민족운동으로 신간회 설립에 영향을 주었다.
④ ㉠으로 인해 일제는 식민통치방식을 무단통치에서 문화통치로 바꾸었다.

9 다음은 어느 인물에 대한 설명이다. '그'와 관련이 있는 활동으로 가장 적절한 것은?

2013.8.31. 일반공채 · 전의경특채 · 101경비단

그는 경상도 밀양 출생으로 1919년 만주 길림에서 다른 12명의 동지와 함께 의열단을 결성하였다. 곧 의열단은 국내에 대규모로 폭탄을 들여와 일본 관공서를 폭파하려고 하였으며, 침략에 앞장선 일본 군인들에 대한 저격에 나섰다. 해방 후 남한 단독정부 수립에 반대하여 월북한 후 요직을 맡았다가 연안파로 몰려 숙청을 당하였다.

---

① 북만주의 쌍성보 전투 등에서 일본군을 격퇴하였다.
② 한인애국단을 조직하여 적극적인 의열 투쟁을 전개하였다.
③ 조선민족혁명당이 이끄는 조선의용대의 일부가 한국광복군에 합류하였다.
④ 삼균주의 이론을 주창, 대한민국 임시정부의 기본이념과 정책노선으로 채택되었다.

answer 　8.③　9.③

8　신간회는 1927년 2월 민족주의 좌파와 사회주의자들이 연합하여 서울에서 창립한 민족협동전선으로 1929년 광주학생항일운동 이전에 결성되었으며, 광주학생운동에 진상조사단을 파견하기도 하였다.

9　제시된 자료에서 설명하는 인물은 약산 김원봉이다.
　① 지청천이 지휘하는 한국독립군은 북만주 쌍성보 전투에서 승리를 거두었다.
　② 한인애국단은 김구가 침체된 대한민국임시정부에 활력을 불어넣기 위해 결성하였다.
　④ 삼균주의 이론은 조소앙이 1930년대 초에 내세운 정치노선으로, 자본주의와 사회주의를 적절히 배합하되 평등에 보다 역점을 두었다.

10 다음은 일제시기 어느 단체를 설명한 것이다. 이 단체의 활동으로 가장 적절하지 않은 것은?

2013.3.9. 일반공채순경 · 101경비단

> 조선사정연구회, 정우회와 같은 좌우 협력운동의 단체로 결성되었다. 이 단체에는 조선일보 계열의 민족주의자, 천도교 구파, 불교인, 사회주의자들이 참여했으며, 전국에 약 140여 개의 지회가 있었고, 약 4만여 명의 회원이 가입하였다.

① 고등교육기관으로서 대학을 설립하려는 운동을 펼쳤다.
② 일본인의 조선 이민을 반대하였다.
③ 조선인 본위의 교육제도를 실시할 것을 주장하였다.
④ 광주학생의거의 진상을 보고하기 위한 민중대회를 열 것을 계획하였다.

11 다음 보기의 강령을 내세운 단체의 활동으로 가장 적절한 것은?

2012.2.25. 일반공채순경

> • 우리는 정치적, 경제적 각성을 촉진한다.
> • 우리는 단결을 공고히 한다.
> • 우리는 기회주의를 일체 부인한다.

① 1929년 광주학생운동이 일어나자 '민중대회'를 열어 항일(抗日) 열기를 확산시키려고 하였다.
② 국민대표기관으로서 임시의정원을 두고, 기관지 「독립신문」을 발간하였다.
③ 홍범도가 이끄는 대한독립군은 봉오동에서 일본군 1개 대대를 격파하였다.
④ 김좌진이 이끄는 북로군정서는 청산리에서 일본군 1200여명을 사살하는 큰 승리를 거두었다.

---

answer　10.①　11.①

10 제시된 설명에 해당하는 단체는 신간회이다.
　① 1923년 시작되어 '한민족 1천만이 한사람이 1원씩'이란 구호를 걸고 1,000만원 모금운동을 전개한 조선민립대학
설립운동에 대한 설명이다. 이는 일제의 방해공작과 1924~25년 남부 지장의 가뭄과 전국적인 수해 등으로 중도에
서 좌절되었다.

11 제시된 자료는 1927년에 결성된 신간회의 강령이다.
　② 대한민국 임시정부의 활동이다.
　③ 1920년 7월 봉오동 전투를 승리로 이끈 대한독립군의 활동이다.
　④ 1920년 10월 청산리 전투를 승리로 이끈 북로군정서군의 활동이다.

12 다음 취지문을 발표하고 활동한 단체로 옳은 것은?

2012.10.20. 일반공채순경, 전의경 특채

> 우리는 운동상(運動上) 실천으로부터 배운 것이 있으니 우리가 실지로 우리 자체를 위하여 우리 사회를 위하여 분투하려면 우리 조선 자매 전체의 역량을 공고히 단결하여 운동을 전반적으로 전개하지 아니하면 아니된다. 일어나라! 오너라! 단결하자! 분투하자! 조선의 자매들아! 미래는 우리의 것이다.
>
> ―「한국 근대 민족 해방 운동사」―

① 근우회   ② 진단학회
③ 일진회   ④ 조선 광문회

13 다음 보기에 해당하는 정강을 갖는 단체와 관계없는 것은?

2007.9.9. 정보통신순경

> • 단결을 공고히 한다.
> • 정치적, 경제적으로 각성한다.
> • 기회주의를 일체 부인한다.

① 일제가 이 단체를 합법 단체로 인정하였다.
② 조선인 본연 위주로 교육할 것을 주장하였다.
③ 비타협적 민족주의자들이 사회주의자들과 결합한 단체였다.
④ 원산총파업, 물산장려운동, 단천농민투쟁을 지원하였다.

---

answer 12.① 13.④

12 제시된 자료는 근우회의 취지문이다.
　② 진단학회는 1934년 청구학회에 반발하여 한국의 역사·언어·문학 및 주변국의 문화를 연구하기 위해 조직한 학술단체이다.
　③ 일진회는 대한제국 말에 일본의 한국 병탄정책(併呑政策)에 적극 호응하여 그 실현에 앞장선 친일단체(1904~1910)이다.
　④ 조선 광문회는 1910년에 설치된 한국 고전 연구기관이었다. 원래 취지는 한국의 계몽을 불러일으키기 위한 것으로, 고전문학과 국사연구도 진행했고, 민족문화와 민족에 대한 연구를 하였다.

13 제시된 자료는 1927년에 결성되어 1931년에 해산한 신간회의 강령이다. 원산총파업은 1929년 1월부터 4월 6일까지 4개월간에 걸쳐 원산의 전 노동자가 파업을 단행한 사건이며, 물산장려운동은 1923년에 일본으로부터 경제적으로 자립하기 위해 전개한 운동이며, 단천농민투쟁은 1930년 7월 함남 단천에서 단천삼림조합에 반대하여 농민들이 대규모 시위를 벌인 사건이다.

14 일제침략기 국어 연구와 한글의 보급운동에 적극적으로 활동한 조선어학회에 대한 설명으로 옳지 않은 것은?

2009.7.25. 정보통신순경

① 우리말 큰사전의 편찬을 시도하였다.
② 한글 맞춤법 통일안과 표준어를 제정하였다.
③ 한글 기념일인 '가갸날'을 제정하여 우리말 쓰기를 권장하였다.
④ 일제는 조선어학회를 독립운동단체로 간주하여 강제로 해산시켰다.

15 일제침략기에 종교단체에서 전개한 민족운동을 바르게 설명한 것은?

2009.7.25. 정보통신순경

① 천주교 – 중광단을 조직해 무장 항일 투쟁을 전개하였다.
② 천도교 – 일제의 신사참배 강요를 거부하였다.
③ 원불교 – 저축운동을 전개하여 민족의 자립정신을 키웠다.
④ 대종교 – 남녀평등, 허례허식 폐지 등 새생활운동을 추진하였다.

16 일제감정기에 종교단체에서 전개한 민족운동으로 바른 것은?

2006.2.7. 해양경찰

① 대종교 – 일제치하 신사참배 거부운동을 벌였다.
② 천주교 – 개간과 저축운동을 장려하였다.
③ 천도교 – 양로원, 고아원 지원활동을 하였다.
④ 대종교 – 중광단의 활동이 활발하였다.

---

answer 14.③ 15.③ 16.④

14 조선어연구회(1921)가 한글 기념일인 '가갸날'을 제정하였다.

15 ①은 대종교에 대한 설명, ②는 개신교에 대한 설명, ④는 원불교와 관련된 내용이다.

16 ①은 기독교(개신교)에 해당하는 활동이며, ②는 원불교에 해당하는 활동이며, ③은 천주교에 해당하는 활동이다.

17 다음 중 일제강점기에 활동한 역사가와 그 업적이 가장 적절하게 짝지어진 것은?

2012.2.25. 일반공채순경

① 신채호 : 1915년 근대적 역사인식에 입각한 최초의 한국근대사로 평가되는 「한국통사(韓國痛史)」를 저술
② 박은식 : 「조선상고사(朝鮮上古史)」에서 역사는 "인류사회의 아(我)와 비아(非我)의 투쟁"이라고 주장
③ 백남운 : 한국사의 발전법칙성을 추구하는 사회경제사학을 통해, 식민사학의 정체성론(停滯性論)을 비판
④ 정인보 : "국가는 멸할 수 있어도 역사는 멸할 수 없다."고 하면서 역사를 국혼(國魂)과 국백(國魄)의 기록이라 주장

18 다음 글을 쓴 사람에 관한 설명 중 가장 옳은 것은?

2012.8.25. 일반공채순경, 전·의경 특채, 101경비단

> 역사란 무엇이뇨. 인류사회의 아(我)와 비아(非我)의 투쟁이 시간에서 발전하여 공간까지 확대하는 심적 활동 상태의 기록이다.

① 간도에 서전서숙이라는 사립학교를 건립하였다.
② 발해를 한국사에 포함시켜 남북국시대론을 주장하였다.
③ 고대사 연구에 매진하여 「조선상고사」를 저술하였다.
④ 「한국통사(韓國通史)」를 저술하여 일본의 침략과정을 논하였다.

---

answer 17.③ 18.③

17 ① 박은식에 해당되는 설명이다.
② 신채호에 해당되는 설명이다.
④ 박은식에 해당되는 설명이다.

18 제시된 자료는 신채호가 「조선상고사」의 머리말이다.
① 이상설에 해당하는 설명이다.
② 유득공은 「발해고」를 저술하여 발해를 신라와 대등한 국가로 인정하였다.
③ 신채호가 쓴 「조선상고사」는 우리 민족의 상고시대사를 서술한 것으로 단군조선부터 고구려·백제·신라의 삼국시대까지를 다룬 고대사의 고전이다.
④ 박은식이 쓴 「한국통사」는 일제의 한국 점령으로 주권을 상실하자 조국의 주권을 상실한 슬픈 역사를 적은 한국 최근세 정치사 책이다.

19 다음 방침과 관련된 일제 강점기의 모습으로 가장 적절한 것은?

2016년 제2차 경찰공무원(순경)

- 친일 분자를 귀족 · 양반 · 유생 · 부호 · 실업가 · 교육가 · 종교가 등에 침투시켜 그 계급과 사정에 따라 각종 친일 단체를 조직케 할 것.
- 종교적 사회 운동을 이용하기 위해 사찰령을 개정하여 불교 각 종파의 총 본산을 경성에 두고, 이를 관장하거나 원조하는 기관의 회장에 친일 분자를 앉히는 한편 기독교에 대해서도 상당한 편의와 원조를 제공할 것.
- 친일적인 민간 유지자(有志者)에게 편의와 원조를 제공하고, 수재 교육의 이름 아래 조선 청년을 친일 분자의 인재로 양성할 것.
- 조선인 부호 · 자본가에 대해 일 · 선(日 · 鮮) 자본가의 연계를 추진할 것.

① 조선 어업령을 공포하여 모든 어민의 기득권을 부인하고 새로이 면허 · 허가를 받아 조업하도록 하였다.
② 조선 광업령을 공포하여 광업권에 대한 허가제를 실시하였다.
③ 치안유지법을 통해 언론 · 집회 · 결사를 탄압하였다.
④ 회사령을 공포하여 회사를 설립할 경우 총독부의 허가를 받도록 하였다.

20 대한민국 임시정부의 활동내용에 대한 설명으로 바르지 못한 것은?

① 김규식을 전권대사로 임명하여 파리강화회의에 독립청원서를 제출하게 하였다.
② 민족문화말살에 대응하고자 조선사편찬위원회를 두어 조선사를 편찬하였다.
③ 해외에 거주하는 동포에게 애국공채를 발행하여 독립운동자금을 모금하였다.
④ 자금과 국내 정보를 모으고 각 도와 연락 업무를 위해 연통제를 실시하였다.

---

answer 19.③ 20.②

19 제시된 내용은 일제가 문화정치기(1920년대)에 민족분열 정책의 일환으로 실시한 친일파 양성책의 일부이다.
①②④ 1910년대의 일이다.

20 조선사편찬위원회(1922)는 조선의 역사를 왜곡하고 일본의 식민통치를 합리화하기 위해 일본이 만든 역사편찬기관이다. 이는 1925년 조선사편수회로 확대 개편되어 우리 역사를 왜곡하여 우민화 정책에 박차를 가했으며 광복 후에 해체되었다.

21 다음은 국외에서 일어난 항일운동과 관련된 사건들이다. 일어난 순서대로 바르게 나열한 것은?

ㄱ 봉오동 전투　　　　　　　　　ㄴ 간도 참변
ㄷ 청산리 전투　　　　　　　　　ㄹ 자유시 참변

---

① ㄱ-ㄴ-ㄷ-ㄹ　　　　　　　　② ㄱ-ㄷ-ㄴ-ㄹ
③ ㄷ-ㄱ-ㄴ-ㄹ　　　　　　　　④ ㄷ-ㄱ-ㄹ-ㄴ

22 다음에서 설명하는 조직의 강령이나 구호는?

• 광주학생운동을 지원하였다.
• 조선민흥회를 모태로 하여 정우회선언을 계기로 창립되었다.
• 노동쟁의, 소작쟁의, 동맹휴학 등과 같은 운동을 지도하였다.

---

① 배우자 가르치자 다함께
② 한민족 1천만이 한사람 1원씩
③ 우리는 기회주의를 일체 부인한다.
④ 내 살림 내 것으로 조선사람 조선 것으로

---

answer 21.② 22.③

---

21 ㉠ **봉오동전투**(1920. 6) : 대한독립군(홍범도), 군무도독부군(최진동), 국민회군(안무)이 연합하여 일본군에게 승리한 전투이다.
㉡ **간도참변**(경신참변 1920. 10) : 봉오동 전투와 청산리 전투에서 독립군이 승리하자 이를 약화시키기 위해 일본이 군대를 파견하여 만주의 한민족을 대량 학살한 사건이다.
㉢ **청산리전투**(1920. 10) : 김좌진의 북로군정서군과 국민회 산하 독립군의 연합부대가 조직되어 일본군에게 승리한 사건이다.
㉣ **자유시참변**(1921) : 밀산부에서 서일 · 홍범도 · 김좌진을 중심으로 대한독립군단을 조직한 뒤 소련 영토내로 이동하여 소련 적색군에게 이용만 당하고 배신으로 무장해제 당하려하자 이에 저항한 독립군은 무수한 사상자를 내었다.

22 제시문은 좌 · 우익합작 노력에 의해 1927년에 결성된 신간회에 대한 설명이다.
① 브나로드운동
② 민립대학설립운동
④ 물산장려운동

23 다음 설명 중 옳은 것은?

(가) 일본을 상대로 무장 투쟁을 벌인다는 것은 공연한 힘의 낭비입니다. 우리는 일본을 압박 할 수 있는 강대국을 상대로 일제의 부당성과 우리의 독립열망을 전하여 독립을 얻어내야 합니다.

(나) 강도 일본이 정치·경제의 양방면으로 억압해 올 때 무엇으로 실업을 발전시키고 교육을 진흥시킬 수 있습니까? 무장투쟁만이 독립을 쟁취할 수 있습니다.

① (가)는 독립청원운동으로 임시정부정책의 기본방향이 되었다.
② (가)는 임시정부 창조파의 주장이다.
③ (나)는 조선의 절대 독립을 주장하였다.
④ (나)는 민족개조와 실력양성을 주장하였다.

24 다음 설명 중 옳은 것은?

(가) 토지 소유자는 조선 총독이 정하는 기간 내에 주소, 씨명, 명칭 및 소유지의 소재, 지목, 자번호(字番號), 사표(四標), 등급, 지적 결수(結數)를 임시 토지조사 국장에게 신고해야한다.

(나) 회사의 설립은 조선총독의 허가를 받아야한다.

① (가)는 화폐정리사업의 기반이 되었다.
② (가)를 시행하면서 자작농이 증가하였다.
③ (나)는 조선의 민족기업들의 자본축적을 막기 위해 시행되었다
④ (나)는 일본의 경제대공황 타개책의 일환이었다.

answer 23.③ 24.③

23 (가) 이승만을 중심으로 하는 외교독립론으로 열강에게 부탁하여 일본을 몰아내고자 한 독립청원운동이다. 외교독립론으로 인해 임시정부 내부에서 개조파와 창조파가 갈라지게 되었다.
(나) 이동휘를 중심으로 하는 독립전쟁론, 무장투쟁론으로 외교 독립론을 비판하고 무장투쟁을 통해 독립을 쟁취해야 한다고 주장하였다.
① 독립청원운동이외에도 무장투쟁론, 준비론 등의 주장으로 인하여 임시정부의 분열이 발생하였다.
② 임시정부가 분열되자 새로운 독립 추진기구를 만들자고 주장한 것이 창조파이다.
④ 타협적민족주의에 대한 설명이다.

24 (가)는 토지조사사업, (나)는 회사령이다.
① 화폐정리사업은 1905년 시행되었으며, 토지조사사업은 1910년 실시되었다.
② 일제가 정한 양식에 의해 신고를 하지 않으면 토지소유권을 인정해주지 않았으며 지주의 소유권만을 인정하고 관습적으로 인정되던 개간권, 도지권과 같은 농민의 권리는 인정해주지 않았다. 또한 토지조사사업으로 식민지 지주제가 확립되었다.
③ 일제는 회사의 설립을 허가제로 하는 회사령을 시행하여 민족산업의 발전과 자본축적을 방해하였다.
④ 일제는 1920년대 후반 발생한 세계경제대공황을 타개하기 위해 병참기지화 정책을 실시하였다.

25 다음에서 설명하는 지역과 관련이 있는 것은?

> 19세기 말 함경도 지역에 가뭄이 들면서 대대적인 이주가 시작되었다. 일제시대에는 조선 내부에서의 저항 운동이 불가능하다고 여긴 사람들이 이주하여 국외 독립기지를 건설하기도 하였다. 특히 3·1운동을 계기로 독립운동이 더욱 활발해지고 청산리 전투에서 대패한 일본은 군대를 보내어 이 지역에 사는 한국인들을 대량 학살하는 만행을 저지르기도 하였다.

① 신한촌
② 성명회
③ 흥사단
④ 서전서숙

26 다음과 같은 노래를 부르던 시기는?

> 신고산이 우루루 화물차 가는 소리에 금붙이 쇠붙이 밥 그릇마저 모조리 긁어갔고요
> 어랑어랑 어허야 이름 석자 잃고서 족보 만들고 우누나

① 1901 ~ 1910
② 1911 ~ 1919
③ 1920 ~ 1929
④ 1930 ~ 1945

27 다음 중 신간회에 대한 설명으로 옳지 않은 것은?

① 신간회의 영향으로 근우회가 만들어졌다.
② 기회주의자를 배격하였다.
③ 민립대학설립운동을 추진하였다.
④ 광주 항일학생운동 때 진상 조사단을 파견하였다.

---

answer 25.④ 26.④ 27.③

---

25 제시된 지역은 간도지역이다. 민족 운동가들은 북간도 용정에 서전서숙이라는 학교를 설립 하였다.
①② 연해주 ③ 미국 로스엔젤레스

26 일제는 1931년 만주사변을 수행하면서 조선을 대륙침략을 위해 병참기지화하였다. 공업원료 증산을 위해 남면북양 정책을 실시하였으며 일본-조선-만주를 하나의 블록으로 묶어 경제 공황을 타개하고자 하였다. 중·일 전쟁 (1937)을 일으킨 후에는 국가총동원령을 내리고 조선에서의 물적·인적자원 수탈을 강화하였다. 태평양전쟁(1941) 이후에는 무기 제작을 위해 금속 그릇까지 강제 공출해갔다.

27 민립대학설립운동은 실력 양성론의 일환으로 1920년대 초반에 추진되었으나 일제의 탄압과 경성제국대학이 설립되면서 실패하였다.

28 다음 중 실력양성론에 해당하지 않는 것은?

① 물산장려운동　　　　　　　　② 수리조합반대운동
③ 문맹퇴치운동　　　　　　　　④ 민립대학설립운동

29 다음 독립운동 단체들이 활동하던 시기에 나타난 일제의 식민통치 정책은?

• 독립의군부	• 조선국권회복단
• 대한광복회	• 송죽회

① 한국인의 회유를 위해 형식적으로 중추원을 설치하였다.
② 총동원령을 내려 징병, 징용의 명목으로 한국인을 끌고 갔다.
③ 치안유지법을 제정하고 사회주의 활동을 억압하였다.
④ 회사령을 폐지하여 일본 기업의 한국 진출을 추진하였다.

30 다음 설명 중 옳지 않은 것은?

① 진단학회를 중심으로 하여 문헌고증을 통해 개별적 사실을 객관적으로 밝히려한 것은 실증주의사학이다.
② 신민족주의사학은 실증사학을 토대로 민족주의와 사회경제사학을 접목시켰다.
③ 조선 후기 실학은 1930년 대 민족주의 사학에 영향을 미쳤다.
④ 백남운 등의 사회경제사학은 한국사의 발전이 세계사의 보편적인 발전법칙에 입각하여 이루어졌음을 강조하면서 식민사관의 정체성 이론을 반박하였다.

---

answer　28.②　29.①　30.③

28 실력양성론은 조선이 아직 독립할 역량이 부족하므로 실력을 먼저 기르자는 준비론으로 경제적으로 실력을 기르고 사상적으로는 민족성을 개조하자고 주장한 것이다. 실력양성론자들은 문맹퇴치운동, 물산장려운동, 민족기업육성, 민립대학설립운동 등을 추진하였다.

29 제시된 단체들은 1910년대에 활동한 비밀결사조직이다.
② 1930년대　③④ 1920년대

30 정인보, 문일평, 안재홍, 백남운 등은 학문적 주체성과 자주적 근대 사상을 조선 후기의 실학으로부터 찾아내어 실학을 연구하는 조선학운동을 펼쳤다.

31 다음 중 3·1운동에 대한 설명으로 옳지 않은 것은?

① 윌슨의 민족자결주의에 영향을 받았다.
② 대한민국임시정부의 지원을 받았다.
③ 3·1운동 이후 일제의 통치방식에 변화가 생겼다.
④ 중국의 5·4운동 베트남의 독립운동 등에 영향을 미쳤다.

32 다음은 일제의 식민 통치에 대한 서술이다. 시대순으로 바르게 나열된 것은?

┌───┐
│ ㉠ 재판없이 태형을 가할 수 있는 즉결 처분권을 헌병경찰에게 부여하였다.   │
│ ㉡ 한반도를 대륙침략을 위한 병참기지로 삼았다.   │
│ ㉢ 국가총동원령을 발표하여 인적·물적자원의 수탈을 강화하였다.   │
│ ㉣ 사상통제와 탄압을 위하여 고등경찰제도를 실시하였다.   │
└───┘

① ㉠-㉡-㉢-㉣   ② ㉠-㉣-㉡-㉢
③ ㉣-㉠-㉡-㉢   ④ ㉣-㉠-㉢-㉡

33 다음 중 1920년대 민족운동에 대한 설명으로 옳지 않은 것은?

① 의열단은 무정부주의와 무장투쟁론을 지향하는 테러조직이다.
② 신간회는 민족주의 진영과 사회주의 진영의 연합으로 결성된 민족운동단체이다.
③ 임시정부 내 개조파와 창조파의 갈등은 국민대표회의에서 해소되었다.
④ 물산장려운동, 민립대학설립운동 등 실력양성운동을 전개하였다.

---

answer 31.② 32.② 33.③

31 3·1운동을 계기로 지속적이고 체계적인 독립운동을 위해 정부가 필요하다는 인식 아래 국내·외의 임시정부를 통합하여 대한민국임시정부가 수립되었다.

32 ㉠ 1910년대 ㉡ 1930년대 ㉢ 1940년대 ㉣ 1920년대

33 독립운동 전체의 방향 전환을 논의하고 임시정부를 통일전선 정부로 만들기 위하여 국민대표회의가 개최되었으나 개조파와 창조파의 대립으로 인하여 국민대표회의는 성과를 거두지 못하였으며 창조파와 개조파는 임시정부에서 이탈한 뒤 서서히 세력을 잃고 말았다.

34 일제 시기의 경제정책에 관한 설명으로 옳지 않은 것은

① 일제는 산미증산계획을 이루기 위해 지주제를 철폐하였다.
② 일제는 1930년대 이후에 조선의 공업구조를 군수공업체제로 바꾸었다.
③ 일제의 토지조사사업으로 많은 양의 토지가 총독부 소유지로 편입되었다.
④ 일제는 1910년에 회사령을 공포하여 조선인의 회사설립을 통제하였다.

35 아래의 「조선사」와 「한국통사」에 대한 설명으로 옳지 않은 것은?

> 「한국통사」는 간행 직후 중국·노령·미주의 한국인 동포들은 물론이고 국내에서도 비밀리에 대량 보급되어 민족적 자부심을 높여주고 독립 투쟁정신을 크게 고취하였다. 일제는 이에 매우 당황하여 1916년 조선반도편찬위원회를 설치하고, 「조선사朝鮮史」 37책을 편찬하였다.

① 「조선사」 편찬자들은 조선의 역사를 정체성·타율성으로 설명하려 하였다.
② 「한국통사」의 저자는 우리의 민족정신을 '혼' 으로 파악하였다.
③ 「조선사」 편찬의 목적은 식민통치를 효율적으로 실시하려는 것이었다.
④ 「한국통사」의 저자는 「조선사연구초」도 집필하여 민족정기를 선양하였다.

36 1942년 중국 화북지방에서 결성된 조선독립동맹에 대한 설명으로 옳은 것은?

① 조선 의용군을 거느리고 중공군과 연합하여 항일전쟁에 참가하였다.
② 조국광복회를 결성하고 보천보 전투를 수행하였다.
③ 중국국민당군과 합세하여 중국 각 지역에서 항일투쟁을 전개하였다.
④ 시베리아 지방으로 이동하여 소련군과 합세하여 정탐활동을 전개하였다.

answer 34.① 35.④ 36.①

34 산미증식계획은 수리시설, 지목전환, 개간간척의 토지, 개량 사업과 품종 개량과 비료사용의 증가, 경종법개선 등 일본식 농사 개량사업으로 전개되었으며 지주 육성책으로 시행되었다. 결과적으로는 일본인 대지주의 수는 증가하고 우리 농민은 이중 부담으로 인하여 조선인 지주와 자작농의 수는 감소하였다.

35 한국통사는 박은식이 1914년에 완성한 것으로 우리의 지리적 환경과 단군, 부여, 고구려, 발해사 등의 역사의 대강을 다룬 1편과 대원군 집권 후부터 대한제국이 성립되기 이전의 역사를 다룬 2편 대한제국의 성립 이후에서 국망까지의 역사를 서술한 3편으로 되어있다. 조선사연구초는 신채호가 1924년~1925년에 완성한 것으로 낭가사상의 대표적 인물로 묘청을 강조하여 묘청의 서경천도운동을 조선 역사의 1천년아래 1대 사건으로 평가한 것이다.

36 조선독립동맹은 중국 화북지방에서 1942년 7월 사회주의 계열의 김두봉, 무정 등이 결성하였고, 조선의용대 화북지대를 조선의용군으로 개편하여 요문구, 백초평, 화순 등지에서 일본군과 격전을 벌였다.

37 일제하에 일어났던 농민·노동운동에 대한 설명으로 옳지 않은 것은?

① 1920년대 소작쟁의는 주로 소작인 조합을 중심으로 전개되었다.
② 1920년대 노동운동 중에서 가장 규모가 큰 투쟁은 원산총파업이었다.
③ 1920년대 농민운동으로 암태도 소작쟁의가 일어났다.
④ 1920년대에 이르러 농민·노동자의 쟁의가 절정에 달하였다.

38 일제 강점기의 문예 활동과 관련하여 옳지 않은 것은?

① 1920년대 중반에는 신경향파 문학이 대두하여 문학의 사회적 기능이 강조되었다.
② 정지용과 김영랑은 「시문학」 동인으로 순수 문학의 발전에 이바지하였다.
③ 미술에서는 안중식이 서양화를 대표하였다.
④ 영화에서는 나운규가 아리랑을 발표하여 한국 영화발전에 기여하였다.

39 일제가 다음과 같은 취지의 조선교육령을 공포한 데 대한 설명으로 옳은 것은?

> • 보통학교의 수업연한을 4년에서 6년으로 고등보통학교는 4년에서 5년으로 연장한다.
> • 조선인과 일본인의 공학을 원칙으로 한다.

① 헌병경찰중심의 통치체제하에서 낮은 수준의 실용 교육만 실시하고자 하였다.
② 태평양 전쟁을 일으키고 황국신민화교육을 더욱 강화하고자 하였다.
③ 만주침략을 감행하고 한국인을 동화시켜 침략 전쟁의 협조자로 만들고자 하였다.
④ 3·1운동 이후 격화된 한국인의 반일감정을 무마하고자 하였다.

---

answer 37.④ 38.③ 39.④

37 농민·노동운동이 절정에 달한 시기는 1930~1936년으로 부산진 조선방직 노동자파업, 함남 신흥 탄광 노동자 파업, 평양 고무 공장 노동자 총파업 등이 대표적이다.

38 안중식은 일제강점기 때 한국화를 내표하는 화가이다. 서양화는 고희동, 이중섭 등의 대표 화가가 있다.

39 제시문은 1922년 제2차 조선교육령이다. 이는 3·1운동 이후 격화된 한국인의 반일감정을 무마하고자 일제가 문화 통치의 일환으로 실시한 것이다.
　① 1910년대 ② 1940년대 ③ 1930년대

40 20세기 초 종교계의 민족운동에 대한 설명으로 옳지 않은 것은?

① 한용운은 일본 불교계의 침투에 대항하면서 민족불교의 자주성을 지키기 위해 노력하였다.

② 손병희는 일진회가 동학 조직을 흡수하려하자 천도교를 창설하고 정통성을 지키려 하였다.

③ 박은식은 「유교구신론」을 지어 유교가 민주적이고 평등한 종교로 거듭나야 한다고 주장했다.

④ 김택영은 전국의 유림들과 더불어 대동학회를 결성한 후 유교를 통한 애국계몽운동을 펼쳐 나갔다.

41 다음 내용의 직접적 계기가 된 사건으로 옳은 것은?

한국의 독립운동에 냉담하던 중국인이 한국독립운동을 주목하게 되었고, 이후 중국 정부는 대한 민국임시정부에 대한 지원을 강화하였다. 이 사건을 계기로 중국 정부가 중국 영토 내에서 우리 민족의 무장독립활동을 승인함으로써 한국광복군이 탄생할 수 있었다.

① 파리강화회의에서 김규식의 활동

② 윤봉길의 상하이 홍커우 공원 의거

③ 홍범도, 최진동 연합부대의 봉오동 전투

④ 만주사변 이후 한·중연합작전의 전개

40 김택영은 구한 말의 한문학자로 1908년 일본의 침략에 불복하고 중국으로 망명하였다. 대동학회는 이완용 등이 설립한 구한 말 대표적인 친일유교단체이다. 대동학회는 구한 말 대표적인 친일유교단체이다.

41 제시문은 1932년 윤봉길이 상하이 홍커우 공원에서 일본군 요인을 폭살한 의거의 영향에 대한 내용이다. 이 사건을 계기로 만보산 사건으로 인해 나빠진 한국과 중국의 관계가 회복되어 중국 영토 내에서의 한국독립운동의 여건이 좋아졌고, 중국 국민당 총통이었던 장제스가 상하이 대한민국임시정부를 지원해주는 계기가 되었다.

현대사회의 발전 단원에서는 대한민국의 광복과 분단,
민주주의의 발전에 대해 다루었습니다.

현대사회의 발전

CHAPTER 01 대한민국의 발전

 8 · 15 광복과 분단

(1) 광복 직전 · 후의 건국준비활동

① 국외

　㉠ 대한민국 임시정부(중국 충칭) : 민족주의 계열의 한국 독립당이 주도하였으며, 조소앙의 삼균주의에 따른 건국 강령을 제정하였다.

　㉡ 조선독립동맹 : 김두봉 등의 사회주의 계열의 독립 운동가들이 결성하였으며, 조선의용군이 군사적 기반이었다.

② 국내

　㉠ 조선건국동맹 : 여운형이 중심이 되어 국내에서 조직되었으며, 광복 후 조선건국준비위원회로 개편되었다.

　㉡ 조선건국준비위원회(1945.8.15)

　　– 광복과 동시에 여운형은 조선건국동맹을 확대 개편되었다.

　　– 치안유지와 함께 건국준비작업에 착수하였다.

　　– 미군의 남한 진주가 결정되자 좌익세력의 주도로 조선인민공화국을 선포하고, 인민위원회를 설치하나, 미군정은 인정하지 않았다.

③ 38도선 합의와 미 · 소 점령군 주둔

　㉠ 38도선 합의 과정 : 미국의 원폭투하(1945.8.6) → 소련군의 참전(1945.8.9) → 미국의 38도선 분할 제의(소련 수용) → 일본의 항복 → 남북에 미 · 소 점령군이 진주(1945.9.8)하는 과정을 통해 국토가 분단되었다.

　㉡ 남한을 점령한 미 군정청 정책

　　– 임시정부와 공산주의 활동을 인정하지 않았으므로 한국인의 자치 행정 · 치안 활동 불인정하였다.

　　– 일제하에 일했던 친일관리와 경찰을 그대로 기용하여 친일세력의 득세 기회를 제공하였다.

　㉢ 북한을 점령한 소련군 사령부 정책

　　– 인민 위원회의 활동을 인정(행정권 · 치안권 인정)하였다.

　　– 김일성의 공산주의 세력 지원하여 민족주의 세력을 억압하였다.

(2) 남북한 정부의 수립과 좌절

① 모스크바 3국 외상 회의(1945.12)

ㄱ 모스크바에서 미국·영국·소련의 3개국이 제2차 세계대전 전후 문제처리를 위한 외상회의였다.

ㄴ 한국에 임시민주정부 수립 및 미국·영국·중국·소련에 의한 최고 5년간 한반도 신탁통치 규정하였다.

ㄷ 우익의 신탁통치 반대와 좌익의 신탁통치 지지는 좌우대립의 계기가 되었다.

② 찬탁과 반탁의 대립

ㄱ 찬탁 운동(좌익세력)과 반탁 운동(우익세력)의 대립이 격화되었다.

ㄴ 미·소 공동 위원회(1946~47)

1차 미·소 공동위원회 (1946.3)	• 임시정부 협의 대상범위를 놓고 대립하였고 결국 결렬되었다. • 미국은 반탁 운동을 펼치는 우익 세력까지 포함시키고자 하였으나, 소련은 반탁 운동을 펼치는 우익 세력은 배제시키고자 하였다.
2차 미·소 공동위원회 (1947.5)	• 소련의 계속된 반탁 단체 배제 주장으로 결렬되고 말았다.

ㄷ 미·소간의 갈등과 냉전으로 결렬 1·2차 미·소 공동위원회는 결렬될 수밖에 없었으며, 이에 미국은 UN에 한반도 문제를 이관하였다.

③ 이승만의 정읍연설(1946.6)

ㄱ 단독정부 수립 주장 : 미·소 공동위원회가 결렬되자, 이승만은 정읍발언에서 단독정부수립을 주장하였다. 이에 미국과 한국민주당은 지지를 하였지만, 대다수의 단체들은 부정적인 반응을 보였다.

ㄴ 이승만의 「정읍 발언」(1946.6.3)

> 이제 우리는 무기 휴회된 미·소 공동 위원회가 재개될 기색도 보이지 않으며, 통일 정부를 고대하나 여의치 않게 되었으니, 우리는 남쪽만이라도 임시 정부, 혹은 위원회 같은 것을 조직하여 38도선 이북에서 소련이 철퇴하도록 세계 공론에 호소하여야 될 것이니 여러분도 결심하여야 될 것이다.
>
> −정읍발언−

④ 좌·우 합작 운동(1946.10)

ㄱ 배경 : 1946년 5월 1차 미·소 공동 위원회가 결렬되었다.

ㄴ 전개과정

− 좌·우 대립을 극복 및 통일 정부 수립을 위해 중도 우파(김규식)와 중도 좌파(여운형)가 연합하였다.

− 좌·우 합작 위원회 결성하였고, 좌·우 합작 7원칙 발표(1946.10)하였다.

− 좌우합작 위원회가 제시한 7원칙에 좌·우익 핵심 정치 세력이 합작 조건의 차이로 동의하지 않았다.

ㄷ 결과 : 제2차 미·소 공동위원회(1947.5)결렬되자, 미 군정청은 단독정부수립을 지지하고 우익을 지원하였고, 여운형이 암살(1947.7)당하자 좌우합작은 결렬되었다.

(3) 대한민국 정부의 수립

① 유엔총회의 결의
 ㉠ 유엔은 남북한 총선거 결정하였다(1947.11).
 ㉡ 유엔 한국임시위원단의 내한(1948.1)하였으나 소련은 총선거가 실시될 경우 인구가 적은 북한에게 불리하다고 판단하여 북한 방문을 거부하였다.
 ㉢ 유엔 한국임시위원단은 접근 가능한 남한만의 단독선거를 결의하였다(1948.2).

② 남북협상의 추진(1948.4)
 ㉠ 배경 : 남·북한 총선거 무산으로 남한만의 단독선거를 결정하였다.
 ㉡ 전개과정 : 김구, 김규식 등이 북한을 방문하여 남북협상 개최하고, 공동성명을 발표하였다.
 ㉢ 결과 : 김구, 김규식 등은 5·10 총 선거에 불참하며 통일정부 수립운동을 전개하였으나, 김구 암살(1949.6) 등으로 실패하고 말았다.

김구의 '삼천만 동포에게 읍고함'

 우리는 통일 정부가 가망 없다고 단독 정부를 주장할 수는 없는 것이다. …… 마음속의 38도선이 무너지고야 땅 위의 38도선도 철폐될 수 있다. …… 나는 통일된 조국을 건설하려다 38도선을 베고 쓰러질지언정 일신의 구차한 안일을 취하여 단독 정부를 세우는 데는 협력하지 않겠다.
*김구는 1948년 2월 10일 「삼천만 동포에게 읍고함」이라는 성명서를 발표하고 통일정부 수립을 위한 마지막 몸부림으로 남북협상의 길에 오른다. 1948년에 접어들며 남북 양쪽에 단독 정부가 들어설 준비가 진행되고 있어서 분단은 이미 기정사실화되어 가고 있었다.

③ 제주도 4·3사건(1948.4.3.)
 ㉠ 배경 : 단독 선거 반대 시위의 발생에 경찰의 발포가 이어지자 주민들은 총파업을 전개하였고, 미 군정청이 경찰과 우익단체 등을 동원하여 무력 탄압을 하였다.
 ㉡ 전개과정 : 좌익 세력은 남한만의 단독선거에 반대하여 무장 봉기를 일으키자, 제주도 일부 지역에서 5·10총선거가 무산되고, 좌익 세력의 유격전이 전개되었다.
 ㉢ 결과 : 군대·경찰의 초토화 작전으로 많은 양민이 희생되었다.

④ 대한민국 정부 수립(1948.8.15.)
 ㉠ 우리나라 최초의 보통선거로 총선거를 통해 제헌국회의원을 선출하였다. 선거에 김구의 한국독립당, 김규식 등의 중도파와 공산주의자들은 불참하였다.
 ㉡ 제헌국회를 구성(임기2년, 제헌의원 선출)하고 민주공화국체제의 헌법을 제정·공포하였다(1948.7.17).
 ㉢ 대통령에 이승만, 부통령에 이시형 선출하고, 대한민국을 수립·선포 하였다(1948.8.15).

⑤ 반민족 행위 처벌법 제정(1948.09)

　　㉠ 배경 : 민족정기와 사회정의를 바로 세우려는 목적으로 제정하였다.

　　㉡ 내용 : 일제 강점기에 친일 행위를 한 사람들의 처벌 및 공민권을 제한하였다.

　　㉢ 전개과정 : 제헌국회는 반민족행위처벌법 제정 · 공포(형벌불소급의 원칙 적용하지 않음)하여 반민족행
　　　위특별조사위원 구성하였고, 대다수 국민들이 지지를 하였다.

　　㉣ 결과 : 박흥식, 최린, 이광수, 최남선 등에게 실형을 선고하였지만, 형집행 정지 등으로 전원 석방되었고,
　　　이승만 정부는 특위위원이 공산당과 내통했다는 구실로 반민특위를 해체하였다(1949.8.31).

　　㉤ 한계 : 이승만 정부의 비협조와 경찰 요직에 자리 잡은 친일파의 방해로 실패하였다.

⑥ 여수 · 순천 10 · 19사건(1948.10.19)

　　㉠ 배경 : 제주도 4 · 3사건 진압 위해 여수 주둔 군부대 출동 명령을 지시하였다.

　　㉡ 전개과정 : 좌익세력이 제주도 출동에 반대해 통일 정부 수립을 주장하며 봉기를 일으키고, 여수 · 순
　　　천을 점령하였다.

　　㉢ 결과 : 이승만 정부의 진압으로 군대 내 좌익세력 숙청되고, 군 · 민의 막대한 인명이 살상되었다.

⑦ 농지개혁법(1950.3)

　　㉠ 배경 : 국민의 개혁 요구 및 북한의 토지개혁 단행과 산업화 토대 마련을 하고자 하였다.

　　㉡ 전개과정 : 농지 개혁법을 공포(1946.6)하고, 개정 시행(1950.3)을 하여 1957년에 완료하였다.

　　㉢ 내용
　　　- 1가구당 농지 소유 면적을 3정보로 제한한 것으로 농지 소유의 상한선을 설정하였다.
　　　- 3정보 이상의 농지나 직접 경작하지 않는 사람의 농지 등을 정부가 유상매수 · 유상분배(경자유전의
　　　　원칙 지향)하였다. 북한이 전 토지가 대상인 것과는 달리 남한은 산림과 임야를 제외한 토지를 대상
　　　　으로 하였다.
　　　- 미 군정청은 귀속 농지를 유상으로 분배하였고, 북한과 달리 지주들은 자기 소유의 토지를 임의로 처
　　　　분이 가능하였다.

　　㉣ 결과
　　　- 지주중심의 토지 소유에서 농민 중심의 토지 소유로 전환되었지만, 지주층의 입장이 많이 반영되었고,
　　　　지주에게 유리하게 진행되었다.
　　　- 남한의 공산화 방지에 기여하였다.
　　　- 유상분배의 부담으로 일부 농민은 농지를 되팔고 다시 소작농이 되기도 하고, 중소 지주층은 유상매
　　　　수를 위해 발행한 지가증권이 현금화가 잘 안되어 산업자본가가 되기에는 어려움이 있었다.

(4) 6 · 25전쟁

① 배경 : 주한미군 철수(1949), 중국의 공산화(1949), 미국의 애치슨선언(1950) 등으로 국제정세에 변화가 일어났다.

② 경과
  - ㉠ 북한의 남침(1950.6.25) → 한강대교 폭파(1950.6.28) → 서울 함락, 낙동강 전선까지 후퇴 → 유엔군 참전(1950.7)
  - ㉡ 국군과 유엔군의 반격(인천상륙작전, 1950.9) → 서울탈환, 38도선 돌파, 평양 수복, 압록강까지 진출
  - ㉢ 중공군 개입(1950.10.25) → 1 · 4후퇴 → 서울 재수복 → 38선 일대에서 전선 교착상태
  - ㉣ 소련이 유엔에 휴전 제의(1951.6) → 우리 정부와 국민은 반대 → 이승만은 반공포로 석방(1953.6.18)하여 휴전협상 방해 → 한국, 유엔, 북한, 중국 대표가 휴전 협정에 서명 → 휴전협정체결(1953.7.27)

③ 결과
  - ㉠ 휴전협정 후 안보보장을 위해 한 · 미 상호방위조약 체결하였다(1953.12).
  - ㉡ 남한에서 반공체제가 강화되고, 남과 북에 많은 이산가족이 발생하였다.

기출예상문제

1 다음은 한국의 광복 이후에 대한 회의 결정문이다. 이에 관한 내용으로 가장 적절한 것은?

2013.3.9. 일반공채순경·101경비단

> 1. 조선을 독립국가로 재건설하며 조선을 민주주의적 원칙하에 발전시키기 위한 조건을 조성하고 …
>   (중략)… 임시 조선 민주주의 정부를 수립할 것이다.
> 2. 조선 임시정부의 구성을 원조할 목적으로 …(중략)… 남조선 미합중국 관구와 북조선 소연방국
>   관구의 대표자들로 공동위원회가 설치될 것이다. 그 제안을 작성하는 데 있어 공동위원회는 조선
>   의 민주주의 정당 및 사회단체와 협의해야 한다.
> 3. 공동위원회의 제안은 최고 5년 기한으로 4개국 신탁통치를 협약하기 위하여 미국·영국·중국·
>   소련 여러 나라 정부가 공동 참작할 수 있도록 조선 임시정부와 협의한 후 제출되어야 한다.
> 4. 남·북 조선에 관련된 긴급한 제문제를 고려하기 위하여 …(중략)… 2주일 이내에 조선에 주둔
>   하는 미국, 소련 양군 사령부 대표로서 회의를 소집할 것이다.

① 미국의 트루먼 대통령, 영국의 처칠 수상, 소련의 스탈린 등 3개국 정상들이 참석하였다.

② 이 회의에서 미·소 양국은 2항을 결정하는 과정에서 협의의 대상인 정당 및 사회단체 선정 문제를 놓고 진통을 겪었다.

③ 이 소식을 접한 김구, 이승만 등의 우익 세력은 즉각적으로 대대적인 신탁반대운동에 나섰다.

④ 미국과 소련은 회의 결정 안을 실천하기 위하여 미·소 공동위원회를 3차례에 걸쳐 실시하였다.

answer 1.③

1 제시된 자료는 모스크바 3상회의 내용이다.
 ① 미국, 영국, 소련의 외상(=외무부 장관)들이 대표로 참석하였다.
 ② 모스크바 3국 외상회의 이전이 아닌, 결정 이후 남한 내에서 민주주의 진영은 반탁운동을, 공산주의 진영은 찬
   탁운동을 전개함으로써 좌우 대립이 치열해졌다.
 ③ 모스크바 3국 외상회의 결정 이후 민주주의 진영은 반탁운동을 전개하였다.
 ④ 1946년 3월과 1947년 5월에 두 차례에 걸쳐 서울의 덕수궁에서 미·소 공동회담이 개최되었다.

2 다음은 대한민국 정부의 수립 과정에 있었던 일들이다. 시대 순으로 옳게 나열한 것은?

2012.10.20. 일반공채순경, 전의경 특채

> ㉠ 조선 건국 준비 위원회 결성
> ㉡ 제1차 미·소 공동 위원회
> ㉢ 제주도 4·3 사건
> ㉣ 카이로 회담
> ㉤ 얄타 회담

① ㉣－㉤－㉠－㉡－㉢
② ㉣－㉤－㉡－㉢－㉠
③ ㉣－㉠－㉤－㉡－㉢
④ ㉣－㉠－㉤－㉢－㉡

3 해방 직후부터 대한민국 수립까지의 상황에 대한 설명으로 옳지 않은 것은?

① 박헌영과 여운형이 연합하여 1947년 거대 좌익정당인 남조선노동당을 창당하였다.
② 38도선 이남을 점령한 미군정은 조선건국준비위원회의 활동을 인정하지 않았다.
③ 김구와 김규식은 1948년 북한을 방문하여 남북협상을 추진하였다.
④ 미소공동위원회는 정부수립의 참여 단체에 대한 의견차를 좁히지 못하고 끝내 결렬되었다.

---

answer 2.① 3.①

2 ㉠ 조선 건국 준비 위원회 : 1945년 8·15광복 후 여운형(呂運亨)이 중심이 되어 조직한 최초의 건국준비단체이다.
   ㉡ 제1차 미·소 공동 위원회 : 제1차 미소공동위원회는 1946년 3월 20일 서울에서 개최되었다
   ㉢ 제주도 4·3 사건 : 1948년 4월 3일 제주 전역에서 5·10 총선거를 방해하기 위해 공산주의 세력이 일으킨 무장
   봉기이다.
   ㉣ 카이로 회담 : 제2차 세계대전 때 이집트의 카이로에서 개최된 회담으로 1차는 1943년 11월 22일에서 26일까지,
   2차는 1943년 12월 2일에서 7일까지 열렸다.
   ㉤ 얄타 회담 : 제2차 세계대전 종반에 소련 흑해 연안의 얄타에서 미국·영국·소련의 수뇌들이 모여 독일의 패전과
   그 관리에 대하여 의견을 나눈 회담(1945. 2. 4~11)이다.

3 1945년 8월 20일 조선 공산당을 재건한 박헌영은 1946년 2월 15일 좌익세력의 총 집결체인 민족주의민족전선을
   구축하는데 핵심적 역할을 하였다. 1946년 11월에는 좌익계열의 정치단체를 흡수하여 남조선노동당(=남로당)으로
   바뀌었다.

394 | 제9편 현대사회의 발전

4 이승만 정부 당시 국회를 통과하였던 반민족행위처벌법에 대한 설명으로 틀린 것은?

① 반민족행위처벌법을 근거로 반민특위가 구성되어 활동하였다.
② 일제강점기 동안 반민족행위로 민족에 해를 끼친 자를 처벌하는 것을 목적으로 한다.
③ 친일세력의 노골적인 방해와 정부의 비협조로 조사활동이 극히 제한을 받았다.
④ 형벌불소급의 원칙을 적용하여 반민족행위자를 처벌할 수 있도록 하였다.

5 이승만 정권에서 시행된 농지개혁에 관한 설명 중 맞지 않는 것은?

2008.7.26. 정보통신순경

① 유상몰수, 유상분배를 원칙으로 하였다.
② 3정보의 면적을 상한으로 하였다.
③ 농지는 물론 삼림, 임야 등 전 토지를 대상으로 하였다.
④ 농민의 입장이 배제되고 지주층의 입장이 많이 반영되었다.

6 남한의 토지개혁에 대한 설명으로 옳지 않은 것은?

2007.9.9. 정보통신순경

① 농지를 비롯한 임야와 비경작지를 포함하였다.
② 일본인 소유의 토지는 국유화하였다.
③ 농민보다는 지주에게 유리하게 시행되었다.
④ 농민에게 3정보 이하의 토지를 유상분배하였다.

---

answer　4.④　5.③　6.①

4 헌법 제101조의 "국회는 1945년 8월 15일 이전의 악질적인 반민족행위를 처벌하는 특별법을 제정할 수 있다"는 조항에 의거하여 제정된 것으로 반민족행위처벌법은 형벌불소급의 원칙을 적용받지 못하였다.

5 남한의 농지개혁은 1950년 3월부터 실시되었는데, 임야와 대지 등을 제외한 농지에 한하여 유상매수·유상분배를 하였다는 특징이 있다.

6 농지개혁법은 임야·대지 등은 제외한 농지에 한하여 실시되었다.

7 다음과 같은 주장을 한 단체와 관련이 없는 것은?

- 전국적으로 정치범·경제범을 즉시 석방할 것
- 서울의 3개월 간의 식량을 보장할 것
- 치안유지와 건국을 위한 정치활동에 간섭하지 말 것

---

① 건국동맹을 모체로 한다.
② 송진우, 김성수 등이 주도하여 창설되었다.
③ 건국치안대를 조직하여 치안을 담당하였다.
④ 인민위원회로 전환되기도 하였다.

8 다음 설명 중 옳은 것은?

(가) 나는 통일된 조국을 건설하려다 38도선을 베고 쓰러질지언정 일신의 구차한 안일을 위하여 단독정부를 세우는 데는 협력하지 않겠다.
(나) 무기 휴회된 미·소공동위원회가 재개될 기색도 보이지 않으며 통일정부를 고대하나 여의케 되지 않으니 우리 남한만이라도 임시정부 혹은 위원회 같은 것을 조직하여 38도선 이북에서 소련이 철퇴하도록 세계 공론에 호소해야 될 것입니다.

---

① (가)–삼균주의를 포함한 건국 강령을 채택하였다.
② (가)–반민특위(반민족행위특별조사위원회) 활동에 직접 참여하였다.
③ (나)–상하이를 중심으로 무장독립활동을 전개하였다.
④ (나)–모스크바 3상회의에서 결정된 사항을 지지하였다.

answer 7.② 8.①

---

7 송진우, 김성수 등 민족주의 우파계열은 건국준비위원회에 참여하지 않았다.

8 (가) 김구의 '3천만 동포에게 읍고함'
(나) 이승만의 정읍 발언
① 김구는 1941년 한국독립당의 건국강령으로 조소앙의 삼균주의를 채택하였다.
② 반민특위는 1948년 친일파의 반민족적 행위를 처벌하기 위해 설치된 특별기구로 김구와는 직접적인 관련이 없다.
③ 이승만은 주로 외교독립론을 주장하였으며 김구는 1926년 상하이에서 애국단을 조직하여 항일투쟁을 전개하였다.
④ 이승만과 김구는 모두 모스크바3상회의에서 결정된 신탁통치에 반대하였다.

9 다음 설명과 관계가 없는 것은?

> 1855년 11월 17일 프랑스 함정 콘스탄틴느(Constantine)호가 조선해[東海]를 통과하면서 북위 37도선 부근의 한 섬을 '로세리앙쿠르(Rocher Liancourt)'라고 명명하였다.

① 다케시마의 날 제정 2월 22일   ② 공도정책
③ 안용복   ④ 정계비의 건립

10 다음에서 설명하는 정부와 관련이 없는 것은?

> 이 정부는 '조국근대화'의 실현을 가장 중요한 국정목표로 삼아 경제성장에 모든 힘을 쏟는 경제 제일주의 정책을 펼쳤다. 이로써 수출이 늘어나고 경제도 빠르게 성장함으로써 절대 빈곤의 상태에서 어느 정도 벗어날 수 있었다. 그러나 경제개발에 필요한 자본의 대부분은 외국에서 빌려온 것이었고, 개발을 효율적으로 추진한다는 구실로 국민의 자유를 억압하여 민주주의 발전을 저해하였다.

① 한·일 협정   ② 남북적십자회담
③ 한·중 수교   ④ 유신헌법제정

answer 9.④ 10.③

9 제시문은 독도에 대한 설명이다.
④ 조선과 청은 국경문제를 해결하기 위하여 백두산정계비를 건립하였다.

10 제5공화국(1963~1979)에 해당하는 박정희 정권에 대한 설명이다.
① 1961년부터 진행되었으며 1965년 6월에 한·일 기본조약 및 제협정이 조인되었으며 그 해 8월 국회에서 통과되었다.
② 1971년 대한적십자사에서 남북한 이산가족 찾기를 위한 남북적십자회담을 북한의 조선적십자회에 제의하였으며, 북한의 동의에 의해 회담이 진행되었다.
③ 중국과 국교가 수립된 것은 1992년 노태우 정권 때의 사실이다.
④ 유신헌법은 7차로 개정된 헌법으로 1972년 10월에 개헌안이 공고되었으며 11월에 국민 투표를 거쳐 12월 27일에 공포·시행되었다.

11 다음 중 1945년 12월에 열린 모스크바 3상회의에서 결의된 내용으로 옳지 않은 것은?

① 조선의 정당 및 사회 단체와 협의하여 임시조선민주주의 정부를 수립한다.
② 조선 임시정부수립을 원조하기 위해 미·소 공동위원회를 설치한다.
③ 2주일 이내에 미·소 양군 대표회의를 소집한다.
④ 친일파 및 민족반역자를 처벌하기 위한 관련 조례를 만든다.

12 다음의 결정이 미친 영향으로 옳지 않은 것은?

> 모스크바 3상 회의에서 한국임시민주정부를 수립하기 위해 미·소 공동위원회를 설치하고 한국을 최고5년 간 미·영·중·소 4개국이 신탁통치를 하기로 결정하였다.

① 미·소공동위원회가 두 차례 열렸다.
② 신탁통치에 대한 입장의 차이로 좌우대립이 심해졌다.
③ 김구 등은 반탁운동을 전개하였다.
④ 찬탁세력이 많아 신탁통치를 받았다.

13 다음 중 6·25전쟁 이후 우리 나라 경제에 대한 설명으로 옳은 것은?

① 농업분야의 복구가 가장 먼저 이루어져 안정적인 식량공급이 가능해졌다.
② 귀속재산의 민간불하과정에서 부정 특혜를 입은 사람이 많았다.
③ 미국의 원조물자는 주로 식량, 시멘트, 휘발유 등의 원자재 중심이었다.
④ 기계 공업과 같은 생산재 산업은 급성장하였으나, 소비재산업은 발전하지 못했다.

---

answer 11.④ 12.④ 13.③

11 모스크바 3상 회의에서 신탁통치에 대한 의견이 나오자 국내에서는 좌·우익의 대립이 심해졌다. 이러한 대립을 줄이기 위해 좌·우합작운동이 시행되었는데 이때 발표된 좌·우합작7원칙 중 하나이다.

12 모스크바 3상 회의의 결과 신탁통치가 결정되자 좌·우 양측이 모두 반대하였으나 소련의 사주를 받은 좌익이 찬탁으로 입장을 변경하면서 갈등이 생겨났다. 이 과정 중에 2차례의 미·소공동위원회가 개최되었으며, 갈등을 줄이기 위해 좌우합작운동도 전개하였으나 실패하였다.
④ 신탁통치 결정이 내려졌으나 실제로 신탁통치가 행해진 것은 아니다.

13 ① 농업 분야의 복구는 제대로 이루어지지 못하였다.
② 일본의 국·공유재산, 일본인의 사유재산을 불하하였는데 연고자, 관리인, 임차인을 중심으로 이루어졌다.
④ 소비재 산업은 발전하였으나 생산재 산업이 발전하지 못해 수입 의존도가 높았다.

14 다음 중 장면내각에 대한 설명으로 옳지 않은 것은?

① 민간차원의 통일운동을 진행하였다.
② 경제정책으로는 3개년 경제발전계획이 국무회의를 통해 승인되었다.
③ 국토개발계획에 착수하였다.
④ 4 · 19혁명을 통해 성립된 장면 정권은 국민투표를 통해 윤보선을 대통령으로 선출하였다.

15 백두산정계비의 동위토문 해석에 대한 설명으로 옳지 않은 것은?

① 해석의 차이로 인해 간도의 귀속문제가 발생하였다.
② 조선과 청의 협의가 이루어졌다.
③ 청나라는 토문강을 두만강이라고 주장하였다.
④ 조선은 토문강을 송화강 상류라고 주장하였다.
⑤ 청나라는 두만강 하류의 토문지역은 정계비에 나타난 것과 동일하다고 주장하였다.

---

answer 14.④ 15.⑤

14 1960년 8월 12일 국회의원의 투표를 통해 윤보선이 대통령으로 당선되었다.

15 백두산정계비
   ㉠ 서쪽은 압록강으로 하고 동쪽은 토문강으로 하니 두 강의 분수령에 비석을 세워적노라
   ㉡ 청나라의 주장
   • 두만강은 토문강을 의미하며 두만강 하류에 토문이라는 도시가 있다.
   • 서쪽은 압록강이고 동쪽은 토문강이니 송화강은 북쪽에 있고 동쪽에 있는 것은 두만강이므로 토문강이다.
   • 북간도는 청나라 시조의 발상지이므로 조선의 땅 일리 없다.
   ㉢ 조선의 주장
   • 문헌과 지도를 보면 송화강이 토문강으로 표기되어 있으며 백두산정계비의 위치는 험난한 지형에 의해 송화강 발원지 부근에 세우지 못했다.
   • 두만강 하류의 토문이라는 도시는 정계비 한자와 다르다.
   • 송화강도 전체적으로 동쪽으로 흐르고 있다.

16 1945년 해방 이후 남·북한의 정치 상황에 대한 설명으로 옳은 것은?

① 1948년 김일성은 남로당과 연안파 인사들을 배제하고 북한 정부를 구성하였다.
② 1965년 한국군은 UN군의 일원으로 베트남에 파병되었다.
③ 1969년 3선 개헌에 성공한 박정희는 간접 선거를 통해 1971년 대통령에 당선되었다.
④ 1972년 북한은 사회주의 헌법을 공포하여 수령 유일지도체제를 확립하였다.

17 다음에서 설명하고 있는 남북공동성명 이후에 일어난 상황으로 옳은 것은?

> 첫째, 통일은 외세에 의존하거나 외세의 간섭을 받음이 없이 자주적으로 해결을 한다.
> 둘째, 통일은 서로 상대방을 반대하는 무력 행사에 의거하지 않고 평화적으로 실현한다.
> 셋째, 사상과 이념, 제도의 차이를 초월하여 우선 하나의 민족적대단결을 도모한다.

① 남북한의 유엔 동시 가입
② 남북 이산가족 고향 방문단 상호교류
③ 남북조절위원회 구성
④ 한민족공동체통일방안 제기

18 토지개혁에 대한 설명으로 옳지 않은 것은?

① 토지개혁은 이승만 정부가 지주의 경제력을 약화시키는 데 목적이 있었다.
② 일반 대지는 물론 비경작지인 산림과 임야도 모두 포함되었다.
③ 1농가당 3정보를 초과하는 소유 농지는 정부가 매수하여 분배한다.
④ 6·25를 거치면서 가치가 떨어져 지주들이 대거 몰락했다.

---

answer 16.④ 17.③ 18.②

16 ① 남로당과 연안파 인사들을 포함한 갑산파·소련파로 북한 정부를 구성하였다.
② 베트남에 파병은 했으나 UN 군의 일원은 아니었다.
③ 유신헌법통과(1972. 10) 후 통일주체국민회의를 통해 당선되었다.

17 제시문은 1972년 7월 4일 남북공동성명이다. 1972년 7월 4일 남북한당국이 국토 분단이후 최초로 통일과 관련하여 합의 발표한 역사적인 공동성명을 말한다. 이 시기에는 자주, 평화, 민족적대단결의 통일을 위한 3대 원칙, 남북한 제반교류 실시, 남북적십자회담 협조, 서울과 평양 사이 상설 직통전화개설, 남북조절위원회 구성 등이 이루어졌다.

18 이승만 정권의 토지개혁에서 임야와 산림, 일반대지는 제외되었다.

민주주의의 시련과 발전

CHAPTER 02

 3 · 15 부정선거와 4 · 19혁명

(1) 제1공화국(1948~1960) : 이승만 정부

① 정책 : 반공, 독재 정치로 국민의 기본권을 제한하였다.

② 장기 집권 체제 확립 및 반민주적 개헌

　㉠ 발췌개헌(1952.5.7)

　－ 배경 : 재선 가능성의 희박함을 알고 국회를 통한 간접선거를 피하고, 대통령 직선제로 개헌을 추진하
　　고자 하였다.

　－ 과정 : 대통령 계엄령을 선포하고 국회 해산을 요구하였다. 국회의원을 압박하여 군경이 국회의사당을
　　포위한 가운데 국회의원들 기립 방식으로 투표를 하였다.

　－ 결과 : 대통령 직선제와 내각 책임을 발췌 · 절충하여 개헌안(국회 양원제)을 통과시켜 이승만은 대통
　　령에 재선되었다.

　㉡ 사사오입 개헌(1954.11.29)

　－ 배경 : 이승만은 종신 집권을 도모하고자 하였다.

　－ 과정 : 초대 대통령에 대한 3선 금지 조항 폐지 개헌안을 통과 시키려고 하였다.

　－ 결과 : 초대 대통령에 한하여 연임 제한 규정이 철폐되고, 이후 대통령에 자유당의 이승만이 부통령에
　　민주당의 장면이 당선되었다.

　㉢ 진보당 사건(1958.1) : 위원장 조봉암을 비롯한 진보당의 전 간부가 북한의 간첩과 내통하고, 북한의
　　통일방안을 주장했다는 혐의로 구속 기소된 사건으로 이를 통해 야당 지도자인 조봉암을 사형시키고
　　진보당을 해체시켰다.

　㉣ 3 · 15부정 선거(1960) : 대리 투표, 투표함 바꿔치기 등의 비리를 자행하였다.

　㉤ 4 · 19 혁명(1960)

　－ 배경 : 독재정치와 3 · 15부정 선거가 직접적인 원인이 되었다.

　－ 과정 : 마산의 항의 시위(김주열 사망)를 계기로 전국적으로 시위가 확산되자 경찰의 발표가 이어지고,
　　교수단마저 시위에 참여하자 이승만은 사임(4.25)하였다.

　－ 의의 : 학생과 시민이 중심이 되어 독재 정권을 무너뜨린 민주혁명이다.

③ 이승만 정부의 전후 복구와 경제 정책

  ㉠ 전후 복구 사업 : 미국 등의 원조를 받아 사회 기간시설을 보수하였고, 1950년대 후반부터 제분(밀가루), 제당(설탕), 섬유(면방직)산업인 삼백산업이 발달하였다.

  ㉡ 미국의 경제 원조
  － 배경 : 한국의 정치적 안정과 미국 내 과잉 생산 농산물을 처리하기 위한 목적이었다.
  － 내용 : 주로 생활필수품과 면화, 밀가루, 설탕 등 소비재 산업 원료에 집중되었고, 1958년에는 미국의 경제 불황으로 무상원조에서 유상차관으로 전환되었다.
  － 영향 : 식량 문제 해결에 크게 기여하였으나, 밀가루, 면화 등의 대량 수입으로 농업 기반이 붕괴되었다.

(2) 제2공화국(1960~1961) : 장면 내각

① 성격 : 장면을 행정수반으로 하여 민주당 내각을 성립하고(대통령 윤보선, 국무총리 윤보선), 내각책임제와 양원제를 채택하였다.

② 정책 : 경제 제일주의 정책을 내세워 경제개발 5개년 계획을 수립하였으나 5·16군사정변으로 실행하지 못하였다.

③ 한계 : 지속되는 경기 침체와 독재정권 붕괴에 따른 국민들의 요구 수용에 소극적으로 대처하여 많은 지지를 얻지 못하였다.

② 5·16군사정변과 유신 체제

(1) 5·16군사정변

① 배경 : 사회 혼란과 장면 내각의 무능 등을 명분으로 박정희 중심의 일부 군부 세력이 쿠데타를 통해 권력을 장악하였다.

② 경과 : 정치군인 박정희는 국가재건최고회의를 구성하고 군정을 실시하였으며 내각책임제를 대통령제와 단원제로 바꾸고 제5대 대통령 선거에서 군복을 벗은 박정희가 윤보선을 누르고 당선되었다(1963).

(2) 박정희 정부의 출범(1963~1972)

① 성격 : 대통령 직선제, 국회 단원제

② 정책

경제·성장 제일주의 정책 (정부 주도)	• 제1·2차 경제 개발 5개년 계획 추진(1962~1971)하였다. • 경공업 육성과 수출 주도형 성장 전략(섬유산업, 가발 등)을 전개하면서 낮은 임금(저임금 정책)을 이용한 노동 집약적 산업 발달하였다. • 경부고속도로 건설(1970), 포항제철 건설이 시작되었다.
한일국교 정상화(1965.6)	• 미국의 수교 요구와 경제 개발에 필요한 자본 확보 위해 추진하였다. • 학생을 중심으로 6·3시위 발생하자 계엄령을 선포하고, 한·일 협정을 체결(1965.6.22)하였다.
베트남 파병 (1965~1973)	• 국군의 베트남 파견 대가로 미국은 한국군 현대화를 위한 장비와 경제원조의 제공을 약속하였다. • 베트남 특수로 경제 발달을 이루었지만, 고엽제와 인명 피해가 발생하였다.
새마을 운동 (1970)	• 정부 주도로 진행(근면·자조·협동을 바탕)되어 농어촌 근대화 운동과 소득 증대 사업을 중심으로 진행되었다. • 초기는 단순한 농가의 소득배가운동에서 시작되어 점차 도시·직장·공장에 확산되면서 근면·자조·협동을 생활화하는 의식개혁운동으로 발전하였다.
3선 개헌(1969)	• 경제성장을 바탕으로 제6대 대통령 선거에 재선하였다. • 대통령의 3선 연임을 허용하는 개헌안을 통과시켜 장기 집권기반 마련하고, 제7대 대통령 선거에서 신민당 김대중 후보를 누르고 당선되었다.
통일 정책	• 반공을 국시로 강력한 반공정책 시행하였다. • 7·4남북공동성명(1972) : 남북 모두 독재 권력 계기로 삼았다. • 6·23평화통일선언(1973) : 남·북한 UN동시가입 제의, 호혜평 등의 원칙하에 모든 국가에 문호 개방을 개방하였다.

7·4남북 공동성명

첫째, 통일은 외세에 의존하거나 외세에 간섭을 받음이 없이 자주적으로 해결하여야 한다.
둘째, 통일은 서로 상대방을 반대하는 무력행사에 의거하지 않고 평화적 방법으로 실현하여야 한다.
셋째, 사상과 이념, 제도의 차이를 초월하여 우선 하나의 민족으로서 민족 대단결을 도모하여야 한다.
*제시문은 7·4남북공동성명이다. 통일에 관한 최초의 남북 합의로써 서울과 평양에서 동시에 발표되었다. 자주, 평화, 민족대단결을 통일 3대 원칙으로 삼고, 남북조절위원회 설치를 결의하였다. 발표 이후 남한은 10월 유신을 단행하였고, 북한은 사회주의 헌법 제정을 통해 남북 모두 정치적으로 이용하여 독재 권력을 강화하는 계기로 삼았다.

③ 박정희 정부의 유신체제(1972~1979)

(1) 유신체제

① 배경 : 대내외적인 위기감(냉전체제 완화, 경제 불황에 의한 국민 불만)을 극복하고 독재기반을 강화하여 영구 집권을 도모하고자 하였다.

② 성립 : 국가 비상사태를 선언(1971)하고, 국회 해산과 동시에 정당 및 정치 활동을 금지하고 유신헌법을 공포하였다(1972.10).

③ 유신체제의 성격 및 내용
  ㉠ 한국적 민주주의 표방하였다.
  ㉡ 대통령의 권한을 비정상적으로 강화하고, 의회주의와 삼권분립을 무시(의회, 사법부 장악)하였다. 대통령에게 초법적 긴급조치권과 국회의원의 1/3을 임명할 수 있는 권한과 국회해산권, 법관인사권을 부여하였다.
  ㉢ 대통령 통제의 통일주체국민회의 설립(1972.12)하고, 대통령을 간접선거에 의하여 선출(대통령 간선제, 임기 6년, 대통령 연임 철폐)하였다.
  ㉣ 유신체제 사회상 : 국가가 국민의 일상을 통제하고 억압(장발과 미니스커트 단속, 통금령)하였으며, 이에 정권에 대한 저항 문화가 확산되었다.

④ 경제정책
  ㉠ 제3·4차 경제개발 5개년 계획(1972~1981)
  – 중화학공업 육성(재벌 중심의 수출주도형)으로 산업구조의 고도화가 이루어졌다.
  – 1차 석유파동(1973년)으로 경제위기에 빠졌으나, 건설업의 중동 진출 등으로 극복하였다.
  – 2차 석유파동(1978년)으로 경제 불황에 빠져 큰 어려움을 겪었다.

(2) 유신체제의 몰락

① 붕괴
  ㉠ 독재체제에 대한 국민적 저항이 발생하고 국제 사회의 비판 여론이 이어졌다.
  ㉡ 석유파동에 의한 경제위기(1978)와 장기집권에 대한 국민적 비판은 치열한 노동운동의 전개와 반독재 운동(김대중 납치사건, 유신 반대 시위, 3·1민주 구국 운동)으로 이어졌다.

전태일 분신자살사건 (1970.11.13.)	• 1970년 11월 13일 서울 동대문 평화시장 재단사로 일하던 전태일이 열악한 노동환경 개선을 외치며 온 몸에 휘발유를 붓고 분신자살한 사건(근로기준법 준수, 작업환경 개선, 임금인상, 건강진단 실시 등 주장)이다.
YH무역사건 (1979.8.9.)	• 가발제조업체인 YH무역 부당한 폐업을 공고하자, 이 회사 노동조합원들이 회사 정상화와 생존권 보장을 요구하며 농성하던 중 강제 진입과정에서 여성 노동자가 사망하게 된 사건이다.

부 · 마 민주화 운동 (1979.10.16.~20)	• 경상남도 부산 및 마산 지역을 중심으로 일어난 반정부 항쟁사건으로, 박정희의 유신독재에 반대한 시위사건이다.

② 종말 : 10 · 26사태(김재규의 박정희 살해)로 유신체제는 종말을 고하였다.

④ 5 · 18 민주화 운동과 6월 민주 항쟁

(1) 5 · 18 민주화 운동(1980)

① 배경 : 12 · 12쿠데타로 신군부 세력이 권력을 장악하자, 계엄령 해제와 민주화를 요구하는 대규모 시위가 전개되자 신군부는 계엄령을 전국 확대 실시(1980.5.17)하였다.

② 경과 : 1980년 5월 18일에서 27일까지 전라남도 및 광주 시민들이 계엄령 철폐와 전두환 퇴진, 김대중 석방 등을 요구하여 민주화 운동을 벌였으나 계엄군이 무력으로 시민군을 진압하였다.

③ 의의 : 1980년대 반독재, 민주화 운동, 반미 운동의 계기가 되었다.

(2) 제5공화국(1981~1987) : 전두환 정부

① 집권 과정

㉠ 5 · 18민주화 운동을 무력으로 진압 후 신군부는 국가보위비상대책위원회(1980.5.31) 발족하여 권력을 장악하였다.

㉡ 헌법을 대통령 7년 단임, 대통령 간선제로 개정하고, 민주 정의당을 창당하여 대통령 취임하였다(1981).

② 정책

강압통치	• 민주화 운동 탄압, 인권 유린 및 언론 통폐합을 하였다.
유화통치	• 민주화인사 복권시키고 야간 통행금지를 해제하였다. • 해외여행 자유화 및 중고생 교복 자율화를 시행하였다. • 컬러텔레비전 방송이 시작되고, 프로야구, 프로축구가 출범하였다.
경제정책	• 1980년대 중반 이후 3저 호황(저유가 · 저금리 · 저달러)에 힘입어 빠른 경제성장을 달성하였다. • 반도체, 자동차, 산업용 전자 등 기술집약형 산업이 성장을 주도하기 시작하였다.
통일정책	• 비정치적 교류에 중점을 두었다. • 북한의 수재물자 제공(1984) → 남북 경제회담, 적십자회담 등 개최, 남북한 이산가족 고향 방문 및 예술공연단 교환 방문(1985) → 정치 · 군사적 갈등은 여전히 지속 • 남북한의 이산가족이 각각 서울과 평양을 처음으로 방문(1985)하였다.

(3) 6월 민주항쟁(1987)

① 배경 : 5·18민주화운동의 진상 규명과 민주화 요구가 활성화되고, 군부 독재 종식을 위한 대통령 직선제 쟁취 운동이 본격화되었다.

② 전개과정 : 야당과 재야 세력 중심으로 대통령 직선제 개헌 추진→박종철 고문치사 사건(1.14)으로 국민 저항 고조→4·13호헌조치(전두환 대통령이 국민들의 민주화 요구를 거부하고, 일체의 개헌 논의를 중단시킨 조치)와 박종철 고문치사 사건 규탄 대회(5.18)로 고문정권 규탄 및 민주화 투쟁이 거세지는 와중에 이한열 사망 사건(6.9)을 계기로 국민들의 불신감이 커지고, 이에 분노한 국민들의 항쟁은 걷잡을 수 없게 됨→전국적 범국민적 반독재 민주화 투쟁이 전개(1987.6.10)되었다.

③ 결과 : 6·29민주화선언으로 국민들의 민주화와 직선제 개헌요구가 받아들여졌다.

6·29선언(일부)

① 여야 합의하에 조속히 대통령 직선제 개헌을 하고, 새 헌법에 의한 대통령 선거를 통해 1988년 2월 평화적으로 정권을 이양하며, ② 자유로운 출마와 공정한 경쟁이 보장되는 대통령 선거법의 개정, ③ 국민적 화해와 대단결을 도모하기 위해 김대중(金大中) 씨 등의 사면복권과 극소수를 제외한 시국 사범 석방, ④ 인간존엄성을 존중하기 위해 개헌안에 기본권 강화조항 보완 등
*6·29선언을 통해 5년 단임의 대통령 직선제 개헌(현행 헌법)과 민주개혁 조치 약속하였다.

④ 의의 : 4·19혁명 이후 최대의 민주화 운동으로 민주주의 발전에 기여하였다.

(5) 제6공화국(1988~현재)

(1) 노태우 정부(1988~1993)

① 정책
  ㉠ 서울 올림픽 대회를 개최하였다(1988).
  ㉡ 북방 외교를 추진하여 소련(1990), 중국(1992)과 수교하였다.
  ㉢ 자주·평화·민주의 통일 3원칙을 기반으로 하여 한민족공동체 통일방안(1989)을 제시하였다.
  ㉣ 남·북한 정치적 교류의 활성화
    – 남북한 총리회담(1990)→남북 고위급회담→남북 유엔 동시 가입(1991.9)→남북기본합의서 채택(1991.12)
      →한반도 비핵화에 관한 공동선언(1991.1)

(2) 김영삼 정부(1993~1998)

① 문민정부 : 금융실명제와 지방자치제를 실시하였다.

(3) 김대중 정부(1998~2003)

① 정책 : 외환위기를 극복하고 민주주의 시장경제의 병행 발전을 추구하였다.

② 대북화해협력 정책(햇볕정책)

    ㉠ 남북정상회담을 통해 6 · 15남북공동선언을 발표하였다.

     – 금강산 관광을 시작(1998)하였다.

     – 끊어진 경의선 복구 사업과 동해선 연결을 추진(2002)하였다.

     – 남북 경제협력 위해 개성공단을 조성하였다.

⑥ 우리나라 통일정책의 변천과정

제1공화국 이승만 정부 (1848~1960)	• 6.25 전쟁은 분단을 더욱 심화시키는 결과를 초래하였고, 이승만 대통령은 휴전 반대, 반공과 북진 통일을 주장하였다.
제2공화국 장면 정부 (1960~1961)	• 사회는 혼란스러웠으나, 통일에 대한 논의는 자유로웠다. • 장면 정권은 반공을 국시(國是)로 하고, 통일을 위한 실력 배양을 약속한 군부 쿠데타 세력에 의해 전복되었다.
제3공화국 박정희 정부 (1961~1972)	• 남북적십자회담 제의(1978.8) : 평화협상의 길이 열리게 되었다. • 7.4 남북 공동 성명(1972) : 최초의 남북한 합의 문서로 '자주 · 평화 · 민족대단결' 원칙 발표하고 남북조절위원회를 설치하였으나 남북 대화는 북한 측의 일방적인 중단 선언으로 오래 지속하지 못하였다.
제4공화국 박정희 정부 (1972~1979)	• 평화 통일 외교 정책 선언(6.23 선언) : 북한을 국가로 인정하지 않았지만 정치 체제가 있다는 현실을 인정하였으며, 극단적이고 경직된 기존의 대북관에서 다소 개방적이고 수용적으로 변화하게 되었다. • 평화 통일 3대 기본 원칙(1974.8.15.) : 현재까지 우리 통일 정책의 기본원칙으로 3대 원칙은 '한반도 평화 정착, 남북 간의 신뢰 조성, 인구 비례에 의한 남북 자유 총선거 실시'를 말한다(이는 '선건설 후통일'이 '선평화 후통일'로 바뀌었음을 의미한다).
제5공화국 전두환 정부 (1980~1988)	• 적극적인 통일 방안으로 '남북한 당국 최고 책임자 간의 직접 회담'을 제의하였다. • 민족 화합 민주 통일 방안(1982.1.22) 민족 통일 협의회(쌍방 대표로 구성) : →통일 헌법 기초(민족, 민주, 자유, 복지의 이상을 추구하는 통일 민주 공화국 실현) →국민 투표 실시(남북 전역) →통일헌법 확정 공포→총선거 실시(통일 헌법에 의거) → 통일 국회와 통일 정부 구성→통일국가 완성

제6공화국 노태우 정부 (1988~1993)	• 남북사이의 화해와 협력을 모색하고 새로운 남북 관계를 정립하였다. • 민족자존과 통일 번영을 위한 특별 선언(7·7선언) : 북한을 대결의 상대가 아니라 '선의의 동반자로 인정하고, 민족 공동체 형성을 위한 남북 간의 인적·물적 교류의 기본 방향이 설정하였다. • 한민족 공동체 통일 방안(1989.9.11) : 7·7선언을 계승·발전시킴. 자주·평화·민주의 통일 원칙 제시하였다. 교류·협력(신뢰 회복)→민족 공동체 헌장 채택(쌍방 합의)→남북 연합(과도기적 통일 체제)→총선거 실시→통일 국회, 통일 정부 구성→통일 민주 공화국 수립(완전한 통일 국가) • 남북기본합의서(남북사이의 화해와 불가침 및 교류협력에 관한 합의서, 1991.12.13) • 한반도 비핵화 공동선언(1991.12.31) : 남북한이 함께 한반도의 비핵화를 약속한 공동 선언이다.
문민정부 김영삼 정부 (1993~1998)	• 3단계 3기조 통일 정책(1994.7) : 3단계는 화해·협력→남북 연합→통일 국가를, 3 기조는 민주적 합의·공존공영·민족 복리를 채택하였다. • 한민족 공동체 건설을 위한 3단계 통일 방안(1994.8.15) : 화해협력단계에서의 교류협력→남북연합단계(2체제 2정부)에서의 법적·제도적 장치 마련→통일완성단계의 1 민족 1국가 1체제 1정부
국민의 정부 김대중 정부 (1998~2003)	• 6·15 남북공동선언(2000) : 최초의 남북정상회담으로 남북 사이의 화해·협력 및 평화 공존의 커다란 이정표가 되었다.

 울릉도·독도의 역사

(1) 주요 역사

① 신라 : 삼국사기에 따르면 지증왕 13년(512)때 이사부가 현재의 울릉도와 독도 일대에 있던 우산국을 정벌하여 신라영토에 편입하였다.

② 고려 : 우산국은 고려에 토산물을 바치고, 최충헌은 본토인의 이주를 추진하였다.

③ 조선

    ㉠ 태종 때 왜구의 침입을 예방하기 위해 울릉도 거주민을 본토로 이주시키는 공도정책 시행으로 관리가 소홀해졌다.

    ㉡ 숙종 19년(1693)때 조선과 일본 어민 사이에 독도에서 분쟁이 일어나자 안용복은 일본에 건너가 울릉 도와 독도가 조선 땅임을 확인하는 서계를 받아내었다.

④ 근대
  ㉠ 19세기 말 조선 정부에서는 적극적으로 울릉도 경영에 나서 주민의 이주를 장려하였다.
  ㉡ 고종은 칙령 제41호에 의해 강원도 울진현에 속해 있던 독도를 울릉군의 한 부속도서로서 공식적으로 강원도에 편입하였다(1990).
  ㉢ 러·일전쟁 중 일본이 일방적으로 시마네현 고시를 통해 독도를 다케시마로 개칭하고, 시네마현에 편입하였다(1905. 2).

⑤ 현대 : 독도의용수비대(1953. 4. 20. ~1956. 12)는 독도에 침입하는 일본어선과 순시선 등에 맞서 독도를 지켰다(순수 자발적 민간 조직).

(2) 우리 땅이라는 증거

① 「삼국사기」에 따르면 신라 지증왕 때 우산국(울릉도, 독도 지배)이 신라에 귀속되었다.

② 「세종실록지리지」에 따르면 울릉도와 독도를 강원도 울진현 소속으로 구분하였다.

③ 「신증동국여지승람」에 덧붙여 있는 지도인 팔도총도에 독도가 표현되어있다.

④ 「통항일람」은 19세기 중반에 일본에서 기록한 사서로, 안용복에게 독도가 조선의 땅임을 인정하는 사료가 기록되어 있다.

⑤ 1954년 일본 정부는 외교 문서를 통해 1667년 편찬된 「은주시청합기」에서 울릉도와 독도는 고려 영토이고, 일본의 서북쪽 경계는 은기도를 한계로 한다고 기록하고 있다.

⑥ 일본 메이지 정부의 최고 국가기관인 태정관이 발간한 문서(1877)인 태정관지령에 죽도(竹島-오늘날 울릉도)와 송도(松島-지금의 독도)가 일본과 관계없다고 기술되어있다.

⑦ 연합군 최고 사령부 훈령 677호(1946)에서 울릉도, 독도가 일본영역에서 제외된다고 규정하였다.

(3) 일본은 독도문제를 국제사법재판소로 넘기려는 이유

① 국제사법재판소로 넘기는 즉시 분쟁지역이라는 것을 인정받게 된다. 그 시점에서 둘 다 실효지배 권리가 사라지게 된다(현재 한국이 실효 지배).

② 국제사법재판소에 일본인 판사가 있는 반면에 한국인 판사가 없다(일본에 유리).

기출예상문제

1 ㈎가 발표된 시점과 ㈏가 발표된 시점 사이에 있었던 사실로 가장 적절하지 않은 것은?

2016년 제1차 경찰공무원(순경)

㈎ 첫째, 통일은 외세에 의존하거나 외세의 간섭을 받음이 없이 자주적으로 해결하여야 한다.

둘째, 통일은 서로 상대방을 반대하는 무력행사에 의거하지 않고 평화적인 방법으로 실현하여야 한다.

셋째, 사상과 이념, 제도의 차이를 초월하여 우선 하나의 민족으로서 민족적 대단결을 도모하여야 한다.

㈏ 제1조 남과 북은 서로 상대방의 체제를 인정하고 존중한다.

제4조 남과 북은 상대방을 파괴·전복하려는 일체 행위를 하지 아니한다.

제15조 남과 북은 민족 경제의 통일적이며 균형적인 발전과 민족 전체의 복리 향상을 도모하기 위하여 자원의 공동 개발, 민족 내부 교류로서의 물자 교류, 합작 투자 등 경제 교류와 협력을 실시한다.

① 6·23 평화통일외교정책선언이 발표되었다.
② 통일을 위한 남측의 연합제 안과 북측의 낮은 단계의 연방제 안의 공통성을 인정하는 선언을 발표하였다.
③ 남북한이 동시에 유엔에 가입하였다.
④ 분단 이후 최초로 남북한 이산가족의 상봉이 실현되었다.

answer 1.②

1 ㈎ 1972년 7·4 남북공동성명
㈏ 1991년 남북기본합의서
②는 2000년 6·15 남북공동선언이다.

2 다음의 경제 정책을 실시한 정부의 통일 노력으로 가장 적절한 것은?

2015년 2차 일반공채순경 · 101경비단

> 마산, 이리(익산)에 수출 자유 지역이 만들어져 많은 외국인 기업이 들어섰다. 또 울산, 포항, 창원, 여천(여수), 구미 등에 새로운 공업단지를 조성하여 철강, 조선, 기계, 전자, 비철금속, 석유 화학 등 중화학 공업이 크게 발전하였다.

① 민간 차원의 교류가 크게 확대되고, 금강산 관광이 실현되었다.
② 민족 화합 민주 통일 방안을 제시하고, 남북한의 이산가족이 각각 서울과 평양을 처음으로 방문하였다.
③ 남북한은 자주, 평화, 민족 대단결의 통일 원칙을 내세운 공동 성명을 발표하였다.
④ 남북한은 유엔에 동시 가입하고, 화해와 불가침 및 교류 · 협정에 관한 합의서를 채택하였다.

3 다음에 제시된 사건을 연대순으로 바르게 배열한 것은?

2008.7.26. 정보통신순경

> ㉠ 사사오입 개헌   ㉡ 발췌개헌
> ㉢ 거창사건   ㉣ 진보당 사건
> ㉤ 2 · 4파동

① ㉢-㉡-㉠-㉣-㉤   ② ㉡-㉠-㉣-㉤-㉢
③ ㉡-㉣-㉢-㉤-㉠   ④ ㉣-㉠-㉡-㉢-㉤

---

answer   2.③   3.①

---

2   제시된 내용은 박정희 정부의 제3차 경제개발계획(1972)에 대한 내용이다.
③ 1972년 7 · 4 남북공동성명에 대한 내용이다.
① 김대중 정부   ② 전두환 정부   ④ 노태우 정부

3   ㉠ 사사오입 개헌(1954.11) : 이승만 정권 시절, 헌법 상 대통령이 3선을 할 수 없는 제한을 철폐하기 위해, 당시의 집권당인 자유당이 사사오입의 논리를 적용시켜 정족수 미달의 헌법개정안을 불법 통과한 것이다.
㉡ 발췌개헌(1952.7) : 이승만 대통령이 자유당 창당 후 재선을 위해 직선제로 헌법을 고쳐 강압적으로 통과시킨 개헌안이다.
㉢ 거창사건(1951.2) : 6 · 25전쟁 중이던 1951년 2월 경상남도 거창군 신원면 일대에서 일어난 양민 대량학살사건이다.
㉣ 진보당 사건(1958.1) : 조봉암을 비롯한 진보당의 전간부가 북한의 간첩과 내통하고 북한의 통일방안을 주장했다는 혐의로 구속 기소된 사건이다.
㉤ 2 · 4파동(1958.12) : 국회에서 경위권 발동 속에 여당 단독으로 신국가보안법을 통과시킨 사건이다.

4 대한민국의 헌정사를 일부 정리하였다. 시대 순으로 맞게 나열하면?

2007.9.9. 정보통신순경

① 제2공화국 수립 – 4월 혁명 – 발췌개헌 – 사사오입개헌
② 발췌개헌 – 사사오입개헌 – 4월 혁명 – 제2공화국 수립
③ 사사오입개헌 – 발췌개헌 – 4월 혁명 – 제2공화국 수립
④ 사사오입개헌 – 4월 혁명 – 발췌개헌 – 제2공화국 수립

5 다음은 광복 이후 민족 분단을 극복하고 통일국가를 수립하기 위한 노력에 관한 내용이다. 이를 시대 순에 따라 가장 적절하게 나열한 것은?

2013.8.31. 일반공채 · 전의경특채 · 101경비단

㉠ 7 · 4 남북 공동성명 발표
㉡ 남북한 사이의 화해와 불가침 및 교류 · 협력에 관한 합의서 채택(남북기본합의서)
㉢ 민족자존과 통일번영을 위한 특별선언(7 · 7)
㉣ 6 · 15 남북 공동선언 발표

---

① ㉠-㉡-㉢-㉣
② ㉠-㉢-㉡-㉣
③ ㉠-㉡-㉣-㉢
④ ㉠-㉣-㉡-㉢

---

answer 4.② 5.②

---

4 ㉠ **발췌개헌(1952.7)** : 이승만 대통령이 자유당 창당 후 재선을 위해 직선제로 헌법을 고쳐 강압적으로 통과시킨 개헌안이다.
  ㉡ **사사오입개헌(1954.11)** : 이승만 정권 시절, 헌법 상 대통령이 3선을 할 수 없는 제한을 철폐하기 위해, 당시의 집권당인 자유당이 사사오입의 논리를 적용시켜 정족수 미달의 헌법개정안을 불법 통과한 것이다.
  ㉢ **4월 혁명(1960.4)** : 제1공화국 자유당 정권이 이승만을 대통령에 당선시키고 이기붕을 부통령으로 당선시키기 위한 개표조작을 하자, 이에 반발하여 부정선거 무효와 재선거를 주장하는 학생들의 시위에서 비롯된 혁명이다.
  ㉣ **제2공화국 수립** : 1960년 4 · 19혁명으로 제1공화국이 붕괴된 후 1961년 5 · 16군사정변 때까지 존속된 두 번째 공화헌정 체제이다.

5 ㉠ 7 · 4 남북 공동성명 발표(1972), ㉡ 남북한 사이의 화해와 불가침 및 교류 · 협력에 관한 합의서 채택(1991), ㉢ 민족자존과 통일번영을 위한 특별선언(1888), ㉣ 6 · 15 남북 공동선언 발표(2000)이다.

6 다음은 통일을 위한 노력과 관련된 자료이다. 이와 같은 내용을 명문화한 문서로 옳은 것은?

2012.10.20. 일반공채순경, 전의경 특채

> 1. 통일은 외세에 의존하거나 외세의 간섭을 받음이 없이 자주적으로 해결하여야 한다.
> 2. 통일은 서로 상대방을 반대하는 무력행사에 의거하지 않고 평화적인 방법으로 실현하여야 한다.
> 3. 사상과 이념, 제도의 차이를 초월하여 우선 하나의 민족으로서 민족적 대단결을 도모하여야 한다.

① 6 · 15 남북 공동 선언
② 7 · 4 남북 공동 성명
③ 한민족 공동체 통일 방안
④ 민족 화합 민주 통일 방안

7 울릉도와 독도에 관한 다음 설명 중 가장 적절하지 않은 것은?

2012.8.25. 일반공채순경, 전 · 의경 특채, 101경비단

① 「팔도총도」는 울릉도와 독도를 별개의 섬으로 하여 그림으로 그려놓은 최초의 지도가 되었다.
② 「세종실록지리지」, 「동국여지승람」 등의 문헌에 의하면 울릉도와 함께 경상도 울진현에 소속되어 있었다.
③ 조선 숙종 때 안용복은 울릉도에 출몰하는 일본 어민을 쫓아내고 일본에 건너가 독도가 조선의 영토임을 확인받았다.
④ 19세기 말 조선 정부에서는 적극적으로 울릉도 경영에 나서 주민의 이주를 장려하였다.

---

answer 6.② 7.②

6 제시된 자료는 7 · 4 남북 공동 성명의 내용으로 통일을 위한 3대 기본원칙이다.
  ① 6 · 15 남북 공동 선언 : 2000년 6월 15일 남북 정상이 회담을 갖고 채택한 공동 성명으로 민족의 통일을 위한 원칙을 밝혔다.
  ③ 한민족 공동체 통일 방안 : 1989년 9월 11일 대통령 국회연설을 통해 발표된 노태우 정권의 통일방안이다.
  ④ 민족 화합 민주 통일 방안 : 1982년 1월 22일 대통령 전두환이 국정연설에서 발표한 통일방안이다.

7 「세종실록지리지」에서는 울릉도와 독도를 울진현 소속으로 구분하고 있다. 하지만 울진현은 오늘날 경상북도 울진군이 아니며, 조선 말기까지 울진현은 강원도의 관할이었다. 이 객관식 지문은 경찰공무원 문제뿐만 아니라 다른 공무원 시험에도 자주 출제되므로 알아둘 필요가 있다.

최근 기출문제분석을 통해 출제경향을 파악하여 실제시험에 대비하자.

부록

기출문제분석

2019년 제1차 경찰공무원(순경) 채용
2019년 제2차 경찰공무원(순경) 채용

1 다음 내용에 대한 설명으로 틀린 것은?

> 역사가와 역사적 사실은 상호 불가분의 관계이다. 사실을 갖추지 못한 역사가는 뿌리가 없기 때문에 열매를 맺을 수 없다. 반면에 역사가가 없다면 사실은 생명이 없는 무의미한 존재일 뿐이다. 역사란 무엇일까? 이 질문에 대한 나의 궁극적인 답변은 다음과 같다. 역사는 역사가와 사실이 끊임없이 겪는 상호작용의 과정이며, 이는 현재와 과거의 끊임없는 대화인 셈이다.

① 사실로서의 역사를 강조하는 실증주의적 역사관을 잘 드러내고 있다.
② 역사는 사실과 기록이라는 두 가지 측면으로 구성되어 있다.
③ 카(E. H. Carr)가 쓴 『역사란 무엇인가?』에 나오는 문구이다.
④ 역사가의 주관적인 해석 과정은 객관적인 과거 사실만큼이나 역사를 형성하는 데 중요하다.

⚷ 카(E. H. Carr)의 『역사란 무엇인가』에 관한 내용이다. 카는 역사는 과거와 현재의 끊임없는 대화라고 주장하면서 이는 과거의 역사적 사실과 역사가의 해석이 중요함을 강조하였다.
① 사실로서의 역사를 강조하는 실증주의 역사관은 랑케의 역사관이다.

2 한국의 구석기시대 문화에 대하여 가장 적절하지 않은 것은?

① 구석기시대 사람들은 대부분 동굴이나 바위 그늘에 거주하였고 일부 막집도 짓고 살았다.
② 전기 구석기시대에는 찍개 같은 자갈돌 석기를 주로 만들었고 주먹도끼도 일부 제작했다.
③ 중기 구석기시대에는 르발루아 기법으로 만들어진 슴베찌르개가 한반도 북부에 등장한다.
④ 후기 구석기시대에는 간접떼기나 눌러떼기와 같은 방법으로 돌날석기를 주로 만들었다.

⚷ ③ 슴베찌르개는 구석기 후기에 제작된 도구이다. 슴베찌르개는 돌날을 다듬어 한쪽 끝을 뾰족하게 만들고 반대쪽은 손질을 하여 자루 속에 박히는 부분(슴베)이 있는 석기로 사냥도구로 이용되었다.

3 고조선에 대하여 올바르게 진술하고 있는 것을 모두 고른다면?

> ㉠ 최초로 고조선을 언급하는 문헌은 중국 춘추전국시대에 편찬된 『관자(管子)』이다.
> ㉡ 조선시대에는 기자동래설(箕子東來說)을 인정하고 있었다.
> ㉢ 위만조선(衛滿朝鮮)은 발달된 철기에 기반을 둔 문화를 보유하고 있었다.
> ㉣ 송국리식(형) 토기와 비파형동검의 분포지를 통해 세력 범위를 짐작할 수 있다.

① ㉠㉢㉣ ② ㉠㉡㉢
③ ㉡㉢ ④ ㉠㉢

> ☞ ㉣ 고조선의 세력 범위와 일치하는 유물은 미송리식 토기, 비파형 동검, 고인돌 등이 있다. 송국리식 토기는 충남 부여 송국리 유적에서 발견된 토기로 충청도와 전라도 일대에서 제작된 민무늬 토기이다.
> ㉠ 최초로 고조선을 언급하는 문헌은 『관자(管子)』이고 이후 『한서(漢書)』 지리지에 고조선의 8조법, 『산해경(山海經)』에 고조선의 위치 등이 언급되어 있다.
> ㉡ 기자는 중국 은(殷)의 귀족으로 주(周)에 의해 은이 멸망하자 지식인들과 기술자들을 데리고 한반도에 넘어왔다는 기록이 『사기』, 『한서』, 『함허자』 등에 기록되어 있다. 조선시대에는 우리나라에 왕동정치를 시작한 성군으로 추앙하였다.
> ㉢ 위만조선은 철기문화와 중계무역의 이익을 독점하였다.

4 다음 삼국시대의 역사적 사실들을 오래된 것부터 순서대로 정확하게 나열한 것은?

> ㉠ 신라가 율령을 반포함
> ㉡ 고구려가 부여를 점령 후 복속함
> ㉢ 고구려의 고국원왕이 평양성에서 전사함
> ㉣ 백제가 동진의 승려 마라난타를 통하여 불교를 수용함
> ㉤ 신라의 이사부가 우산국을 정벌함
> ㉥ 신라의 눌지왕과 백제의 비유왕이 나·제 동맹을 맺음

① ㉡ - ㉣ - ㉢ - ㉥ - ㉤ - ㉠ ② ㉢ - ㉣ - ㉥ - ㉡ - ㉤ - ㉠
③ ㉥ - ㉢ - ㉣ - ㉡ - ㉠ - ㉤ ④ ㉢ - ㉡ - ㉣ - ㉥ - ㉠ - ㉤

> ☞ ㉠ 6세기초 법흥왕(514~510)
> ㉡ 5세기말 문자왕(492~519)
> ㉢ 4세기 후반(331~371)
> ㉣ 4세기말 침류왕(384~385)
> ㉤ 6세기초 지증왕(500~514)
> ㉥ 5세기 전반 고구려 장수왕의 남진정책 대비(433)

answer 1.① 2.③ 3.② 4.②

5 다음 기록에서 거론하는 인물이 묻힌 무덤은?

> 이름이 사마(斯摩)이고 모대왕의 둘째 아들이다. [중략] 사신을 양(梁)나라에 보내 조공하였다. 12월에 양 고조(高祖)가 조서를 보내 왕을 책봉하여 말하기를, "[중략] 그의 정성이 지극하여 짐은 이를 가상히 여긴다. 마땅히 옛 법에 따라 이 영광스러운 책명을 보내는 바, 사지절(使持節) 도독(都督) 백제제군사(百濟諸軍事) 영동대장군(寧東大將軍)으로 봉함이 가하다."라고 하였다.

① 서울 석촌동 3호 고분
② 부여 능산리 고분
③ 익산 쌍릉
④ 공주 무령왕릉

> ④ 백제 무령왕에 대한 설명으로 521년 양 무제(武帝)로부터 영동대장군(寧東大將軍) 사지절(使持節)도독(都督)백제제군사(百濟諸軍事)의 작호를 받았다. 중국의 양(梁:502~557)은 중국의 남북조 시기 남조(송(宋)-제(齊)-양(梁)-진(陳))의 한 왕조로 웅진 시대 백제 무령왕은 남조와 활발한 교류를 하였다.
> ① 백제 초기의 무덤 양식이다.
> ② 백제 후기(6세기 중엽~7세기 전반) 양식이다.
> ③ 백제 후기(7세기 전반) 양식이다.

6 금관가야에 대한 설명으로 올바른 것은?

① 낙동강 동쪽의 진한 지역에서 독자적 세력으로 성장하였다.
② 낙랑군 등과의 원거리 교역을 통해 중계무역을 해 왔다.
③ 소백산맥 이남에서 이례적으로 비옥한 농경 지대를 기반으로 성장하였다.
④ 포상8국(浦上八國)의 난을 계기로 신라 세력을 축출하고 가야 연맹의 맹주로 등극하였다.

> ② 금관가야는 낙랑과 왜의 규슈를 연결하는 중계무역을 통해 발달하였다.
> ① 신라에 대한 설명이다. 가야는 낙동강 하류의 변한 지역에서 발달하였다.
> ③ 가야 연맹 대부분의 지역에서 농경이 발달하였다.
> ④ 포상8국(浦上八國)은 현재 경상남도 창원, 고성 등을 비롯한 해안 소국들로 이들의 침범으로 금관가야의 세력이 약화되었다.

7 다음 기록이 지적하는 당시의 사회상에 대해 옳게 서술한 것은?

> 사람은 상하가 있고 지위는 존비가 있어서, 그에 따라 호칭이 같지 않고 의복도 다른 것이다. 그런데 풍속이 점차 경박해지고 백성들이 사치와 호화를 다투게 되어, 오직 외래 물건의 진기함을 숭상하고 도리어 토산품의 비야함을 혐오하니, 신분에 따른 예의가 거의 무시되는 지경에 빠지고 풍속이 쇠퇴하여 없어지는 데까지 이르렀다. 이에 감히 옛 법에 따라 밝은 명령을 펴는 바이니, 혹시 고의로 범하는 자가 있으면 진실로 일정한 형벌이 있을 것이다.

① 중앙 귀족이 위축되고 자영농의 성장으로 인하여 지방 호족이 득세하였다.
② 평민의 생활이 크게 향상되어서 기와로 지붕을 이었고 밥 짓는 데도 숯을 사용하였다.
③ 춘궁기인 봄에 곡식을 빌려 주고 추수기인 가을에 돌려받는 진대법이 시행되었다.
④ 국제 무역을 독점하던 일부 해상 세력이 반란을 일으키기도 하였다.

🔑 신라 하대 흥덕왕(826~836) 재위 당시 사치금지령에 관한 내용이다. 사치금지령은 표면적으로 사치풍조를 막기 위해 시행하였지만, 실제로는 골품제를 통한 계층 간 구분을 엄격히 하기 위해 시행되었다.
④ 신라 하대 장보고의 난(846)이 이에 해당한다.
①, ② 일반 백성들의 삶은 지배층의 수탈과 자연재해 등으로 인하여 빈곤하였다.
③ 2세기 고구려 고국천왕(179~197) 때 시행되었다.

8 고려시대의 과거제도에 대하여 틀리게 서술하고 있는 것은?

① 무예 솜씨와 실무 능력을 존중하는 무관은 음서제도보다는 과거제도를 통해 선발하였다.
② 승과는 교종선(敎宗選)과 선종선(禪宗選)의 두 가지 방법으로 나누어 실시하였다.
③ 엄격한 신분제도로 인하여 과거에 합격하고도 관직에 진출하지 못하는 경우가 많았다.
④ 원칙적으로 대역죄나 불효·불충죄를 저지르지 않은 양인이면 누구든지 응시할 수 있었다.

🔑 ① 고려시대 무과는 고려 중기 예종(1109) 때 실시된 적이 있으나 이를 제외하고 거의 실시되지 않았다. 다만 직업 군인은 군역을 세습하는 경우가 일반적이었다.

answer 5.④ 6.② 7.④ 8.①

9 다음 기록에 등장하는 왕의 재위 기간에 발생한 사건이나 사회적 변화가 아닌 것은?

> 왕이 원의 제도를 따라 변발(辮髮)을 하고 호복(胡服)을 입고 전상에 앉아 있었다. 이연종이 간하려고 문밖에서 기다리고 있었더니 [중략] 말하기를 "변발과 호복은 선왕(先王)의 제도가 아니오니 원컨대 전하께서는 본받지 마소서."라고 하니, 왕이 기뻐하면서 즉시 변발을 풀어버리고 그에게 옷과 요를 하사하였다.

① 원나라의 순제가 주원장의 군대에게 패해서 사망했다.
② 쌍성총관부를 공격하고 철령 이북의 땅을 수복하였다.
③ 기존 정방의 권한을 강화하고 전민변정도감을 설치하여 권문세족을 보호하였다.
④ 두 차례의 홍건적 침입을 당하며 왕이 복주(안동)까지 피신하기도 하였다.

🔑 고려 말 공민왕(1351~1374) 때 일이다. 원 간섭기 이후 관제 격하, 몽고풍(변발, 호복) 유행 등의 문제가 심각해지자 공민왕은 당시 중국의 원명교체기 혼란을 이용하여 대내적 개혁을 추진하였다. 신돈을 기용하여 전민변정도감을 설치하고 노비, 토지제도의 개혁을 추진하면서 동시에 정방을 폐지, 관제를 복구하였다. 또한 쌍성총관부를 공격하여 철령 이북의 땅을 회복하기도 하였다.
③ 무신정권기 최우가 설치한 정방을 폐지하였다.

10 고려시대의 예술 및 문화에 대하여 잘못 서술하고 있는 것은?

① 주심포 양식과 다포 양식이 유행하였는데, 영주 부석사 무량수전과 예산 수덕사 대응전은 주심포, 안동 봉정사 극락전은 다포 양식이다.
② 사치스러운 귀족 문화와 불교 의식의 수요가 결합하면서 다양한 공예 기법이 발달하였는데, 대표적으로 은입사, 나전 칠기 및 상감청자 등을 들 수 있다.
③ 무신 집권기에는 패관 문학과 가전체 문학이 유행하였는데, 이후 신진 사대부 사이에서는 경기체가, 일반 대중 사이에서는 속요가 각각 유행하기 시작하였다.
④ 통일신라 불상의 양식이 계승되기도 하였지만 논산 관촉사 석조 미륵보살 입상, 안동 이천동 석불, 파주 용미리 석불 입상과 같은 거대 석불도 조성되었다.

🔑 ① 영주 부석사 무량수전과 예산 수덕사 대웅전, 안동 봉정사 극락전은 모두 주심포 양식이다. 다포 양식으로는 황해도 사리원 성불사 응진전이 대표적이다.

11 조선의 중앙 정치 기구에 대한 설명으로 옳지 않은 것은?

① 사헌부와 사간원, 홍문관은 서경권을 가지고 있었다.
② 한성부는 서울의 행정과 치안, 사법을 담당하였다.
③ 의금부와 승정원은 왕권을 강화하는 데 기여하였다.
④ 예문관은 국왕의 교지 작성을 담당하였다.

12 다음 중 ㉠과 ㉡에 대한 설명으로 옳은 것은?

> 이조 전랑 임명을 둘러싼 대립으로 두 파의 갈등이 표면화되어 김효원 등 신진 관료는 ㉠, 심의겸을 중심으로 한 기성 관료는 ㉡이라 하여 분당(分黨)되었다.

① ㉠은 대체로 이이와 성혼의 학맥을 이었다.
② ㉡이었던 정여립이 모반을 일으켜 기축옥사가 발생하였다.
③ 임진왜란 시기 의병 활동을 ㉡ 출신이 주도하였다.
④ ㉠은 정철의 처벌 문제를 둘러싸고 강경파와 온건파로 분열하였다.

13 밑줄 친 '이 역서'를 편찬한 왕이 재위한 시기에 대한 설명으로 옳은 것은?

> 왕께서 학자들에게 명하여 선명력과 수시력 등 여러 역법의 차이를 비교하여 교정하도록 하였다. 또한, 정인지, 정흠지, 정초 등에게 명하여 『태음통궤』와 『태양통궤』 등 중국 역서를 연구하여 우리 실정에 맞는 이 역서(曆書)를 편찬하도록 하였다.

① 평안도 도절제사 최윤덕이 파저강의 건주위를 정벌하였다.
② 함흥부 유향소 별감 이시애가 난을 일으켰다가 진압되었다.
③ 국가에서 직접 세금을 거두어 관료에게 지급하는 관수관급제를 실시하였다.
④ 사병을 모두 혁파하고 양인개병제를 처음 실시하였다.

14 밑줄 친 '이 기구'에 대한 설명으로 옳은 것은?

> 김익희가 상소하여 말하기를, "요즘 <u>이 기구</u>가 큰일이건 작은 일이건 모두 취급합니다. 의정부는 한갓 겉이름만 지니고 육조는 할 일을 모두 빼앗기고 말았습니다. 이름은 '변방을 담당하는 것'이라고 하면서 과거에 대한 판정이나 비빈 간택까지도 모두 여기서 합니다."라고 하였다.

① 왜구의 침입에 대비하여 16세기 초 상설 기구로 설치되었다.
② 안동 김씨와 풍양 조씨 등에 의한 세도정치 시기에 기능이 크게 약화되었다.
③ 흥선대원군 때 완전히 폐지되었다.
④ 의정부를 견제하고 왕권을 강화하는 역할을 하였다.

🔑 밑줄 친 이 기구는 비변사이다. 조선 중종 때 발생한 삼포왜란(1510) 직후 설치된 임시 국방기구로 임진왜란 이후 그 기능이 군사문제 이외에 국정 전반을 결정하는 상설회의기구가 되었다. 그 결과 왕권이 약화되고 의정부와 삼사의 기능이 왜곡되는 등의 문제를 초래하였다. 특히 안동 김씨와 풍양 조씨 등 세도정치기에 국정을 좌지우지했으며, 흥선대원군의 개혁정치에서 철폐되었다.
① 16세기 초에는 임시기구였다.
② 세도정치 시기에는 기능이 크게 강화되었다.
④ 왕권이 약화되는 결과를 초래하였다.

15 밑줄 친 '왕'이 재위한 시기의 역사적 사실로 옳은 것은?

> 채제공이 아뢰기를, "평시서로 하여금 30년 이내에 신설된 시전을 모두 혁파하게 하십시오. 형조와 한성부에 분부하여 육의전 이외에는 금난전권을 행사하지 못하게 하십시오."라고 하니, <u>왕</u>이 허락하였다.

① 경기도에서 대동법을 처음 실시하였다.
② 전세(田稅)를 토지 1결당 미곡 4두로 고정하는 영정법을 처음 실시하였다.
③ 백성의 여론을 직접 정치에 반영하기 위하여 신문고 제도를 부활하였다.
④ 친위부대인 장용영을 설치하여 왕권을 뒷받침하는 군사적 기반을 갖추었다.

🔑 조선 후기 정조 때이다. 정조는 붕당정치의 폐단을 개혁하고 왕권을 강화하기 위해 강력한 탕평책을 시행했다. 국왕 친위부대인 장용영과 정책 연구 기관으로 규장각을 설치하고, 초계문신제를 시행하였다. 특히 상공업을 육성하기 위해 수원 화성을 축조하고 육의전을 제외한 시전에서의 금난전권을 폐지하여 사상의 상행위를 허용하였다.
① 조선 광해군
② 조선 인조
③ 조선 영조

16 다음 사건 중 발생 연도가 다른 하나는?

① 박문국이 설립되어 『한성순보』를 발간하기 시작하였다.
② 전환국이 설립되어 당오전(當五錢)을 발행하였다.
③ 우리나라 최초의 근대적 사립 학교인 원산학사가 설립되었다.
④ 우리나라 최초의 철도인 경인선이 개통되었다.

🔑 ④ 1899년
　　①, ②, ③ 1883년

17 다음 중 3·1운동의 배경·전개·의의에 관한 설명으로 옳지 않은 것은?

① 미국 대통령 윌슨의 민족자결주의는 제1차 세계대전 이후 지구상의 모든 식민지 처리에 적용되었다.
② 상하이의 신한청년단은 파리강화회의에 보낼 독립청원서를 작성하여 김규식을 대표로 파견하였다.
③ 만주, 연해주, 일본 등지에서도 만세 운동이 벌어졌다.
④ 제1차 세계대전 승전국의 식민지에서 일어난 최초의 반제 민족 운동이다.

🔑 ① 미국 대통령 윌슨의 민족자결주의는 제1차 세계대전 이후 지구상의 모든 식민지가 아닌 패전국의 식민지에만 적용되었다.

18 다음 중 1919년 9월에 통합된 대한민국 임시정부에 대한 설명으로 옳은 것은?

① 초대 대통령에는 이승만, 국무총리에는 안창호가 임명되었다.
② 일본이 중·일전쟁을 일으키자 군사조직인 조선혁명군을 조직하여 무력으로 대항하였다.
③ 초대 경무국장(警務局長)으로 김구가 재직하였다.
④ 1936년 조국 광복회를 결성하고 항일 통일 전선의 구축을 시도하였다.

🔑 ① 초대 대통령에는 이승만, 국무총리에는 안창호가 아닌 이동휘가 선출되었다.
　　② 조선혁명군은 1929년 남만주 국민부 정규군으로 편성되었으며, 양세봉을 중심으로 한중 연합작전 등 만주 항일무장투쟁을 주도하였다.
　　④ 조국 광복회는 항일무장단체인 동북항일연군의 한국인 지휘관들이 중심이 되어 1936년에 결성되었다. 민족주의자와 사회주의자를 포괄하는 통일 전선의 성격을 지니고 있다.

19 다음 헌법이 시행된 시기의 사실이 아닌 것은?

> 제39조 제1항 대통령은 통일 주체 국민 회의에서 토론 없이 무기명 투표로 선거한다.
> 제40조 제1항 통일 주체 국민 회의는 국회의원 정수의 1/3에 해당하는 수의 국회의원을 선거한다.
> 제47조 대통령의 임기는 6년으로 한다.

① 판문점에서 북한군 30여 명이 도끼와 낫 등으로 유엔군과 한국군을 공격하였다.
② 방직회사인 YH무역의 여성 노동자들이 신민당사에서 농성을 벌였다.
③ 북한 민족보위성 정찰국 소속의 무장 공비 31명이 청와대를 기습하기 위해 서울에 침투하였다.
④ 헌법을 부정·반대·왜곡하는 일체의 행위를 금하는 긴급조치 1호가 공포되었다.

🔑 1972년 10월 박정희 정권 때 제정된 유신헌법이다. 박정희는 3선 개헌안 통과 후 대통령 당선 직후 영구 집권
　 체제 마련을 위해 유신헌법을 제정하였다.
　 ③ 1968년 1월 21일(1·21 사태)
　 ① 1976년　② 1979년　④ 1974년

20 다음에 제시한 남북한 간 합의문을 발표된 순서대로 바르게 나열한 것은?

> ㉠ 남북 기본 합의서
> ㉡ 4·27 판문점 선언
> ㉢ 7·4 남북 공동 성명
> ㉣ 6·15 남북 공동 선언

① ㉠ - ㉢ - ㉣ - ㉡　　　　　　　　② ㉡ - ㉠ - ㉢ - ㉣
③ ㉢ - ㉣ - ㉠ - ㉡　　　　　　　　④ ㉢ - ㉠ - ㉣ - ㉡

🔑 ㉠ 남북 기본 합의서 : 1991년(노태우 정부)
　 ㉡ 4·27 판문점 선언 : 2018년(문재인 정부)
　 ㉢ 7·4 남북 공동 성명 : 1972년(박정희 정부)
　 ㉣ 6·15 남북 공동 선언 : 2000년(김대중 정부)

1 선사시대의 생활상과 문화에 대한 설명으로 가장 적절하지 않은 것은?

① 후기구석기시대에는 슴베찌르개가 제작되었다.

② 동삼동패총에서는 조개껍데기 가면이 출토되어 신석기시대 사람들의 예술 활동을 알려
준다.

③ 신석기시대에는 조, 피, 수수 등이 재배되었고 벼농사가 본격적으로 이루어졌다.

④ 청동기시대에는 고인돌이 등장하고 미송리식 토기가 사용되었다.

🔑 ③ 신석기 시대에는 조, 피, 수수 등 밭농사가 시작되었고, 벼농사가 본격적으로 이루어진 시기는 청동기 시대
이다.

2 다음 자료에 제시된 나라에 대한 설명으로 가장 적절한 것은?

> 대군장이 없고 한(漢) 시대 이래로 후(侯), 읍군(邑君), 삼로(三老)라는 관직이 있어 하호(下戶)
> 를 다스렸다. [중략] 풍속은 산천을 중요시하여 산과 내마다 각기 구분이 있어서 함부로 들어가지
> 않는다.
>
> – 『삼국지』 위서 동이전 –

① 남의 물건을 훔치면 물건 값의 12배를 배상하게 하였다.

② 특산물로 단궁(檀弓), 반어피(班漁皮), 과하마(果下馬) 등이 유명하였다.

③ 혼인제도로 민며느리제가 있었다.

④ 10월에는 동맹이라고 하는 제천행사를 거행하였다.

🔑 해당 국가는 동예이다. 동예는 읍군, 삼로와 같은 군장이 통치하던 군장국가였고, 족외혼과 남의 부족을 함부로
침범할 시 소, 말, 노비로 변상하게 하는 책화가 있었다. 제천행사로는 10월에 행하는 무천이 있었다.
① 부여의 1책 12법이다. 남의 물건을 훔치면 물건 값의 12배를 배상하게 하였다.
③ 민며느리제와 골장제는 옥저의 풍습이다.
④ 고구려는 10월에 동맹이라는 제천행사를 지냈다.

answer 19.③ 20.④ / 1.③ 2.②

3 다음 밑줄 친 고구려왕의 재위기간에 발생한 사건으로 옳지 않은 것을 〈보기〉에서 모두 고른 것은?

> <u>고구려왕 거련(巨連)</u>이 군사 3만 명을 거느리고 와서 한성을 포위하였다. 임금이 성문을 닫고 나가 싸우지 못하였다. [중략] 임금은 상황이 어렵게 되자 어찌할 바를 모르다가 기병 수십 명을 거느리고 성문을 나가 서쪽으로 달아났는데, 고구려 병사가 추격하여 임금을 살해하였다.

> 〈보기〉
> ㉠ 후연을 격파하여 요동지역을 확보했다.
> ㉡ 도읍지를 국내성에서 평양으로 옮겼다.
> ㉢ 부여를 복속하여 고구려 최대 영토를 확보했다.
> ㉣ 영락이라는 독자적인 연호를 사용했다.

① ㉠㉡㉢
② ㉠㉡㉣
③ ㉠㉢㉣
④ ㉡㉢㉣

🔑 거련(巨連)은 고구려 장수왕(413~491)이다. 장수왕은 남진정책을 추진하기 위해 수도를 국내성에서 평양성으로 천도하였으며, 이후 백제의 한성을 공격하여 개로왕을 살해하고 한강 유역 일대를 점령하였다.
㉠, ㉣ 고구려 광개토대왕 (391~412)
㉢ 고구려 문자왕(492~519)

4 신라와 가야 연맹에서 일어난 역사적 사실들을 오래된 것부터 바르게 나열한 것은?

> ㉠ 신라에서는 이차돈의 순교를 계기로 불교가 공인되었다.
> ㉡ 금관가야는 신라에 의해 결국 병합되었다.
> ㉢ 신라의 이사부가 우산국(울릉도)을 복속시켰다.
> ㉣ 대가야는 신라와 결혼 동맹을 체결하였다.

① ㉢ - ㉣ - ㉠ - ㉡
② ㉢ - ㉣ - ㉡ - ㉠
③ ㉣ - ㉢ - ㉠ - ㉡
④ ㉣ - ㉢ - ㉡ - ㉠

🔑 ㉠ 신라의 불교공인(이차돈 순교) : 법흥왕(527)
㉡ 신라의 금관가야 병합 : 법흥왕(532)
㉢ 신라의 우산국(울릉도) 복속 : 지증왕(512)
㉣ 대가야와 신라의 결혼동맹 체결 : 법흥왕(522)

5 발해에 대한 설명으로 가장 적절하지 않은 것은?

① 기후가 좋지 않고 토지가 척박하여 농업은 콩, 보리, 조 등을 재배하는 밭농사 중심이었다.

② 불교가 장려됨에 따라 여러 불상이 제작되었다.

③ 당을 견제하기 위해 북으로는 거란, 남으로는 일본과 통교하였다.

④ 8세기 전반에는 당과 대립하였으나 8세기 후반부터 친선관계로 바뀌었다.

> ☞ 발해는 고구려 유장인 대조영이 건국하여 고구려 출신이 지배층을 이루고 말갈족의 대부분이 피지배층을 이루었다. 한반도 북부 지방에 위치하여 기후가 좋지 않아 목축과 밭농사가 중심이었고, 불교를 장려하였으며, 건국초에는 당과 대립하였지만 이후 친선과 교류가 활발해졌다.
> ③ 당을 견제하기 위해 남으로는 일본, 북으로는 거란이 아닌 돌궐과 교류하였다.

6 다음 고려왕의 재위기간에 있었던 일에 대한 설명으로 가장 적절하지 않은 것은?

> 왕의 이름은 소(昭)다. 치세 초반에는 신하에게 예를 갖추어 대우하고 송사를 처리하는 데 현명하였다. [중략] 밤낮으로 부지런하여 거의 태평의 정치를 이루었다. 중반 이후로는 신하를 많이 죽이고, 불법(佛法)을 지나치게 좋아하며 절도가 없이 사치스러웠다.

① 호족 세력을 약화시키기 위해 노비안검법을 실시하였다.

② 불교의 폐단을 막기 위해 시무 28조를 수용하였다.

③ 관리의 등급에 따라 자색, 단색, 비색, 녹색으로 공복을 구분하였다.

④ 공신 자제의 우선 등용을 막기 위해 과거제를 실시하였다.

> ☞ 고려 광종(949~975)에 관한 사실이다. 광종은 호족 세력을 억압하고 왕권을 강화하기 위하여 노비안검법과 과거제를 시행하고, 공복을 제정하였다. 또한 귀법사를 창건하고 제위보를 설치해 적극적인 불교 장려 정책을 시행하였다.
> ② 최승로의 시무 28조 : 고려 성종

answer 3.③ 4.① 5.③ 6.②

7 고려시대 지방제도에 대한 설명 중 가장 적절한 것은?

① 북방의 국경지대에는 동계·북계의 양계를 설치하고 도독을 파견하였다.
② 중앙에서 지방을 견제하기 위해 외사정을 파견하였다.
③ 지방행정 말단조직으로 면·리·통을 두었다.
④ 조세와 공물의 징수 등 지방행정의 실무는 향리가 담당하였다.

🔑 고려의 지방행정 체계는 전국을 5도 양계로 구분하였다. 5도는 일반 행정 단위로 안찰사를 파견하였고, 군사적 요충지인 북방은 양계(동계, 북계)로 편성하여 병마사를 파견하였다. 지방 말단 행정 단위까지 모든 지역에 지방관을 파견하지 못하여 해당 지역의 공물 징수 등은 향리가 담당하였으며, 특수행정구역으로 향, 부곡, 소가 있었다.
① 도독은 신라가 삼국을 통일한 후 정비한 9주의 지방 장관이었다.
② 외사정은 지방관을 감찰하기 위한 목적으로 파견하였으며 이는 신라 문무왕 때이다.
③ 지방 행정 말단조직으로 면·리·통을 두었던 시기는 조선 시대이다.

8 고려시대의 역사적 사실들을 오래된 것부터 바르게 나열한 것은?

㉠ 윤관의 여진 정벌	㉡ 천리장성 축조
㉢ 귀주 대첩	㉣ 동북 9성 환부

① ㉡ - ㉢ - ㉠ - ㉣
② ㉡ - ㉢ - ㉣ - ㉠
③ ㉢ - ㉡ - ㉠ - ㉣
④ ㉢ - ㉡ - ㉣ - ㉠

🔑 고려는 건국 초기부터 멸망할 때까지 잦은 외침을 받았다. 고려를 침입한 이민족으로는 '거란→여진→몽고→홍건적, 왜구'의 순이다.
㉠ 윤관의 여진 정벌 : 고려 숙종(1104)
㉡ 천리장성 축조 : 고려 덕종(1033), 거란의 침입에 대한 장기적 방어선 구축
㉢ 강감찬의 귀주 대첩 : 고려 현종(1013), 거란 3차 침입 방어
㉣ 동북 9성 환부 : 고려 예종(1108), 윤관의 여진 정벌 후 동북 9성을 축조(1107)하고 1년 뒤 환부

9 고려시대의 사회상에 대한 설명으로 가장 적절하지 않은 것은?

① 사위가 처가의 호적에 입적하는 경우도 자주 있었다.

② 부모의 재산은 남녀 관계없이 고루 분배되었으며, 출생 순서에 따라 차등을 두었다.

③ 제사는 형제자매가 돌아가면서 지냈다.

④ 여성의 재가는 비교적 자유롭게 이루어졌다.

🔑 고려 시대에는 여성의 지위가 남성과 대등한 수준이었다. 부모의 재산은 자녀들에게 골고루 분배되었으며, 태어난 순서대로 호적에 기재하였다. 또한 아들이 없을 경우 딸이 제사를 받들었고, 여성의 재가는 비교적 자유로웠다.
② 자녀들은 남녀 구분 없이 태어난 순서대로 호적에 기재되었고, 유산은 골고루 분배되었다.

10 다음은 어느 역사서의 일부분이다. 이 역사서가 저술된 시대에 축조된 문화재는?

> "신들의 생각으로는 신(新)은 '덕업이 날로 새로워진다.'는 뜻이고 나(羅)는 '사방을 망라한다.'는 뜻이므로, 이를 국호로 삼는 것이 마땅하다고 여겨집니다. [중략] 이제 여러 신하들이 한마음으로 삼가 신라국 왕이라는 칭호를 올립니다."라고 하니, 왕이 이에 따랐다.

① 원각사지 10층 석탑

② 불국사 3층 석탑(석가탑)

③ 감은사지 3층 석탑

④ 경천사지 10층 석탑

🔑 신라라는 국호를 사용한 것은 지증왕(500~514) 때이다. 이에 관한 기록은 고려 인종 때 김부식이 저술한 『삼국사기』를 통해 알 수 있다.
① 원각사지 10층 석탑 : 조선 세조(1465)
② 불국사 3층 석탑(석가탑) : 신라 혜공왕(774)
③ 감은사지 3층 석탑 : 신라 신문왕(682)

answer 7.④ 8.③ 9.② 10.④

11 다음은 사건과 시간적으로 가장 근접한 사실은?

> 임진왜란 이후 에도(도쿠가와) 막부는 경제적 어려움을 해결하고 막부로서의 위상을 높이기 위해
> 조선에 국교 재개를 요청하였다. 조선도 1607년 부산 두모포에 다시 왜관을 설치한 이후 북방에
> 서 여진의 세력이 커짐에 따라 일본과의 관계를 안정시키려고 하였다.

① 정미약조　　　　　　　　　　② 기유약조
③ 비변사(임시기구) 설치　　　　④ 계해약조

🔑　임진왜란 이후 일본에서는 도요토미 히데요시가 사망하고 도쿠가와 이에야스가 새로운 에도 막부 정권을 세웠
　　다. 그리고 일본은 조선과의 국교 재개를 희망하였고 광해군 때 기유약조(1609)를 체결하여 국교를 재개하였다.
　　① 정미약조 : 조선 명종(1547) 때 체결된 조약으로 사량진왜변 이후 중단된 일본과의 국교를 재개한 조약.
　　③ 비변사(임시기구) 설치 : 조선 중종 때 발생한 삼포왜란(1510) 직후 설치된 임시 국방기구
　　④ 계해약조 : 조선 세종(1443년) 때 부산포 등 삼포에 도항하는 대마도주의 세견선 통제에 관하여 체결한 조약

12 다음 종교와 성격이 같은 것으로 가장 적절한 것은?

> 그 교리는 유교, 불교, 도교 세 교의 내용을 대충 취하여 부연하고 또 하느님이 세상을 주관한다
> 는 기독교의 주장을 취하여 하느님이 인간의 화와 복을 실제로 맡고 있다고 한 것으로서 시골 백
> 성들이 많이 믿었으며 보국안민을 빌었다.

① "한울님이 대답하길 '그렇지 않다. 나에게 신령한 부적이 있으니 [중략] 나에게 이 부적
　을 받아 질병으로부터 사람을 구하고, 나에게 이 주문을 받아 나를 위해 세상 사람들
　을 가르치면 너 또한 [중략] 덕을 천하에 펼 수 있으리라.'라고 하셨다."
② "전선 수백 척과 정예 병사 5, 6만을 얻어서 대포 등 예리한 무기를 많이 싣고 우리나
　라 해변에 와서 국왕에게 글을 보내기를 '우리는 전교를 목적으로 온 것이지 재물을 탐
　하여 온 것이 아니므로 선교사를 용납하여 받아들여 달라.'라고 해 주소서."
③ "잘못된 집안 자손이나 벼슬길이 막힌 첩 자손이나 뜻을 잃고 나라를 원망하는 무리들,
　아래로는 어리석은 백성, 그릇된 행위를 하는 무리들이 서로 교우라 부르며, 사실을 두
　루 숨기고 한편이 되었다."
④ "비록 지극한 효자라 할지라도 맛 좋은 것이라 하여 부모가 잠들어 있는 앞에 차려 드
　릴 수 없는 것은 잠들었을 동안에는 먹고 마시는 때가 아닌 까닭입니다. [중략] 사람의
　자식이 되어 어찌 허위와 가식의 예로써 이미 돌아간 부모를 섬기겠습니까?"

🔑　동학에 관한 내용이다. 조선 후기 최시형이 창시한 종교로 한울님을 모시고 인내천 사상, 보국안민을 기치로
　　내세운 종교이다.
　　②, ③, ④ 천주교(서학)

13 다음 ㉠과 ㉡에 대한 설명으로 가장 적절한 것은?

> ㉠ 국가에서 한 집의 재산을 올바로 측량하고 농토 및 부(負)를 한정하여 한 집의 영업전으로 만들어 주되 당나라 제도처럼 운영한다. 농토가 많은 사람은 빼앗지 않고, 모자라는 사람에게도 더 주지 않으며 [중략] 농토가 많아서 팔려고 하는 사람에게도 영업전 몇 부를 제외하고는 역시 허락한다.
>
> ㉡ 진정 한제(限制)를 만들어서 모년 모월 이후 이 한제 이상으로 많은 자는 더 이상 사들이지 못하게 하고, 법령 공포 이전에 사들인 것은 비록 산천을 경계로 할 정도로 광점하더라도 불문에 붙인다. [중략] 법령 공포 후에 한제를 넘어서 가점(加占)하는 자는 백성들이 적발하면 백성에게 주고, 관에서 적발하면 몰수한다.

① ㉠은 『곽우록』의 내용으로 조선후기 상품작물 경작의 현실을 반영하여 토지 소유의 상한선을 제시하였다.

② ㉠은 한 마을 사람들이 토지를 공동 경작한 후 균등하게 분배한다는 토지개혁론과 관계가 있다.

③ ㉡의 저자는 영농 방법의 혁신, 상업적 농업의 장려, 수리 시설의 확충 등을 통한 농업 생산력 향상에 관심을 기울였다.

④ ㉡은 관리, 선비, 농민 등에게 차등을 두어 토지를 분배하자는 토지개혁론의 일부이다.

🔑 조선 후기 실학사상이 반영된 내용으로 ㉠은 이익의 한전론, ㉡은 박지원의 한전론이다. 이익은 영업전의 매매 금지를 통해 토지 소유의 하한선을 주장하였고, 박지원은 토지 소유의 상한선을 주장했다는 점이 비교할만한 내용이다.
　① 『곽우록』은 이익의 저서이지만 상품 작물 경작의 현실을 반영하여 토지 소유의 상한선을 제시한 것은 박지원의 주장이다.
　② 마을 단위의 공동 경작을 주장한 것은 정약용의 여전론이다.
　④ 신분에 따른 토지의 균등 분배를 주장한 것은 유형원의 균전론이다.

14 조선후기에는 전통적 과학 기술을 계승하고 발전시키면서 중국을 통하여 전래된 서양의 과학 기술을 수용하여 큰 진전을 보였다. 17세기경부터 중국을 왕래하던 조선의 사신들은 서양 선교사와 접촉하고 서양의 과학 기구와 각종 서적을 조선에 들여왔다. 당시의 사실로서 옳지 않은 것은?

① 「곤여만국전도」 같은 세계지도가 전해짐으로써 보다 과학적이고 정밀한 지리학의 지식을 가지게 되었다.

② 김석문은 『역학도해』에서 우리나라에서 처음으로 지전설을 주장하여 우주관을 전환시켰다.

③ 홍대용은 김석문과 함께 지전설을 주장하였고, 지구가 우주의 중심이 아니라는 무한우주론을 주장하였다.

④ 이광정은 『지구전요』에서 지구의 자전과 공전을 함께 주장하였고, 자전과 공전설이 코페르니쿠스의 것임을 밝혔다.

🔑 ④『지구전요』
(철종, 1857)는 조선 후기 최한기가 편찬한 세계지리서로 자전과 공전설이 코페르니쿠스의 것임을 밝혔다. 이광정은 조선 선조 때 권희와 함께 중국 명나라 사신으로 가서 「곤여만국전도」를 가져왔다.

15 다음 왕의 치적으로 옳지 않은 것은?

> 달은 하나이며 물은 수만이다. 물이 달을 받으므로 앞 시내에도 달이요, 뒤 시내에도 달이다. 달의 수는 시내의 수와 같은데 시내가 만 개에 이르더라도 그렇다. 그 이유는 하늘에 있는 달이 본디 하나이기 때문이다. 달은 본래 천연으로 밝은 빛을 발하며, 아래로 내려와서는 물을 만나 빛을 낸다. 물은 세상 사람이며, 비추어 드러나는 것은 사람들의 상이다. 달은 태극이며, 태극은 바로 나다.

① 스스로 초월적 군주로 군림하면서 스승의 입장에서 신하들을 양성하고 재교육시키기 위한 방편으로 초계문신제도를 시행하였다.

② 『대전통편』 편찬과 같은 법전 재정비를 통하여 국가의 집권 체제를 확립하고 왕권을 강화하고자 하였다.

③ 죄인의 가족을 잡아 가두는 법을 폐지하고, 노비에 대한 상전의 사적인 형벌을 철저하게 금했으며, 신문고를 다시 설치하여 백성들의 억울한 일을 풀어주려 하였다.

④ 육의전을 제외한 시전 상인의 금난전권을 폐지하여 사상(私商)의 자유로운 시장 활동을 어느 정도 가능케 했다.

🔑 다음은 정조의 '만천명월주인옹(萬川明月主人翁)'이다. 정조는 자신의 정치 철학을 담아 호를 이와 같이 명명하였다. 정조는 즉위 후 장용영, 규장각을 설치하고 초계문신제를 실시하였으며, 상공업 육성을 위해 금난전권을 폐지하고 수원 화성을 축조하였다. 또한 『경국대전』과 『속대전』을 참조하여 새로운 법전인 『대전통편』을 편찬하기도 하였다.
③ 조선 영조에 관한 내용이다.

16 강화도 조약이 조선의 주권을 침해하는 불평등 조약임을 보여주는 것으로 옳은 것을 모두 고른 것은?

> ㉠ 제1관 조선은 자주국이며 일본과 똑같은 권리를 갖는다.
> ㉡ 제4관 조선정부는 부산 외에 2개 항구를 개항하고 일본인이 와서 통상을 하도록 허가한다. 이곳에서 토지를 빌려 집을 짓거나 조선인민에게 집을 빌리도록 허가한다.
> ㉢ 제5관 경기, 충청, 전라, 경상, 함경 5도 중에서 연해의 통상하기 편리한 항구 두 곳을 골라서 지명을 지정한다.
> ㉣ 제7관 조선국 연해의 도서와 암초를 조사하지 않아 매우 위험하다. 일본국 항해자가 자유로이 해안을 측량하도록 허가한다. 위치와 깊이를 상세히 조사하여 지도를 만들어 두 나라 선객이 위험을 피하고 안전하게 항해할 수 있게 한다.
> ㉤ 제8관 이제부터 일본국의 정부는 조선에서 지정한 각 항구에 일본 상인을 관리하는 관청을 수시로 설치하고, 양국에 관계되는 안건이 제기되면 소재지의 지방 장관과 만나서 토의 처리한다.
> ㉥ 제9관 양국 인민의 무역에 대하여 양국 관리는 조금도 이에 간여하지 않으며 제한을 설정하거나 금지하거나 방해하지 못한다.
> ㉦ 제10관 일본국 인민이 조선국 항구에서 죄를 지었거나 조선국 인민에게 관계되는 사건은 모두 일본국 관원이 심판한다. 조선국 인민이 죄를 범하고 일본국 인민과 관계되는 사건은 모두 조선국 관원이 조사한다. 단, 각각 해당 국가의 국법으로 심판하되 공평하도록 하여야 한다.

① ㉡㉤   ② ㉥㉦
③ ㉣㉦   ④ ㉠㉢

🔑 강화도 조약(1876)은 우리나라가 외국과 맺은 최초의 불평등 조약이다. 해안측량의 자유권 인정(㉣), 영사재판권(치외법권)(㉦) 인정 등이 이에 해당한다.

17 다음 사업의 결과로서 옳지 않은 것은?

> 지금까지 토지 소유자는 권리의 득실, 이전과 변경을 사문기(私文記)나, 점유를 하고 있다는 사실
> 을 각 사람의 권리를 원용함을 상례로 하였다. 이 때문에 분쟁이 끊이지 않고 해결이 어려웠다.
> 이에 특별히 조사국을 설치하여 지적(地積)의 어지러움을 정리하고 소유권을 확인하며 재정의 기
> 초를 세우게 하려고 한다.

① 농민의 토지 소유권 확대
② 지주–소작제 강화
③ 일본인 지주 증가
④ 화전민, 이주민 증가

☞ 해당 내용은 일제가 1910년대 무단통치를 시행하면서 발표한 토지조사령(1912)이다. 일제는 새로운 통치체제
확립을 목적으로 토지 조사 사업을 실시하여 토지 소유권을 재조사하였다. 토지 조사 사업은 기한부 신고제를
원칙으로 진행하였으며, 미신고 토지나 국유지 등은 조선총독부에 귀속시켰다. 그 결과 일본인과 친일 지주의
권한은 강화되고 자영농은 몰락하여 기한부 소작농으로 전락하거나 토지로부터의 이탈이 가속화되었다.

18 대한민국 임시정부가 임시의정원 회의를 통해서 마련한 임시헌장의 개정 명칭과 그 내용이 가
장 적절하지 않은 것은?

① 제1차개헌(1919) 임시헌법 – 대통령 중심제와 내각책임제 절충
② 제2차개헌(1925) 임시헌장 – 국무총리 중심의 내각 책임 지도제
③ 제3차개헌(1927) 임시약헌 – 국무위원 중심의 집단 지도체제
④ 제4차개헌(1940) 임시약헌 – 주석 지도 체제로 강력한 지도력 발휘

☞ 1919는 상하이에 설립된 대한민국 임시정부는 광복 이전까지 5차례의 개헌 과정을 거쳤다. 1차 개헌은 대통령
제와 내각책임제를 절충(1919), 2차 개헌은 국무령 중심 내각 책임제(1925), 3차 개헌은 국무위원 중심의 집
단 지도 체제(1927), 4차 개헌은 주석 중심제(1940), 5차 개헌은 주석 · 부주석제(1944)를 마련하였다.
② 2차 개헌은 국무총리 중심이 아닌 국무령 중심체제이다.

19 다음 사건 직후에 벌어진 사실로 가장 적절한 것은?

> 6월 7일 상오 7시 북간도에 주둔한 아군 7백은 북로 사령부 소재인 왕청현 OOO을 향하여 행군하다가 뜻하지 않게 같은 곳을 향하는 적군 3백을 발견하였다. 아군을 지휘하던 OOO, OOO 두 장군은 즉시 적을 공격하였다. 급사격으로 적 1백 20여 명의 사상자를 내게 하고 도주하는 적을 즉시 추격하여 현재 전투 중에 있다.

① 일제가 중국 마적을 매수하여 훈춘의 민가, 일본 영사관을 습격하고, 이를 핑계로 일본 군대를 두만강 이북으로 출병시켰다.

② 중국 의용군과 연합하여 영릉가 전투, 흥경성 전투에서 일본군에 크게 승리하였다.

③ 백운평 전투를 시작으로 일본군과 6일 동안 10여 회에 걸친 전투를 벌여 크게 승리하였다.

④ 중국 호로군과 한·중 연합군을 편성하여 쌍성보·사도하자·경박호·동경성·대전자령 전투 등 여러 전투에서 일본군을 상대로 큰 승리를 거두었다.

🔑 해당 내용은 봉오동 전투(1920)이다. 봉오동 전투는 홍범도가 이끄는 대한 독립군과 최진동의 군무 도독부 등의 독립군 연합 부대가 일본군을 격퇴한 항일무장투쟁이다. 봉오동 전투에서 패배한 일본군은 훈춘사건을 조작하여 대규모 부대를 만주에 파견하였고, 같은 해 10월 김좌진이 이끄는 북로 군정서와 홍범도의 대한 독립군 연합부대가 청산리 일(백운평, 어랑촌 등지)에서 일본군과 전투를 벌여 승리하였다.(청산리대첩)
① 훈춘사건(1920)
② 조선혁명군(1932)
③ 청산리 대첩(1920)
④ 한국독립군(1932)

20 다음의 헌법 전문이 공포된 시기의 일로서 가장 적절하지 않은 것은?

> 유구한 역사와 전통에 빛나는 우리들 대한 국민은 기미 3·1운동으로 대한민국을 건립하여 세계에
> 선포한 위대한 독립 정신을 계승하여, 이제 민주 독립 국가를 재건함에 있어서, 정의·인도와 동포
> 애로써 민족의 단결을 공고히 하여, 모든 사회적 폐습을 타파하고 민주주의 제도를 수립하여 정
> 치·경제·사회·문화의 모든 영역에서 각인의 기회를 균등히 하고 [하략]

① 이 헌법에서는 친일 반민족자의 처벌, 토지 개혁을 통한 지주제 폐지, 지하자원과 산업
　의 국유화, 사기업에서 노동자들의 이익 참가권 등을 규정하였다.
② 국회에서 간선제 방식으로 대통령에 이승만, 부통령에 이시영이 선출되었고, 이승만 대
　통령은 대한민국 정부의 수립을 국내외에 선포하였다.
③ 이승만은 국회에서 차지한 의석 비율을 참고하여 여러 당파를 아우르는 내각을 구성하
　고, 조봉암 등 중도세력도 등용하여 정치적 안정을 도모하였다.
④ 그동안 이승만과 노선을 같이 했던 한국민주당은 각료 배분에서 최대 다수석을 차지함
　으로써 여당으로서의 면모를 과시하였다.

> ☞ 해당 내용은 제헌헌법(1948. 7. 17.)이다. 제헌헌법은 5·10 총선거(1948. 5. 10.)를 통해 선출된 제헌의원
> (198명)을 중심으로 제정되었다. 과거 친일 역사의 청산에 관한 내용을 규정하고 있으며 정부 구성에 관하여
> 대통령을 국회에서 선출하는 간선제 방식을 채택하였다. 초대 대통령으로 이승만, 부통령으로 이시영, 국무총리
> 로 이범석이 임명되었다. 제헌의원은 독립촉성국민회 56명, 한국민주당 29명, 조선민주당 1명, 국민당 1명, 한
> 독당 1명, 무소속 83명으로 구성되어 있었고, 다수인 무소속은 중도파에 대한 지지를 보냈다.
> ④ 한국민주당은 내각책임제를 주장하면서 대통령 중심제를 주장한 이승만과 대립하였고 그 결과 각료 배분 과
> 정에서 소외되었다.

answer　20.④

서원각이 취업을 찢었다!

봉투모의고사 찐!5회 횟수로 플렉스해 버렸지 뭐야 ~

국민건강보험공단 봉투모의고사(행정직/기술직)

국민건강보험공단 봉투모의고사(요양직)

합격을 위한 준비
서원각 온라인강의

요점만 담은
알짜이론

믿고보는
교수진

www.sojungedu.co.kr

공 무 원	자 격 증	취 업	부사관/장교
9급공무원	건강운동관리사	NCS코레일	육군부사관
9급기술직	관광통역안내사	공사공단 전기일반	육해공군 국사(근현대사)
사회복지직	사회복지사 1급		공군장교 필기시험
운전직	사회조사분석사		
계리직	임상심리사 2급		
	텔레마케팅관리사		
	소방설비기사		